한국근대관광의 탄생과 변용

조성운

동국대학교 국사교육과를 졸업하고 동 대학원 사학과에서 석·박사 학위를 취득했다.
교토대학 인문과학연구소에서 외국인공동연구자로서 연구하였으며, 동국대학교와 경기대학교
에서 강의하였다.
식민지시기 농민운동으로 박사학위를 받았으나 현재에는 식민지 근대관광과 역사교육에 관심을
두고 연구하고 있다.
저서로는 『일제하 농촌사회와 농민운동』(혜안, 2002), 『일제하 수원지역의 민족운동』(국학자료원,
2003), 『식민지 근대관광과 일본시찰』(경인문화사, 2011), 『소년운동을 민족운동으로 승화시킨
방정환』(역사공간, 2012), 『일제하 경기도의 민족운동과 증언』(선인, 2016), 『대한민국의 교과서』
(선인, 2019), 『관광의 모더니즘』(민속원, 2019)이 있다. 이외에도 다수의 공저와 논문이 있으며,
역서로는 『시선의 확장』(선인, 2014)이 있다.

한국근대관광의 탄생과 변용

초판 1쇄 인쇄 2024년 01월 26일
초판 1쇄 발행 2024년 01월 31일

지은이 조성운
펴낸이 윤관백
펴낸곳 선인
등 록 제5-77호(1998. 11. 4)
주 소 서울시 양천구 남부순환로 48길 1(신월동 163-1) 1층
전 화 02)718-6252/6257 | **팩 스** 02)718-6253
E-mail suninbook@naver.com

정 가 37,000원
ISBN 979-11-6068-867-2 93910

* 잘못된 책은 바꿔 드립니다.

이 저서는 2019년 대한민국 교육부와 한국학중앙연구원(한국학진흥사업단)의 한국학총서
사업 지원을 받아 수행된 연구임(AKS-2019-KSS-1130019).

한국근대관광의 탄생과 변용

조성운

선인

책을 내면서

필자가 한국 근대관광에 관심을 갖고 연구한 지도 벌써 20여 년이 되어 간다. 한국사 연구의 한 부분으로서 근대관광에 대한 논문이 다수 제출되고, 비록 한국사 분야는 아니지만 인근 학문 분야에서 박사학위논문이 제출될 정도로 한국 근대관광에 대한 연구가 자리 잡은 지금, 필자가 근대관광에 대한 연구를 처음 시작하던 시기에 어떤 연구자가 '관광'이 역사학의 연구 대상이 될 수 있는가라는 질문을 했었다는 점을 생각하면 만시지탄의 느낌을 지울 수 없다. 이러한 지금의 연구 환경이 조성될 수 있는데 필자도 일정한 기여를 했다는 점에 학자적 자부심을 느낀다.

한국 근대관광에 대한 필자의 첫 번째 저서인 『식민지 근대관광과 일본시찰』(경인문화사, 2011)과 두 번째 저서인 『관광의 모더니즘』(민속원, 2019)은 필자의 기존 연구를 모아 펴낸 것이어서 근대관광에 대한 필자의 중복된 내용도 있고, 내용 서술에서도 다소 혼란이 없지 않았다. 이러한 반성에 기초하여 이 책은 집필하는 과정에서 약간의 수정을 가했으나 기획 단계부터 제목과 목차를 정한 상태에서 집필하여 한국 근대관광에 대한 필자의 관점과 문제의식이 그대로 드러난 것으로 이해해도 좋다고 생각한다. 그 과정에서 잘못되거나 오해 살 만한 부분에 대한 학계의 지적이 있다면 추후 수정할 수 있으리라 생각한다.

이 책의 구성은 크게 세 부분으로 나눌 수 있다. 제1장과 제2장의 초반부에서는 한국 근대관광의 모색기라 할 수 있는 대한제국기의 근대관광을 국내관광과 해외관광을 중심으로 살폈다. 특히 『대한매일신보』의 해외관광-일본관광단에 대한 비판은 이 시기 근대관광의 제국주의적 성격을 보여주는 사례라 할 수 있다. 제2장에서는 조선총독부의 관광정책에 대해 전반적으로 살핀 후 조선물산공진회, 여행안내서의 편찬, 근대교통의 설치 등으로 나누어 살펴보았다. 조선물산공진회를 비롯한 일제강점기 개최된 박람회와 공진회는 기본적으로 관광적 성격을 갖는다는 점을 부각시켰고, 철도여행을 중심으로 한 여행안내서의 편찬이 일제강점기 내내 편찬되었다는 점을 강조하였다. 특히 1920년대 초반 이후에는 한글판 여행안내서가 출판되고 민간 여행사가 설립되어 관광산업에 종사하였음을 밝혔다. 그러나 당시 발행된 민간 여행안내서 혹은 한글판 여행안내서를 찾을 수 없어 관련 연구를 수행하지 못한 것은 못내 아쉽다. 그리고 근대교통은 철도, 특히 사설철도를 중심으로 살폈는데, 사설철도회사가 온천과 명승지를 중심으로 관광개발을 통해 영업이익을 창출하려 했다는 점도 사례를 들어 살폈고, 사설철도와 인근 지역을 연결할 목적으로 설립되었던 자동차회사도 다수 설립되어 철도역과 관광지를 연결하는 역할을 하는 등 지역사회의 교통수단으로서 발전하였다는 점도 밝혔다. 제3장에서는 조선총독부의 관광개발을 금강산 관광개발, 평양지역의 관광개발, 사설철도의 관광개발이라는 사례를 통해 살폈다. 이는 제2장서 본 조선총독부의 관광개발의 구체적 실태를 확인하는 작업이라 할 수 있다. 그 결과 이러한 관광개발은 조선총독부가 관광개발을 통해 지방개발과 산업개발의 목적을 달성하려는 정책적 의지가 작용한 것이라는 결론에 도달할 수 있었다. 나아가 평양관광개발의 과정에는 일제의 식민사관을 관광객에게 전달하려는 의도가 크게 드러나고 있음을 확인할 수 있었다. 즉 우리에게 평양은 고구려의 도읍으로서 고구려를 상징하는 도시이지만 일제는 낙랑유적지를 통해서는 타율성론을 강조하였고, 평양성은 청일전쟁과 러일전쟁의 전적지이자 전승지로서 일제의 대륙침략의 영광스러운 현장으로 기억하려 한 것이었다. 이러한 일제의 의도는 여행안내서의 내용에도 그대로 반영되어 있음은 물론이다.

이 책은 한국한중앙연구원(한국학진흥사업단)의 한국학총서사업의 지원을 받아 출판된 것이다. 이 책을 출판할 수 있게 도움을 주신 한국한중앙연구원(한국학진흥사업단)에 감사의 말씀을 드린다. 그리고 제대로 정리되지 않은 원고를 출판해 주신 도서출판 선인의 윤관백 사장님께도 감사드리며, 난삽한 원고를 읽고 편집해주신 편집부 여러분에게도 감사의 말씀을 드린다. 끝으로 묵묵히 공부에 도움을 준 아내 권영미에게도 감사를 전한다.

2024년 1월
석성산 중턱에서 조성운 씀

목차

책을 내면서 5

서론 **한국근대관광사 연구를 위한 제언**

1. 식민지 근대관광 연구의 목적과 필요성 / 10

　1) 선행연구의 경향과 문제점 / 12
　2) 연구의 내용과 범위 / 16

제1장 **대한제국기 근대관광의 모색과 실태**

1. 근대관광의 모색 / 27
2. 근대관광의 실태 / 39

제2장 **조선총독부의 관광정책**

1. 조선총독부의 관광정책 / 51

　1) 대한매일신보의 일본관광단 비판 / 51
　2) 강점 직후 조선총독부의 관광정책 / 56
　3) 1910년대 식민지 조선의 국내관광 실태 / 61

2. 1915년 조선물산공진회의 관광적 성격 / 94

　1) 교통시설의 정비 / 96
　2) 조선물산공진회 협찬회의 활동 / 111

3. 여행안내서의 편찬과 관광 / 135

　1) 여행안내서의 발행 / 138
　2) 여행안내서의 명승지 / 173

4. 근대교통의 설치와 관광 / 183

1) 철도의 도입과 사설철도 / 183

(1) 대한제국기 철도 관련 제도의 성립 / 183

(2) 일제하 사설철도의 설립과 운영 / 191

2) 자동차의 도입과 운행 / 204

(1) 자동차의 도입 / 204

(2) 유람자동차의 운행 / 233

(3) 유람도로의 건설 / 248

제3장 **조선총독부의 관광개발**
───────────────────────────────
1. 조선총독부의 금강산 관광개발 / 265

1) 금강산보승회의 조직과 변천 / 265

2) 금강산협회의 활동 / 290

2. 일제하 평양지역의 관광개발 / 303

1) 근대관광과 평양 / 303

2) 평양명승구적보존회의 관광개발 / 317

(1) 평양명승구적보존회의 조직 / 317

(2) 평양명승구적보존회의 활동 / 325

3. 일제하 사설철도의 관광개발 / 346

1) 사설철도의 관광개발론 / 346

2) 사설철도의 관광개발 / 364

결론 397

■ 찾아보기 407

한국근대관광사 연구를 위한 제언

1. 식민지 근대관광 연구의 목적과 필요성

"전쟁을 제외하고 가장 큰 규모의 인구이동을 대표하는 것은 관광"[1]이
라고 한 말콤 크릭(Malcolm Crick)의 말에서도 알 수 있듯이 오늘날 관광
은 일상의 한 부분이 되었다고 해도 과언이 아니다. 2015년부터 2017년까
지 출국자의 수는 각각 19,310,430명, 22,383,190명, 26,496,447명으로
증가[2]하였다는 것에서 알 수 있듯이 해외관광 역시 우리 일상에 자리잡을
정도였다. 그런데 2019년 중국에서 최초로 발병한 코로나는, 2020년 1월
WHO(세계보건기구)가 전 세계적인 전염병 팬데믹(Pandemic) 즉 유행병
으로 선포하였다. 우리나라에서도 2020년 1월 20일 첫 환자가 발생한 이
래 오늘날까지 지속되고 있다. 우리나라를 포함한 세계 각국에서 코로나를
극복하기 위한 방안으로 입국 제한과 국내외 이동 제한 등의 조치를 취함에
따라 항공업계 및 관광문화사업은 크게 위축되었다.

---

1 닝왕 저, 이진형·최석호 옮김, 『관광과 근대성』, 일신사, 22쪽.
2 권태일·이순진·김상태, 「국민여행실태조사 요약(해외여행편」, 관광지식정보시스템
DB, 『투어고인사이트』 제15호, 한국문화관광연구원, 2018.

이러한 조치는 관광 행동에도 변화를 초래하였다. 한국관광공사가 2020년 1월 20일부터 5월 30일까지 SKT의 T맵 교통 데이터 및 KT의 빅 데이터를 활용하여 국내 관광객의 관광 이동 패턴 및 행동 변화를 분석한 「'안전의식'이 바꾼 여행 트렌드 'S.A.F.E.T.Y'」라는 보도자료에 따르면 수 도권·대도시 주변 '근거리' 관광 수요의 증가, 아웃도어 '레저 및 캠핑' 수 요 증가, 가족과 함께하는 일상관광 확대, 코로나를 피해 '청정지역'으로의 관광 수요 증가, 전통적인 '인기 관광지' 중심 관광 수요의 변동, 관광 욕구 의 지속 등의 현상이 나타났다고 한다.[3] 여기에서 주목되는 것은 코로나로 인한 이동의 제한 때문에 수도권과 대도시 중심의 근거리 관광 수요와 레 저와 캠핑 등 아웃도어 활동이 증가하였다는 점이다. 그러함에도 불구하고 관광 욕구는 여전하여 관광에 대한 욕구나 욕망은 줄지 않았으므로 코로나 가 진정되면 관광은 확대될 것이라는 전망이 우세하다는 것이다.

이렇게 관광에 대한 욕구가 높음에도 불구하고 한국사회에서는 관광이 어떻게 탄생, 발전, 변용하였는가에 대한 이해는 거의 없다고 해도 과언이 아니다. 이는 근대관광에 대한 한국근대사학계를 비롯한 학계의 무관심에 서 비롯되었다고 할 수 있다. 아니 더 적확하게 표현하면 관광이 역사연구 의 대상이 될 수 있다는 생각조차 하지 못했던 한국사학계의 안목 때문이 었다고 생각된다. 또 관광학 분야에서도 관광사 연구는 주류가 아니었던 점도 한몫을 했을 것이다.

그러나 2000년대에 접어들면서 관광이 사회적 현상으로 확고하게 자 리잡으면서 역사학계를 비롯한 학계에서도 관광에 대한 관심이 증대하였 다. 특히 역사학계에서는 근대관광의 탄생과 발전, 변용에 대한 연구가 진 행되어 근대관광이 여행으로서의 관광이 아니라 일제의 식민지 지배정책 속에서 파악되어야 한다는 시각이 성립하였다.

---

3 「보도자료」(배포일 2020년 6월 11일).

1) 선행연구의 경향과 문제점

오늘날 여행과 관광이 한국인의 삶에 이와 같이 깊숙이 파고들고 있다면 우리는 여행과 관광이 어떠한 경위를 거쳐 여행·관광·행락을 필수적인 항목으로 한 '행복한 생활'의 이미지를 갖게 되었을까? 이 질문에 답하려는 것이 이 책을 집필하게 된 동기이다. 즉 산업화와 대중화를 특징으로 한 근대관광이 언제 탄생 혹은 도입되었으며, 누구에 의해서 발전 혹은 진전되었고, 어떠한 과정을 거쳤는가를 파악하려는 것이다.

그런데 우리나라는 일제의 식민지라는 역사적 경험을 하였으며, 근대관광 역시 이 시기에 식민지성을 갖고 발전하게 되었다. 이는 한국 근대관광이 일제의 영향을 강하게 받으면서 전개되었음을 의미한다. 최근 일본 근대관광에 대한 한 연구에서는 다이쇼(大正)·쇼와(昭和) 초기 여행문화는 다음의 세 가지 방향으로 발전하였다고 하였다. 그것은 첫째, 여행의 긴 역사를 계승하여 새로운 종류의 아름다움(美)과 그것을 향수하는 감성을 풍부하게 하는 방향, 둘째, 여행은 전통적 가치와 관습에서 자립하여 '여행을 위한 여행'이라는 그 자체로 가치를 가진 문화적 행위로 인정되고 일상생활 속에 정착하는 방향, 셋째, 미의식에서나 여행 방식에서나 근대적 특징을 가진 여행이 대중적 규모로 정착하기 시작됨에 따라 정부의 정책과 기업의 활동에 의존하는 정도가 높아지는 방향이었다.[4]

이러한 일본의 근대관광의 흐름은 일제하 조선에서도 관철되었다고 할 수 있다. 다만 식민지 본국인 일본과 식민지 조선의 근대관광은 '보는 시선'과 '보여지는 시선'이라는 관점의 차이에서 식민지 조선의 근대관광은 필연적으로 식민지성을 띨 수밖에 없는 것이었다.

---

4 赤井正二, 『旅行のモダニズム』, ナカニシヤ出版, 2016, 6~7쪽.

일본에서는 한국보다 앞서 근대관광에 대한 연구가 시작되었고, 연구 성과도 풍부하다. 2000년 이후에 이루어진 대표적인 연구는 다음과 같다.

有山輝雄, 『海外観光旅行の誕生』, 吉川弘文館, 2002.
大久保 あかね, 『近代における日本旅館の成立と変容』, 立教大学博士 学位論文, 2002.
曽山毅, 『植民地台湾と近代ツーリズム』, 青弓社, 2003.
李良姫, 『金剛山観光の文化人類學的研究』, 広島大学博士学位論文, 2004.
関戸明子, 『近代ツーリズムと温泉』, ナカニシヤ出版, 2007.
富田昭次, 『旅の風俗史』, 青弓社, 2008.
砂本文彦, 『近代日本の国際リゾート』, 青弓社, 2008.
小林健, 『日本初の海外観光旅行』, 春風社, 2009.
野村典彦, 『鉄道と旅する身体の近代』, 青弓社, 2011.
須藤廣, 『ツーリズムとポストモダン社会-後期近代における観光の両 義性-』, 明石書店, 2012.
阿部純一郎, 『〈移動〉と〈比較〉の日本帝国史 統治技術としての観光·博 覽會·フィールドワーク』, 新曜社, 2014.
赤井正二, 『旅行のモダニズム』, ナカニシヤ出版, 2016.
老川慶喜, 『鉄道と観光の近現代史』, 河出ブックス, 2017.
荒山正彦, 『近代日本の旅行案内書図録』, 創元社, 2018.
橋爪紳也, 『大大阪モダニズム遊覧』, 芸術新聞社, 2018.
小牟田哲彦, 『明治·大正·昭和日本人のアジア観光』, 草思社, 2019.
広瀬正剛, 『旅行案内書を主な分析資料とした温泉地域の近代化過程に 関する研究-有馬温泉街泺事例として-』, 北海道大学博士学位 論文, 2021.

일본의 근대관광에 대한 연구는 주로 제국사적 관점을 바탕으로 이루 어졌다는 특징이 있다. 대표적인 것이 아리야마 테루오가 쓴 『해외관광여 행의 탄생(海外観光旅行の誕生)』으로 이 책은 2014년 한글로 번역, 출판 되어 관련 연구자들에게 도움을 주고 있다. 그리고 일제하 대만의 근대관

광에 대한 소야마 다케시(曾山毅)의『식민지 대만과 근대 투어리즘(植民地
台湾と近代ツーリズム)』은 식민지 대만의 관광개발 과정을 추적하면서 일
제가 이를 통해 식민지 지배를 어떻게 하였는가를 천착하였다. 이양희(李
良姬)의 연구는 이와 같은 문제의식을 일제하 조선에도 적용하여 금강산관
광을 중심으로 살핀 것이다. 과문하지만 필자가 파악하기로는 일제하 조선
의 근대관광에 대한 최초의 박사학위논문은 1995년 임화순(任和淳)의 연
구이다. 그는 근대 한국온천의 발달과정을 1910년경까지의 한국풍 전통적
온천 이용기, 1910~1945년 일본인에 의한 이용·개발기, 1945~1962년
해방 이후 공백·쇠퇴기, 1962~1975년 온천 이용 부흥기, 1975년 이후의
온천 이용·개발 발전기로 구분하여 살폈다.[5] 이후 2004년 이양희의 연구
가 제출되면서 일본 내에서 식민지 조선의 근대관광 연구가 본격화되었다.
특히 아베 준이치로(阿部純一郎)는 자신의 책 제목에 부제를 '통치 기술로
서의 관광·박람회·필드워크'라 한 것은 그가 관광을 식민지 지배의 한 수
단으로 파악하고 있다는 것을 의미한다.

　이렇게 보면 일본의 근대관광 연구는 사실을 확인하는 단계를 넘어 이
를 해석하고 이해를 심화하는 단계로 이행하였음을 알 수 있다. 특히 아라
야마 마사히코(荒山正彦)가 공익재단법인 일본교통공사 여행도서관(旅の
図書館)과 협조하여 자료를 수집, 정리한 자료집을 간행하여 일본근대관
광 연구의 초석을 쌓았다. 즉 그는 유마니쇼보(ゆまに書房)에서『시리즈 명
치·대정의 여행(シリーズ明治·大正の旅行)』을 간행하였고, 공익재단법인
일본교통공사 여행도서관(旅の図書館)이 소장 중인 일본여행협회(ジャパ
ン·ツーリスト·ビューロー)의 기관지『타비(旅)』와『츠리스트(ツーリス
ト)』의 복각판을 역시 유마니쇼보(ゆまに書房)에서 발간하였던 것이다.

---

5 任和淳,『近代韓国における温泉観光地の発達過程に関する史的研究』, 東京工業大
　學, 1995.

이에 반해 국내에서 근대관광에 대한 연구가 이루어지기 시작한 것은 불과 20여 년 전부터라 할 수 있다. 연구의 시작이 늦었으므로 근대관광에 대한 연구의 양적, 질적 수준이 일본에 미치지 못한다고 할 수 있다. 그럼에도 불구하고 최근 근대관광 연구자와 논문의 수가 많아졌으며, 아래에서 보듯이 2편의 박사학위논문이 제출되고 다수의 저서들이 발간되는 등 연구의 양적, 질적 수준이 향상되어 한국근대관광에 대한 이해의 수준을 높였다.

부산근대역사관학예연구실,『근대, 관광을 시작하다』, 부산근대역사관, 2007.

국사편찬위원회 편,『여행과 관광으로 본 근대』, 두산동아, 2008.

동국대학교 문화학술원 한국문학연구소 편,『제국의 지리학, 만주라는 경계』, 동국대학교출판부, 2010.

조성운,『식민지 근대관광과 일본시찰』, 경인문화사, 2011.

조성운 외,『시선의 탄생-식민지 조선의 근대관광-』, 선인, 2011.

서기재,『조선 여행에 떠도는 제국』소명출판, 2011.

한철호 외,『식민지 조선의 일상을 묻다』, 동국대학교출판부, 2013.

아리야마 테루오 지음, 조성운 외 번역,『시선의 확장-일본 근대 해외 관광여행의 탄생-』, 선인, 2014.

문옥표,『동아시아 관광의 상호시선-근대 이후 한중일 관광 지형의 변화-』, 한국학중앙연구원출판부, 2016.

김정은,『유원지의 수용과 공간문화적 변화 과정-창경원, 월미도, 뚝섬을 중심으로-』, 서울대학교대학원 박사학위논문, 2017.

우미영,『근대조선의 여행자들-그들의 눈에 비친 조선과 세계』, 역사비평사, 2019.

조성운,『관광의 모더니즘-식민지 조선의 근대관광과 수학여행-』, 민속원, 2019.

김지영,『식민지 관광공간 금강산의 사회적 구성-'일제'의 국립공원 지정 논의를 중심으로-』, 한국학중앙연구원 한국학대학원 박사학위논문, 2021.

서기재,『근대 관광잡지에 부유하는 조선』, 앨피, 2021.

그런데 식민지를 경험한 우리나라 근대관광 연구는 반제국주의적 관점에서 이루어지고 있다는 것이 특징이라 할 수 있다. 이는 우리나라 근대관광 연구가 일본의 영향을 받아 주로 근대관광의 개념, 전개 과정, 관광자의 시선에 대한 연구에 집중되다가 최근에 이르러서야 관광 잡지를 통한 연구, 관광개발에 대한 연구 등으로 연구의 범위와 시야가 확대되는 것과 맥을 같이 하는 것이다. 특히 관광개발에 대한 연구는 지역개발이나 산업개발이라는 측면과 연결하여 연구가 진행되고 있어 도시사의 연구 성과와 결합하여 일제하 한국사회, 특히 지방사회 연구의 부족한 부분을 메꿀 수 있을 것이라 생각된다. 또한 근대관광에 대한 총합적인 정리를 위해 자료를 수집, 정리하여 연구자에게 제공하는 작업도 이루어져야 할 것이다.

2) 연구의 내용과 범위

이 책은 한말~일제 강점기에 이루어진 우리나라 근대관광의 탄생과 변용 과정을 살피는 데 목적을 두었다. 이를 위해 다음의 몇 가지 점에 주목하였다.

첫째, 한말 근대관광의 개념이 서구와 일본제국주의에 의해 일방적으로 전해진 것이 아니라 한국 사회 내부에서 발생하였으며, 그것이 일제의 침략이 본격화되는 과정에서 근대관광이 식민지성을 띠게 되는 과정을 천착하였다. 특히 1899년 경인철도가 개통되면서 원거리로의 수학여행이 가능해졌고, 1905년과 1906년에 경부철도와 경의철도가 각각 개통되면서 수학여행지가 다양해졌다. 이는 단체여행이 가능해졌다는 것을 의미하는 것이다. 더욱이 1906년 일본 아사히신문사가 주최한 만한순유단은 대한제국으로 들어온 최초의 해외단체관광단으로 이후 조선인도 개별적으로나 단체를 조직하여 일본시찰 혹은 일본관광에 나서기 시작하여 조선인의 일본관광여행도 시작되었다. 이는 1905년 경부선과 부관연락선이 동시에 개통되었기 때문에 가능하였던 것이다. 이 과정에서 일제의 조선 강점 직전인 1909년과 1910년에 경성일보사가 조선의 초일류 인사들을 중심으로 일본관광단을 조직, 파견하였다. 이는 조선 강점을 눈앞에 두고 이들 초일류 인사들을 회유, 협박, 설득하는 작업이었음이 연구를 통해 밝혀졌다. 이외에도 일제의 조선 강점 이전에 다수의 일본관광(시찰)단이 조직되었다. 이 일본관광(시찰)단을 『대한매일신보』는 '마귀단', '기괴단' 등으로 부르며, 이들의 행위를 매국행위로 간주하였다. 만한순유단과 일본관광단은 한국 근대관광이 식민지성을 갖게 되는 계기가 되었고, 일제의 조선 강점 이후 조선총독부의 관광정책은 이를 더욱 공고하게 하였다.

둘째, 조선총독부의 관광정책을 주목하고자 한다. 조선 강점 이후 설치된 조선총독부는 경성일보의 일본관광단과 같은 맥락에서 1910년대 일본시찰단을 조직하여 일본에 파견하였다. 시기에 따라 일본시찰단에 참여하는 계급과 계층은 달라지고 있다. 1915년 무렵까지는 식민지 조선의 상류층이 중심되었으나 이후에는 중간계층이 중심이 되었다. 특히 3·1운동 이후에는 식민지 지배의 새로운 협력자를 양성한다는 명목 하에 군수, 군·면직원, 면장, 독농가, 청년, 교사 등 중간계층이 중심이 되어 파견되었다. 그리고 다수의 학교들이 일본으로 수학여행을 가기도 하였다. 그리고 부·군·금융조합·부인회·면장·신문사 지국·강화기물조합·상업회의소 등이 일본시찰단을 조직하기도 하였으나 대부분은 군청에서 조직하였고, 인솔자는 주로 군수나 군 관계자 등이었다. 특히 조선총독부는 시찰단원에게 지방비, 사회교화비 등에서 여행경비를 지원하기도 하였다. 이는 3·1운동으로 인해 폭발한 조선인의 독립에 대한 열망과 의지를 희석시키려는 목적하에 행해진 것이었으나 시찰단원의 입장에서는 관광을 할 기회를 얻는 것이기도 하였다. 그리하여 시찰단원의 행태에 대한 각종 비판이 제기되기도

하였다. 이와 함께 경성·수원·평양·인천 등지로의 국내관광도 장려되었다. 인천을 제외한 경성·수원·평양은 전통도시이면서도 일제가 근대적인 시설을 통해 근대도시로 탈바꿈을 시킨 도시로서 이를 통해 일제의 식민통치의 성과를 관광자에게 직접 보이고 체험할 수 있게 하는 공간이었다.

셋째, 근대적인 여행안내서의 발행에 주목하고자 하였다. 여행안내서란 주로 여행을 하려는 사람의 편의와 안내라는 특수한 목적을 가지고 쓰여진 서물(書物) 전체를 지칭하는 것으로 가이드북과 핸드북의 두 종류가 있다. 18세기 중반 영국에서 최초의 여행안내서가 출간된 이래 세계적으로 전파되어 철도의 보급과 함께 일본에서도 크게 유행하였다. 대한제국에서는 1908년 통감부철도국이 『조선철도선로안내』를 발간하였고, 조선총독부철도국에서도 다수의 여행안내서를 발간하였다. 우리나라 사람이 쓴 최초의 근대적 여행안내서는 1909년 정은모가 2권으로 출판한 『대한십삼도유람』(옥호서림)이라 할 수 있다. 식민통치기관이 발행한 것과는 시각적으로나 내용적으로 차이를 보인다. 이 시기 발간된 여행안내서는 대체로 각 철도노선의 주요 역을 중심으로 그 고장의 개황과 명승지 등이 소개되었다. 또 1923년 경성여행안내사가 한글잡지 『여행안내』를 월간으로 발간한 이래 다수의 월간 여행잡지가 발행되어 여행이 일상화되어 가고 있는 모습을 확인할 수 있다. 그리고 조선총독부에서도 한글판 여행안내서를 발행하고자 한 계획을 갖고 있었다는 것도 확인된다. 그런데 조선총독부 혹은 조선총독부철도국이 발행한 여행안내서류의 명승지 소개는 한국사적 관점에서 서술된 것이 아니라 일본과의 관련성을 중심으로 서술되었다. 이는 여행과 관광을 통해 일본인에게는 식민통치의 자부심, 조선인에게는 동화주의를 선전하려는 조선총독부의 의도가 관철된 것이었다.

넷째, 철도와 도로 등의 근대교통의 건설에 주목하고자 하였다. 1915년 조선물산공진회의 개최를 계기로 각 지방에서 공진회가 열리는 경성까지의 철도와 도로를 건설하거나 개수하였다. 또 경성시구개선사업을 통해 경성 내의 도로와 전차 노선을 정비하였다. 1910년대 후반 이래에는 사설철도를 지방개발과 산업개발의 차원에서 적극 장려하면서 간선철도와 연락을 도모하였다. 특히 사설철도의 관광개발은 지방개발의 차원에서 행해져서 온양온천은 경남철도주식회사, 신천온천은 서선식산철도주식회사를 중심으로 개발되었다. 이들 온천에는 각종 공원, 운동장과 같은 오락시설이 들어서고 지근 거리의 철도역과 온천 사이를 연결하는 도로가 정비되었다. 그리고 여관과 호텔이 들어서서 영업하여 풍기문란의 문제가 야기되기도 하였다. 금강산전기철도주식회사는 금강산 관광개발을 직접적인 목적으로 건설되었다. 한편 도로가 건설됨에 따라 자동차 영업도 성장하였다. 1912년 오리이(織居)자동차상회가 설립된 이래 각도에는 자동차 회사가 설립되어 철도역과 인근 지역, 혹은 지역 내의 주요 지점을 연결하는 노선을 운행하였다. 평양과 경주에는 유람자동차가 운행되었고, 유람도로(관광도로)도 건설되어 관광이나 여가를 위한 활동이 점차 왕성해지고 있음도 확인할 수 있다. 그러나 평양의 경우 유람도로는 주로 일본인 거주지역을 중심으로 건설되어 관광이나 여가 생활이 일본인 중심으로 이루어졌다는 것을 확인할 수 있다. 그리하여 1913년 금강산에서 관광을 목적으로 한 도로가 최초로 건설된 이래 1920년대 중반부터 1940년 무렵까지 건설되어 일제 말기까지 관광도로가 건설되었음을 확인할 수 있다.

다섯째, 관광개발에 주목하여 금강산 관광개발과 평양 관광개발에 대해 살폈다. 금강산 관광개발은 금강산 국립공원화 계획을 중심으로, 평양 관광개발은 수학여행과 평양명승구적보존회의 활동을 중심으로 살펴보았다. 금강산 관광개발 논의는 1910년대 초반부터 이루어졌다. 특히 1912년 일본 여행협회(ジャパンツーリストビューロー) 조선지부를 설치하면서부터 금강산 관광개발 문제가 제기되었고, 1915년 조선물산공진회 강원도협찬회

는 금강산 내 도로 수리, 숙사 및 주방 설비, 표지판 설치, 안내소 설비 등을 주요 사업을 설정하는 등 조선물산공진회를 계기로 금강산 관광개발은 본격화하였다. 조선물산공진회 강원도협찬회가 해산된 뒤인 1916년에는 금강산보승회가 조직되어 금강산 관광개발에 주력하였는데, 이 금강산보승회는 조선총독부 차원에서 조직되었던 것으로 보인다. 그러나 금강산보승회는 제대로 활동하지 못한 상태로 지속되다가 금강산국립공원화계획이 추진되자 1926년 금강산선전회가 조직되어 금강산 보승에 관한 활동을 수행하였고, 1929년에는 금강산보승회를 재단법인화하여 국립공원화를 위한 활동을 전개하고자 하였다. 금강산보승회의 재단 설립 신청 이후인 1930년 1월부터 금강산 보승에 관한 협의회가 수 차례 개최되어 1930년 3월 금강산협회라는 이름으로 조직하기로 결정한 후 금강산국립공원화를 위한 활동에 들어가 1932년 4월 11일 금강산협회를 인가받았다. 이후 금강산국립공원화계획은 금강산협회가 주도하였다. 평양은 경의철도의 개통과 함께 수학여행지로 부상하였으며, 이에 따라 단체 관광객을 수용하기 위한 시설을 마련해야 하였다. 그리고 평양부의 고적 보존과 개발을 통한 명승지의 관광지화를 추진하기 위해 평양명승구적보존회가 조직되어 모란봉공원화계획을 추진하였다.

여섯째, 일제하 사설철도의 관광개발에 주목하였다. 조선총독부의 사설철도정책은 지방개발과 산업개발이라는 측면을 강조하였다. 이에 주목하여 일제하 조선의 자본가와 일본내의 자본가들은 식민지 조선에 사설철도 건설에 관심을 두었으나 시장성이 크지 않았으므로 바로 투자하지는 않았다. 이에 조선총독부가 사설철도에 대한 자본 투자를 유치하기 위한 방안으로 보조금 지급을 결정하고 법제화하자 1910년대 말 이래 자본투자가 시작되어 사설철도회사의 설립이 본격화되었다. 1909년 조선와사전기 주식회사가 부산에 설립되어 부산지-동래 간을 운행하면서 동래온천을 개발한 이후 경주를 통과하는 조선중앙철도주식회사, 온양온천과 신천온천을 통과하는 경남철도주식회사와 서선식산철도주식회사가 관광개발에 뛰어들었으며, 금강산전기철도는 금강산 관광개발을 직접적인 목적으로 설립되었다. 이 회사들은 관광지 조성 사업의 일환을 여관이나 호텔을 경영하고, 주변에 관광시설을 설치하여 관광객 유치를 위한 사업을 경영하였다. 그리하여 이들 관광지를 중심으로 각종 유흥시설이 설치되어 표면상으로는 지역경제가 발전하는 모습을 보였으나 이들 자본의 상당 부분이 일본인 자본이거나 경성을 중심으로 한 중앙자본이 유입됨으로써 오히려 지방민의 토지나 가옥을 헐값으로 매입하여 지역민의 생활을 곤란하게 하였다. 특히 일부 일본 자본은 관권을 동원하여 토지를 매입하거나 헐값으로 조선인 노동자를 고용하는 등 약탈적 양상을 보이기도 하였다. 뿐만 아니라 이들 지역을 중심으로 풍기문란의 문제가 야기되어 사회문제화하는 등 지역사회에 악영향을 끼치고 있다는 평가도 지적되었다.

다른 한편 근대관광의 연구가 진전됨에 따라 제기되고 있는 문제 중의 하나가 식민지 시기 일제에 의해 경제가 성장하고 근대화의 토대가 마련되었다는 점을 인정하자는 이른바 '식민지 근대화론'이다. 사설철도의 지방개발, 산업개발의 성격이 '식민지 근대화론'을 증명하는 방법이 될 것이라는 우려가 있기 때문이다. 그러나 사설철도의 관광개발 과정에는 관권이 동원되어 강제적으로 식민지 조선인에 대한 수탈이 이루어지며, 조선총독부의 보조금이 지급되는 등 각종 특권이 일본인과 일본자본에 보장되었던 사실을 확인할 수 있다. 즉 일제하 사설철도의 관광개발이 자본주의 시장논리만으로 이루어진 것이 아니라 식민지 권력의 적극적인 원조에 의해 이루어졌다는 것을 보여주므로 오히려 일제의 식민지 수탈, 즉 '식민지 수탈론'의 관점으로 설명이 가능하다고 할 것이다. 그러므로 본서는 '식민지 수탈론'이라는 관점에서 서술되었음을 미리 밝힌다.

이러한 바탕에서 필자는 다음의 연구가 보다 심층적으로 이루어져야 한국근대관광사 연구가 한층 진전될 수 있을 것이라 생각한다.

　첫째, 일제는 조선을 강점하기 전부터 철도, 도로, 항만 등의 정비에 관심을 기울였다. 특히 경부철도와 경의철도는 일제의 식민지 교통정책의 큰 부분을 차지하고 있음은 주지의 사실이다. 이 철도들은 군사적 목적, 경제적 목적을 가진 것은 분명하지만 근대관광의 관점에서 보면 식민통치의 안정과 사람의 이동을 촉진시켜 근대관광 형성의 토대가 되었던 것도 명확하다. 경부철도와 경의철도 등 간선철도에 대한 연구는 비교적 일찍 시작되었으나 사설철도에 대한 연구는 최근에야 이루어지고 있다. 사설철도에 대한 연구는 지방개발, 산업개발과 관련하여 주목받고 있으나 관광개발과 관련한 연구는 찾아보기 어렵다. 관광개발과 관련된 연구도 관광개발을 주된 목적으로 한 것이 아니라 지역개발과 관련된 속에서 관광개발을 언급하는 수준일 뿐이었다.[6] 그러므로 경주, 신천온천·장수산, 온양온천을 중심으로 관광개발을 행한 조선중앙철도주식회사, 서선식산철도주식회사, 경남철도주식회사와 금강산관광을 직접적인 목적으로 설립된 금강산전기철도주식회사에 대한 연구[7]와 이 회사들의 관광개발에 대한 연구도 이루어져야 한다. 특히 이 회사들이 발간한 각종 자료를 발굴함은 물론 조선사설철도협회, 조선철도협회 등이 발간한『조선사설철도협회회보』, 『조선철도협회잡지』, 『조선철도협회회보』 등의 기관지와 일제 강점기 국내에서 발행되었

6　대표적인 연구로 조형열의 연구(「근현대 온양온천 개발 과정과 그 역사적 성격」, 『순천향인문과학논총』 29, 순천향대학교 인문학연구소, 2011.)를 들 수 있다.

7　금강산전기철도주식회사에 대해서는 다음의 연구를 참조할 수 있다.
　조성운, 「1910년대 조선총독부의 금강산 관광개발」, 『한일민족문제연구』 30, 한일민족문제학회, 2016; 서영애·박한솔, 「금강산전기철도에 의한 철원지역 근대 경관과 흔적」, 『한국경관학회지』 11-2, 한국경관학회, 2019; 장혜진, 「일제강점기 금강산전기철도주식회사 설립과 금강산개발 실태」, 『강원문화연구』 44, 강원대학교 강원문화연구소, 2021; 이부용, 「금강산전기철도의 자연재해와 극복 과정」, 『강원문화연구』 44, 강원대학교 강원문화연구소, 2021.

던 일본어신문의 기사를 활용하는 것은 매우 중요하다. 이 기관지들과 일본어신문에는 조선총독부철도국의 입장과 다른 철도회사들의 입장을 알려주는 기사들이 자주 게재되었으므로 조선총독부철도국과 각 사설철도회사의 입장 차를 확인하는데 매우 유용하다. 그러함에도 불구하고 현재 이 기관지들과 일본어신문의 활용은 매우 미흡한 실정이다.

둘째, 각 지방에서 전개된 다양한 관광정책과 관광개발에 대한 실증적 연구가 이루어져야 한다. 조선총독부는 각 지방에서 고적조사사업을 실시하였다. 1916년 조선총독부령 제52호로 '고적급유물보존규칙'을 제정하고, 조선총독부 훈령 제29호 '고적조사위원회규정'과 제3호 '고적급유물에 관한 건'을 공포하였다. 특히 '고적급유물보존규칙'에 따라 1924년까지 193건(186번이 누락되어 실제로는 192건)의 유물과 유적을 등록하였다. 그리고 '고적조사위원회규정'에 따라 고적조사위원회를 설치하여 고적조사사업을 본격화하였다. 특히 1921년에는 학무국에 고적조사과를 신설하여 식민지 조선의 고유문화에 대한 정책적 접근을 통해 '한국에 대한 문명적 지배'를 강화하고자 하였다. 이와 같은 맥락에서 1922년 12월 4일 조선총독부는 조선총독부 훈령 제64호 '조선사편찬위원회규정'을 공포하고, 조선사편찬위원회를 설치하여 고적조사의 결과를 조선사 편찬에 활용하도록 하였다. 또 1933년 8월 9일에는 제령 6호 '조선보물고적명승천연기념물보존령'을 공포하고, '고적급유물보존규칙'과 '고적조사위원회규정'을 폐지하였다. 이러한 제도 변경의 명목은 문화재의 보다 완벽한 보존을 기함과 동시에 소유자에 대하여 일정한 의무를 지게 할 방도를 마련할 필요가 있다는 점 외에도 일본에서 한반도와 만주로의 관광객이 급증함에 따라 유물의 파손과 망실이 속출될 가능성이 있었기 때문이었다.[8] 이 과정에서 각 지방

---

8 이순자, 『일제강점기 고적조사사업 연구』, 경인문화사, 2009, 227쪽.

에서는 고적유물보존회나 보승회 등이 조직되어 활동하였고, 이들을 중심으로 고적 보존과 이의 관광적 활용이 크게 성행하였다. 그러므로 조선총독부의 고적보존과 고적조사는 다른 한편으로는 관광의 성격이 매우 컸던 것이다. 따라서 각 지방에서 이루어진 관광단체의 활동에 대한 연구도 진전되어야 한다.

셋째, 지방 개발과 관련된 연구도 진전되어야 한다. 부산·인천·수원 등지는 지방사에 대한 연구가 비교적 활발하게 전개되고 있는 지역이다. 이들 지역에서 행해진 연구는 도시사적인 관점에서도 의미있지만 이들 연구가 근대관광 연구의 토대가 되고 있다는 점에 주목해야 한다고 생각한다. 즉 도시의 근대적 발전과 변용을 천착하고 있는 근대 도시사의 연구는 곧 지방 개발에 대한 연구이다. 이는 조선총독부가 추진하던 지방개발과 산업개발이라는 틀에서 조선총독부의 지방 개발 정책을 천착하는 것이며, 이 과정에서 해당 도시들은 관광개발에 박차를 가했다. 예를 들면 부산의 동래온천과 해운대온천, 인천의 월미도유원지, 수원의 화성 관광 개발이 그것이다. 그러므로 근대 지방개발과 산업개발에 대한 연구가 진전되어야 근대관광에 대한 연구도 진전될 수 있다.

결국 근대관광에 대한 연구는 총체적으로 보면 일제와 조선총독부의 지배정책의 틀 속에서 파악되어야 하는 것이 옳다고 생각된다. 그러나 지배정책의 맞은편에는 그 대상이 되는 조선인이 있다는 점을 반드시 고려해야 한다. 조선인이 이를 어떻게 이해하고 수용하였는가를 파악하는 것은 일제와 조선총독부의 지배정책에 대해 조선인이 어떻게 반응하고 대응하였는가를 파악함으로써 알 수 있을 것이다. 본서는 이에 대해 충분히 파악하지 못하고 있다. 바로 이 점이 향후 연구가 진전되어야 하는 이유이기도 하다.

제1장 | 대한제국기 근대관광의 모색과 실태

1. 근대관광의 모색

관광에 대해 라이퍼 네일(Leiper Neil)은 다음과 같이 정의하였다.

> 관광이란 통상 거주지로부터 멀리 떨어진 곳에서 하룻밤 이상을 체
> 류하는 자유로운 여행의 체계이다. 그러나 돈벌이를 주목적으로 하는
> 여행은 여기에서 제외된다. 이 체계의 구성요소는 관광객, 출발지, 이
> 동경로, 관광지, 관광산업 등이다. 이 다섯 요소는 공간적, 기능적으로
> 서로 연결된 형태로 배열된다. 개방체계의 특징이 있는 이 다섯 요소의
> 조직은 광범위한 환경, 즉 물질적, 정신적, 사회적, 경제적, 정치적, 기
> 술적 환경 속에서 작동한다.[1]

즉 돈벌이와 상관없이 집에서 멀리 떨어진
곳을 하루 이상 자유롭게 여행하는 것을 관광
이라 정의한 것이다. 이러한 관광이나 여행은
근대 이전에도 유람이나 탐승의 형태로도 존
재하고 있었다는 점에서 비판할 수 있다. 근대
이후의 관광을 논할 때는 관광이 산업화, 대중
화되었다는 점을 강조해야만 하는 것이다. 그
것은 전문 여행사가 특정한 인물이나 세력이
아닌 불특정 다수, 즉 대중을 대상으로 관광을
산업화했기 때문이다. 그러므로 닝왕이 지적
한 바와 같이 근대관광은 산업화와 대중화를
특징으로 하는 것이다.

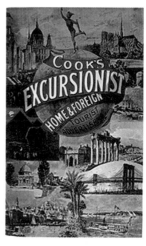

〈그림 1-1〉 토마스 쿡이 발행한
여행잡지 익스커셔니스트의 표지

---

1 Leiper Neil, The Framework of Tourism: towords a Definition of Tourism,
Tourist and the Tourism Industry. *Annuals of tourism Research 6(4)*, p.p
403~404.(닝왕, 『관광과 근대성』, 일신사, 2004, 27~28쪽, 재인용).

'관광(Tour)'과 '관광객(Tourist)'이란 용어가 사용되기 시작한 것은 18세기 무렵부터라고 하며, 오늘날 우리가 사용하고 있는 관광이라는 개념은 19세기가 되어서야 탄생하였다고 한다. 1841년 영국의 토마스 쿡 (Thomas Cook)이 570명의 관광객을 모집하여 실시했던 기차여행에서 기원한 근대관광은 일부 상류층에 국한되어 있던 관광, 여행을 대중화시켰다. 이는 산업혁명 이후 성장한 시민-중산층의 등장과 대규모 운송수단인 철도가 발명되고 실용화되었기 때문에 가능했던 것이었다. 몇 차례의 기차여행을 더 성공적으로 수행한 토마스 쿡은 1845년 세계 최초의 여행사인 토마스 쿡 앤 선(Thomas Cook & Son)사를 설립하였고, 이후 유럽과 미국에서 다른 여행사들이 설립되어 관광과 여행은 대중화되기 시작하였다.[2]

이는 당시 유럽에서 광풍처럼 유행하였던 박람회와 해외 식민지 관광 때문이었다. 그러므로 근대관광은 그 탄생부터 식민지와 피식민지의 차별, 즉 '야만'과 '문명'이라는 관점과 시각을 전제로 하였다. 특히 박람회가 '문명인'인 유럽인들이 '야만인'인 아시아·아프리카의 사람들과 문화를 간접적으로 경험할 수 있는 것이었다면 식민지 관광은 이를 직접적으로 경험할 수 있는 기회였다. 그리하여 근대관광은 제국주의의 산물일 수밖에 없었다.

기존 연구에 따르면 관광이라는 용어는 '관국지광(觀國之光)'에서 나온 것으로 알려져 있으며, 우리나라의 경우는 북송의 사신 서긍(徐兢)이 『고려도경(高麗圖經)』에서 사용한 '관광상국(觀光上國)'에서 그 용례를 최초로 확인할 수 있다.[3] '관광상국'이란 중국의 발전된 모습을 배우는 일종의 국외공무여행의 성격을 의미하는 것으로 볼 수 있다. 이러한 의미의 '관광'

---

2 조성운, 『식민지 근대관광과 일본시찰』, 경인문화사, 2011, 70~71쪽.
3 서긍, 『(국역)고려도경』, 민족문화추진회, 1978, 48쪽.

은 17~18세기에는 장원급제자의 유가행렬(遊街行列)을 구경하는 것을 의미하기도 하였다.[4] 뿐만 아니라『조선왕조실록』의 용례를 분석하면 관광은 과거, 임금행차 구경, 중국관광, 중국사신행차구경, 왜인의 조선관광, 국내유람, 지역명, 궁궐구경 등 8가지의 용례가 발견된다. 이러한 용례들은 대부분 임금과 국가(중국 및 조선)의 광화(光華)를 보고자 한 것이었다.[5] 그런데 대한제국기에는 관광의 범위가 더 넓어져서 학생들의 운동회를 구경하는 것도 관광한다고 할 정도가 되었다. 이렇게 보면 조선후기 이래 관광이라는 용어는 그 용례의 폭이 확대되었음을 알 수 있다.

이러한 관광이라는 용어가 근대관광을 의미하는 용어로 정착되는 것은 대한제국기라 할 수 있다. 앞에서도 언급했듯이 학생들의 운동회를 구경하는 것을 '관광'한다고 표현한다던지, "함경도 사롬 김모가 아라샤 복식ᄒ고 셧다가 아라샤 말노 무솜 쇼리를 질으며 김치빅에 쓴 안경을 집펑이로 짜려 ᄭᅵ트린 지라 엽헤셔 관광ᄒ든 사롬들이 대단히 격분ᄒ여"[6]라고 한 것과 같이 한 개인이 다른 개인의 모습을 구경한 것도 '관광'한다고 표현한 것에서 볼 수 있듯이 관광은 구경한다는 의미로 사용되었다. 이렇게 사용되던 '관광'은 1887년 일본박물관에 대한『한성주보』의 기사에서 처음으로 발견되며, 이후『독립신문』·『황성신문』·『대한매일신보』등에서 1905년까지 간간이 그 용례가 발견되나 1909년 경성일보사가 주최한 일본관광단 이후에는 오늘날 우리가 사용하는 '관광'이라는 의미로 정착한 것으로 보인다. 물론 구경한다는 의미로 사용한 '관광'이라는 용례는 점차 줄어들고 있다.

---

4 한경수,「고려시대의 관광사상과 관광용어에 관한 연구」,『관광연구』3, 대한관광경영학회, 1993, 5쪽.
5 한경수,「한국에 있어서 관광의 역사적 의미 및 용례」,『관광학연구』36, 한국관광학회, 2001, 280쪽.
6 『매일신문』, 1898년 5월 10일.

그런데 "한강은 중완에 인천과 서울의 통로가 편의치 못하더니 지금 확
연히 문명과 야만의 구별이 된 것이 지금 한강철교가 준공되어 경인철도가
전통되어 서소문 밖에 긴 뱀이 연기를 토하니"[7]라고 한『제국신문』의 기사
는 이 시기 문명과 야만에 대한 대한제국 지식인의 인식을 보여준다고 할
수 있다. 이 기사에서는 '한강철교가 준공되어 경인철도가 전통'되었다는
것에서 철도의 개통을 문명과 야만을 구별하는 기준으로 보았다.

〈그림 1-2〉 1906년 만선여행단을 태운 로세타마루

　우리나라 최초의 철도인 경인철도는 일본에 의해 부설되었다. 여기에서
우리나라의 근대관광은 다른 분야와 마찬가지로 일본의 영향을 강하게 받았
음을 알 수 있다. 일본은 후발제국주의국가로서 서구의 관점에서 보면 '보여
지는' 객체였으나 조선·대만·중국과 같은 아시아권 국가들에 대해서는 '보

---

7 「논설」,『제국신문』, 1900년 7월 18일.

는' 주체였다. 이러한 관점에서 일본은 1894년 청일전쟁과 1904년 러일전쟁을 승리로 이끈 이후 '제국' 일본의 국민들에게 '보는' 주체로서 '야만'적인 조선·대만·중국을 실제 볼 수 있는 기회를 제공할 필요를 느꼈다. 이러한 야망을 실천한 것은 일본 정부가 아니라 아사히신문사(朝日新聞)가 1906년 조직한 만한순유단과 1908년 조직한 세계일주여행단이었다.[8] 이후 일본에서는 각종 신문사와 상업회의소 등에서 만한시찰단을 조직, 파견하는 붐이 일어났고, 각급 학교에서는 수학여행단을 만주와 조선으로 보내었다.

이와 함께 개화정책을 추진하고 있던 국내에서도 관광에 대한 개념이 성립하고 있었다. 1887년 동경(東京)박물관에 대한 『한성주보(漢城週報)』의 "관광객의 방문과 물품의 매개가 작년에 비해서 더욱 열기를 띠고 있"[9]다는 기사는 박물관과 관광에 대해 조선정부가 인식을 하고 있었다는 것을 보여준다. 그리고 대한제국이 성립한 이후인 1898년 이토 히로부미(伊藤博文)가 "한가함을 타서 청국을 유람하려는 길에 우리나라에 잠간 들러 구경"[10]했다거나 "이태리는 古跡이 富涵과 風光이 明媚하므로 항상 외국의 遊客이 來玩함이 甚多한데 그 遊覽費額이 年年히 육천만불－일억이천만 원에 及"[11]하다는 기사와 1902년 이탈리아에 입국한 관광객이 954,000인이라는 기사[12]는 이 시기에 근대관광의 개념이 성립했다는 것을 보여준다. 특히 다음의 『독립신문』 기사와 같이 관광산업을 육성하자는 주장이 제기되기도 하였다.

---

8 만한순유단에 대해서는 다음의 연구가 참조된다.
  有山輝雄, 『海外觀光旅行の誕生』, 吉川弘文館, 2002(이 책은 『시선의 확장』(선인, 2014)이라는 제목으로 필자 등이 번역, 출판하였다); 小林健, 『日本初の海外觀光旅行』, 春風社, 2009.
9 「일본박물관」, 『漢城週報』, 1887년 7월 18일.
10 「화기 시졀 에 무심 혼 풍우 업고 문명 세계에」, 『매일신문』, 1898년 8월 27일.
11 「이태리고적」, 『황성신문』, 1899년 8월 28일.
12 「이태리의 관광인」, 『황성신문』, 1902년 11월 17일.

미국 사람들이 일년에 구라파에 유람 하노라고 구라파 각국에 가서 쓰는 돈이 금전으로 이억 만 원이라. 근일에는 미국 사람들이 동양으로 많이 구경을 와서 일본 청국 등지에 쓰는 돈이 여러 만 원이 되고 일본서는 유람하는 외국 사람들 까닭에 일년에 팔리는 물화가 몇 십 원어치요 외국 사람이 유람하는 까닭에 각 처 숯막에서들 버는 돈이 여러 십만 원이라. 조선도 외국 사람이 내지에 유람 하게 길을 정히 닦아 마거가 능히 다니게 되고 각처에 외국 사람들이 유숙 할만한 상등 숯막들이 있을 것 같으면 일본 청국에 오는 외국 유람 하는 사람들이 조선에 의례히 올지라. 외국 사람들이 조선 내지에 많이 유람 하거드면 글로 인연 하여 국 중에 장사 하고 벌이 하여 먹을 사람이 많이 생길 터이요. 또 외국 돈이 국 중에 많이 들어 올지라. 그뿐 아니라 조선에 유명한 강. 산과 경치 좋은 처소들과 온정과 바닷가들이 훌륭한 데들이 되어 좋은 집과 좋은 마당과 좋은 길이 많이 생길 터이요. 글로 인연하여 장사가 성하게 될지라. 조선에 좋은 경치를 외국에 광고 하여 일본이나 청국 보다 더 좋은 대로 알고 외국 사람들이 구경하러 올 터이니 또한 나라에 생색이라.[13]

그리고 이를 위하여 교통수단과 도로의 개설, 숙박시설의 설치, 금강산 관광개발과 같은 관광개발이 필요함을 다음과 같이 주장하였다.

지금은 외국 사람들이 조선에 유람하러 올 수 없는 것이 첫째는 내지에 유행하기가 불편하고 탈 것이 없어 가마나 말 외에는 먼길을 갈 수가 없으니 외국 사람들이 이런 것을 타고야 불편하여 먼 길을 다닐 수 없고 또 둘째는 숯막이 없어 묵을 대가 없은즉 길 갈 수가 없는지라. 조선에 소위 숯막 이란 것은 숯막이 아니라 지옥인즉 외국 사람들이 그런 대 가서 유숙하기를 좋아 아니 하는지라. 그런 고로 조선에 유명한 경치가 있고 세계에 자랑할 만한 강산이 있으나 세상에 알리지를 못하니 어찌 한심하지 아니 하리오. 이때에 이런 의논 하는 것이 오활한 듯하여 그러하되 조선 강산과 기후는 세계에 남만 못지 아니하거늘 이것을 외국에 자랑할 수가 없으니 조선 사랑하는 사람이 어찌 원통하다 생각하지 아니 하리오. 구라파 스위스국이란 나라는 유명한 산과 물이 많

13 「논설」, 『독립신문』, 1897년 9월 23일.

이 있는 고로 구미 각국 사람들이 일년에 몇 만 명씩 그 나라에 구경 가
서 그 나라 좋은 숯막과 좋은 동리에서들 유숙하고 돈을 많이 쓰는 고
로 스위스 안에 어떤 동리들은 크기가 조선 서울만씩 하나 그 동리 인
민들이 집에 외국 사람들 유숙하게 하고 버는 돈이 일 년에 몇 십만 원
씩이며 그 나라 물종으로 완호지물을 많이 만들어 이 외국 사람들한테
팔아 버는 일 년에 몇 백만 원씩이라. 그 나라는 이 산 많은 나라인 고
로 농사할 땅이 없으나 인민들이 다 부요한 것은 다름이 아니라 좋은
물건을 많이 만들어 외국에 수출도 하거니와 제일 강산 구경하러 온 외
국 손님에게들 팔아 내지에 장사가 흥왕한 고로 돈을 많이 버니 자연히
인민의 의식이 넉넉할지라. 조선 금강산은 스위스국 산에서 못지아니
한 산이니 그 안에 경처 좋은 데를 훌륭하게 꾸며 놓고 외국 신문지에
광고하거드면 일 년에 금강산 구경하러 오는 외국 사람들이 몇백 명이
될지 모를지라. 첫째 이런 사업을 하자거드면 여기서 거기까지 길을 닦
아 큰 마거가 능히 다니게 하여야 할 터이요, 둘째는 중로에 참참이 정
한 집이 있어 머물게 하여야 할 터이요, 거기 외국 사람이 거처할 집을
지으며 마당과 화초를 정히 하여 놓으며 외국 음식과 거처, 범절을 준
비하여 놓아야 외국 사람들이 와서 몇 달이라도 편히 거처하고 매 삭에
얼마큼씩 돈을 낼지라. 아마 우리 생각에는 이런 일은 조선 사람이 사
사로 혼자 하기는 어려운즉 회사를 모아 이런 것을 차리던지 그러치 아
니 하면 정부에서 나라 광고하기를 위하여 이런 데를 배설하고 외국에
알게 하면 들인 돈은 몇 해가 아니 되어 거기서 생길 터이요, 그 까닭에
조선 안에 벌어먹을 일이 얼마큼 생길 터이요, 또 조선 유명한 경치를
외국에 자랑이 되니 또한 나라에 생색이라. 그러하나 아마 지금 같아서
는 이런 경영이 조선 사람은 생각에 들어가지 아니할 듯하나 우리가 이
말 하는 것은 조선 좋은 강산과 경치와 기후가 동양에 제일이요, 또 만
일 조선 사람들이 세상 사람들 같이 열려 그렇게 차리고 살아도 넉넉이
될 것을 말하고 싶음이라. 몇 십년이고 몇 백년 후면 조선에 이런 벌이
할 사람이 자연히 생기려니와 오늘 우리가 미리 말하여 두노라.[14]

이러한 관광개발에 대한 『독립신문』의 주장은 이미 이 시기 대한제국이
근대관광과 관광산업에 대한 이해를 하고 있었다는 것을 의미한다. 더욱이

14 「논설」, 『독립신문』, 1897년 9월 23일.

1899년 법어학교 학도들이 일요일에 경인철도를 이용하여 인천에 유람[15] 하였다는 사실은 1899년 경인철도가 개통된 이래 철도를 이용한 관광이 행해지고 있음을 알려준다. 이 법어학도의 유람은 수학여행이라 생각되므로 철도가 개통되자마자 수학여행이 행해졌음을 알 수 있다. 수학여행 역시 넓은 의미에서 관광의 일환이라 볼 수 있으므로 우리나라 근대관광은 철도의 개통과 동시적으로 탄생하였다고 할 수 있는 것이다. 필자는 선행연구에서 1896년 소풍이 화류, 놀이라는 이름으로 행해지기 시작하였고, 1906년 이후 원족과 수학여행으로 분화[16]되었다고 하였으나 앞에서 본 바와 같이 1899년 법어학교 학생들이 인천으로 '유람'을 간 것을 수학여행이라 파악하면 우리나라 수학여행은 경인철도 개통 직후인 1899년부터 시작된 것으로 보아야 한다고 수정한다.

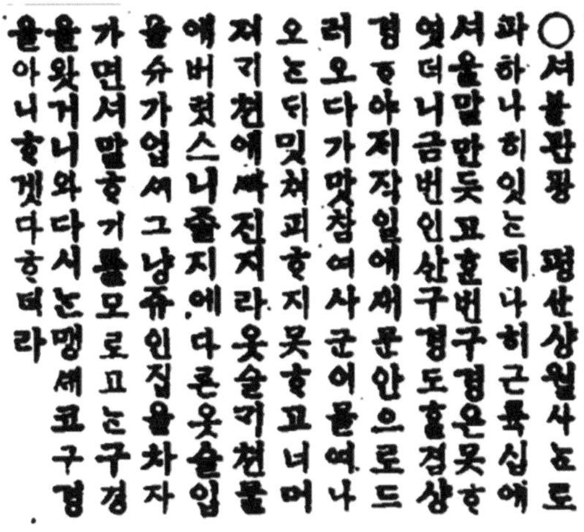
○셔불관광 평산상월사논로
과하나히잇ᄂᆞᆫ듸나히근륙십에
셔울말만듯고ᄒᆞᆫ번구경은못ᄒᆞ
엿더니금번인산구경도ᄒᆞᆯ겸상
경ᄒᆞ야지작일에쌔문안으로드
러오다가맛참여사군어믈여나
오ᄂᆞᆫ듸밋쳐피ᄒᆞ지못ᄒᆞ고너머
져ᄀᆡ쳔에빠진지라옷슬ᄀᆡ쳔물
에버렷스니쥴지에다ᄅᆞᆫ옷슬입
을슈가업서그냥쥬인집을차자
가면서말ᄒᆞ거ᄅᆞᆯ모로고ᄂᆞᆫ구경
을왓거니와다시ᄂᆞᆫ맹세코구경
을아니ᄒᆞ겟다ᄒᆞ더라

〈그림 1-3〉 근대적 의미의 관광에 대한 최초의 기사

15 「법어학도 유람」, 『독립신문』, 1899년 11월 2일.

16 조성운, 「대한제국기 근대학교의 소풍·수학여행의 도입과 확산」, 『한국민족운동사연구』 70, 한국민족운동사학회, 2012, 22쪽.

한편 1905년까지의 관광이라는 용어의 용례는 대부분 외국의 사례를 소개하는데 사용되었는데 반해 1905년 『대한매일신보』의 「셔불관광」이라는 기사는 국내관광에 대한 최초의 용례로 보인다.

평산 상원 사는 노로파 하나가 있는데 근 육십에 서울말만 듣고 한번 구경은 못하였더니 금번 인산 구경도 할 겸 상경하여 재작일에 새문 안으로 들어오다가 마침 여사군이 몰려나오는데 미처 피하지 못하고 넘어져 개천에 빠진지라.[17]

이로 보아 조선시대까지 사용되어 오던 관광의 어의가 전승되어 왔다고 볼 수 있으며, 1909년 경성일보사 주최의 일본관광단은 이러한 기존의 어의를 파괴하고 근대적인 의미의 관광이라는 용어를 정립하는 계기가 되었던 것이라 판단된다. 이는 1910년대 국내관광단의 명칭이 '관광단', '시찰단' 등으로 사용되는 것에서 확인할 수 있다.

그런데 1906년 통감부가 설치된 이래 대한제국은 사실상 일제의 통치하에 들어갔다는 점을 감안하면 통감부 설치 이후의 관정정책은 일제의 식민지 지배정책의 일환으로 파악하는 것이 옳을 것이다. 1910년 5월 27일 일본에서 귀국한 경성일보사 주최 제2회 일본관광단에 행한 통감부 마쓰이(松井) 경무국장의 연설은 이 시기 통감부의 관광정책을 잘 보여준다고 할 수 있다. 그는 일본이 개항 이후 청일전쟁과 러일전쟁에 승리할 정도로 발전하고 강국이 된 것은 "彼此에 國情을 探究하여 他의 長處을 應用하여 凡事를 日金에 適當게 한 까닭이올시다. 然즉 韓國도 다른 나라에 實地를 調査하는 것은 即 나라의 發達을 圖謀하는 것이오 그 가장 便利한 方法은 觀光團을 組織하는데 있습니다."[18]라고 말하였다. 그리고 일본관광단이

---

17 「셔불관광」, 『대한매일신보』, 1905년 1월 6일.
18 「松井局長演說」, 『황성신문』, 1910년 6월 1일.

필요한 이유를 다음과 같이 말하였다.

觀光團에는 여러 가지 方法이 있겠으나 歐米와 淸國, 日本 等 東西
各國을 觀光한 然後에 自國의 일을 돌아다보는 것도 大段히 必要하지
만은 그것은 經費를 많이 들어야 할 터이니 便利한 方法은 글도 같고
또한 兄弟 關係가 있는 日本國을 視察하는 것이올시다. 그런데 日本國
을 視察하는데 假令 東京, 大阪 等地와 같은 大都市를 보는 方法과 一
地方만 視察하는 方法이 있다 할 수 있고 또 어떤 事項만 限하여 專門
的으로 視察하는 方法도 있습니다. 日韓 兩國의 經濟上의 關係를 보니
까 共通的으로 農·商·敎育 其他 百般의 發達을 圖謀하여야 할 것은 말
씀할 것도 없고 其他 方法은 觀光 種類의 如何함을 勿論하고 實行하는
것이 今日 韓國에 가장 緊要함으로 생각하오며 또 韓國內에서 觀光團
을 組織하는 것도 매우 有益할 줄로 아옵니다. 假令 京城을 中心을 삼
아 地方人을 召하든지 또는 地方에서는 觀察道 所在地에 觀光하는 것
等은 大抵 時勢의 變化를 實地로 보게 할 必要가 있을 줄로 압니다. 或
은 滊車博覽會와 같은 것 或은 實物硏究會의 開催와 같은 것은 實際上
으로 實行될만한 便利한 方法인 줄로 압니다. 그런고로 內部에서도 觀
光團의 開催를 獎勵하고 또 本人 等도 今番 諸君이 組織하신 觀光團에
對하야 贊成한 意를 表한 緣故올시다. 元來 觀光하는 本意가 事物의 眞
想을 아는 것이 必要하고 空然히 軍艦이 雄大한 것과 蜘網 같이 퍼져진
滊車의 往來하는 것을 보고만 驚嘆하기만 하여서는 조금 不足한 所感
이있습니다.[19]

결국 마쓰이 경무국장은 일본 관광의 필요성을 '경비가 적게 들고, 양
국이 글도 같고 형제관계에 있기' 때문이라고 하여 일선동조론에 바탕을
두고 논리를 전개하였다. 그리고 대한제국의 형편상 어느 한 분야의 시찰
에만 국한하지 말고 일본 관광을 '실행'하는 것이 가장 중요하다고 하여 대
한제국이 다방면에 걸쳐 일본의 선진문물을 수용해야 한다는 것을 강조하
였다. 그런데 경제상의 문제로 일본관광을 하지 못하는 경우가 있으므로

---

19 「松井局長演說」, 『황성신문』, 1910년 6월 2일.

이럴 때에는 경성이나 관찰도 소재지의 관광을 장려하여 지방민에게 시세의 변화를 실감하게 할 것과 이를 위해 기차박람회나 실물연구회와 같은 것을 개최하는 것이 현실적인 방안이 될 것이라 권유하였다. 그리고 관광단이 가져야 할 자세로 '事物의 眞想을 아는 것이 必要하고 空然히 軍艦이 雄大한 것과 蜘網 같이 퍼져진 氣車의 往來하는 것을 보고만 驚嘆하기만 하여서는 조금 不足'하다고 하여 일본의 선진문물의 우월성을 강조하면서 조선인이 선진문물을 수용할 것을 요구하였다.

이와 함께 그는 관광단에게 무엇이던지 넓게 볼 것을 요구하면서 일본의 경험을 말하였다. 즉 메이지유신 당시 일본도 서구에 많은 시찰단을 파견하였으며, 그 성과는 피상의 소견이며 폐단도 있었으나 "백번 듣는 것이 한번 보는 것만 같지 못하다는 명언과 같이 그 효과가 적지 않"았다고 하였다. 그리고 "한국 현상을 돌아보아 신중한 태도로 적당한 방법을 연구하시고 일본에서 실견하신 사물을 차제로 한국에 적용되게 하기로 힘"써야 하며 일본관광의 성과를 "유생과 양반들에게도 소개, 설명하시고써 한편으로 지도, 개발할 임무를 담당"할 것을 일본관광단원에게 요구하였다.[20]

이와 동시에 마쓰이 경무국장은 자신의 입으로 일본관광단원이 일본관광 중 느꼈을 것으로 생각되는 것을 다음과 같이 예시함으로써 일본관광단원의 기억을 강화시켰다.

大抵 이번 觀光團이 어떠한 感想을 諸君에게 주었을까? 아마도 諸君이 聞見하신 事物에 對하여는 흔히 이를 韓國에도 實行하고 싶은 生覺이 나셨을 줄로 믿습니다. 枝光製鉄所에 가시고는 其規模가 커서 鉄材를 마음대로 切斷도 하고 引延도 하고 機械力이 偉大한 것을 깨달으셨을 듯 하고 또는 福岡 共進會에서는 其規模가 큰 것을 깨달으셨을 듯 하고 또 福岡病院에 이르러서는 其設備가 매우 잘 된 것을 見開하셨을

20 「松井局長演說」, 『황성신문』, 1910년 6월 3일.

듯 하고 또는 嚴島의 樹木이 參天하고 神堂이 宏大하고 淸泉이 滾滾한
것은 반드시 諸君의 客懷를 叙케 하였을 듯 하고[21]

　　또는 吳軍港에서는 軍艦이 雄大한 것을 斟酌하셨겠고 特히 安藝, 攝
津의 두 軍艦 같은 것은 建造費에 各 一千五百萬 乃至 二千萬圓이나 들
여야 한단 말을 들으셨을 때에 韓國의 國費가 大段히 增加하여야 될 것
도 깨달으렸을 듯 하고 또 京都에서는 織物 等類가 美麗한 것으로 耳目
에 悅케 하셨을 듯 하고 武德會의 勇猛스러운 演武와 琵琶湖의 佳景 等
을 모두 永久히 諸君이 記憶하실 듯 하고 또 本願寺 建設物의 壯大한
것을 보셨을 때에 이것을 韓國의 通度寺에 比較하여 多少間 感慨를 품
으셨을 듯 하고 또 藝妓가 日韓 兩國旗를 가지고 演舞하는 것을 보시고
는 藝妓까지라도 諸君에게 敬意를 表 한 것을 斟酌하셨을 듯 하고 또
名古屋共進會를 視察하셨을 때는 日本工藝의 發達에 對하여 大段히 奮
起心을 發生케 하셨을 듯 하고 또 마치 貴國의 王氏時代의 舊都 開城이
라 稱할만한 奈良의 舊都를 보셨을 때에 日本古代의 美術이 어떻게 世
界에 雄飛한 것에 對하여 多大한 感想을 惹起케 하셨을 듯 하고 또 大
阪造幣局에서 金銀塊의 많은 것을 보셨을 때에 諸君이 突然히 石崇이
같은 富者된 感想이 生하였을 듯도 하고 또 神戶 楠公의 神堂에 拜謁하
시고는 其精忠에 感慨하야 諸君이 옛적 韓國의 崔 鳴吉을 生覺하셨을
듯 하옵니다.[22]

　　이러한 마쓰이 경무국장의 발언은 결국 통감부가 일본관광을 통해 일본
관광단원이 가져야 할 생각과 태도를 정리한 것으로 볼 수 있다. 그리고 그
는 평소 자신은 "觀光團에 對한 所感은 흔히 觀光한 當時에만 外國에 感化
될 傾向이 있는 것이요, 外國의 風物을 見聞한 때는 忽然히 自己 나라도 이
와 같이 되기로만 生覺하기가 쉬우니 諸君은 이와 같이 淺薄한 思想을 품
지 마시고 이번 觀光團은 다만 向上心의 動械된 것으로 아시고 將來에 더
욱 힘들 쓰시고 其日本이 오늘날이 있은 綠由를 깊이 硏究하신 後 諸君도

21 「松井局長演說」, 『황성신문』, 1910년 6월 3일.
22 「松井局長演說」, 『황성신문』, 1910년 6월 4일.

亦此와 같이 發達되기를 勸勵하시기를 바"란다고 하였다. 이와 함께 "금일 한국은 (관광단에 대해-인용자) 오해한 이가 많은 것은 진실로 예상치 못한 일"이라며 "오늘날 급무될 것은 오해를 방어"하는데 있다고 하였다.[23]

그렇다면 '관광단에 대한 오해'란 『대한매일신보』가 일본관광단에 대해 갖고 있는 것과 같은 태도를 보이는 것이라 할 수 있다. 『대한매일신보』는 일본관광단을 '기괴단'[24]이라 칭하는가 하면 일본관광단원을 '마귀' 혹은 '마귀배'[25]라 칭하였으며, '관광단가'를 통해 일본관광단이 '마귀혼'을 들여와서 조선민중을 홀리려고 한다[26]고 할 정도로 매우 비판적인 태도를 갖고 있었다. 실제 "일본에 갔다온 관광단원 중에 풍력이 있고 자격이 있는 자를 지방관으로 수용하기로 통감부까지 동의가 되었다"[27]는 소문이 돌 정도로 일본관광단은 친일적 행태를 보였던 것이다.

2. 근대관광의 실태

앞에서 본 바와 같이 대한제국기에는 1880년대 말부터 근대관광에 대한 논의가 시작되었고, 1898년 경인철도 개통 이후 근대관광이 시작되었다고 할 수 있다. 개개인의 유람이나 관광이 전근대시기에도 없지 않았으나 앞에서 말했듯이 산업화와 대중화를 특징으로 하는 근대관광의 범주에는 들지 않기 때문에 본고에서는 관광단만을 분석대상으로 하였다.

그렇다면 대한제국기 근대관광의 실상은 어떠했는가를 확인해보자. 이

---

23 「松井局長演說」, 『황성신문』, 1910년 6월 8일.
24 「기괴한 광경」, 『대한매일신보』, 1909년 4월 4일.
25 「시사평론」, 『대한매일신보』, 1909년 4월 7일.
26 「관광단가」, 『대한매일신보』, 1909년 9월 22일.
27 「단원관리」, 『대한매일신보』, 1909년 6월 29일.

를 확인할 수 있는 통계가 현재 확인되지 않으므로 당대에 발행되었던 신문 기사를 중심으로 정리하고자 한다. 〈표 1-1〉과 〈표 1-2〉는 대한제국기 조선인 일본관광단과 외국인 조선관광단을 나타낸 것이다.

〈표 1-1〉 대한제국기 조선인 일본관광단 일람

이름	주최	목적	단원수/회비	출처
일본관광단	경성일보사			
의주관광단	의주부	복강공진회 관람	20여 명	(대)1910.2.26
일본관광단	경성일보사	福岡, 名古屋공진회 관람		(황)1910.3.13.
일본관광단	학부차관 俵孫一	福崗縣九州博覽會 관람		(대)1910.3.20
일본관광단		日本沖繩縣, 九州, 八縣聯合共進會를 觀光	大邱郡公立普通學校職員及生徒諸氏	(대)1910.3.20
목포관광단	木浦新報		40환	(황)1910.3.27
대구관광단	대한협회 대구지회			(대)1910.4.9
평양관광단			23명	(황)1910.4.21.
선천관광단	宣川郡普通學校	共進會, 製鉄所 商工業과 敎育 및 農業 視察	25명	(황)1910.4.22
호남관광단	한인호상회와 일인상업회의소		50명	(대)1910.5.3
평북교직원관광단				(대)1910.5.4
경북관광단	경북관찰사 박중양	東京, 大阪, 名古屋, 京都,下關	30명	(황)1910.5.29
농사시찰단	동양척식회사			(황)1910.7.10
일본관광단	본원사			(황)1910.8.12.

〈표 1-2〉 대한제국기 외국인 조선관광단

이름	주최	목적/관광 장소	단원수/체재일수	출처
영국군인 관광단		인천항에 정박한 英國軍艦후예아렛스호 승조원의 경성관광	수병 13명, 장교 4명	(황)1904.4.8

이름	주최	목적/관광 장소	단원수/체재일수	출처
미국令嬢관광단		경복궁, 홍릉, 창덕궁, 남한산성, 상동청년회관, 북한산성	令嬢 일행/5~6일	(황)1905.9.21. : (황)1905.9.23
미국부호관광단		세계일주 과정에서 경성관광	7명/3일	(대)1909.4.27
동경관광단				(대)1909.6.4
대판관광단				(대)1909.6.4
신호관광단				(대)1909.6.4
일본관광단	九州實業新聞社	창덕궁 비원, 대한의원, 일진회 주최 환영회, 인천, 개성, 수원, 대구, 평양, 의주		(대)1909.6.10. : (황)1909.6.10
화족관광단				(대)1909.6.18
미국시찰단			6명	(대)1909.8.8
미국관광단			학생 7명	(황)1909.8.8
만한관광단	下野新聞社		34명	(대)1909.9.15
미국관광단	米國터마스쿳크社		21명/10일 1대: 서울→일본 2대: 서울→만주 · 시베리아	(황)1909.9.15
재청외국인관광단				(대)1909.9.19
愛媛縣觀光團		청국으로 가는 도중 조선관광		(황)1909.9.28
청국관광단				(대)1910.4.23

〈표 1-1〉, 〈표 1-2〉를 통해 보면 외국인의 조선관광이 1900년대에 접어들면서 시작된 것으로 나타나지만 1899년 "각국 공관에서 외부에 조회하기를 각국 사람들이 대한 각 지방에 유람할 터이니 호조를 하여 달란다더라."[28]는 기사에서 볼 수 있듯이 1890년대 말에 외국인의 조선관광이 이루어지고 있음을 알 수 있다. 조선인의 외국관광단은 모두 14개가 확인되며, 외국인의 조선관광단은 15개가 확인된다. 조선인 외국관광단의 목

---

28 「각국인 유람」, 『독립신문』, 1899년 4월 14일.

적지는 모두 일본이었으며, 외국인 관광단은 청국을 목적으로 하였던 일본인관광단이 조선을 경유하였던 청국관광단을 포함한 일본인 관광단이 8개, 미국인관광단이 5개, 영국인과 청국 거주 외국인 관광단이 각 1개가 있었다. 결국 국내외 관광단 29개 중 일본과 관련된 것이 22개로 75.9%를 차지하며, 외국인 관광단 중 미국인 관광단이 5개로서 대한제국에 관광을 온 외국인은 일본인을 제외하면 미국인이 많았음을 알 수 있다. 그러나 일본인 관광단을 제외한 외국인 관광단은 대한제국만을 목적으로 한 것이 아니라 일본을 목적지로 한 관광 여정 중에 대한제국으로 경유한 경우가 대부분이었다. 이는 대륙에서 철도를 이용하여 경성을 관광하고 경부철도를 이용하여 부산으로 이동한 후 부관연락선을 이용하여 일본으로 건너가는 경우와 그 역의 경우를 생각해 볼 수 있다. 1909년 9월 토마스 쿡사가 주최한 미국관광단은 서울에서 일본으로 향하는 1대와 서울에서 만주·시베리아로 향하는 2대로 구분되어 있었던 것에서 알 수 있다.

조선인 일본관광단 중 현재 명단이 확인되는 것은 평북교직원관광단이다. 평안북도교육시찰단이라는 이름으로 파견된 일본관광단에 참여한 인물은 古市橋之助(의주보통학교 교감), 松尾作治(용천보통학교 교감), 箇井松太郎(철산보통학교 교감), 坂井敬一(선천보통학교 교감), 串保網五郎(관산보통학교 교감), 大塚忠衛(영변보통학교 교감), 金振國(의주보통학교 훈도), 朴翼俊(의주보통학교 훈도), 李永熙(의주양실원중학원 교원), 朴善基(의주부 吏員), 金達植(철산보통학교 훈도), 金殷皓(선천보통학교 훈도), 柳龍震(선천군 주사), 徐相弼(용천보통학교 훈도), 吳海寬(선천군 주사), 崔泰卿(선천경찰서 경부), 趙疇錫(정주 유지), 鄭麟源(영변보통학교 훈도), 車國轅(영변군 주사), 韓東皜(영변 유신학교 교장)[29] 등으로서 조선인과 일

---

29 『平安北道教育視察團 視察經過及感想一斑』, 學部, 1910, 2~3쪽.

본인의 합동 관광단이었다. 이 관광단은 1910년 4월 21일 선천역을 출발, 경성과 부산을 거쳐 22일 오후 10시 모지(門司)에 도착하였다. 23일 모지의 제빙회사, 소학교를 시찰하였으며, 23일 밤 오후 6시 후쿠오카에 도착하였으며, 24일 공진회를 시찰하였고, 25일에는 각 여학교를 시찰한 후 공진회 일부를 관람하였다. 26일에는 후쿠오카(福岡)농학교, 농사시험장, 상업학교, 의과대학을 참관하고 수족관을 관람하였으며, 26일 밤에는 의주관광단과 만나 다화회를 갖고 상호 감상담을 교환하였다. 27일 사와라군(早良郡)의 각 학교를 시찰하였고, 28일에는 치쿠시군(筑紫郡)의 각 학교와 명소, 고적을 관광하였다. 29일에는 후츠카이치(二日市)를 떠나 오무타(大牟田)에 이르러 학교, 탄갱, 축항을 관람하고 선원구락부의 초대를 받았다. 30일에는 에타미츠(枝光)제철소를 보고, 고쿠라시(小倉市)에서 제지회사를 관람하였으며, 5월 1일에는 12사단 카이코샤(偕行社)[30]의 초대를 받아 고쿠라고등소학교(小倉高等小學校)의 다화회에 참석한 후 모지항에서 오후 9시 이키마루(壹岐丸)로 귀국하였다. 5월 2일 경성에 도착하여 3일 학부에서 대신과 차관의 훈시를 듣고 한성사범학교에서 개최된 다화회에 참석하였다. 4일 남대문역을 떠나 기차 내에서 해산하였다.[31] 고쿠라고등소학교 다화회에서 의주보통학교 훈도 김진국은 "모지 상륙 이래 연일 후한 대접에 감사하며 내가 특히 느낀 것은 도로의 완비, 가옥의 굉장, 학교의 남녀 취학의 비례가 높은 것, 또 만다(万田)炭坑, 야하다(八幡)제철소 등에서 공업의 진보에 놀라 더욱 실업교육의 필요를 느꼈다."고 연설하였다. 또 같은 학교의 박익준은 "의과대학의 완전함에 놀랐고, 도처에 학교가 설치되어 있으며, 다수의 생도를 수용하여 설비와 교수의 진보를 느꼈다. 농사

---

30 1877년에 창립된 구육군의 장교, 준사관의 친목과 상호부조, 학술연구를 목적으로 설립되었다.
31 『平安北道教育視察團 視察經過及感想一斑』, 學部, 1910, 1~2쪽.

시험장에서 채집광단원들도 대동소이하게 일본의 선진문물과 실업교육의 필요성을 느꼈다는 점을 말하였다.[32]

그런데 조선인의 일본관광은 관광이 아닌 일제의 조선 침략정책이라는 측면에서도 파악할 수 있다. 〈표 1-1〉에서 볼 수 있듯이 일본관광의 목적은 공진회의 관람과 도쿄(東京)·오사카(大阪)·나고야(名古屋)·교토(京都)·시모노세키(下關) 등 일본의 도시를 관광하는 것이었다. 그런데 경성일보사가 주최한 2차례에 걸친 일본관광단은 조선 최상류층이 참가한 것이었다. 이 일본관광단에 대한 기존연구에서는 지도적인 위치에 있는 조선인에게 발전된 일본을 직접 보여주어 일본에 대한 심리적 의지를 끌어냄으로써 일제의 한국 강점을 유도해내기 위한 기도였다고 주장[33]하거나 표면상으로는 식산흥업이나 실업개발을 내세웠으나 관광단의 형식으로 조선인을 일본에 불러들여 일본의 발달된 문물을 직접 보여줌으로써 일제의 조선 강점이 조선의 발전에도 기여할 것이라는 생각을 심어주는 것이라고 주장하였다.[34] 결국 일제의 조선 강점을 위한 사전 조작이자 준비였다는 것이다.

이 조선인 일본관광단을 조직한 주체는 경성일보사·의주부·학부차관 다와라 마고이치(俵孫一)·목포신보·대한협회 대구지회·선천보통학교·한인호상회(韓人湖商會)와 일인상업회의소·경북관찰사 박중양·동양척식회사·본원사 등으로서 경성일보사·학부차관 다와라 마고이치·목포신보·일인상업회의소·동양척식회사·본원사는 일본인에 의해 경영되는 것이었으며, 형식상 조선인이 지배하고 있다고 할 수 있는 대한협회 대구지회와 경북 관찰사 박중양은 친일적 성향이 있는 단체와 인물이었다. 이렇게 보면 일본관광단

32 『平安北道教育視察團 視察經過及感想一斑』, 學部, 1910, 20~26쪽.
33 박양신, 「일제의 한국병합을 즈음한 '일본관광단'과 그 성격」, 『동양학』 37, 단국대학교 동양학연구원, 2005, 86쪽.
34 한규무, 「한말 한국인 일본관광단 연구(1909~1910)」, 『국사관논총』 107, 국사편찬위원회, 2005, 221쪽.

을 주최한 단체나 인물은 친일적 성향을 갖고 있었음을 알 수 있다.

그리고 관광단원으로 갔던 영변보통학교의 일본인 교감과 조선인 교사는 귀향하여 관광에서 느낀 바를 학교 내외에서 다음과 같이 실천하였다.

> 학교 내 : 4회에 걸쳐 동교 학생에게 시찰의 목적, 학교 교육의 상황, 농상공업의 진보, 학도의 근면, 노동의 상황 등에 대해 일일이 그 실례를 들어 강화하였으며, 사립 유신학교에서는 학도를 모아 교장 한동설이 일본의 학교 교육의 정황, 문명의 정황, 공장과 공진회장의 성황을 강화하였다. 大塚 교감은 유신학교의 요청에 의해 일본인의 근로를 실례를 들어 설명하고, 학생의 방침을 강화하였다.
>
> 학교 밖 : 앞의 3명 외 車 군 주사는 보통학교 학도, 학부형, 유지·일반 공중에게 인사하고 운동회에서 혹은 면리장 및 유지회에서 혹은 공동으로 혹은 단독으로 강화하고 복강현하의 문명의 진보, 일본인의 근로, 농상공업의 융성, 공진회·각 공장, 탄갱, 제철소의 상황, 교육 상황, 일본 여성의 근면 등을 일일이 실례를 들어 설명하고 한인의 타태를 경계하여 근면역행을 장려하고 공덕심의 고취에 힘써 민심에 감동을 준 바 적지 않다.[35]

이와 같은 귀향 이후의 활동은 의주에서도 행해졌으며, 개성에서도 5월 22일 관광단원들이 보고 연설을 하였다.[36]

다음으로 대한제국기 국내관광에 대해 알아보자. 이 시기 국내관광이 언제부터 행해졌는가를 확인하는 것은 쉽지 않으나 앞에서 본 바와 같이 1899년 법어학교 생도의 인천 수학여행이 있었으며, 1901년 8월에는 인천에 정박한 일본군함을 관광하기 위해 경성에서 온 자들이 적지 않았다는 기사[37]에서 관광을 목적으로 한 여행이 시작되었음을 알 수 있다. 그렇

---

35 『平安北道敎育視察團 視察經過及感想一斑』, 學部, 1910, 27쪽.
36 『平安北道敎育視察團 視察經過及感想一斑』, 學部, 1910, 30쪽.
37 「許覽日艦」, 『황성신문』, 1901년 8월 3일.

지만 일반인들의 관광은 아직 왕성한 것은 아니었다. 오히려 수학여행의 형식을 띤 학생들의 관광여행이 1907년 이후 활발하게 이루어지고 있음을 대한제국기 수학여행 실시 상황을 나타낸 〈표 1-3〉에서 볼 수 있다.

〈표 1-3〉 **수학여행의 실시 상황(1896~1910)**[38]

연번	개최교	개최 날짜	장소	지역	비고	출처
1	문소학교			의성	운동 후 견학	(황)1907년 5월 21일
2	각 보통학교 연합	1908.3.28	인천	경성	졸업여행	(대)1908년 3월 22일
3	한성사범학교		일본	경성	다음해 수학여행 여비 예산 문제	(황)1908년 8월 5일
4	무관학교	1908.10.22	개성	경성	수학여행 연습, 47명	(황)1908년 10월 23일
5	보성중학교		개성	경성		(황)1908년 10월 24일
6	보성중학교	1908.11.13	개성	경성	경의선 이용	(황)1908년 11월 15일
7	사범학교	1908.11.26	인천	경성	교장, 교직원, 학생. 당일코스	(황)1908년 11월 27일
8	보성중학, 청년학교, 흥화학교		개성	경성	여행운동	(대)1909년 3월 30일
9	일본 시마네현 제일중학교	1909.3.30	경성, 인천, 부산	시마네현	학생 26명, 지도교사 10명	(황)1909년 4월 1일
10	보성중학교		평양	경성		(황)1909년 5월 9일
11	수원공보	1909.5.22	인천, 경성 (경복궁, 창덕궁)	수원	1박 2일	(황)1909년 5월 21일
12	법관양성소		일본	경성	철도승차요금 할인	(황)1909년 6월 23일
13	경성거주 일본인 소학교 학생		안동현	경성		(대)1909년 10월 26일
14	일본인경성소학교 및 고등여학교		수원, 인천	경성		(황)1909년 10월 26일
15	히로시마 고등사범학교	1909.12.26	경성(탑동공원, 통감부, 창덕궁, 각급 학교), 평양	히로시마	역사지리과 생도 30명	(황)1909년 12월 26일

---

38 조성운, 「대한제국기 근대학교의 소풍·수학여행의 도입과 확산」, 『한국민족운동사연구』 70, 한국민족운동사학회, 2012, 25~26쪽.

연번	개최교	개최 날짜	장소	지역	비고	출처
16	협성학교	1910.5.18	강화		직원 및 학생	(황)1910년 5월 20일
17	보성전문학교 상과		인천, 개성	경성		(황)1910년 5월 20일
18	보성중학교	1910.5.17	평양	경성	학원 및 임원, 여비 6원(자담)	(황)1910년 5월 19일 (대)1910년 5월 19일
19	기호학교		공주 부강 및 금강		학생 사정으로 남한산성으로 변경	(황)1910년 5월 21일 (황)1910년 5월 25일 (대)1910년 5월 25일
20	보성중학교		평양	경성		(황)1910년 5월 21일
21	협성학교	1910.5.18	강화			(황)1910년 5월 20일 (황)1910년 5월 21일
22	융희학교	1910.5.26	남한산성	경성	2박 3일	(황)1910년 5월 26일 (대)1910년 5월 26일
23	휘문의숙		개성	경성	임원과 학생	(대)1910년 5월 28일

대한제국기 수학여행은 필자의 기존 연구에 따르면 이 시기에는 근대
학교를 중심으로 소풍이 시작되고 있었고, 경인철도 개통 이후에는 수학
여행으로 발전하였다.[39] 이 연구에 따르면 수학여행이 최초로 나타난 것은
1907년이었으나 앞에서 언급했듯이 법어학도 학생들이 1899년 인천으로
유람을 떠난 것이 최초의 수학여행이라 생각한다. 이렇게 보면 이 법어학
교 학생들의 수학여행이 기록상 우리나라 최초의 근대관광이라고 생각할
수 있을 것이다.

이와 같이 수학여행이 이루어질 수 있었던 것은 철도의 보급이 결정적
이라 할 수 있지만 이렇게 수학여행을 가야했던 학교나 학생측의 요구도
있었을 것이다. 학생측의 요구는 일정 기간 집과 학교라는 통제된 공간에
서 벗어난 자유와 오락 등과 실지 학습을 통한 지적 욕구도 있을 수 있으
나 개인적인 차가 있을 것으로 판단된다. 그러나 학교측의 요구는 교육적
요구라는 것이 자명하다. 교육적 요구란 근대문물에 대한 견학과 수용이라

---

39 조성운, 「대한제국기 근대학교의 소풍·수학여행의 도입과 확산」, 『한국민족운동사
연구』 70, 한국민족운동사학회, 2012. 참조 바람.

할 수 있다. 이는 당대 주요한 수학여행지와 견학 장소가 근대문물을 볼 수 있는 곳이었다는 점을 통해서도 확인할 수 있다.

결국 대한제국기는 일본관광단을 중심으로 한 해외여행과 일본인 관광단을 중심으로 한 조선여행이 통감부 설치 이후부터 본격화되었음을 알 수 있다. 이와 수반하여 학생들의 수학여행을 중심으로 한 국내관광도 시작되었음을 확인할 수 있다. 이처럼 근대관광이 전개될 수 있었던 것은 물론 경인철도, 경부철도, 경의철도 등의 개통이 절대적인 역할을 하였다. 다만 이와 같은 근대관광의 성장이 시민계급의 성장에 따른 것이 아니라 일제의 조선 침략 과정 속에서 이루어졌다는 점은 한국 근대관광이 식민지성을 띠고 탄생하고 성장하였음을 보여주는 것이라 할 수 있다.

제2장 | 조선총독부의 관광정책

1. 조선총독부의 관광정책

1) 대한매일신보의 일본관광단 비판

조선총독부의 관광정책은 일제의 조선 강점 이전 통감부의 관광정책을 계승한 것이었다. 통감부는 1909년 경성일보사 주최의 일본관광단을 두 차례 조직하여 조선의 최상위층 인사로 하여금 일본 관광을 하게 하였다. 그리고 이를 통해 '한일병합'에 반대하는 인사들의 일본에 대한 인식을 바꾸는데 성공하였다.

그러함에도 불구하고 『대한매일신보』에서는 1909년 4월 4일 「기괴한 광경」이라는 논설을 통해 다음과 같이 일본관광단의 본질을 명확히 인식하고 비판하였다.

> 근일에 일본 사람이 발기하여 한국사람을 일본에 관광차로 보내는 소위 피 없고 정신없는 자 백여 명이 입참되어 파리 같이 모이고 지렁이 같이 연결하여 일본으로 건너간다는대 총리대신 이하로 각각 여비와 물품을 기부한다. 내각에서는 크게 찬성한다. 한성부민회에서는 전별기를 높이 달고 남대문정거장에 전별회를 한다 하여 그 광경이 사람의 이목을 놀랄만하더라.
> 오호라. 이 광경이여. 이것이 무슨 광경인가. 일본에 구경 가는 것이 무엇이기로 저희들의 숭배함이 이러한가. 우리는 묻노니 관광단이 외국의 문명을 수입하기 위하여 가는가 가라대 아니라. 불과 시장기, 대판에 산수를 구경할 행객이니라. 관광단은 황명을 받아 사신으로 가는 행차인가 가라대 아니라. 불과시 신호, 동경 등 도시에 인물을 구경하러 사사로이 가는 행인이니라.
> 관광단이라 하는 것이 이러하거늘 여비와 물품을 기부함은 무슨 뜻이며 평생에 학교에는 한푼 보조도 아니하던 총리대신 이하가 각각 돈과 물품을 기부하니 실로 기괴한 일이며 크게 찬성하는 것은 무슨 뜻인가. 저희는 전일에 국민들의 새 사업하는 □는 일호도 찬성함이 없던 내각이라. 크게 찬성하는 것이 실로 기괴하며 전별기를 높이 달고 전별

회를 성설함은 무슨 의사인가. 저희는 전일에 허다한 신사들과 학생들이 일본에 갈 때에는 아무 전별함이 없던 한성부민회라. 전별회를 성설하는 것이 실로 기괴하도다.

오호라. 외국에 구경하는 사람에게 돈과 물품을 기부하면 외국에 유학이나 하러 가는 사람에게 천금상 만호후를 주는 것이 가하며 외국에 구경 가는 사람을 □하여 크게 찬성할진대 나라에 유익하고 백성에게 복이 될 일을 위하여 외국에 유력하는 사람에게는 절을 함이 가하며 외국에 구경하러 가는 사람을 위하여 전별기를 높이 달고 전별회를 성설하면 공사나 대사로 외국에 갈진대 승전고나 울리고 수 삼길 되는 동상을 세움이 가하지 아닌가. 이것이 실로 기괴하고도 또 기괴하도다.

혹이 갈아대 근일 한국사회에서 외국에 아당하는 태도가 성하였으니 이것도 또한 한가지 외국을 아당하는 일에서 난 것이라 하나 이는 결단코 그렇지 아니하니 아무리 외국에 아당하는 태도가 성하였은들 어찌 이런 기괴한 광경이 있으리오.

오호라. 관광단이여 저희는 기괴단이며 관광단의 일행이여 저희는 기괴단의 일행이며 관광단을 숭배하는 물건이여 저희는 기괴한 물건이 아닌가.

저 관광단 중에 무한히 기괴한 의미가 포함되지 아니하였으면 어찌 저런 기괴한 광경이 있으리오. 우리는 눈을 씻고 후일 광경이 어떠한 것을 기다려 보겠노라.

『대한매일신보』는 이와 같이 관광단을 기괴단이라 칭하고 관광단의 의미를 '외국의 문명을 수입하기 위'한 것이 아니라 '장기, 대판의 산수를 구경'하거나 '신호, 동경 등 도시에 인물을 구경'하는 것이라 규정하였다. 그리고 이러한 일본관광단이 돈과 물품을 기부하는 것을 '기괴한' 일이라 비난하였다. 그리고 1909년 4월 7일에는 이들을 일본관광단원을 마귀 혹은 마귀배라 칭하면서 그들이 '매국사업'을 한다면서 다음과 같이 비판하였다.

국가문명 하려 하면 마귀부터 없을 텐데 온세계를 유람해도 마귀배가 충만키는 한국반도 제일이라. 전일사는 고사하고 춘환일난 이 시대도 마귀 창궐 우심일세. 이내 포승 풀어내여 차례대로 묶어볼까

유지자로 자처하고 큰 단체를 성립하여 외면으로 볼작시면 조국사상 있는 듯이 전국인민 농락하나 그 내용을 살필진대 망국기관 부리여서 세계 이목 가기고자 운동하는 저 마귀를 일호령에 묶어내고

완고자로 자처하고 흑암 중에 은복하여 주사야탁 하는 것이 어찌하면 계제 얻고 외국인을 연락하여 매국사업 할까 하고 조부비듯 발광터니 관광단에 득참하여 환영가는 저 마귀들 일호령에 묶어내고

개명자로 자처하고 사회상에 출몰하여 능라금수 반양복에 동등권을 찾는다고 모모회를 설립하나 그 행동을 조사하면 제반 악중 구비하여 어린여자들에까지 물드리는 저 마귀를 일호령에 묶어내고

신사라고 자처하며 화류장에 투신하여 부르나니 약산동태 잣키나니 오동봉황 교육계나 사회상엔 푼전 보조 아니해도 이런 일에 들어서면 불석천금 낭비하여 호탕하는 저 마귀를 일호령에 묶어내어

무수마귀 묶어놓고 처치 방법 연구할 제 지옥으로 보내자니 차마 인정 못할지라. 사랑하신 상제께서 한국인을 구원코자 구세군을 보냈으니 그 영문에 몰아들어 모든 죄악 회개하고 착한 사람 되게 하세[1]

그리고 일본관광단이 떠나던 날 남대문정거장의 전송행사를 본 『대한매일신보』의 기자가 일본관광단을 향해 한 다음과 같은 당부는 일본관광단이 일본에 가서 어떠한 일을 행할지를 사전에 알고 있었던 것이라 판단된다.

슬프다. 관광단아. 오늘날 관광단이 만리 해의 멀고 먼 길을 떠나는 대 나는 녹문도 없고 기와 꽃도 없으며 풍류도 없고 다른 사람과 함께 전별하는 마당에서 만세를 부르지도 아니하고 다만 참담하고 섧고도 분울함을 이기지 못하여 두어 줄기 눈물로 제군을 전별하니 이것이 실로 우리의 유한이로다. 그런즉 우리는 무엇으로 제군에게 신행을 할까. 다만 두어마디 말을 부치노니 제군은 귀를 기울여 들을지어다.

슬프다. 관광단아. 삼천리 금수강산을 쌍어깨에다가 매이고 부상금풍에 떠가는 저 관광단아. 사천여 년 신성한 역사를 한손에 받들고 불측지대에 유람하려 가는 저 관광단아. 이번 한번길에 유방백세라도 할 터이며 유취만년이라도 할 관광단아.

1 「시사평론」, 『대한매일신보』, 1909년 4월 7일.

슬프다. 관광단아. 제군이 남대문정거장에서 나는 듯 하는 기차를 타고 부산바다에 가서 넓고 넓은 물에 또나가는 기선을 타거던 제군은 마음에 맹세하기를 우리도 바삐 문명하여 이런 공업을 발달하여 세계에 횡행하리라 하고 제군은 마관을 지나 대판. 경도 각처를 구경하거든 대도회와 큰 항구와 군함, 대포와 육군, 해군이며 대학교와 큰 회사를 보고 마음에 맹세하기를 우리도 바삐 진보하여 이런 실력을 배양하여 온 세계를 횡행하리라 하며 제군은 동경에 가거든 각국 대사관을 보고 마음에 맹세하기를 우리도 바삐 독립하여 국가의 권리를 굳세게 잡고 각국 대사와 무등 공사로 교섭하리라 하고 제군이 일본 국중을 시찰하거든 귀족원과 중의원이며 각종 지방 단체와 인민권리를 보고 마음에 맹세하기를 우리도 바삐 자유권을 회복하여 이와 같이 인민의 권리를 보전하리라 할지어다.

제군에게 다시 할 말을 더 부치노니 제군이 혹 기기괴괴한 관광장에 임할지라도 마음에 결심하기를 우리는 사천년 신성한 대한국민이라. 어떠한 요괴로운 무리가 어떠한 감언이설로 꾀일지라도 우리는 속지 아니하리라 하며 어떠한 흉참한 무리가 어떠한 위협을 할지라도 우리는 굴하지 아니하리니 우리를 어찌하리오. 우리는 차라리 죽을지언정 망국민은 되지 아니하리라 하여 크게 분발하고 크게 강작하여 조국정신을 발양할지어다.(밑줄은 인용자)[2]

『대한매일신보』기자는 관광단을 보내는 일을 '슬프다'고 하면서 관광단원에게 선진문물을 수용하기 위한 민족의 실력 양성, 세계 각국과 대등한 외교관계의 수립과 인민권리의 확립, 망국민이 되지 않고 조국정신을 발양할 것 등을 당부하였던 것이다. 이는 곧 관광단이 이러한 당부를 수행하지 않고 일제의 시선으로 일본관광을 하리라는 것을 전제로 한 것이었다.

이러한『대한매일신보』의 인식은 "몇몇 사람 주모자는 거론할 바 없거니와 기외 다른 사람들은 그 속내를 알았는가. 거동 때에 매지같이 줄렁줄렁 따라가니 저희들이 다녀오면 괴상한 일 아니될까"[3]라며 일본관광단 귀국

---

2 「관광단 보내는 일」,『대한매일신보』, 1909년 4월 4일.
3 「시시평론」,『대한매일신보』, 1909년 4월 15일.

이후 '괴상한 일'이 발생할지도 모른다는 걱정으로 이어졌다. 즉 일본관광단을 일제의 조선 침략 첨병으로 인식하였던 것이다.

이러한 연장선에서 『대한매일신보』는 다음의 '관광단가'를 통해 일본관광단이 '마귀혼(魔鬼魂)'을 들여와서 조선 민중까지 홀리려고 한다고 비판하였다.

> ▲ 郊外秋色澹泊하고 瑟瑟西風 부는 곳에 三三五五牧童들이 黃牛背에 倒坐하야 相唱相和하는 노래 滋味 있고 悲壯키로 傾耳細聽하고 보니 觀光團歌分明하다
> ▲ 성화로다 성화로다 觀光團이 성화로다 東京 한 번 건너간 後 魔鬼魂이 들여와서 우리까지 후리려고 烏鵲같이 지져기며 이리저리 싸다니니 네가 眞情성화로다
> ▲ 성화로다 성화로다 觀光團이 성화로다 되지 못한 演說하며 官吏輩를 敎囑하여 제 演說을 들으라고 겨를 없는 人民들을 抑勒으로 몰아가니 네가 眞情 성화로다
> ▲ 성화로다 성화로다 觀先團이 성화로다 구경군의 出身으로 人民曉喻 무슨 일까 네 아무리 뻔뻔하게 懸河口辯籠絡한들 뉘가 네 말 들을손가 네가 眞情 성화로다
> ▲ 성화로다 성화로다 觀先團이 성화로다 네 아무리 無知한들 돈량 돈 푼 탐이 나서 네 同胞를 誘引하여 地獄中에 推入코저 橫說竪說한단 말가 네가 眞情 성화로다
> ▲ 성화로다 성화로다 觀先團이 성화로다 안증뱅이 演說이라 듣도 않고 돌아가서 誹謗들만 하였는대 聽衆 많다 接待 많다 虛張聲勢 자랑하니 네가 眞情 성화로다[4]

그리고 다음의 '마귀가'를 통해 또다시 일본관광단을 비판하였다.

> 시사가 괴란하여 충성첩출악마로다
> 북치며 나나리 불고 일본관광단을 환영하는 자, 유성기 둘러매고 부일주의로 연설하는 자
> 언제나 일진대풍 몰아다가 쓰러낼고[5]

---

4 「관광단가」, 『대한매일신보』, 1909년 9월 22일.
5 「마귀가」, 『대한매일신보』, 1909년 10월 5일.

그렇다면 '마귀(단)'은 어떠한 사람들일까? 이에 대해 『대한매일신보』는 "頑固者로 自處호고 黑暗中에 蟄伏호야 晝思夜度호는 것이 엇지호면 階梯엇어 外國人을 結連호야 賣國事業홀까 호고 됴 비비 듯 發狂터니 觀光團에 得參호야 歡迎 가는 魔鬼輩를 壹號令에 묵거내고"[6]라 하여 '매국사업'하는 사람들을 지목하였다.

그런데 일본관광단은 주로 민회계에서 조직한 것으로 보인다. 그리하여 『대한매일신보』는 "전일에는 5조약의 선언서를 바치는 민회가 있더니 근일에는 혹 관광단을 환영하며 이들씨를 송덕하여 국민의 정신을 말마다 마귀굴에 떨어지게 하는 민회"가 있다는 기사를 게재하여 일본관광단의 파견과 일본에서 오는 한국관광단 환영에 민회의 역할이 상당히 컸음을 알 수 있다.

2) 강점 직후 조선총독부의 관광정책

앞 절에서 본 바와 같이 일본관광단은 일제의 조선 강점 과정에서 대한제국의 최상층의 눈과 입을 통해 조선민중의 반발을 완화시키고 설득하려는 목적을 가지고 있었음을 알 수 있다. 이러한 관광정책의 목적은 일제의 조선 강점 이후에는 식민지 조선에 대한 지배정책의 차원에서 보다 확대되었다. 이와 관련하여 국내관광과 일본관광에 대해 주도적인 역할을 수행하였던 조중응(趙重應)은 일본관광의 의미와 역할에 대해 다음과 같이 조선인의 사상을 진화, 즉 일제의 조선 강점과 통치에 기여하였다고 서술하였다.

日韓併合 후 조선인의 사상은 年次 진화를 生하니 其原因은 각종이 유하나 직접의 功效은 병합 전에 조선 일류의 인사가 일본대관광단을

---

6 「掃淸魔鬼」, 『대한매일신보』, 1909년 4월 7일.

2회에 결행함을 騎頭로 하여 引續하여 동양척식과 如함은 年年히 전도에 걸쳐 篤農家를 선발하여 전문적의 시찰을 시키고 猶히 각도에서 한 내지시찰단도 不尠하여 是等은 皆內地人의 勸勉한 사, 文明開化 著한 사 및 식산흥업 발달한 사 등을 實見하고 歸來하여 此를 일반에게 傳說하고 일방으로는 각도 각지로써 京城의 제도문물을 시찰한 자가 극히 多하여 此結 果는 근래에 현저히 鮮人側의 사상계에 진화를 여한 형적[7]

이러한 그의 생각은 1914년 일본시찰단에 대하여 그가 쓴 다른 글[8]에서도 그대로 드러나 일본관광에 대한 그의 인식을 잘 알려준다. 뿐만 아니라 이러한 관광에 대한 인식은 데라우치 마사다케(寺內正毅) 총독이 1912년 5월 개성관광단을 접견한 자리에서 "개성군은 余가 特別 愛護하는 지방인 즉 금회의 제반 실지 상황을 연구적 관람하고 귀향한 후 일반인민을 권장하여 실업사상과 기타 百般事爲를 熱心 做去케 하라"[9]고 하여 지방산업 발전을 강조한 사실과 1912년 5월 포천관광단에 대해 고하라(小原) 지방국장이 대독한 다음의 훈시에서도 확인할 수 있다.

금회 제군이 관광단을 조직함은 희열하는 바이나 千萬事爲를 外表로 관광치 勿하고 實地를 연구하여 효력이 유함을 희망하며 又는 귀향 후 일반인민에게 관광 상황을 설명하여 惰怠의 習을 革袪하고 실지사업을 발전케 하고 부인들은 금후부터 익익 가장을 補助하여 治産事務를 整理 樂業하여 천황폐하의 □□을 만분의 일이라도 보답하기를 勉力하라[10]

즉 데라우치 총독은 경성의 외피만을 보지 말고 실질적인 측면을 관광하여 이를 지방민에게 전파함으로써 지방사회의 발전을 도모할 것을 강조

7 「鮮人思想의 進化」, 『매일신보』, 1913년 9월 10일.
8 「內地視察團에 對하여」, 『매일신보』, 1914년 3월 8일.
9 「개성관광단과 총독」, 『매일신보』, 1912년 5월 16일.
10 「포천관광단과 총독」, 『매일신보』, 1912년 5월 22일.

하였고, 특별히 가장인 남성을 보조하는 여성들의 역할을 요구하였으며, 이러한 태도를 갖는 것이 천황의 은혜에 보답하는 것이라는 점을 강조하였다. 이와 같은 총독의 훈시는 1914년까지 대동소이하게 확인된다. 즉 1913년 5월 안협관광단과 6월의 강서관광단에게 행한 다음의 훈시에서 각각 다음과 같이 말하였다.

> 금회에 如是 多人數의 시찰단을 조직하고 入京함에 就하여는 인솔자는 물론 각단원이라도 此行이 虛行이 안되게 주의함이 필요하도다. 가령 시중 관람의 際에 店頭에 진열한 상품의 외관의 미에 迷眩하여 其實質의 여하를 不顧하고 막대한 금전을 투하여 실용적이 되지 못하는 사치품을 구입함은 最히 戒치 아니치 못할 바이니 능히 其地方의 상황에 鑑하여 大한 즉 지방의 산업개발에 資하고 小한즉 각자의 직업상에 응용할 사항에 就하여 충분의 시찰을 遂하라. 又江原道는 타도에 비하면 교통기관의 설비가 심히 不完하고 지방의 발달은 교통기관의 정비에 待하는 사가 最大함으로써 도로에 開鑿, 改修 등에 當하여는 정부에서도 아무쪼록 劃策하여 其完成을 급히 하나 此와 동시에 지방인민에 在하여도 서로 협력하여 각자의 업무에 종사하여써 지방산업의 개발에 노력하기를 望함[11]

> 금회 제군이 관광단을 조직하고 귀중한 시간과 다액의 여비를 費하여 遠路 入京함에 就하여는 京城과 그 부근에 재한 제반시설 및 사업의 상황을 시찰하여 此行이 徒爾에 付치 안도록 기할지오 又事物의 시찰에 당하여는 경성 시중의 店頭를 見함과 如한 외관에만 迷惑하는 事이 無하고 능히 其實質의 여하를 연구하여써 각자의 종사하고 있는 사업과 직무상에 응용하여 개선을 計하도록 用意함이 긴요하며 강서군은 농사개량, 종자의 선택, 其地 산림의 경영 등 제사업이 착착 其緖에 就하여 양호한 성적을 擧한다 하니 심히 경하할 事이라. 장래에 대하여도 방심치 勿하고 更히 일층의 호성적을 거할 事를 희망하며 특히 군수 이하 각면장에 재하여는 귀향 후 此趣旨를 인민에게 전하여 관민이 협력하여 지방산업의 발달을 計할지오 且近來는 점점 지방에도 사치의 風이

---

11 「총독 시찰단에게 훈시」, 『매일신보』, 1913년 5월 14일.

유행함을 견하는 경향이 유함으로 제군은 각자 相戒하여 質素勤勉의
미풍을 保하기에 주의함이 가하다 하노라[12]

　안협관광단과 강서관광단에게 행한 데라우치 총독의 훈시에서 공통으
로 나타난 것은 사치하지 말고 실용적인 것을 배워 지방산업 발전에 기여
하라는 것으로 이 시기 관광이 경성의 선진문물을 수용하고 이를 지방에까
지 확산하려는 것이었음을 알 수 있다. 또한 데라우치 총독은 접견하는 관
광단의 출신지에 대하여 해당 지역에서 필요하거나 해당 지역에서 행해야
할 방침 등을 관광단원에게 강조함으로써 관광단원이 지방행정에 협력할
것을 당부하였다. 그리하여 안협관광단원에게는 교통기관의 정비를, 강서
관광단에게는 농업 발전을 강조하였던 것이라 생각된다. 또한 이러한 자신
의 당부를 관광단원이 지방 인민에게 전할 것도 강조하여 조선총독부의 시
정방침을 지방민에게 직접 전달하는 효과도 기대하였음을 알 수 있다.
　한편 데라우치 총독은 1914년 조선 최상류층으로 구성된 조선진신시
찰단원에게도 조선 국내관광단에게 행한 바와 같은 취지의 훈시를 다음과
같이 하였다.

　본총독은 본일 각도에 대한 각종 사업에 종사하는 제군을 迎함은 실
로 만족히 思하는 바이라. 목하 大正博覽會는 개회중인고로 此를 관람
한 결과는 조선의 산업을 進步改良케 하는 사에 대하여 裨益이 有함을
確知하노라. 然이나 일반 資産者의 陷하기 易한 것은 異鄕의 풍물에 대
하여 외관의 미와 虛飾에 미혹하여 其實 되는 실질 여하를 자세히 연구
하여써 이용의 道를 講하는 重要事를 等閒에 付하는 事이라. 此等 점에
관하여는 諸員이 십분 思量하기를 望하며 又朝鮮 현하의 병폐는 □或華
美에 流하고 懶惰에 陷하는 事이니 此에 대하여는 기회가 有한대로 누
누이 언급하여 근검의 풍을 기함이라. 如此한 미풍이 기하여야 조선의

___
12 「총독 관광단 훈시」, 『매일신보』, 1913년 6월 4일.

산업개발도 始見할 것이오 富力의 증진도 可圖할지라. 諸員은 此趣旨를 宜体하여 시찰하기를 희망하노라. 且風土도 조선과 不同하니 여행 중 건강을 주의하여 충분히 시찰의 목적을 達케함을 視하노라.[13]

한편 경기도 재무부장 사쿠라이(櫻井)와 경무부장 야쿠시가와(藥師川)는 다음과 같이 말하였다.

조선 부인들이 舊日 守閨의 습관을 타파하고 각종 조직하는 기구와 기타 사항을 실지 견학코자 하여 금회 남자관광단 중에 편입됨은 실로 찬성하는 바이니와 或聞한즉 鄕曲生長으로서 다만 경성을 玩覽코자 하여 명칭 관광단 하고 實事는 順不見學함이 유하여 여비만 消耗하는 弊가 유하다 하니 此는 慨惜한 事이라. 제군은 아무쪼록 차등 浮虛의 心을 祛하고 實地를 견학 귀가 후에 능력대로 견학한 사항을 타인에게 설명하여 각기 實事를 做去할 뿐 아니라 期於히 유명무실의 歎이 無케 함을 희망하노라.[14]

이로 보아 조선총독부는 조선의 최상류층은 물론이고 다음 장에서 서술하는 바와 같이 중간층으로 구성된 국내관광단에게도 관광을 통해 선진 문물의 견학과 이를 통한 일본 근대문물의 우수성을 주입하여 식민지 조선의 지배에 이용하려 하였던 것이라 할 수 있다. 특히 여성들에게 규방에 머물지 말고 사회활동을 할 것을 촉구하였다. 이러한 국내관광의 활성화를 위한 조치는 1915년 조선물산공진회의 개최와 밀접한 관련이 있다. 조중응이 말했듯이 1914년 대정관람회 관람을 목적으로 했던 조선진신시찰단의 일본 파견은 조선물산공진회의 성공적 개최를 위한 목적을 함께 갖고 있었기 때문이었다.

---

13 「조선진신내지시찰단」, 『매일신보』, 1914년 4월 10일.
14 「진위관광단과 부장의 훈시」, 『매일신보』, 1912년 4월 16일.

3) 1910년대 식민지 조선의 국내관광 실태

앞에서 본 바와 같이 조선총독부는 식민지 조선 전역에서 군 단위의 관광단을 조직하여 경성을 관광하도록 하였다. 그리하여 1910년대 초반 『매일신보』는 국내관광단을 보도하면서 '경성관광단'이라 칭하기도 하였다.

〈부록〉에서 볼 수 있는 바와 같이 1910년대 국내관광단은 강점 직후부터 조직되었다. 이미 1912년 국내관광단의 조직에 대해 『매일신보』는 다음과 같이 보도하였다.

> 근일 지방인사가 관광단을 조직하여 大都에 遊歷하면서 農務의 如何와 商業의 如何와 기타 事事物을 莫不觀光하여 我가 短이 有하거던 彼의 長을 취하며 我의 鈍이 有하거던 彼의 銳를 취하여 각기 歸鄕한 후에 所業을 隨하여 必所施가 有하니 此는 막대한 관광의 효력이라 謂할지라. 然한즉 모지방을 물론하고 관광단의 조직이 頻繁하여야 風化大闢의 進運을 從할지니 일반 동포는 此에 勉勵하려니와 若或無恒業無恒念으로 徒히 閑散客의 浮萍踪跡과 如히 偶往偶來하여 景物이나 玩賞하고 繁華이나 愛艶하여 一分의 소득이 무하면 反히 관광의 害가 有하리라 하노라.[15]

이 기사에 따르면 1912년 초에 이미 각 지방에서 관광단이 조직하여 대도시를 관광하고 있다는 것이며, 관광의 효력으로 "我가 短이 有하거던 彼의 長을 취하며 我의 鈍이 有하거던 彼의 銳를 취하여 각기 歸鄕한 후에 所業을 隨하여 必所施가 有"하다는 것을 들었다. 이는 관광을 단순히 오락의 일환으로 여긴 것이 아니라 지방산업의 발전을 위한 계몽의 수단으로 간주하였다는 것이다. 이러한 『매일신보』의 인식은 다음의 기사에서도 확인할 수 있다.

---

15 「지방의 관광단」, 『매일신보』, 1912년 3월 13일.

司馬子長의 문장도 南遊江淮에서 出하였다 하니 某事業을 물론하고 孤陋의 見聞으로는 成就키 難할지라. 근일 지방인사가 견문을 增長키 위하여 왕왕 관광단은 조직하여 夫都을 遊歷하니 과연 문명 촉진의 起點이라 謂할지라. 個個히 자기의 업무를 隨하여 卓越思想을 鼓發하면 其影響이 不就할지나 若或浪遊에 徒貪하여 無故而來라가 無故而去하면 反히 貽害만 有할지니 관광단원은 주의할지어다.[16]

이러한 『매일신보』의 관광 인식은 조선총독이 관광단에게 행한 훈시에서도 그대로 보이는 것이라는 점에서 조선총독부는 관광은 지방산업 개발과 지방민의 계몽 수단으로 활용하였음을 알 수 있다. 그리하여 『매일신보』는 지방관광단에 대한 사설[17]에서 "관광단의 역할과 의미에 대해 관광을 통해 상당한 견문을 한 연후에 孤陋의 恥를 면할 수 있다고 전제하며 한 곳에서 태어나 성장하고 사망하면 아무리 재질이 뛰어난 자라 해도 '大都地의 下愚에 不及'"하다고 하였다. 이와 같은 관광이 가능하게 된 이유로 『매일신보』는 다음과 같이 서술하였다.

往日에는 수륙의 교통이 불편하여 遠地는 10일, 20일의 跋涉이 아니면 可達치 못하므로 京城이 何處에 在한지, 老死不知하는 자가 往往하고 又人民의 정도가 低下하여 관광의 사상이 初無하였고, 況婦女는 所居地方에서도 감히 門外에 出치 못하더니. 현하 문명이 大闢하여 水에는 汽艦이 有하며 陸에는 汽車가 有하여 自南自北을 早發夕至하니 교통의 편이는 可言할 바이 無하고 又人民의 사상도 일층 계발하여 관광의 效力이 有할 줄을 感하며 부녀도 점차 向時의 居內不出의 態를 變하여 각종 사업을 희망하니 관광단원의 績績 來往은 亦當然의 勢이라.

즉 과거에는 교통이 불편하여 遠地로의 이동이 불편하여 관광을 할 수 없었으나 근대 문명이 발달한 현재에는 기함과 기차 등 교통이 발달하여

---

16 「관광단의 주의」, 『매일신보』, 1912년 4월 16일.
17 「지방관광단에 대하여」, 『매일신보』, 1912년 4월 21일.

사방에서 관광을 할 수 있는 조건이 마련되었다는 것이다. 『매일신보』는 또다시 "往日에는 도로가 阻隔하여 東西南北이 異域과 如하니 자연 孤陋를 未免할지라. (중략) 現時는 海陸이 具備하여 自南至北과 自東至西가 민활 우 민활하니 此에 伴하여 일반인민의 見識을 增長할 시대"[18]라 하여 교통기관의 발달 결과 관광이 가능해졌고 이를 통해 인민의 견식이 증장할 것이라는 점을 강조하였다. 이는 일제의 식민지 지배의 결과 교통기관이 발달했으며, 관광을 통해 여성을 포함한 인민의 사상이 발달하여 여성도 각종 사회활동에 참여할 수 있다는 것이다. 그러므로 관광단원은 "繁華만 是玩하며 遊浪만 是貪하여 人의 錦繡를 見하면 必艷愛하고 人의 膏粱을 見하면 必欽湊하며 기타 事物의 여하는 一分의 了解가 無히 왕왕 徒來하여 다수 金錢만 虛費하고 귀가 후에는 浮華가 蒙目하여 所執 業務는 半히 怠惰에 至하면 此는 관광의 益은 고사하고 즉 관광의 大病을 釀成함이니 어찌 可戒할 事가 아니리오"라 하여 관광의 역기능을 걱정하였다. 이는 조선총독부가 관광의 역기능만을 걱정하는 것이 아니라 자신들이 지향했던 정책 방향으로 관광단원의 활동을 이끌고자 했다는 것으로 파악할 수 있다. 그리고 관광단원에게 다음을 주문하였다.

> 각종 상황을 周覽할 시에 학교를 見하거던 必曰 我郡도 여하하면 此와 如할까 하며, 工廠를 見하는 시는 必曰 我郡도 여하하면 此와 如할까 하며, 商鋪를 見하는 時는 亦必曰 我郡도 如何하면 此와 如할까 하며, 기타 千百事業場을 見할 시에도 亦必曰 我郡도 如何하면 此와 如할까 하는 감상을 胞하여 귀향한 이후에 個個히 隣里 동포로 더불어 互相 說論하며 互相 勸勵하여 主腦를 作하면 可以 관광의 효과라 謂할지요, 又諸君의 鄕里가 諸君에게 희망하는 바이라 하노라.

18 「지방시찰단」, 『매일신보』, 1913년 10월 3일.

혹은 日 人의 사상이 관광에 不在하니 何必 勞役고 하나 此는 不然하니 若人이 好個資質이 有할지라도 其見聞이 一處에 止하면 孤陋를 不免할지니 子長이 英俊으로도 江淮에 유력한 후에야 文章이 增長하였으니 관광단 제군도 각기 자기의 사업에 대하여 其見聞을 增長하기를 試圖할지로다.[19]

그렇다면 〈부록 1〉, 〈부록 2〉를 통해 1910년대 식민지 조선의 관광 실태에 대해 알아보자. 〈부록 1〉은 국내관광단에 대한 것이며, 〈부록 2〉는 외국에서 조선으로, 조선에서 외국으로 간 국제관광단에 대한 것이다. 먼저 국내관광단에 대해 알아보자. 첫째, 1915년 조선물산공진회 관광을 위한 관광단을 제외하면 국내관광단은 〈표 2-1〉에서 볼 수 있듯이 모두 102개가 조직되었다.

〈표 2-1〉 1910년대 국내관광단 수

연도	1910	1911	1912	1913	1914	1915	1916	1917	1918	1919	계
관광단수	1	4	21	56	6	3	1	3	2	1	98

이 중 1912년 21개 단체, 1913년 59개 단체가 조직되어 1915년 조선물산공진회 관광단을 제외하면 1910년대 국내관광단 대부분이 이 시기에 조직된 것으로 나타난다. 이는 조선총독부가 조선 강점 이후 근대문물을 지방사회에까지 전파하여 일본 근대문물의 우수성을 알리고 이를 통해 식민지 조선인을 감복시키기 위한 정책에 따른 것이었다고 할 수 있다. 그리고 그 결정판이 1915년 조선물산공진회였으므로 조선총독부는 조선물산공진회를 성공적으로 개최하기 위한 물적·인적 토대를 창출해야 하였고, 이를 지방사회에 알려야 하였다. 따라서 조선물산공진회 관람을 위한 사

---

19 「지방관광단」, 『매일신보』, 1913년 5월 7일.

전 분위기를 조성해야 할 필요에 따라 국내관광을 장려하였던 것이라 판단된다. 그리하여 1912년과 1913년에는 국내관광단의 경성 관광을 기관지인 『매일신보』에 적극적으로 소개하였던 것이라 할 수 있다. 국내관광 관련 사진이 게재된 시기도 〈부록 1〉에서 볼 수 있는 바와 같이 1912년과 1913년에 집중되어 있던 것도 이 때문이라 생각된다. 이는 또한 총독이나 경무총감이 관광단원을 접견한 시기와도 일치한다. 다만 1914년은 1915년 조선물산공진회 관람을 위한 경성관광이 각 군별로 예정되어 있었으므로 경제적 부담을 고려하여 국내관광을 자제하였을 것으로 보인다. 그리고 1916년 이후에는 국내관광을 보도할 필요성을 느끼지 못하였을 것이므로 보도되지 않은 것이지 국내관광이 쇠퇴하였다고 생각되지는 않는다. 1919년 3·1운동 이후 관광을 식민지 조선인에 대한 교화정책의 일환으로 활성화시킨 것은 이를 반증한다.

둘째, 국내관광단은 부·군·금융조합·부인회·면장·신문사 지국·강화 기물조합·상업회의소 등이 발기, 조직하였으나 대부분은 군청에서 조직한 것이었다. 그리고 군청 이외의 다른 기관에서 조직하였다 하더라도 군청과 밀접한 연락을 하면서 조직하였던 것으로 판단된다. 이는 조선총독부의 공문에서도 확인할 수 있다. 즉 1913년 5월 16일 「관통첩 제144호 시찰단에 관한 건」에서 조선총독부에 의뢰할 경우에는 적어도 입경 5일 전까지 반드시 단원의 직업별, 인수, 도착 일시, 체재 일수 및 시찰 희망 장소, 기타 사항을 미리 통지할 것을 각도 장관에게 통첩하고 단원의 선발에는 충분한 주의를 기울여 좋은 시찰 목적을 달성하여 徒費徒勞에 그치지 않을 것을 요구하였다.[20] 그리고 9월에는 경성을 떠나 귀향할 경우도 부·군 내의

---

20 「官通牒第144號 視察團ニ關スル件」, 『조선총독부관보』 제236호, 1913년 5월 16일.

상황, 기타를 보고하도록 하였다.[21] 경기도청에서는 각 부군에 통첩을 보내 "면리장 이하 유지로 하여금 관광단을 조직함은 지방민의 지식계발상에 神益이 有하다 할지나 금차 農節을 際하여 此를 조직함은 農務의 방해가 不少하니 일반 면리장에게 申飭하여 各盡其業케 하고 農閑의 시기를 乘하여 시행케 하라"[22]고 하였다. 이로 보아 1910년대 국내관광단은 조선총독부의 통제 하에서 조직되었으며, 앞에서도 본 조선총독의 훈시는 이 통첩의 내용과 대동소이하다는 점에서 이 통첩에 근거하여 이루어진 것으로 보인다. 또한 경기도의 통첩에서 볼 수 있듯이 '農節을 際하여 此를 조직함은 農務의 방해가 不少하니 일반 면리장에게 申飭하여 各盡其業케 하고 農閑의 시기를 乘하여 시행하라' 한 것에서 농번기에 관광단을 조직하는 일이 적지 않았음을 알 수 있다. 『매일신보』에서도 "각지 관광단의 조직함을 견하건대 개인급개인이 우연 회합함이 아니라 必 每面 혹 每里에 대하여 1인 혹 2인을 선택하였고, 혹 단원의 資備는 該里 및 該面의 全體로 幾分의 金을 釀出하는 處도 유하니 尋當한 遊覽으로 언할진대 어찌 里面의 分選이 有하며, 里面의 釀金이 有하리오. 此는 諸君의 견문한 효과를 波及"하고자 하여 관광단원은 면리 단위로 1~2인을 선발하였음을 알리고 있다.

셋째, 국내관광단원은 군수나 군 관계자 등이 인솔하였으며, 군참사·군서기·면장·이장 등 지방행정기관 관련자, 교사·향교직원·학무위원·은사수산장 수산생·학생 등 교육 관련자, 실업가·금융조합원·독농가·특농가·연초재배자·소작인 등 농업 관련자, 유생·양반·명망가 등 지역 유지 등이었다. 이 중 소작농을 제외하면 지방사회의 지배층, 즉 중견인물이었음을 확인할 수 있다. 조선총독부는 이들이 관광 후 귀향하여 지방민들에

---

21 「官通牒第276號 視察團ニ關スル件」, 『조선총독부관보』 제333호, 1913년 9월 8일, 72쪽.
22 「지방관광단과 農時」, 『매일신보』, 1912년 5월 29일.

게 감상을 전할 자리를 마련하도록 하였다는 점에서 중견인물을 통해 지방민을 교화하려 하였던 것으로 보인다. 이러한 측면에서 1910년대 국내관광은 교화정책이라는 측면도 있었을 것이라 생각된다. 특히 3·1운동 이후 관광은 교화정책의 일환으로 조선총독부가 적극 장려하였다는 점을 감안하면 이미 그 뿌리는 1910년대에 기원한다고 할 수 있을 것이다.

넷째, 관광 경비는 단번에 마련할 수 없었기 때문에 저축을 통해 이루어진 것으로 보인다. 1911년에는 1917년 일본에서 개최될 박람회를 관람하기 위하여 저축을 하도록 지도하였고,[23] 면민이 부담하는 경우도 있었다.[24] 영동관광단은 1913년 봄 이래 여비를 저축하여 관광 경비를 마련하였다.[25] 그런데 1915년 조선물산공진회 관람 경비의 일부를 군이나 도의 예산에서 보조받은 경우도 있는 것으로 보아 국내관광단에도 예산 보조가 있었을 것으로 판단된다. 참고로 1912년 3박 4일 일정으로 경성관광단을 조직한 풍덕관광단은 1인당 경비가 3원 50전이었다.[26]

다섯째, 국내관광단의 관광 장소이다. 경성 79단체, 수원 24단체, 평양 18단체, 인천 14단체, 대구 5단체, 전주 4단체, 개성·대전·부산·신의주 3단체, 진남포 2단체, 진해·익산·논산 1단체가 관광하였다. 이로 보아 경성·수원·평양·인천이 주요한 관광지였음을 알 수 있다. 이 중 경성·수원은 경부철도, 평양은 경의철도, 인천은 경인철도가 운행되는 지역이었으며, 이외에도 대구·부산이 경부철도, 개성·신의주가 경의철도가 운행되는 지역이었다. 그러므로 이 시기 주요한 관광지는 철도 연선에 위치하고 있음을 알 수 있다.

---

23 「조선 내지의 행정개선」, 『매일신보』, 1911년 10월 17일.
24 「지방시찰단」, 『매일신보』, 1913년 10월 3일.
25 「영동관광단 입경」, 『매일신보』, 1913년 9월 9일.
26 「풍덕의 관광단 조직」, 『매일신보』, 1912년 5월 23일.

또한 주요 관광지에서 찾은 관광명소는 경성의 경우 총독부·경무총감부·경기도청·경성부청·총독관저 등 식민지 지배기구, 권업주식회사·경성상업회의소·물품진열관·총독부의원·공업전습소·동아연초주식회사·미술품제조소·조선은행 등 경제기관, 사범학교·조선총독부중학교·일출소학교·어의동보통학교·경성고등보통학교·경성고등여자보통학교 등 교육기관, 식림묘포·권업모범지장·독도수원지·독도동척출장소·독도원예모범장 등 농업시설, 동물원·식물원·박물관·경복궁·창덕궁·旭공원·탑동공원 등 고궁과 공원, 매일신보사·경성일보사 등 언론기관, 그리고 군사령부와 용산발전소·용산인쇄소·사방공사장 등이 있다. 수원의 경우에는 권업모범장·수원농림학교·수원군청·모범면사무소 등이었다. 인천은 인천 측후소·각국공원·월미도·전등회사·수원지·세관·매립지·군함·해안 등을 관광하였다. 평양은 모란대·현무문·기자능·평남도청·부청·민단·중요 제조소·저수지·기타 명소 등이었으며, 개성은 선죽교·만월대·숭양서원·사세국출장소·전매국 개성출장소·은사수산장·보통학교·중요 공업소·명소구적 등이 관광명소였다. 이렇게 보면 관광명소는 주로 일제의 식민지 지배기구와 근대적인 경제기관, 언론기관, 교육기관 등이었고, 평양과 개성의 경우는 다른 곳에 비해 고적이 주요한 관광명소였음을 확인할 수 있다. 다만 화성이 있는 수원의 경우는 화성이 아닌 권업모범장과 농림학교가 주요한 관광명소였다. 그러므로 1910년대 조선총독부가 장려한 관광명소는 주로 근대시설이었으며, 식민지 조선의 역사를 알 수 있는 고적이나 문화재 등의 관광은 억제되었던 것으로 보인다.

다음으로 국제관광에 대해 알아보자. 〈부록 2〉에 따르면 1910년대 식민지 조선을 찾은 관광단은 70개 단체이다. 이를 외국에서 조선을 찾은 관광단과 조선에서 외국으로 나간 관광단으로 나누어 보면 〈표 2-2〉와 같다.

〈표 2-2〉 1910년대 식민지 조선의 국제관광

연도		1910	1911	1912	1913	1914	1915	1916	1917	1918	1919	계
관광단수	외국 → 조선	6	3	15	13	4	3	3	5	1		53
	조선 → 외국	3		3	2	3		2	3			16

　이 중 일본에서 조선으로 온 관광단은 1910년 6단체, 1911년 2단체, 1912년 12단체, 1913년 7단체, 1915년 2단체, 1916년 1단체, 1917년 2단체 등 32단체로 약 45.7%에 달하며, 미국관광단이 10단체이며 이외에 중국·독일·러시아·영국 등지에서도 관광단이 왔다. 일본에서 온 관광단을 포함한 외국관광단은 식민지 조선만을 관광 목적지로 한 것이 아니라 세계 일주 여행의 과정에서 기착지로서 1박 혹은 2박 정도로 머문 것이 대부분이며, 일본에서 온 관광단은 식민지 조선만을 목적으로 한 것도 있으나 만주까지를 포함하여 온 경우도 있다. 이와 같이 외국에서 오는 관광객을 대상으로 일본여행협회 조선지부는 각종 안내서를 일문으로만이 아니라 영문과 로문으로도 제작하였으며, 1916년에는 러시아관광객 약 3천 명, 1917년에는 약 3천6백 명을 유치하였다.[27] 이로 보아 『매일신보』에 보도된 관광단 이외에도 다수의 관광단이 식민지 조선을 여행하였던 것으로 보인다. 또한 조선에서 외국으로 관광을 간 경우는 16건에 그치고 있으며, 여행지는 일본과 만주를 포함한 중국이었다. 일본의 경우는 동양척식주식회사의 일본시찰단과 1910년의 조선귀족일본관광단이 대표적이다. 다만 일본시찰단의 경우는 필자가 별고에서 다루었기 때문에 본고에서는 통계에 잡지 않았음을 밝힌다. 이에 대해서는 필자의 다른 연구를 참조하기 바란다.[28]

---

27 조성운, 『식민지 근대관광과 일본시찰』, 경인문화사, 2011, 60~61쪽.
28 조성운, 『식민지 근대관광과 일본시찰』, 경인문화사, 2011, 제2부 제1장과 제2장 참조 바람.

특히 주목되는 것은 훈춘관광단이다. 훈춘지방 거주 조선인으로 조직된 이 관광단은 단장 黃炳吉 이하 23명으로 구성되었다. 1918년 5월 3일 청진, 원산을 거쳐 경성에 도착한 후 경성 시내와 수원, 영등포, 인천 등지를 시찰하고 5월 15일 경성을 출발하여 5월 25일 귀향하였다.[29] 1910년대 훈춘지역 독립운동의 상징적인 인물로 평가되고 있던 단장 황병길이 훈춘관광단의 일원으로 식민지 조선을 관광하게 된 것은 1917년 10월 그를 체포한 훈춘영사분관이 그를 친일선전에 활용하고자 했기 때문이었다. 이러한 계획에 따라 〈표 2-3〉과 같이 훈춘지역의 독립운동가를 포함한 훈춘관광단이 조직되었다. 이들이 관광한 장소는 조선총독부·경무총감부·상품진열관·조선은행·경성우체국·수원 원잠종제조장·권업모범장·자혜의원·교동공립보통학교·경성여자보통학교·창덕궁·동식물원·조선총독부의원·경성고등보통학교·중앙시험장·동아연초주식회사·용산병영·박물관·조선피혁주식회사·인천부청·관측소·한성맹아부·은사수산제사장·동양척식회사·경성감옥·한강철교·미술품제작소·경성지방법원 등[30]으로 국내관광단이 돌아본 장소와 대동소이하였다. 이와 같이 관광은 일제에 의해 독립운동가의 회유정책으로도 활용되었던 것이다.

〈표 2-3〉 훈춘관광단 구성원[31]

이름	나이	본적	주소	경력 및 신망 정도	직업	종교	비고
황병길 (단장)	36	함북 경원	훈춘 연토라자	북청진위대, 안중근과 단지동맹, 러시아와 중국	농업	기독교	러시아어 능통, 양국관헌과 관계 좋음

29 『한국독립운동사자료』 40, 국사편찬위원회, 「珲春觀光團ノ感想」(국사편찬위원회 한국사데이터베이스에서 인용).
30 김주용, 「황병길의 생애와 독립운동」, 『한국독립운동사연구』 37, 독립기념관 한국 독립운동사연구소, 2010, 144쪽.
31 김주용, 「황병길의 생애와 독립운동」, 『한국독립운동사연구』 37, 독립기념관 한국 독립운동사연구소, 2010, 142~143쪽.

이름	나이	본적	주소	경력 및 신망 정도	직업	종교	비고
한형권 (1반장)	30	함북 온성	훈춘 사룡봉	권업신문 주필, 러시아	농업	희랍교	원동보 기자 출신, 항일
나정화	30	함북 종성	훈춘 대육도구	한인들	농업	기독교	항일
한만흥	42	함북 종성	훈춘 사도구	한인들	농업		중국어 능통, 보수적 인사
이명순	38	함북 경원	훈춘 남별리	한인들	농업	기독교	보수적 인사
방두원	37	함북 종성	훈춘 전선촌	자산가로서 명망	농업	기독교	중국에 귀화
구현문 (3반장)	40	함북 회령	훈춘 두도구	한인들 사이에 명망	농업		중국 사정에 정통
양하구 (4반장)	41	함북 경흥	훈춘 황구	북일학교 교장, 한인들 사이에 명망	농업	기독교	북일학교 교장, 항일
문병호 (2반장)	30	평북 영변	훈춘 시내	한인들 사이에 명망	잡화상	기독교	기독교교우회원, 항일
김희영	34	함북 경흥	훈춘 흑정자	한인들 사이에 명망	농업	기독교	
윤영복	30	함북 회령	훈춘 흑정자	추풍 진명학교 교사, 한일들 사이에 명망	농업	기독교	중국공립학교 교사, 항일
김상규	23	함북 경원	훈춘 시내		숙박업		
최중길	40	함북 경원	훈춘 반석구	서당교사, 한인들 사이에 비난 받음	농업	유교	친일인사
이춘	43	함북 경원	훈춘 경신향	중국 지방관헌, 한인들의 신망	농업	기독교	항일
최천약	39	함북 경원	훈춘 남별리	태동학교 교장	농업	기독교	중국인과의 교섭력 탁월
이인서	39	함북 종성	훈춘 초모정자	중국인들의 신망	농업	기독교	항일
전화석	30	함북 경흥	훈춘 경신향	중국인들의 신망	농업		항일
박진권	31	함북 경흥	훈춘 흑정자	한인들의 신망	농업	기독교	항일사상이 희박
박광현	44	함북 경원	훈춘 연토라자		농업	유교	중국인과의 교섭력

〈부록〉 1910년대 국내관광단 일람[32]

명칭	주최/설기	인솔자	기간	인원	경비, 목적	관광 장소	근거
수원관광단	직산군		11.4~5	각학교 유지자, 면장; 이장; 실업가 기타 35	농사개량	권업모범장, 농림학교, 임업사무소	10.11.12
영월관광단				연초재배자 등 수십명		경성, 수원, 대전	11.10.6
양평관광단	양평군	군수 鄭元模	10.14~	면장 6, 수산장 수산생 13, 기타		식림묘포, 사범학교, 총독관저, 총독부의원, 창덕궁, 공업전습소, 동아연초주식회사, 경기도청, 미술품제조소	11.10.15; 10.17
金川관광단(황해도)		서기 細川亮吉	10.24~	50여 명		총독부, 경무총감부, 매일신보사, 조선은행, 용산병전소	11.10.26; 10.27
안성관광단				군참사, 면장			11.10.29
경인관광단	임천군		3.3~16	면장, 교사		3월 9일(조선총독부, 경기도청, 경성부청), 10일(경성연화의소, 시내 관광), 11일(총독부의원, 고등보통학교, 공업전습소), 12일(경성일보사 및 청년회), 13일(독도동척출장소), 14일(노량진인천), 15일(수원), 16일(거래)	12.2.10; 3.7
靑道·慶山관광단	청도군·경산군			16면, 80명			12.2.28
청도경산시찰단	청도군	군수		군참사, 면장 등 20명			12.3.28
양지경성관광단	양지군	군수 민영식	4.9~13	면장; 유지 200여 명		9일(경성도청), 10일(경기도청, 총독부, 미술품공장, 임종소학교, 경성고등여학교), 11일(고등보통학교, 사범학교, 청덕궁, 동아연초주식회사, 총독부의원, 공업전습소, 매일신보사, 경성일보사), 12일(경무총감부, 독도원예모범장, 동척회사독도지장, 수원지), 13일(수원권업모범장, 권업모범장)	12.4.9; 4.13

32 1915년은 조선물산공진회 관광단이 대부분이므로 일본 등 외국에서 온 단체만 작성하였고 국내 관광단은 제외하고 작성하였다.

명칭	주최/실기	인솔자	기간	인원	정비. 목적	관광 장소	근거
진위경성관광단	진위군청	군수	4.13~17	남 70, 여 60	남녀 전문 개발	13일(서정리역 출발), 14일(경기도청, 총독부, 조선은행, 경성고등보통학교, 경성사립묘지), 15일(여자고등보통학교, 총독부의원, 동식물원, 공업전습소), 16일(독도연예[모범장, 동양척식회사), 17일(귀군)	12.4.11; 4.14
부산조선부인경성관람단	부산부인회				지식 개발		12.4.12
순천 · 숙천경성관광단		순천군수, 군참사	5.6~19	95명(숙천:군서기, 군참사, 향교직원, 향무위원, 면장, 실입가, 교육가, 유생, 여자 등 40여 명)		총독부, 시내, 각 관서, 동물원, 식물원, 박물관, 인천	12.4.14:4.16; 4.20; 4.25
은진관광단	은진군 참사 池光熙, 方圭錫이 발기			면장, 유지신사, 공주참사회 구역내 9군 참사 등 18명	인민의 견문, 지식 開購, 행정제도, 교육의 실지 견학	5월 16일(경기도청, 총독부, 旭公원, 고등여학교, 보병사, 일출소학교, 정토종개교원, 경무총감부, 매일신보사, 경성일보사), 17일(고등보통학교, 창덕궁 비원, 조선은행, 동아연초회사, 총독부의원, 조선보병대, 물품공진회, 경복궁, 동양척식회사, 물품진열관, 중앙시험소), 18일(독도연예[모범장, 중앙동물원, 동척지사, 권업주식회사, 사단, 인쇄소, 인천수원지, 권업모범장지장)	12.4.25; 5.17
이천경성관광단	이천군수, 군참사 朱冕煥			200여 명	실업 및 교육 상황 견학	5월 1일(출발, 김량장), 2일(수원권업모범장, 농림학교), 3일(경성), 4일(총독부 일출소학교, 경성일보사, 매일신보사), 5일(시내 자유관광), 6일(여자동보를학교, 공업전습소, 동식물원, 조선총독부의원, 동이연초회사), 7일(김량장), 8일(귀착)	12.4.25~5.5

명칭	주최/발기	인솔자	기간	인원	경비, 목적	관광 장소	근거
함열관광단	함열군			유지신사 300여 명	경성 및 기타 각지 제반 생활시찰	25일(경성도착), 26일(총독부, 帝室박물관, 고등여학교, 본원사, 을종소학교, 정동중개교회, 경무총감부), 27일(고등보통학교, 창덕궁비원, 동식물원, 미술품공장, 경복궁, 매일신보사, 경성일보사, 식림묘포장, 공업전습소, 동척지사, 권업주식회사, 인쇄소, 인천수원지), 29일(총독관저, 사단, 인쇄소, 인천 공원, 세관, 매립지), 5월 1일(인천 공원 세관 매립지), 2일(수원, 권업모범장), 3일(경성발 함열착)	12.4.26
개성경성관광단	개성군 야지신사 劉元村, 馬相勳, 金麗煃 발기			유지신사	문명사상 발전	5월 13일(경성도착, 창덕궁 등·사·박물원, 총독부의원, 동아연초회사, 공업전습소, 탑동공원), 14일(경복궁, 경기도청, 총독부, 군사령부, 매일신보사, 경성일보사, 조선은행, 총독부중학후원), 15일(수원 권업모범장, 능림하고, 인천 축후소, 각곡공원, 월미도, 전등회사, 개성도착)	12.5.9; 5.11
포천경성관광단	군수, 군서기			군참사, 면장, 이장, 유지자 66명		경성, 수원, 인천	12.5.18; 5.24
풍덕경성관광단			3박4일		3원 50전, 실업지식 계발	창덕궁 동식물원, 총독부의원, 공업전습소, 동아연초회사, 경기도청, 경복궁, 총독부중학교, 총독부, 매일신보사, 경성일보사, 조선은행, 군사령부, 수원농림모범장, 인천공원, 축후소, 해안, 군함	12.5.23
정선경성관광단	정선군	정선군수		45명		매일신보, 경기도청, 총독부, 경복궁, 창덕궁 비원, 동식물원, 공업전습소, 모범장	12.5.28; 6.12
평택관광단				군참사, 기타 56명			12.6.12

명칭	주최/설치	인솔자	기간	인원	경비, 목적	관광 장소	근거
벽동관광단	벽동군	벽동군수		벽동군수 외 47명		총독부 소속 관아, 매일신보사, 경성일보사, 각 공장, 청량리 동식물원, 총독부의원, 동아연초회사, 여자고등보통학교, 고등보통학교, 사범학교, 경복궁, 용산인쇄소, 사단, 권업모범장지, 독도원예모범장, 동척지장, 수원지, 수원권업모범장	12.6.28
성천관광단			6.28~7.9	300여 명		28일(평양도착), 29일(평남도청, 경무부, 평양부청, 남도상품진열관, 지혜병원, 동아연초회사분공장, 동명학교, 묘포장, 수도수원지), 30일(경성 명승지), 수원, 대전, 대구	12.7.2
진해시찰단				조중응 등 귀족, 실업가			12.7.20
금성경성관광단	금성군	금성군수		유지자 50명		14일(조선총독부, 일출소학교, 경무총감부, 매일신보사, 경성일보사, 물산진열장, 경복궁, 공업전습소), 15일(독도원예모범장, 동척지장, 수원지), 16일(용산권업모범장, 용산인쇄소, 창덕궁 비원, 동식물원, 총독부의원, 동아연초회사)	12.8.22
양주시찰단	양주금융조합			조합원 53명		은사수산장, 기타	12.9.18
군위시찰단							12.10.6
창녕관광단	창녕군	창녕군수	3.24~	군수 및 군참사 등 22명		경성, 개성(선죽교, 만월대, 송양서원, 사세구출장소), 평양(도청, 부청, 기타 중요관서, 모란대, 기자능 등 고적), 신의주	13.3.26; 4.1·4.5
옹천관광단	옹천군	군수 金輔黃		소작인 30명	전복수리조합 및 기타 사업 시찰		13.3.28; 4.3

명칭	주최/발기	인솔자	기간	인원	경비, 목적	관광 장소	근거
죽산경성관광단	죽산군	군수 李潤永		40명		23일(경기도청, 총독부, 경무총감부, 상품진열소, 24일(일출소학교, 조선은행, 미술품제작소, 총독부중학교, 권립여자고등학교 등), 25일(경성고등여학교, 권립여자고등보통학교 등), 26일(청년궁, 동식물원, 총독부의원, 동이연초회사, 공업전습소, 27일(권업모범장, 동척출장소), 28일(주안제염장 등)	13.4.13; 4.18
전주관광단[33]	전주군	군수		20명	지식 발전	경성, 인천, 수원, 평양, 신의주, 대구, 부산	13.4.16
장수관광단	장수군	군수 黃翼淵		면장, 유지, 독농가 30명		전주, 익산(전익, 엄익수리조합), 경성, 인천, 수원, 대구, 부산	13.4.16
춘천관광단	춘천군	남자는 군수, 여자는 강원도장관부인	4.22~26	남 40명, 여 20명			13.4.17; 4.20
개성부인관광단			4.15~18	26명			13.4.19
사천관광단				400여 명			13.4.24
인천관광단	군내장 서성받기		5.13~	유지신사 20명	인민의 견문을 廣博하고 지식 발전	5월 13일(개성 전매국개성출장소, 개성부청, 인삼수산장, 보통학교, 중요 공업소, 명소구적), 15일(평양 평남도청, 평양부청 민단, 중요 제조소, 자혜지, 모란대, 현무문, 기자묘, 기타 명소, 16일(경성 경기도청, 창덕궁 비원, 중앙시험소, 경복궁, 동이연초회사, 인사수신장, 상품진열관, 독도지장, 동척출장소, 수원지), 20일(수원 권업모범장, 농림학교, 수원군청, 모범면사무소)	13.4.27; 5.9

33 1912년의 흉년으로 인해 군민의 생활을 참작하여 중지(1913.4.20., 「관광단중지」)

76 한국근대관광의 탄생과 변용

명칭	주최/발기	인솔자	기간	인원	경비, 목적	관광 장소	근거
봉산관광단	봉산군	군수 李炳烈	5.1~	동장, 이장 70여 명	경비 및 수원지방 시찰	5월 1일(출발), 2일(경기도청, 총독부, 경무총감부, 매일신보사, 경성일보사), 3일(일출소학교, 조선은행, 미술품제작장, 총독부중학교, 관립고등학교), 4일(백운동 사범공사 및 구주조림, 경목장), 5일(고등여학교, 동양척식회사), 6일(동식물원, 자고등보통학교, 경성부사무소), 7일(독도수원지, 동아연초회사, 공업전습소), 8일(수원권업모범장), 9일(주안제염장), 10일(인천), 11일(귀군)	13.4.29; 5.4(사진)
석정경성관광단	석정군			20여 명	교육, 기타 실업의 발전		13.5.6; 5.20(사진)
상원평양시찰단	군참사 金原弼			각 방면 및 실업가 30여 명	상공업 및 농업상태 시찰		13.5.11
인천실업시찰단							13.5.11

명칭	주최/발기	인솔자	기간	인원	경비, 목적	관광 장소	근거
인흥관광단	인흥군	군수 洪運翰		남 31명, 여 64명			13.5.13
상원관광단						5월 16일(총독부고등학교, 임흥소학교, 경무총감부, 경성일보사, 매일신보사, 상품진열관), 17일(경기[도청, 경복궁, 백운동 사방공사 및 국유조림, 대심사제사공장), 18일(연무대 병장지, 수원지, 동척농장), 19일(총독부중학교, 마을품제자장, 고등보통학교, 동척회사, 조선은행), 20일(남부사무소, 청녕궁 동식물원, 총독부인쇄 양시험소, 동아연초회사), 21일(병영, 인쇄소, 권업모범장), 22일(수원권업모범장, 농림학교), 23일(영등포피혁회사, 인천), 24일(귀군)	13.5.17일
강화관광단					인접 지역의 간친		13.5.21(사진)
개성평양관광단	매일신보 개성지국	지국주임 李熙道	5.24~26	35명		평양 고적명승	13.5.24; 5.28; 5.29
순천평양관광단						24일(도청, 경무부, 도립여자장점기염습소, 자혜의원), 25일(수원지, 모범지장, 산물진열장), 26일(동아부공장, 농업학교, 보통학교, 고등여학교)	13.5.28

명칭	주최/발기	안솔자	기간	인원	정비, 목적	관광 장소	근거
강서경성관광단			6.1~	면장 및 유지자 39명, 부인 9명	농림생품 목록, 교육 기타 일반 시설 생활 시찰	6월 2일(총독부, 염룡소학교, 매일신보사, 상품진열관), 3일(백운동 소방조림, 광화문 대궐, 창덕궁 동식물원, 총독부의원), 4일(수원농림모범장, 웅산인쇄소), 5일(독도저장, 총독부중학교), 6일(자유여행)	13.5.29; 6.3(사진)
선천관광단	선천군	군참사 田錫元		34명			13.6.8; 6.13(사진)
수안관광단	수안군	군서기 大德敏 靑山利世		22명			13.6.8; 6.10
옹진경성관광단				15명			13.6.12
공주관광단	공주군	군수 朴容觀		30명			13.5.4; 6.15; 6.22; 6.24(사진)

명칭	주최/발기	인솔자	기간	인원	경비, 목적	관광 장소	근거
양덕관광단	양덕군	군수	5일	30명		7월 5일(총독부, 매일신보사, 상품진열관, 미술품제작장; 경성은사수산장), 6일(권업모범지장; 수원지, 동척농장), 7일(동척회사, 경성고등보통학교, 경성여자고등보통학교, 경복궁, 경기도모, 백운동 사범공사, 대성사), 8일(창덕궁, 총독부의원, 총독부건축부양성소, 중앙시험소, 동아연초회사, 조선은행), 9일(병영, 인쇄소, 인쇄국, 권업모범장지장)	13.6.22
흥양관광단	흥양군	군서기 根本守吳載嘉		37명 (면장 9, 회계원 4, 서기 1, 농원 14, 여자 7)			13.7.6
남선시찰단	매일신보 평남지국			50명 이상		경성, 인천, 수원, 대구, 부산	13.7.6
동복관광단	동복군	군수 崔承七		17명			13.7.17
원산경성관광단	崔孝潛			십수명	자제의 교육과 지방 산업의 발전		13.8.9

명칭	주최/발기	인솔자	기간	인원	경비, 목적	관광 장소	근거
함남관광단	함남	木道사무관		함남 주민 120명		8월 25일(경성도착), 26일(총독부, 은사수산장), 27일(창덕궁, 중앙시험소, 동아연초회사 등), 28일(용산권업모범장지장, 인쇄소, 영등포 피혁회사), 29일(상품진열관, 독직회사, 재생원 양육부, 경기도모포, 사방공사, 대성사), 30일(평양도착)	13.8.23; 8.27(사진)
홍산관광단	홍산군	군수		22명	교육, 산업 시찰		13.9.6
영동관광단		영동금융조합 이사 平原保		28명	1913년 봄 이래 예비 저축		13.9.9

명칭	주최/발기	인솔자	기간	인원	정비, 목적	관광 장소	근거
평강관광단	평강군	군수	9.16~20	1000여 명		9월 17일(충독부, 매일신보사, 경성일보사, 고등보통학교, 경기도모범 사범공사, 상품진열관, 조선은행), 18일(창덕궁, 충독부의원, 중앙시험소, 동이연초회사), 19일(수원), 20일(귀향)	13.9.14; 9.18(사진)
평산관광단	사성면·서하면장	군서기 金裕平		13명			13.9.16; 9.23
양산관광단	양산군	군서기 小石川秀雄 외 1명		24명			13.9.21; 9.23
옹진임시찰단	옹진군	군수	9.19~23	군참사, 면장, 독농가 11명		19일(수원), 20일(경성 충독부, 중앙시험소, 독부의원, 창덕궁, 인사수산장, 미술품제작소, 재생원, 양록부, 명이부, 상품진열소, 용산권업모범장지장, 독도권업모범장지장, 동적농장, 수원지)	13.9.21
단양시찰단				26명		충독부, 상품진열관, 충독부의원, 인사수산장, 동물원, 독도권업모범장지장, 동척농장, 수원지, 영등포피혁회사, 수원권업모범장	13.9.23
임실관광단				십수명		9월 28일(상품진열관, 독도수원지, 권업모범장지장, 동척농장, 29일(충독부, 고등보통학교, 은 사수산장, 창덕궁, 충독부의원, 중앙시험소)	13.9.28

명칭	주최/발기	인솔자	기간	인원	경비, 목적	관광 장소	근거
의주시찰단	의주부					10월 1일(충독부, 조선은행, 동양척식회사, 경성일보사, 매일신보사, 조선신문사, 청덕궁, 경복궁, 동식물원, 총독부의원, 경운궁 기타 필요한 장소, 동식물원), 4일(권업모범장지장, 동척사업지), 5일(수원, 6일(인천, 개성), 7일(개성 명소구적, 인삼사업, 평양), 8일(명소구적, 평양광업소, 수사공사, 권업모범장지장, 신의주)	13.9.28; 10.4(사진)
김화시찰단				50명		10월 2일(충독부, 상품진열관, 경성남부사무소, 중앙시험소, 3일(미술품제작장, 고등보통학교, 여자고등보통학교, 경성부은행장, 청덕궁), 4일(경기모표 및 사범공사, 제생원, 양묘부, 명아부, 대성사), 5일(영등포피혁회사, 인천), 6일(수원권업모범장, 대전연초시작장)	13.9.28
밀양관광단	밀양군	군수, 군서기		양반, 명망가, 특농가 66명		10월 1일(충독부, 동아연초회사, 중앙시험소, 창덕궁, 제생원, 양묘원), 2일(독축, 상품진열관, 독도모범장, 수원지, 동척농장), 3일(경복궁, 미술공장, 부청, 부청, 각학교, 사문 외 식림지), 4일(운산철도, 공장, 기타), 5일~6일(수원), 7일(귀향)	13.9.30; 10.1; 10.4(사진)

명칭	주최/발기	인솔자	기간	인원	경비, 목적	관광 장소	근거
춘산관광단				54명			13.9.30
춘산시찰단	춘산군			53명			13.9.30
伊川관광단	이천군	군수 李文夏		면장, 유지자 90명 (여 14)			13.10.12
곽산관광단	곽산군	군수		57명			13.10.17
춘산관광단	춘산군	군수		30명			13.10.19
원주관광단	원주군	군수		64명			13.10.22
강동관광단	강동군	군수 韓仁根		면장, 독농가 39명	평양, 진남포(공진회)		13.10.29
신천관광단				실업가, 독농가 150여 명, 생도 30명	진남포(공진회)		13.11.2
안주관광단			평양물산공회 관람	54명			13.11.4
영유관광단			평양물산공회 관람	107명			13.11.4
순안관광단			평양물산공회 관람	400여 명			13.11.4
강서관광단			평양물산공회 관람				13.11.4
강동관광단			평양물산공회 관람	39명			13.11.4

명칭	주최/알기	인솔자	기간	인원	경비, 목적	관광 장소	근거
순천관광단			평양품평회관람	63명			13.11.4
숙천관광단			평양품평회관람	54명			13.11.7
해주관광단	매일신보 해주지국		평양품평회관람	100여 명			13.11.8
시천교도관광단				600명(4조로 구분)		11월 27일(총독부, 상품진열관, 제생원 맹아부), 28일(창덕궁, 동물원, 총독부의원, 동아연초회사)	13.11.29
화천관광단	홍천군	군서기		42명			14.4.28
홍천관광단	홍천군						14.5.6

명칭	주최/발기	안솔자	기간	인원	경비, 목적	관광 장소	근거
평창관광단							14.5.9
희천관광단	희천군	군수 崔元淳		47명			14.5.19
합천관광단[34]	합천군			41명			14.5.19
원산관광단				안변·덕원·문천 3군 연합		10월 15일(충독부 매일신보사, 상품진열관), 16일(미술품제작장, 은사수산장, 고등보통학교, 여자고등보통학교), 17일(경북궁, 경기도묘포, 백운동사범교, 충독부의원, 독부간호부양성소), 19일(공업전습소, 중앙시험소, 동아연초회사, 명아부), 20일(조선은행, 용산인쇄소, 독도전습소), 21일(독도동척농장), 22일(귀향)	14.10.2

34 관광이 끝난 후 보통학교에서 요배식을 거행하엿섯고(1914.6.3, 「요배상황」), 면장협의회 때 단원회를 개최하여 감상담을 진술 (1914.6.3, 「단원감상」)

명칭	주최/발기	인솔자	기간	인원	정비, 목적	관광 장소	근거
원산시찰단							15.4.24
군산관광단				37명	전주은사수산 강습소의 養鷄 사육상황 기타 잠업상 지식 함양		15.6.1
익산관광단				64명	전주은사수산 강습소의 養鷄 사육상황 기타 잠업상 지식 함양		15.6.1
임실관광단	임실군			139명	전주은사수산 강습소의 養鷄 사육상황 기타 잠업상 지식 함양	은사잠습소, 여자잠업강습소, 종묘장, 동아부공 장모양제지장, 북보과수원	15.6.1
재령관광단				3천여 명	재령·안악·신천3군연합품 평회 관람		16.11.21
江華機業관광단	江華機業組合		3.11~15	57명		공영견습학교, 은사수산장, 경성기업장, 시내 각	17.3.6
부여관광단				21명		업공장	17.3.29

명칭	주최/발기	인솔자	기간	인원	경비, 목적	관광 장소	근거
개성평양관광단				약 50명		평양; 황주, 겸이포	17.6.17
부천농사관광단	부천군	군서기 高橋		800여 명		9일(제사장, 동이연초회사, 기업소, 동물원), 10일(종묘장, 염점종제조장), 11일(수원권업모범장)	18.10.10
진남포관광단	진남포상업회의소				대구공진회 관람		18.10.27
교창관광단	교창군	군수 千章郁		약 50명			18.10.30
웅협관광단	웅협군	군수 李敏寧, 서기 柴田		실업가 53명		논산 광석면 감산리진흥회 등 농사 관련 시찰	19.6.16

〈부록 2〉 1910년대 국제관광단 일람

명칭	주최/발기	인솔자	기간	인원	경비, 목적	관광 장소	근거
농사시찰단	동양척식회사			유력 신사, 大商 200여 명		부산, 대구, 경성(종독부, 남산 본원사, 기념비, 왜성대공원, 한양공원, 경복궁, 탑골공원, 청덕궁 비원, 왜예모범장, 동적농장, 청량리 이름, 독립문, 장총단, 관우묘, 서파정, 동이연초회사 공장), 평양, 신의주, 안동현	10.9.6; 10.19
조선대관광단	철도원		10.5~	유력 신사, 大商 200여 명	33인, 조선 강제 병합 기념 지리, 풍광 관람		10.9.23; 9.30; 10.7
조선관광단	종부철도관리국		10.5~	동경인 250명	조선 강제 병합 기념 지리, 풍광 관람	부산, 경성, 안동현	10.9.29; 10.11
개독관광단							10.10.27
독도관광단	동척		10.26~				

명칭	주최/발기	인솔자	기간	인원	경비, 목적	관광 장소	근거
下關관광단	下關상업회의소		11.5~11.12	14명		부산, 삼랑진, 마산, 대구, 경성, 인천	10.10.25; 10.29
조선시찰단	사무철도관리국			京都·神戸·大阪 실업가 180		경성, 신의주	10.11.10
名古屋관광단	명고옥상업회의소		11.16~12.3	28명(40명)		경성(창덕궁 비원, 동궁), 진남포, 평양, 신의주, 인천	10.11.3; 11.26; 11.29
山口관광단						창덕궁	10.11.27
조선관광단	京都日出新聞社		11.3~11.16	실업가 24		부산, 마산, 대구, 인천 경성(경복궁, 창덕궁, 동궁, 인단)	10.11.28; 11.7; 11.14; 11.17
高知시찰단				고지현회의장, 현농회장, 군농회장 등 15명		경성, 수원, 대전, 전남지방	11.11.15
미국광염시찰단				5명			11.11.26
청국상업시찰단	경성상업회의소					봉천, 장춘, 하얼빈, 대련, 여순, 상해, 북경	12.1.19
조선관광단	九州철도			300여 명			12.3.6
만주시찰단	부산상업회의소	佐佐木 사무관	3주	1인당 130원, 1,000원 이내 보조			12.3.10
和歌山縣조선시찰단						창덕궁, 평양	12.3.13
조선시찰단	福井縣상업회의소		2주			서조선 각지, 경성	12.3.24
福岡관광단				37명			12.4.5
함양관광단	함양군			면장, 희망자	지식 계발과 일본 제도의 모방		12.4.12

명칭	주최/받기	인솔자	기간	인원	경비. 목적	관광 장소	근거
廣島관광단			4.11~21	50명		12일(부산도착), 13일(경성도착), 16일(인천), 17일(안동현), 18일(신의주), 19일(마산), 20일(부산)	12.4.12
九州만선시찰단	福岡시나이여관		2주	300여 명			12.5.2; 5.25
岡山관광단	강산현청		5.21~6.3			부산, 밀양, 수원, 경성, 평양, 개성, 대구, 마산, 통영, 진해	12.5.18; 5.22
만선시찰단	博多상업회의소		6.1~	150명			12.6.1
만선시찰단				150명			12.6.4
長岡北越新聞社							12.6.5
의원조선관광단				실업가			12.6.16
島根현관광단							12.6.19
石川縣시찰단	석천현	지사 井上		50명		원산, 나남, 함경북도	12.7.27
러시아관광단				15~6명		일본 관광 후 귀국 중 조선 관광	12.8.22
일본관광단							12.10.23
영국귀족관광단							12.12.15
원산유지관광단					舞鶴공진회 관람		13.3.4

명칭	주최/설기	인솔자	기간	인원	경비. 목적	관광 장소	근거
통영일본관사광단	통영군	군수 沈能益	4.9~	신사 300여 명			13.4.1
미국관광단						평양(시가 및 각 종교학교)	13.4.13; 4.15
장춘일본관광단						일본 관광 도중 경성 관광	13.4.16
세계관광단	토마스 국사			10명		청덕궁, 경북궁, 탑골공원, 손탁호텔 투숙	13.4.25
서부관광단				京阪神 실업가 21명		경성, 인천, 평양	13.5.10
중화민국관광단					일본관광 중 조선관광		13.5.28
상권관광단						중국, 만주, 관동주 시찰 후 평양, 진남포, 경성 시찰	13.6.15
內良관광단				21명			13.8.14
독일관광단				청도기독교청년회원 80명 (남 70, 여 10)	일본관광 도중 조선 경우		13.8.19; 8.22(사진)
關門관광단	관문일일신문사			실업가 40여 명			13.9.2

명칭	주최/발기	인솔자	기간	인원	경비, 목적	관광 장소	근거
橫賓民선관광단	花田直吉			120명			13.9.4
京都관광단				9명			13.9.7
島根관광단	津和野石見新報社	주필		20명			13.9.26
미국관광단				8명			13.10.22
미국관광단				스트롱박사일행			14.3.3
미국관광단				12명			14.4.19
진신사참단	매일신보사						14.4.22
동척관광단	정단 華莊寺			승려 200여 명			14.4.30
경학원시찰단			대정 박람회 관람	경학원 강사			14.5.6
미국관광단		선교사 핫스 박사		11명			14.6.20
하와이이주선만관광단				하와이거주 미국인, 중국인, 조선인, 일본인			14.9.20
미국관광단	고트 노박사 부부			8명			15.7.11
大分縣宇佐郡교육시찰단							15.8.3
兵庫縣民선관광단	服部一三 兵庫縣知事			24명			15.9.8
부산일보관광단	조선인성업 회의소 2개				大典式 및 伊勢大廟참배		16.2.16

명칭	주최/발기	인솔자	기간	인원	경비, 목적	관광 장소	근거
미국관광단				25명			16.4.11
大分관광단	大分縣	현내무부장		26명			16.4.21
적십자사조선본부일본관광단	적십자사 조선본부						16.5.7
미국부인관광단				6명			16.7.28
유린회일본시찰단	유린생명 보험회사		5.1~14	8천 원 이상의 기계장치, 6천 원 이상의 모잡자	신국생명보험 회사 합병 기념	大阪, 京都, 東京	17.3.8
간도관광단	간도 총영사관	서기 川波	5월 상순	간도 거주 조선인 유력자 700여 명		경성, 인천	17.4.14; 5.11
남북만주시찰단	매일신보사						17.4.20
중국일본관광단				52명			17.5.3
名古屋중국조선시찰단	名古屋勸業協會			약 30명			17.5.18
岡山관광단							17.6.28
승려일본관광단				중국교통부원			17.9.6
중국일본관광단							17.9.6
琿春조선인관광단[35]				훈춘 거주 유력 조선인 200여 명			18.3.31; 5.10: 5.11

35 「자라 조조응 훈춘관광단환영사」, 1918년 5월 11일; 「(사설)「관광」을 종교저 하는 훈춘동포」, 1918년 5월 12일.

2. 1915년 조선물산공진회의 관광적 성격

1881년 일본에 파견되었던 조사시찰단 일행이 동경에서 개최되었던 제 2회 내국권업박람회를 시찰한 사실이 우리 역사상 최초의 박람회 관람이었다. 이어 1883년 미국에 파견되었던 보빙사 일행이 보스턴기업박람회를 관람하였으며, 1884년 『한성순보』는 박람회에 대한 기사[36]가 게재되었다. 그리고 1884년 서울에서 국제산업박람회의 개최를 발표하였으나 여건의 미비로 개최에는 실패하였다. 이후 1893년 시카고세계박람회와 1900년 파리 세계박람회에 참가한 것으로 보아 조선·대한제국은 박람회를 근대국가로 성장할 수 있는 주요한 계기로 인식하고 있었음을 알 수 있다.

근대 한국 최초의 박람회는 1906년 부산에서 개최되었던 일한상품박람회이며,[37] 1907년에는 경성에서 박람회가 개최되었다.[38] 그리고 일제의 조선 강점 이후에는 1913년 서선물산공진회(진남포), 경북물산공진회(대구), 평남·황해·평북연합물산공진회(평양)가 개최되었고, 1914년에는 전북물산공진회(전주), 함남물산공진회(원산), 경남물산공진회(부산), 제3회 기차박람회가 개최되었다. 또한 1915년과 1929년에는 각각 시정5년과 시정20년을 기념한 조선물산공진회와 조선박람회가 개최되어 일제의 식민지 지배가 식민지 조선의 근대적 발전을 이루었다는 것을 대내외에 선전하였다. 다만 최근에는 박람회와 지방사회의 관계에 대해 천착하려는 연구가 제출되어 박람회에 대한 연구가 질적으로 전환되고 있음을 확인할 수 있다.[39]

---

36 「博覽會說」, 『漢城旬報』, 1884년 3월 19일.
37 차철욱, 「1906년 '일한상품박람회'와 수입무역의 동향」, 『지역과 역사』 21, 부경역사연구소, 2007.
38 한규무, 「1907년 경성박람회의 개최와 성격」, 『역사학연구』 38, 호남사학회, 2010.
39 이정욱, 「조선총독부 지역지배의 구조-조선박람회(1929)와 전라북도-」, 『인문사회』 21, 아시아문화학술원, 2016; 최금미·한동수, 「1920년대 지방 개최 물산공진회에 관한 연구-총독부 주관 경성박람회와의 비교를 중심으로-」, 『한국건축

박람회에 대한 연구는 주로 시정5년과 20년을 기념하여 개최되었던 1915년의 조선물산공진회와 1929년의 조선박람회[40]에 집중되었다. 특히 조선물산공진회에 대한 연구는 일제의 동화주의정책의 관점에서 이루어진 연구,[41] 일제의 산업정책에 대한 연구,[42] 조선물산공진회의 여흥적 성격에 관한 연구[43] 등이 이루어졌다.

이러한 연구를 통해 조선총독부가 조선물산공진회를 개최한 배경, 목적,

역사학회 학술발표대회 논문집』, 한국건축역사학회, 2016; 김유정, 「〈조선시보〉 연구의 필요성-경상남도물산공진회 관련 기사를 중심으로-」, 『동북아문화연구』 1-50, 동북아시아문화학회, 2017; 염복규, 「조선박람회 전시관 양식에 보이는 제국과 식민지, 수도와 지방」, 『인문논총』 75-4, 서울대학교 인문학연구원, 2018; 최병택, 「1910~20년대 식민지 조선에서 개최된 공진회와 박람회의 성격」, 『전북사학』 53, 전북사학회, 2018.

40 1929년 조선박람회에 대한 대표적인 연구는 다음과 같다.
최석영, 「조선박람회와 일제의 문화적 지배」, 『역사와 역사교육』 3·4, 웅진사학회, 1999; 최석영, 「조선박람회와 '지배담론'의 생산」, 『한국근대의 박람회·박물관』, 서경문화사, 2001; 전민정, 「일제시기 조선박람회(1929년) 연구-조선인의 근대적 시각체험을 중심으로-」, 성균관대학교 석사학위논문, 2004; 하세봉, 「식민지 권력의 두 가지 얼굴-조선박람회(1929년)과 대만박람회(1935년)의 비교」, 『역사와 경계』 51, 부산경남사학회, 2004; 남기웅, 「1929년 조선박람회와 식민지 근대성」, 『한국학논총』 43, 한양대학교 한국학연구소, 2008; 최인영, 「1929년 조선박람회에 활용된 경성의 교통망」, 『서울학연구』 72, 서울학연구소, 2018.

41 김태웅, 「1915년 경성부 물산공진회와 일제의 정치선전」, 『서울학연구』 18, 서울학연구소, 2002; 박성진, 「일제 초기 '조선물산공진회' 연구」, 수요역사연구회 편, 『식민지 조선과 매일신보 1910년대』, 신서원, 2003; 주윤정, 「조선물산공진회와 식민주의 시선」, 『문화과학』 33, 문화과학사, 2003; 강민기, 「조선물산공진회와 일본화의 공적 전시」, 『한국근현대미술사학』 16, 한국근현대미술사학회, 2006; 최병택, 「1915년 조선물산공진회의 전시물 선정 및 배치에 나타난 특징」, 『교육논총』 56-1, 공주교육대학교 초등교육연구원, 2019.

42 이기복, 「1915년 조선물산공진회에 반영된 일제의 식민지 수산정책」, 『역사민속학』 23, 한국역사민속학회, 2006; 전수영, 「1915년 조선물산공진회에 나타난 식민지 광업정책 연구」, 『박물관학보』 28, 한국박물관학회, 2015; 전수영, 「1915년 조선총독부 시정5년기념 조선물산공진회에 표상된 조선 광공업」, 고려대학교대학원 박사학위논문, 2016; 안성희, 「조선물산공진회 지역별 출품사례를 통한 1910년대 요업의 실마리 찾기」, 『역사와 담론』 81, 호서사학회, 2017.

43 홍선영, 「일본 〈식민지 조선의 물산공진회와 일본공연단 연구〉」, 『한국일본학회 학술대회』 2012-08, 한국일본학회, 2012; 신근영, 「조선물산공진회(1915) 여흥장 고찰」, 『아세아연구』 60-1, 고려대학교 아세아문제연구소, 2017.

성격 등에 대해서는 상당 부분 규명되었으나 조선물산공진회의 성공적 개최를 위하여 관람객, 즉 관광객을 유치하기 위한 조선총독부의 정책과 활동에 대해서는 그리 알려진 바가 없는 실정이다. 본고에서는 기존 연구를 토대로 1915년 조선물산공진회의 관광적 성격을 파악하는 것을 목적으로 한다. 이를 위해 관람객을 유치하기 위해 경성과 지방을 연결하는 교통시설의 정비, 경성협찬회를 비롯한 각지의 협찬회 활동 등을 『매일신보』의 기사를 중심으로 살펴볼 것이다. 이를 통해 한국 근대 관광의 식민지적 성격을 파악할 수 있으리라 기대한다.

1) 교통시설의 정비

1914년 조선총독 데라우치 마사다케(寺內正毅)는 1915년 개최 예정인 시정5년기념 조선물산공진회의 목적에 대해 다음과 같이 말하였다.

> 始政5年間의 朝鮮 統治 開發 成績을 顧ㅎ고 各道 物産의 改良, 發達 狀況을 視ㅎ야써 將來의 開發에 資코저 흠인 故로 可及的 內容이 富ㅎ고 實質을 準ㅎ는 共進會를 開設ㅎ야 充分 效果를 收得ㅎ기에 努力코저 ㅎ는 바 該共進會가 一度 開設되면 <u>內地 其他로브터 多少의 人을 朝鮮에 誘致흠을 得ㅎ리니 此時를 利用ㅎ야 朝鮮 土山 出賣 其他에 對흔 方法을 立홀 時는 京城市中은 此를 爲ㅎ야 相當흔 繁榮을 見ㅎ리라</u> ㅎ노라.[44](밑줄은 인용자)

데라우치 총독은 조선물산공진회는 '始政5年間의 朝鮮 統治 開發 成績을 顧ㅎ고 各道 物産의 改良, 發達 狀況을 視ㅎ야써 將來의 開發에 資코저흠'에 두었다. 그리고 이 과정에서 밑줄친 바와 같이 '內地 其他로브터 多

---

44 「總督談片」, 『매일신보』, 1914년 7월 24일.

少의 人을 朝鮮에 誘致'할 수 있을 것이라 예상하였다. 즉 그는 조선물산공
진회라는 이벤트는 단순히 일제의 식민통치의 성과를 내외에 과시하는 것
뿐만 아니라 관람객, 즉 관광객의 유치를 통해 조선의 산물을 판매함으로
써 식민지 조선의 경제적 발달도 도모하였다는 것을 알 수 있다.

　이와 같은 목적을 달성하기 위해 조선총독부는 사무총장, 사무위원장,
사무위원을 두어 조선물산공진회의 업무를 통합하게 하였다. 정무총감을
당연직 공진회 사무총장으로 임명하여 공진회에 관한 일체의 사무를 총리
하게 하였고, 사무위원장은 사무총장을 명을 받아 회무를 장리하도록 하였
다. 그리고 사무위원은 상사의 명을 받아 회무를 분장하였다.[45] 또 공진회
출품물의 심사를 위해 조선총독부 직원이나 촉탁으로 심사장, 심사부장,
심사관, 심사원을 두었으며, 공진회에 관한 중요사항을 심사하기 위해 역
시 조선총독부 직원이나 촉탁으로 평의원을 두었다. 조선물산공진회의 사
무는 서무계, 출품계, 토목계, 회계계, 경비계로 구분되었다. 각 계의 업무
는 〈표 2-4〉와 같다.

〈표 2-4〉 조선물산공진회 사무분장표[46]

계	사무분장
서무계	1. 직원에 관한 사항, 2. 평의원회에 관한 사항, 3. 문서의 접수발소에 관한 사항, 4. 규정의 기초, 기록, 편찬에 관한 사항, 5. 문서 및 인장의 보관에 관한 사항, 6. 휘장, 복장에 관한 사항, 7. 입장권 및 門鑑에 관한 사항, 8. 의식 및 접대에 관한 사항, 9. 숙직에 관한 사항, 10. 광고, 팻말(建札), 매점, 음식점, 유희장, 흥행 등에 관한 사항, 11. 타계의 주관에 속하지 않는 사항
출품계	1. 출품의 조사, 권유에 관한 사항, 2. 출품물의 통관에 관한 사항, 3. 출품물의 정리에 관한 사항, 4. 출품물의 진열 및 관내의 설비, 장식에 관한 사항, 5. 심사 및 擬賞에 관한 사항, 6. 출품물의 賣約에 관한 사항, 7. 간수인에 관한 사항

───────

45　朝鮮總督府 編, 『(始政5年記念)朝鮮物産共進會報告書』 1卷, 朝鮮總督府, 1916,
　　12~13쪽.
46　朝鮮總督府 編, 『(始政5年記念)朝鮮物産共進會報告書』 1卷, 朝鮮總督府, 1916,
　　13~15쪽.

계	사무분장
토목계	1. 토목 및 영선에 관한 사항, 2. 관외 및 식장의 설비, 장식에 관한 사항, 3. 수도, 전등 및 원동력에 관한 사항
회계계	1. 경비, 예산에 관한 사항, 2. 출납 및 용도에 관한 사항, 3. 급사, 소사, 인부 등에 관한 사항
경비계	1. 회장의 경비에 관한 사항, 2. 수위에 관한 사항, 3. 소방에 관한 사항, 4. 임시구호 및 위생에 관한 사항

이러한 목적을 달성하기 위해서는 출품물의 선정도 중요하지만 출품물을 보고 '감탄할' 관람객의 동원은 절대적으로 필요한 것이었다. 그리하여 조선물산공진회의 개최 취지 및 계획의 개요에도 "본회의 취지를 달성하기 위해 다수의 조선인 및 일본인 관람객을 유치하는 것은 지극히 필요한 것이라 인정된다. 그러므로 기차, 기선의 운임은 특히 저감하여 일반 관람인의 편의를 도모"[47]해야 하였으므로 조선총독부는 조선물산공진회를 계획할 때부터 보다 많은 대중을 동원할 필요가 있었으며, 이러한 필요에 따라 전시 공간 역시 개방적으로 설계하였다.[48] 즉 관람객 동원은 조선물산공진회 성패에 절대적인 조건이었던 것이다.

따라서 조선총독부는 관광객 유치를 위한 계획을 수립하였다. 관광객을 유치하기 위해서는 지방으로부터 경성까지의 철도와 도로 등 교통시설과 도로의 정비, 경성 내에서 조선물산공진회장인 경복궁에 이르는 도로의 개수와 정비가 필요했으며, 관광객들의 숙식을 해결하기 위한 숙박시설과 식당 등의 문제를 해결하여야 하였다. 이러한 문제를 해결하기 위한 예산은 조선총독부의 예산만으로는 부족하기 때문에 제국의회에 예산의 협찬

---

47 朝鮮總督府 編, 『(始政5年記念)朝鮮物産共進會報告書』1卷, 朝鮮總督府, 1916, 9쪽.
48 1호관 건물은 직사각형 모양의 건물 내부 중앙에는 탑이 설치되어 있고 전시장은 양쪽으로 나누어져 관람객이 이동하며 전시를 관람할 수 있도록 구성하였다. 공간은 중앙의 로비 공간, 진열 공간, 이동 공간으로 배치되어 다수의 관람객을 수용할 수 있도록 하였다.

이 필요하였다.[49]

먼저 1910년대 도로건설에 대해 알아보자. 조선총독부는 1911년 도로 규칙을 제정하여 공포하였다. 이에 따르면 도로는 1등도로, 2등도로, 3등도로, 등외도로로 구분되었으며, 각 등급의 도로규정은 〈표 2-5〉와 같다.

〈표 2-5〉 **각 등급의 도로 규정**

등급	1911년 도로규칙 제정 당시의 규정	1915년 개정 도로규칙
1등도로	경성에서 도청 소재지·사단사령부 소재지·여단사령부 소재지·요새사령부 소재지·鎭守府 소재지·要港府 소재지·樞要한 開港 또는 철도정거장에 달하는 도로, 군사상 중요한 도로, 경제상 특히 중요한 도로	좌동
2등도로	인접 도청 소재지를 연결하는 도로, 도청 소재지로부터 관할 府廳 또는 郡廳 소재지에 달하는 도로, 도청 소재지로부터 도내 樞要한 지점·港津 또는 철도정거장에 달하는 도로, 도내 樞要한 지점·港津·철도정거장 또는 도로가 상호 연결하는 도로, 인접 도내 樞要한 지점·港津·철도정거장 또는 도로가 상호연결하는 도로	좌동
3등도로	인접 府廳 또는 郡廳 소재지를 연결하는 도로, 부청, 군청 또는 島廳소재지에서 府郡島내 樞要한 지점·港津 또는 철도정거장에 달하는 도로, 府郡島내 樞要한 지점·항진·철도정거장 또는 도로가 상호 연결하는 도로, 인접 府郡내 樞要한 지점·항진·철도정거장 또는 도로가 상호 연결하는 도로	인접 부청 또는 군청 소재지로부터 府郡島 내 樞要한 지점·港津·철도정거장에 달하는 도로, 府郡島 내 樞要한 지점·港津·철도정거장 또는 도로가 상호 연결하는 도로, 府郡島 내 樞要한 지점·港津·철도정거장 또는 도로가 상호 연결하는 도로
등외도로	1~3등도로에 속하지 않는 도로로 도장관이 지정한 도로	1~3등도로에 속하지 않는 도로

※자료: 朝鮮總督府, 『道路要覽』, 「부록」, 1~2쪽.

〈표 2-5〉에서 볼 수 있듯이 각 도로의 등급은 행정적인 측면과 군사적인 측면을 고려하여 정하여졌다. 조선물산공진회가 열린 1915년은 원

래 제1기 치도사업이 종료되는 해였으나 계획과는 달리 1917년에야 완성되었다.[50] 그러므로 제1기 치도사업은 일제의 식민통치의 성과를 대내외에 선전하려 하였던 조선물산공진회의 개최와 맞물려 계획되었던 것으로 판단된다.

이 결과 제1기 치도사업에 따라 건설된 도로는 〈표 2-6〉과 같다.

〈표 2-6〉 제1기 치도사업기 도로건설 현황

노선	공사구간	등급	거리(km)	노선	공사구간	등급	거리(km)
경성-부산선	경성-이천	1	49.0	공주-충주선	청주-음성	2	47.1
경성-부산선	이천-장호원	1	29.4	공주-충주선	공주-조치원	2	25.5
경성-부산선	장호원-충주	1	35.3	공주-충주선	충주-음성	2	25.5
경성-부산선	충주-상주	1	88.3	천안-홍성선	천안-홍성	2	62.8
경성-부산선	상주-대구	1	70.6	전주-여수선	순천-전주	2	125.6
경성-목포선	수원-소정리	1	12.9	진주-상주선	진주-상주	2	172.8
경성-목포선	공주-논산	1	39.2	마산-우수영선	하동-원전	2	27.4
경성-목포선	논산-전주	1	8.6	해주-진남포선	해주-재령	2	60.8
경성-원산	경성-원산	1	223.8	안주-富山洞선	안주-강계	2	242.7
평양-원산	평양-원산	1	216.0	孟中里-雲山선	맹중리-운산	2	23.5
원산-회령선	청진-회령	1	92.2	원산-양양선	원산-장전	2	106.0
원산-회령선	성진-북청	1	55.7	신포-혜산선	신포-혜산진	2	212.0
원산-회령선	성진-길주	1	39.2	성진-혜산진	성진-갑산	2	66.7
회령-行寧선	회령-행령	1	25.5	성진-혜산선	성진-무산	2	90.3
행령-穩城선	행령-온성	1	45.1	무산-청진선	향용-경흥	2	25.5
輪城-慶興선	웅기-경흥	1	35.3	합계			1,591.2
합계			1,066.1				
경성-五里津선	경성-춘천	2	86.4	경성시가, 부산시가, 한강교			
경성-강릉선	이천-강릉	2	190.4				

※자료: 朝鮮總督府, 『朝鮮土木事業誌』, 1928, 112~114쪽.

---

50 小林拓矢, 「일제하 도로사업과 노동력 동원」, 서울대학교대학원 석사학위논문, 2010, 13쪽.

〈표 2-6〉에서 보면 1등도로는 약 1,066.1km, 2등도로는 1,591.2km
가 개수되었음을 알 수 있다. 조중응은 "新政은 旣히 5年에 及ᄒ야 朝鮮開
發의 事業은 實로 當局 全幅의 努力에 依ᄒ야 此 僅少ᄒᆫ 日月間에서 着着
顯著ᄒᆫ 發展을 擧ᄒ얏더라. 回顧컨디 其中에ᄂᆞ 隔世의 感을 難禁홀 者 不
尠ᄒᆫ 同時에 余ᄂᆞ 一般民狀의 往時를 追懷ᄒ고 窃히 慙愧흠을 不堪ᄒ노
라"⁵¹고 하여 일제의 식민통치 5년간의 발전이 과거에 비해 '현저한 발전'
을 보였음을 주장하고, 그 예로 도로제도, 하천 행정 등을 들었다.

뿐만 아니라 조선물산공진회가 개최된 경성은 1910년 일제의 강점과 함
께 공간의 재편이 시작되어 1912년 경성시구개수사업이 추진되어 1915년
물산공진회 개최 이전에 일단락되었다. 경성시구개수사업은 조선총독부가
경복궁에 신청사를 건립하려는 계획을 수립한 이후 진행⁵²된 것으로 도로개
수를 통한 경성의 시가정리에 목적이 있었다. 이에 따라 1912년 조선총독
부는 「경성시구개수예정계획노선」을 발표하여 29개 노선의 도로를 개수하
기로 하였다.⁵³ 이 중 광화문-황토현(세종로 일대)광장, 황토현광장-대한
문광장-남대문, 동대문-종로-경희궁, 남대문-종로, 종로-북부 대안동(소
격동, 안국동 일대)광장, 돈화문-황금정 횡단-본정6정목, 식물원-조선총
독부의원-본정(충무로), 중앙시험소 부근-황금정 횡단-본정에 이르는 도
로를 간선으로 하였다.⁵⁴ 특히 광화문-황토현광장-대한문광장-남대문으
로 연결된 도로는 경성역까지 연결되어 1914년에 준공⁵⁵되어 광화문광장에
서 조선물산공진회장인 경복궁을 연결하는 도로가 완성되어 관람객의 이동

51 「名實相副爲貴 東洋式 文明國의 朝鮮과 總督新政」, 『매일신보』, 1915년 1월 1일.
52 김대호, 「일제강점 이후 경복궁의 훼철과 '활용'(1910~현재)」, 『서울학연구』 29,
   서울역사편찬원, 2007, 92쪽.
53 「朝鮮總督府告示第78號」, 『朝鮮總督府官報』, 1912년 11월 6일.
54 「경성시구개정계획 경비 1300만 원」, 『매일신보』, 1912년 11월 7일.
55 경성부, 『경성부사』 제2권, 1936, 305쪽.

을 용이하게 할 수 있었던 것이다. 그 결과 "날마다 남대문정거장에서 토출하는 관광객은 수천인"[56]이라는 평가가 가능했던 것이다. 이러한 간선도로의 정비와 함께 나머지 도로도 개수하여 1916년부터 5개년 계획으로 추진된 조선총독부 신청사 건립 공사로 이어지도록 하였다.

또한 조선물산공진회가 개최되었던 경복궁은 조선총독부 신청사 바로 뒤에 위치하였으므로 경성시구개수사업은 조선물산공진회의 관람객 유치와도 관련이 깊을 수밖에 없는 것이었다. 그리하여 조선물산공진회의 개막 시기와 경성시구개수사업의 완료시기가 거의 일치하였던 것이라 할 수 있다. 뿐만 아니라 전차도 朝鮮總督府醫院線(昌慶苑線, 1910), 黃金町線(1912)이 복선으로 신설되었고, 조선총독부의원선은 이를 연장하여 1915년 본정선으로 개통되었다. 그리고 1911년 경원선 철도의 용산-청량기 구간이 우선 개통됨에 따라 전차 청량리선은 노선의 일부가 연장되었고, 왕십리선은 황금정선의 동쪽 끝에 위치한 광희문에서 왕십리까지 노선이 연장되어 1914년 운행을 시작하였다. 또 1915년 경인선의 시발점이 서대문정거장을 감싸는 전차노선도 복선화되었으며, 특히 황토현-독립문통의 전차노선 복선화는 조선물산공진회을 목적으로 한 것이었다.[57] 참고로 1915년 현재 경성의 전차 노선은 〈표 2-7〉과 같다.

〈표 2-7〉 1915년 현재 경성 전차 노선[58]

선명	노선
본선(1)	종로-전기회사전-철물교-수표교통-창덕궁전-대묘전-이현-동대문분서전-공업전습소 입구-초교-동대문-이현-홍화문 (총독부의원선은 본선의 이현에서 분기)

56 조선총독부, 『(시정오년기념)조선물산공진회보고서』1, 287쪽.
57 최인영, 「일제시기의 도시공간을 통해 본 전차노선의 변화」, 『서울학연구』41, 서울시립대학교 서울학연구소, 2010, 34~39쪽.
58 靑柳綱太郎 編, 『最新 京城案內記』, 朝鮮硏究會, 175~177쪽.

선명	노선
본선(2)	종로–태평정입구–광화문전–야주현–흥화문–서대문내–서대문외
남대문선	종로–상업은행전–황금정–명치정–조선은행전–미창전– 남대문내–남대문외–남대문역
신용산선(1)	남대문역–길야정–강기정–한강통6정목
신용산선(2)	한강통6정목–육군창고전–대도정입구–산하정– 한강통3정목–한강통2정목–군사령부전–신용산
구용산선	한강통6정목–청성입구–원정4정목–경정입구– 원정3정목–본원사하–인쇄국전–원정2정목–구용산
마포선(1)	서대문외–아현–활인동
마포선(2)	활인동–도화동–마포
청량리선(1)	동대문–동표전–안감천
청량리선(2)	안감천–작천–청량리
광희문선	황금정–동현–영락정–약초정–앵정정–화원정–초음정–훈련원전–광희문

그런데 '光化門'이란 현판을 '施政五年記念 朝鮮物産共進會'라는 현판으로 가린 〈그림 2–1〉과 '공진회 정문'이라 인쇄된 광화문 〈그림 2–2〉를 통해 알 수 있듯이 조선물산공진회장의 정문은 경복궁의 정문이었던 광화문이었다.

〈그림 2–1〉 조선물산공진회 정문으로 사용된 광화문   〈그림 2–2〉 공진회 정문이라 설명된 엽서

이와 같이 광화문은 조선물산공진회장의 정문으로 사용되었다. 그리고 광화문은 공진회장의 입구이기 때문에 裝飾이 특별히 찬란하고 문의 석벽에

붙인 黃紅紫白의 大花와 무수한 造花는 기천개의 雪洞(작은 등롱)과 紅白의 商柱와 서로 照映하는 미관을 나타내었다.[59] 그러므로 조선총독부는 앞에서 보았듯이 1914년 광화문-황토현광장-대한문광장-남대문-경성역 구간의 도로를 개수, 개통하였고, 1915년 황토현-독립문통 구간의 전차 노선도 복선화하여 관람객의 경복궁 접근을 용이하게 하였던 것이다.

〈그림 2-3〉 조선물산공진회 개회일인
1915년 9월 11일 광화문 앞의 모습

이러한 결과 조선물산공진회 개회일인 1915년 9월 11일 공진회장 정문인 광화문 앞의 상황은 〈그림 2-3〉과 같다. 사진에는 '光化門外의 雜沓'과 '光化門의 群集'이라는 설명이 달려있으나 이 정도를 잡답 즉 혼잡하다고 할 수는 없을 것 같으며, 원 안의 사진과 같은 상황을 군집이라 할 수 있을까는 의문이다. 이는 조선물산공진회 개회 당일에는 관람객이 '잡답'과 '군집'하지 않았다는 것을 보여주는 것이라 할 것이다.

이는 9월 11일부터 10월 31일까지 개최되었던 공진회의 총관람객 수가 1,164,383명에 그쳤다는 것에서 알 수 있다. 그러함에도 불구하고 공진회 폐막 직전인 10월 29일부터 폐막일까지 무료입장객이 100만에 달했다는 기사[60]에서 볼 수 있듯이 1인당 5전의 공진회 입장료[61]가 식민지 조선인에게는 부담되었다는 것을 알 수 있다. 그러나 『매일신보』는 이와 달리 다음과 같이 보도하였다.

---

59 「시정오년기념조선물산공진회」, 『매일신보』, 1915년 9월 7일.
60 「入場者百萬」, 『부산일보』, 1915년 10월 31일.
61 朝鮮總督府 編, 『(始政5年記念)朝鮮物産共進會報告書』 1卷, 朝鮮總督府, 1916, 266쪽.

最後 3일간을 개방하여 무료관람을 許하였는데 28일까지의 관람자는 80만 명으로 算하였으니 그것도 旣히 稀見할 대성공이라 칭하겠거니와 29일에 會場을 개방함 에 至한 후로 30일까지 一躍하여 1,014,019인을 數하여 1일 십일이만인의 입장자를 견함에 至한 것은 실로 당국자도 의외라 할 바이라. 單히 무료입장인 고로 如斯히 다수의 관람자를 集하였다 할 것이 아니라 그 무료입장자가 開期 중에 數回 會場에 출입한 자가 多함을 見하면 공진회 제반의 설비가 萬殳을 圖하고 협찬회의 협찬이 其宜를 得한 고로 다수의 관람자를 誘導함에 불과하다 할지오. 31일은 純히 최후의 1일이므로 이 기회를 逸하면 悔를 千載에 遺하리라 하여 전 2일보다도 이상의 입장자를 견한 것은 必定한 勢이니 50일간의 全期를 통하여 120만인의 관람자를 得하리라고 信하여 疑치 아니하겠으니 是를 최초 50만인의 입장자가 有하였으면 대성공이라 칭하던 수에 비하여 倍數의 功을 成하였다 하겠더라.[62]

조선물산공진회를 준비하면서 관람인원을 50만 명으로 예상했었으나 100만 명 이상의 관람객을 동원하였으니 관람객 동원이라는 측면에서 대성공이라는 것이다. 그러나 이는 기존의 연구에서도 지적하였듯이 조선총독부가 각지에 협찬회를 조직하여 관람객의 동원에 총력을 경주하였기 때문이었다. 특히 간인노미야 고토히토(閑院宮 載仁親王)는 조선물산공진회의 관람을 명령할 정도로 적극적이었다.[63]

이처럼 조선총독부는 조선물산공진회의 성패는 관람객의 동원에 있다고 할 정도로 관람객의 동원에 적극적이었다. 그리하여 조선총독부철도국에서는 철도원 및 남만주철도주식회사 등 철도회사 및 日本郵船株式會社·大阪商船株式會社·朝鮮郵船株式會社·阿波共同汽船株式會社 등 기선회사와 교섭하여 관람객과 출품인의 편의를 도모하기 위하여 운임 할인 등에 관해 협의하였다. 〈표 2-8〉, 〈표 2-9〉은 각각 조선 내의 왕복 단체

---

62 「百萬을 超過 共進會의 大成功」, 『매일신보』, 1915년 11월 1일.
63 「閑院宮差遣御沙汰」, 『부산일보』, 1915년 9월 10일.

할인율과 선박의 할인율을 나타낸 것이다.

〈표 2-8〉 조선내 철도 왕복 단체 할인율[64]　　　　　　　　　(단위: 각 등 %)

인원 편도리정	25인~50인 미만	50인~100인 미만	100인 이상	할인기간	통용기간
25리~50리 미만	25	30	35		
50리~200리 미만	30	35	40	1915.9.10.~10.31	1915.11.5.
200리 이상	35	40	50		

〈표 2-9〉 승선 운임 할인율[65]

종별	편도 · 왕복별		일본우선	대판상선	조선우선	아파공동기선
개인	편도		10	10	10	10
단체	편도	25인 이상	25	25	25	25
		50인 이상	30	30	30	30
개인 · 단체	왕복		편도 할인 운임 배액의 10%	편도 할인 운임 배액의 10%		편도 할인 운임 배액의 10%

　　그리고 경성-인천간 왕복 개인요금은 1등은 1원 50전, 2등은 1원 10전, 3등은 60전으로 통용기간은 3일이었다. 또한 일본-조선간 왕복 개인할인 요금은 각등 모두 20%, 단체 할인요금은 2, 3등칸 20인 이상의 경우 50% 로서 통용기간은 60일이었다. 한편 만주-조선간 왕복단체 할인요금은 각 등(만주 내에서는 3등을 제외함)으로 만주내에서는 25인 이상 20~35%, 조선 내에서는 〈표 2-8〉과 동일하게 적용하였다. 할인기간은 만주 내에서 는 상시 적용되었으나 조선내에서는 1915년 9월 10일부터 10월 31일까지 적용되었고, 통용기간은 조선내에서는 11월 5일까지였다. 또 일본-조선-

---

64　朝鮮總督府 編, 『(始政5年記念)朝鮮物産共進會報告書』1卷, 朝鮮總督府, 1916, 232쪽.
65　朝鮮總督府 編, 『(始政5年記念)朝鮮物産共進會報告書』1卷, 朝鮮總督府, 1916, 236쪽.

만주 순유권은 각등 30%를 할인하였고, 조선물산공진회 관계인을 포함한
출품인은 각등 모두 30%를 할인하였다.[66] 이렇게 보면 조선물산공진회는
식민지 조선의 발전상을 내외에 선전하는 이벤트로서의 성격만을 갖는 것
이 아니라 일본-조선-만주를 연결하는 관광이벤트로서의 성격도 갖는 것
으로 이해할 수 있는 것이다.

　그러나 관객을 동원하기 위한 이러한 적극성은 다음과 같이 관광을 포
함한 오락과 즐길거리가 노동을 충실하고 효율적으로 수행하는 것을 보완
하는 정도 내에서 일뿐이었다. 이는 곧 조선물산공진회의 성격을 명확하게
보여주는 것이라 할 수 있다.

　　此뿐 아니라 원래 인생은 活動不息하는 半面에 娛樂으로써 自慰가
　無치 못할 자니 若心身을 慰安하는 오락이 無하면 신체의 고로한 활동
　을 爲치 못할지라. 고로 春의 訪花와 夏의 納凉과 秋의 觀楓과 冬의 步
　雪이 심신을 위안코자 함에 出치 아니한 자 無하고 玉突場으로 往하며
　演藝館으로 향하는 자도 심신의 위안을 求치 아니하는 자 無할지니 오
　락은 인생에 缺치 못할 자라. 然이나 동일한 오락이라도 사회의 풍속을
　紊亂하고 신체에 害를 貽하는 오락은 此를 피하고 유익한 오락을 구함
　이 가하니 共進會는 실로 인생의 最히 缺치 못할 유익한 오락과 有助한
　연구를 兼한 계획을 有한 자니 遊戲場과 演藝館 등 遊玩에 供할 자도
　有하고 精巧한 기계와 美麗한 공예가 無漏具備하고 衣服, 飮食 등 物
　에 至하기까지 無한 物이 無하여 각색의 물품은 手數와 시간을 費치 아
　니하고 眼前의 관람에 供하는 자가 즉 共進會의 형식이라 別로히 외국
　의 사정을 見聞치 못한 朝鮮人이 此 共進會를 見하여 娛樂的으로 心身
　을 慰安하고 不識不知하는 間에 不尠한 知識과 經驗을 得함에 至하여
　는 必히 欣喜치 아니할 자 無하리로다.[67]

66 朝鮮總督府 編, 『(始政5年記念)朝鮮物産共進會報告書』 1卷, 朝鮮總督府, 1916,
　　232~236쪽.
67 「공진회와 조선인」, 『매일신보』, 1915년 4월 17일.

한편 앞에서 본 바와 같이 조선물산공진회 개최 이전인 1914년 광화문통의 도로를 개수, 개통하고, 1915년 황토현-독립문통 구간의 전차 복선화를 완성한 것은 조선물산공진회장의 정문인 광화문까지 관람객의 접근을 보다 용이하게 하기 위한 것이었다. 그리하여 조선물산공진회 관람객은 다음에서 볼 수 있듯이 보통 광화문 쪽에서 입장하였다.

> 黃土峴 사거리를 正面으로 北向하여 立ᄒ면 어구에서브터 左右로 光化門ᄭ지 粉壁을 세워노은 것 갓다. 側面에서 見ᄒ면 三四間을 隔ᄒ얏스나 粉裝ᄒ 二丈 以上의 春日燈籠이 一列로 立ᄒ야 그 넓은 길도 좁은 골목 들어가는 세음이라. 一便에 大小燈籠의 數爻가 四十座 二列를 合ᄒ면 八十個의 大行 列이라.[68]

> 黃土峴 街道 左右로브터 光化門ᄭ지 羅列한 春日燈籠을 見ᄒ며 光化門前에 至ᄒ야 右便으로 丹靑 ᄒ 買票口에서 入場券을 買得ᄒ야 가지고 光化門을 入ᄒ야 正面으로 進ᄒ면 此는 第一號舘이니[69]

이는 공진회 관람 순서에도 영향을 미쳐 『매일신보』는 정문인 광화문으로 입장한 후 다음의 순서대로 공진회를 관람할 것을 권유하였다.

> 제1호관-동양척식주식회사특설관-축산관-양어관-철도관-審勢舘-제2호관-참고관-영림창특설관-기계관-교육실습관-관외출품(제1, 2, 3, 4, 제6부 출품)-미술관-수산분관-농업분관-박애관-참고미술관(외 2분관 2개소)-인쇄사진관-관측관-매점 기타 각종 흥행물[70]

그리고 앞의 인용문에서 볼 수 있듯이 황토현에서 광화문에 이르는 가로에는 粉壁(나무벽)을 세우고 춘일등롱을 매달아 축제 분위기를 북돋았

---

68 「공진회구경」(1), 『매일신보』, 1915년 9월 7일.
69 「공진회구경」(6), 『매일신보』, 1915년 9월 14일.
70 「회장관람순서」, 『매일신보』, 1915년 9월 19일.

다. 그런데 경성협찬회는 이 분벽에 광고를 허용하지 않기로 했던 방침을 개막 직전인 9월 5일 요금을 받고 광고를 허용하기로 변경[71]한 것으로 보아 예산에 상당한 어려움이 있었던 것으로 보인다.

다른 한편 조선총독부는 조선물산공진회의 성공적인 개최를 위해 각종 광고를 활용하였는데 그 필요성에 대해 다음과 같이 말하였다.

> 광고의 여하는 바로 공진회의 성쇠에 영향을 미친다. 공진회의 성쇠는 나아가 식산흥업정책에 영향을 준다. 특히 皇化가 아직 미치지 못해 인지가 아직 깨지 못한 조선인에 대해서는 한층 광고의 필성성을 감지한다. 이에 백방으로 세인의 주의를 환기할 방법을 강구하여 지상광고와 실물광고를 병용한다.[72]

지상광고는 신문 및 책자 광고의 형태로 이루어졌으며, 실물광고는 대소 팻말(建札)과 그림 간판의 세 종류로 행해졌다.[73] 그리고 〈그림 2-4〉, 〈그림 2-5〉에서 볼 수 있듯이 경성협찬회 등 관련 단체에서는 포스터, 기념엽서를 비롯한 각종 광고물을 제작, 배포하였다. 뿐만 아니라 〈그림 2-6〉, 〈그림 2-7〉에서 볼 수 있듯이 사기업에서도 조선물산공진회를 이용한 광고를 하기도 하였다.

이처럼 조선물산공진회는 일제의 조선 강점 5년간 식민지 조선의 발전상을 대내외에 선전하는 동시에 관광이벤트로서 기능하였다. 관광이벤트로서의 조선물산공진회의 성격을 보다 잘 보여주는 것이 각지에서 조직된 협찬회의 활동이라 할 수 있다. 협찬회의 활동은 절을 바꾸어 서술하고자 한다.

---

71 「공진회 춘일등롱과 광고」, 『매일신보』, 1915년 9월 5일.
72 조선총독부, 『(시정오년기념)조선물산공진회보고서』 1, 240쪽.
73 조선총독부, 『(시정오년기념)조선물산공진회보고서』 1, 241쪽.

〈그림 2-4〉 조선물산공진회 포스터

〈그림 2-5〉 조선물산공진회 기념엽서

〈그림 2-6〉 공진회를 이용한 라이온치약 광고
(『매일신보』, 1915년 9월 10일)

〈그림 2-7〉 조선물산공진회를 이용한 아지노모도 광고
(『매일신보』, 1915년 9월 13일)

2) 조선물산공진회 협찬회의 활동

조선총독부는 조선물산공진회의 사업을 협찬할 목적으로 조선의 각도에
서는 협찬회를 조직하였다. 始政午年紀念朝鮮物産共進會京城協贊會(이하 경
성협찬회)가 1914면 3월 12일 조선물산공진회의 평의원으로서 조선총독부
가 선임한 자와 경기도청의 추천을 받은 자 중 경성 거주자 17명에 의해 임
시로 발기되었으며 그후 경성부 유지자 154명이 발기인이 되어 1915년 1월
11일 조직되었다.[74] 이후 조직된 각도의 협찬회는 〈표 2-10〉과 같다.

〈표 2-10〉 조선물산공진회 각도 협찬회[75]

도	협찬회
경기도협찬회	경성, 인천, 수원, 개성, 고양
충청북도협찬회	청주, 충주
충청남도협찬회	공주, 대전, 논산, 부여, 천안, 아산, 연기
경상북도협찬회	대구, 김천, 경주
경상남도협찬회	부산, 마산
전라북도협찬회	군산
전라남도협찬회	목포, 광주
황해도협찬회	
평안남도관람장려회	평양, 진남포
평안북도협찬회	신의주
강원도협찬회	
함경남도협찬회	원산
함경북도협찬회	

〈표 2-10〉에서 볼 수 있듯이 조선 각 도에서 모두 협찬회가 조직되었
으며, 황해도, 강원도, 함경북도를 제외한 도에서는 부·군별로도 협찬회가

---

74 京城協贊會殘務取扱所, 『京城協贊會報告』, 1916, 1쪽.
75 『(始政五年記念)朝鮮物産共進會報告書』 1, 조선총독부, 1916, 319~393쪽에서 작성.

조직되었다. 각 협찬회는 지방 관람객의 편의를 도모하고 단체 또는 개인의 관람을 권유하였고, 지방에서는 명소와 문화유적의 소개와 알선에 힘썼다. 황해도와 함경북도에서는 관람장려회를 설치하여 지방민의 조선물산공진회의 관람을 장려하였다. 결국 조선물산공진회를 계기로 관광을 진흥시키기 위한 활동을 했던 것이다.

그리하여 각 도 협찬회에서는 관광객의 유치에 힘을 기울였다. 먼저 경성협찬회와 수원협찬회는 각각 관광안내서로서 〈그림 2-8〉, 〈그림 2-9〉의『京城案內』와『華城之影』을 발간하였다.

〈그림 2-8〉『京城案內』표지　　　　　〈그림 2-9〉『華城之影』표지

이『京城案內』는 공진회 관람자에게 경성의 일반 정세와 명승구적을 정확하게 소개한다는 취지로 증정과 판매용으로 제작되었다. 판매용 정가는 20전이었다.[76] 그리고 이 책자의 1매를 뽑아 인쇄하여 뒷면에 회장안내

---

76 始政五年記念朝鮮物産共進會京城協贊會殘務取扱所,『京城協贊會報告』, 1916, 97쪽.

도, 여관이름 및 숙박료, 요리점, 오락장 등을 부기하여 단체관람객들에게 증정하였다. 그리고 증정용 및 판매용으로 초상(寺內총독, 山縣공진회사무총장, 吉原협찬회장)·농상공(공진회장도입)·금계(남대문도입)의 3종 1세트로 제작된 기념엽서를 제작하였다. 1매 인쇄한 기념엽서는 공진회 광고를 축쇄하여 판매용으로만 제작하였다.[77] 〈그림 2-10〉~〈그림 2-13〉과 같은 기념엽서는 5전에 판매되었다. 그 인쇄부수는 다음과 같다.

〈그림 2-10〉 조선물산공진회 기념엽서(경회루) 〈그림 2-11〉 조선물산공진회영림창특설관

〈그림 2-12〉 조선물산공진회 기념엽서(심세관) 〈그림 2-13〉 조선물산공진회 기념엽서(제2호관)

---

77 京城協賛會殘務取扱所, 『京城協賛會報告』, 1916, 109~111쪽.

『京城案內』3만 부(5천 부는 한글본)
1매쇄 경성안내 5만 부
기념그림엽서 5만 부
1매쇄 그림엽서 3만 부[78]

수원협찬회에서 발행한『華城之影』은 수원·용인·여주·이천군의 군세
일반과 각 풍경 약 80종 이상을 소개한 것으로 수원을 방문한 관광객에게
증정용으로 제작한 것이었다.[79]

경성협찬회의 규칙[80]에 따르면 본회의 목적은 조선물산공진회의 사무
를 협찬하고 관람자의 편의를 도모하는 것(제3조)이었으며, 제5조에서 경
성협찬회의 활동을 다음과 같이 규정하였다.

(1) 관람자의 권유 및 공진회장 외 관람의 알선
(2) 船車 旅館 기타에 관하여 관람자의 편의 도모
(3) 관람 외국인에 대하여 통역, 설명 등의 편의 도모
(4) 내빈의 접대 및 설비 도모
(5) 각종 여흥 설비 또는 권유 및 각종대회의 개최 권유
(6) 명승구석 등의 소개 도모
(7) 기타 공진회의 성공을 돕는데 필요하다고 인정되는 사업

결국 경성협찬회는 관람자 즉 관광객의 모집과 알선, 관광객에 대한 교
통과 숙박 편의 제공, 여흥의 제공, 명승구적 관광과 개발 및 권유 등을 주
된 활동으로 설정하였던 것이다. 즉 조선물산공진회를 관광이벤트로 설정
하고 다수의 관광객을 모집하여 관람하도록 하였던 것이다.

---

78 京城協贊會殘務取扱所,『京城協贊會報告』, 1916, 111쪽.『(始政五年紀念)朝鮮物
   産共進會報告書』1(1916) 321쪽에는『京城案內』(일문판)의 발행부수가 15,000부
   로 기록되어 있다.
79 조성운, 앞의 논문,『한국민족운동사연구』98, 58쪽.
80 京城協贊會殘務取扱所,『京城協贊會報告』, 1916, 4~9쪽.

이러한 경성협찬회의 활동은 〈표 2-11〉에서도 확인할 수 있다.

〈표 2-11〉 경성협찬회의 사무분장[81]

계	업무
서무계	1. 역원 및 사무원 기타 인사에 관한 사항 2. 會印에 관한 사항 3. 문서의 수발 및 보존에 관한 사항 4. 규정의 기초, 기록에 관한 사항 5. 회의에 관한 사항 6. 보고에 관한 사항 7. 안내기, 기념그림엽서 기타의 발행에 관한 사항 8. 광고에 관한 사항 9. 타계의 주관에 속하지 않은 사항
회계계	1. 수지에 관한 사항 2. 예산결산에 관한 사항 3. 보조에 관한 사항 4. 물건의 구입, 불하에 관한 사항 5. 관람권의 발매에 관한 사항 6. 안내기, 기념그림엽서 등의 발매에 관한 사항 7. 각종 입장료에 관한 사항 8. 地所, 가옥 임대에 관한 사항 9. 음식물 기타 제 발매품에 관한 사항 10. 관유건물의 대차에 관한 사항 11. 숙직에 관한 사항 12. 경비에 관한 사항
권유계	1. 회원의 모집에 관한 사항 2. 기부금의 모집에 관한 사항 3. 단체 또는 개인적 관람자의 권유에 됀한 사항 4. 학술, 기예, 유희 기타 각종 대회의 개최에 관한 사항
설비계	1. 사무소의 건설에 관한 사항 2. 연예관의 건설, 설비에 관한 사항 3. 광고대의 건설, 설비에 관한 사항 4. 공진회 회장의 장식(주로 조명)에 관한 사항 5. 공진회장에서 일체의 전등 인입 기타 설비에 관한 사항 6. 시내의 장식, 설비에 관한 사항 7. 유희장, 흥행물, 매점 등의 배치에 관한 사항 8. 기타 일체의 건설, 설비에 관한 사항
접대계	1. 접대에 관한 사항 2. 선차, 여관 기타에 관해 관람자에 편리를 제공하는 사항 3. 시내 및 부근 관광의 알선에 관한 사항 4. 관람외국인의 접대에 관한 사항 5. 회원의 우대에 관한 사항 6. 수하물 預所에 관한 사항 7. 응급치료에 관한 사항
여흥계	1. 제흥행물 및 각종 개최물 등에 관한 사항 2. 연예관의 연기에 관한 사항 3. 부인데이, 아동데이 기타 시행하는 여흥에 관한 사항

〈표 2-11〉에서 확인할 수 있듯이 경성협찬회의 주된 업무는 서무계의 주업무라 할 수 있는 일반 업무 외에도 공진회장의 설비, 조선물산공진회에 대한 선전과 광고, 관람객 모집과 안내 등이었다.

경성협찬회의 회장은 동양척식주식회사 총재 요시하라 사부로(吉原三郎), 부회장은 경성부윤 가나야 미쓰루(金谷充), 경성일본인상업회의소 회장 하라 가쓰이치(原勝一), 조중응(趙重應), 경성조선인상업회의소 회두 白完爀이 선출되었다.[82] 특히 경성조선인상업회의소 회두 백완혁과 경성일

---

81 京城協贊會殘務取扱所, 『京城協贊會報告』, 1916, 66~70쪽.
82 「共進協贊會成」, 『매일신보』, 1915년 1월 13일;「共進會と協贊會」, 『朝鮮公論』 23, 1915, 57쪽.

본인상업회의소 회장 하라 가쓰이치가 부회장에 선출된 것은 조선물산공진회의 경제적 성격을 보여주는 것이라 할 수 있다. 경제인의 입장에서 조선물산공진회는 경제적 이익을 최대화시킬 수 있는 계기였던 것이다. 이는 조선물산공진회를 계기로 금강산 관광개발이 본격화되었다는 기존 연구에서도 확인할 수 있다.[83] 이는 조선물산공진회 개최를 앞두고 경성에 거주하는 일본인들의 희망사항을 통해서도 알 수 있다. 경성협찬회의 부회장인 경성부윤 가나야 미쓰루가 관광객의 입경에 따라 숙박문제와 그들의 이동을 담당한 인력거 문제의 해결을 희망하였고,[84] 조선은행 이사인 미츠코시 리요(水越理庸)는 경성의 도로를 밝게 하자고 주장하였다.[85] 또 협찬회 이사인 釘木藤次郎은 공진회장까지 전차를 부설할 것을 주장하였다.[86]

경성부윤 가나야 미쓰루가 희망한 숙박 문제는 공진회를 앞두고 해결해야 할 대단히 큰 문제였다. 1915년 4월 경 경성과 청량리, 왕십리, 뚝섬, 공덕리, 동막 등에는 일본인 여객을 수용할 수 있는 보행객주가 37호(객실 531실), 하등여관이 68호(객실 505실)로 105호(객실 1036실)로 수용인원은 보행객주 1357인, 하등여관 2086인, 조선인을 수용할 수 있는 보행객주가 114호(객실 278실), 객주가 332호(객실 1011실)로 446호(객실 1289실)로 수용인원은 보행객주 1427인, 객주4034인에 불과하였다. 이에 부족한 부분은 요리점과 음식점에 수용하도록 하였으나 여전히 부족한 것이었다.[87] 그리하여 이 문제를 해결하기 위해 경기도경찰부에서는 1915년 7월 26일

---

83 조성운, 「1910년대 조선총독부의 금강산 관광개발」, 『한일민족문제연구』 30, 한일민족문제학회, 2016. 참조 바람.
84 金谷充, 「官民一致して遠來の客に滿足を與ふるが第一です」, 『朝鮮及滿洲』 98, 1915년 9월, 68쪽.
85 水越理庸, 「市街道路を一層明るくせよ」, 『朝鮮及滿洲』 98, 1915년 9월, 68~69쪽.
86 釘木藤次郎, 「會場迄電車を敷設せよ」, 『朝鮮及滿洲』 98, 1915년 9월, 69~70쪽.
87 「今秋의 共進會 여관과 인력거」, 『매일신보』, 1915년 4월 28일.

임시여숙규칙을 제정하였다. 임시여숙규칙은 공진회 회기 중과 회기 전후 7일에 한하여 경성부, 인천부, 고양군, 수원군 수원면, 개성군 송도면, 시흥군 북면에 시행하는 것으로 임시여숙업을 영위하고자 하는 자는 본적, 주소, 씨명, 생년월일, 영업장소 및 객실 수 등을 관할 경찰서장에게 제출해야 하며, 관할 경찰서장은 임시여관에 대하여 취체상 단속에 필요한 지시명령을 할 수 있게 하였다.[88] 이처럼 임시여관규칙을 제정하면서까지 임시여관을 허가할 수밖에 없었던 것은 공진회 1일 예상 관람객이 약 1만 명인데 숙박시설은 약 6천 명 정도에 불과하였기 때문이었다.[89] 이처럼 임시로 여관 영업을 할 수 있게 하였기 때문에 여관을 개업하는 사람들이 많았던 것 같다. 그리하여 "공진회통에 여관만 벌리면 그만 벼락부자가 될 줄 알지만은 낭패보는 사람도 적지 않을 터이야. 아마 왼 장안이 다 여관한다는 빗뿐이야. 어찌들 그 모양인지 모르겠단 말이오"[90]라는 걱정이 『매일신보』에 보도될 정도였다. 이러한 상황에서 경성협찬회장 요시하라는 단체원수용표준 및 숙박료를 경성여관조합에 다음과 같이 통첩하였다.

보통단체원 평균첩 2매당 1인의 비율로 정함
학생단체원 평균첩 1매 반당 1인의 비율로 정함
단 경우에 따라 다소의 신축은 가능함.
숙박료
일반단체 1등 1박당 금 2원 晝食 금 60전
　　　　2등 1박당 금 1원 50전 晝食 금 40전
　　　　3등 1박당 금 1원 晝食 금 30전
학생단체 1박당 금 50전 내지 80전 晝食 15전 내지 25전[91]

88 「임시여숙규칙」, 『매일신보』, 1915년 7월 30일.
89 「공진회와 여관」, 『매일신보』, 1915년 8월 5일.
90 「독자기별」, 『매일신보』, 1915년 7월 30일.
91 「觀客收容標準」, 『朝鮮時報』, 1915년 8월 11일.

그러므로 조선물산공진회가 개최되는 경성 주변의 인천, 수원, 개성, 고양은 물론이고 〈표 2-10〉에서 확인할 수 있듯이 조선 전국에서 협찬회가 조직되어 활동하였다는 것은 식민통치의 성과를 대내외에 선전하려 했던 조선총독부의 의도는 물론이고 이들 지역이 조선물산공진회를 이용하여 지역 경제의 발전을 도모하였다는 것이다. 특히 수원의 사례[92]는 이를 잘 보여준다고 할 수 있다. 그리하여 협찬회 부회장에 경성의 조선인상업회의소와 일본인상업회의소의 회장을 선임하였던 것으로 보인다.

그런데 백완혁은 최초에는 부회장으로 선출되지 않았다가 "日鮮兩民의 協同一致로써 협찬회의 목적을 달하기 위하여 更히 조선인편에서 1명을 선거하기로 하여 뒤늦게 선거"[93]된 것으로 보아 조선인 차별문제가 협찬회 조직 과정에서 발생하였던 것으로 생각된다. 1914년 조선물산공진회협찬회 임시 부회장이었던 자작 조중응은 1914년 봄 대정박람회에 시찰단을 파견한 목적을 조선물산공진회의 협찬에 있었다고 하며, 이 시찰단에 참여한 인물들이 조선물산공진회에 보좌할 것을 깊게 믿는다고 하였던 것이다.[94] 발기인 중 조선인은 77명, 일본인은 74명이었다.[95]

다음으로 각 협찬회의 활동을 경기도내의 협찬회를 중심으로 살펴보자. 먼저 경성협찬회는 조선물산공진회장 내에 건평 229평으로 신축된 연예관을 운영하는 한편 다양한 시설을 설치, 운영하였다. 연예관은 서양과 일본의 연극 및 각종 연예는 물론이고 활동사진 상영도 가능하였다. 이외에도 광고탑과 탐조등, 매점, 경성협찬회사무소, 건평 48평으로 180인의

---

92 조성운, 「1910~20년대 수원지역 근대관광의 실태」, 『한국민족운동사연구』 98, 한국민족운동사학회, 2019. 참조 바람.
93 「共進協贊會成」, 『매일신보』, 1915년 1월 13일.
94 「共進會協贊會 設立에 대하여」, 『매일신보』, 1914년 12월 24일.
95 「공진협찬회총회」, 『매일신보』, 1915년 1월 12일. 이 기사에는 발기인 수는 151명으로 보도하였다.

식사가 가능한 단체식사장, 무료휴게소, 고등유료변소, 야외교육활동사진장, 조선연예장, 不思議館, 광화문 및 부대 요소의 장식(그네 1, 미끄럼틀 1, 각종 안내표 9, 음수대 2, 공중용 벤치 170, 게시판 1, 공중용 변소 5, 투서함 10, 수도 公用栓), 장내 각소의 시설(우편국 1, 측후소 1, 적십자사 구호소 1, 수하운반인수소 1, 광고벤치50, 담배판매소 3, 각 도 무료휴게소 11, 음식점 40, 각종 흥행물 5, 신문종람소 2, 신문게시판 1, 사진편람 2)을 설치, 운영하였다. 장외 시설로는 광화문통 춘일등롱, 단체휴게소 및 부속 안내소, 한양공원 탐조등, 광화문 앞 매표소, 비행기격납고, 영추문 앞 매표소, 남대문 장식, 各町의 장식 등을 설치하였다.[96] 이렇게 보면 관람객의 편의를 위한 식당, 매점, 화장실, 휴게소, 벤치, 게시판 등은 물론이고 어린이 관객을 위한 그네와 미끄럼틀, 그리고 야외교육활동사진장 등 다양한 시설을 설치하여 관람객의 유치에 공을 들였음을 알 수 있다.

특히 야간개장이 이루어졌을 뿐만 아니라 조선물산공진회의 축제 분위기를 고조시키기 위하여 조명은 매우 중요하게 취급되었다. 조선물산공진회에 사용된 전등 수는 〈표 2−12〉와 같다.

〈표 2−12〉 조선물산공진회 장식 전등 수[97]

회장 내		회장 외	
장소	등수	장소	등수
연예관	252	광화문통 등통	1,040
경회루	1,295	남대문	1,149
동지소도	69	보신각	114
동지분수탑	32		
근정전회랑이비	172		
광화문	853		

---

96 京城協贊會殘務取扱所, 『京城協贊會報告』, 1916, 112~115쪽.
97 京城協贊會殘務取扱所, 『京城協贊會報告』, 1916, 118쪽.

회장 내		회장 외	
장소	등수	장소	등수
동성벽	317		
동견장루	512		
영추문	400		
소계	3,902		2,303

〈표 2-12〉에서 볼 수 있듯이 조선물산공진회장인 경복궁뿐만 아니라 광화문통과 남대문, 보신각 일대에까지 전등을 장식함으로써 경성시내 중심부를 야간에도 밝게 하였다. 〈표 2-12〉에는 통계로 나타나있지 않으나 한양공원에도 탐조등을 달았다는 것에서 전등장식과 탐조등을 구별하였음을 알 수 있다. 그러므로 장식전등 외에도 경성 주요한 곳에 야간에 탐조등을 설치하여 조선물산공진회 관람객, 즉 관광객들의 관광 편의를 도모하였다고 할 수 있다. 〈그림 2-14〉는 야간 개장 중의 '별세계'라고 보도한 『매일신보』의 사진이며, 〈그림 2-15〉는 기념엽서로 발행된 것이며. 〈그림 2-16〉은 『(始政五年紀念)朝鮮物産共進會報告書』3에 수록된 것이다. 이 외에도 남대문에도 〈그림 2-15〉와 같은 조명을 장식하였다.

그리고 『매일신보』는 야간개장의 광경을 다음과 같이 보도하였다.

공진회 개회되던 첫째날의 즐거움이 아직 끝나기 전에 해가 서산을 넘으며 광화문 앞 전광장식이 일시에 환하게 켜져 온 시가를 비취는 듯 한대 일반 관람자들은 지남철에 쇠가 끌려 들어가는 모양으로 자연히 딸리어서 영추문 안으로 모여들어 또다시 즐거운 기상과 즐거운 소리가 회장에 가득하였더라. 신무문 안에서는 협찬회에서 놓는 화포가 무수 한 별이 한꺼번에 떨어지는 모양을 중천에 흩어지며 각 매점에는 무수 한 불을 켜서 눈이 현란한대 그중에서도 동아연초회사의 높은 탑과 그 위에 켜있는 서치라이트는 가는 사람을 많이 머무르며 경회루의 전광 장식은 연못에 비추어 가는 물결이 이는 대로 흔들리는지라. 그 찬란

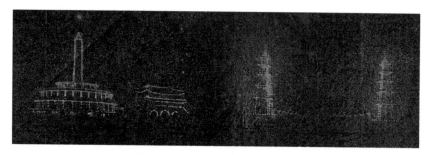

〈그림 2-14〉 공진회장 정면의 별세계

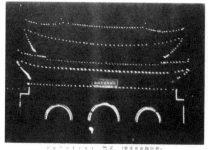

〈그림 2-15〉 광화문의 일루미네이션

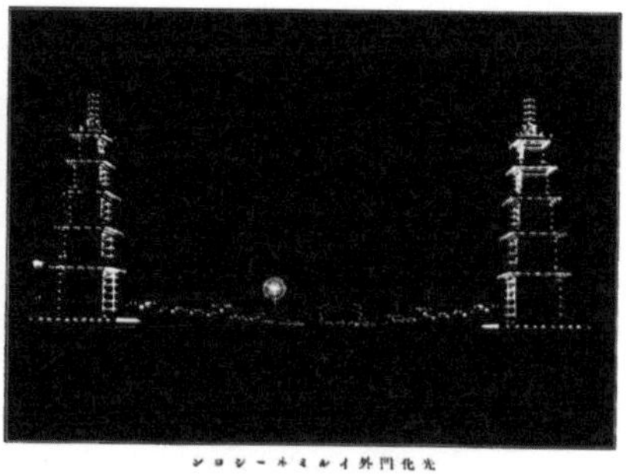

〈그림 2-16〉 광화문 밖 일루미네이션

영롱한 운치는 보지 못한 사람에게 말하기 어려우며 여기저기 삼삼오
오씩 모였으며 모여앉아서 연못 위에 떠있는 오리 떼를 보고 있는 사람
들도 번화한 중에 한가하게 보며 또 그 연못 서편에서는 때때로 꽃불이
공중에서 꽃도 같고 그림도 같이 돌아 또한 장관을 이루더라.[98]

위의 인용문에서 볼 수 있듯이 조선물산공진회 야간개장 시에는 조명
등을 켜 공진회장을 밝혔으며, 찬란영롱한 서치라이트(탐조등)를 켜고, 불
꽃놀이도 행해져 관람객들에게 여흥을 제공하였다. 조선 최초의 전등은
1887년 3월 6일 경복궁 건청궁에 설치되었고, 1894년에는 창덕궁에도

---

98 「彩光의 龍宮 初日夜의 大共進會」, 『매일신보』, 1915년 9월 13일.

전등이 설치되는 등 궁궐 내에서 전기와 전등이 설치, 사용되었다. 또한 1898년 한성전기회사가 설립되어 1899년 남대문-홍릉 구간의 전차를 완공, 개통하여 궁궐 밖에서도 전기가 사용되기 시작하였다. 특히 1900년 4월에는 8시부터 18시까지 운행하던 전차의 운행시간이 22시까지 연장되어 정거장과 매표소 주변을 조명하는 가로등 3기가 설치되면서 야간 조명을 시작하는 등 이미 야간 조명을 사용하였고, 1901년 진고개의 일본인 거류지에 전등이 설치되어 '불야성'이라 불렸다.[99]

이와 같이 전기와 전등의 보급과 사용은 일본인을 중심으로 한 것이었다. 그러함에도 불구하고 조선총독부는 전차와 함께 조선물산공진회의 야간조명을 통해 식민통치의 발전상을 대내외에 선전하는데 가장 적절한 수단 중의 하나로 판단하였던 것으로 보인다. 그리하여 공진회장인 경복궁에서 비교적 멀리 떨어진 남대문에도 야간조명을 하여 '축제 분위기'를 고조시킨 것이라 할 수 있다. 이러한 '축제 분위기'는 〈그림 2-16〉의 '광화문 밖의 일루미네이션'이라는 설명에서 확인할 수 있듯이 광화문 주변에 대한 조명 설치에서 보다 명확해진다. 이는 공진회장의 안과 밖을 야간조명으로 화려하게 밝혀 식민지 조선과 조선인은 물론이고 재조 일본인 등 외국인에 대한 선전을 극대화하려 한 것이라 할 수 있다. 이를 위해 일제는 다수의 관람객을 동원하여야 했던 것이다.

그리하여 조선총독부와 각 협찬회에서는 개인 관람객은 물론이고 단체 관람객을 동원하려 하였다. 〈표 2-13〉, 〈표 2-14〉, 〈표 2-15〉, 〈표 2-16〉은 각각 조선물산공진회 단체관람 인원 수와 일본인 단체 관람인원 수, 조선물산공진회 관람 인원 수를 나타낸 것이다.

---

99 권영란, 「근대 도시 야간경관의 태동과 변화 양상」, 서울대학교대학원 석사학위논문, 2018.

⟨표 2-13⟩ 조선물산공진회 관람 단체 인원 수[100]

도명	보통단체	학생단체
경기도	26,107	19,373
충청남도	3,218	727
충청북도	1,879	241
전라남도	2,324	103
전라북도	2,426	155
강원도	4,200	500
경상남도	2,403	431
경상북도	3,086	108
평안남도	2,010	828
평안북도	1,831	119
황해도	5,301	221
함경남도	2,231	350
함경북도	734	
합계	57,750	23,156

⟨표 2-14⟩ 일본인 단체 관람 인원 수[101]

날짜	단체명	인원
9월 11일	神戸實業團	25
9월 16일	關門日日新聞社主催視察團	40
9월 28일	安東商業會議所主催日支實業團	46
9월 30일	大阪商業會議所議員視察團	16
10월 1일	熊本縣敎育會主催視察團	34
10월 3일	東京米穀商視察團	11
10월 3일	博多實業團	46
10월 3일	宮崎縣實業團	42
10월 7일	西部鐵道管理局主催視察團	120
10월 9일	廣島縣商業會議所主催實業團	12
10월 9일	都城通信社主催視察團	68
10월 11일	佐賀縣農學校生徒視察團	35

---

100 『京城協贊會報告』, 京城協贊會殘務取扱所, 1916, 126~127쪽.
101 『京城協贊會報告』, 京城協贊會殘務取扱所, 1916, 127~128쪽.

날짜	단체명	인원
10월 13일	高知商業會議所主催實業團	22
10월 14일	名古屋新聞社主催視察團	55
10월 16일	支那特使張作霖氏日行視察團	36
10월 17일	中部鐵道管理局主催實業團	220
10월 19일	栃木縣視察團	49
10월 20일	福岡中學校生徒視察團	75
10월 21일	岐阜商業會議所主催實業團	20
10월 24일	山口縣縣會議員視察團	16
10월 26일	直方實業團	40
합계		1,028

〈표 2-15〉 공진회 개회 중에 개최된 각종 대회[102]

개최일시	대회명	장소	참석인원
9월 15일	全道紳職大會	남산공원	10
9월 16일	全國料理業者大會	조선호텔	290
9월 18일	全國金物商職合大會	경성호텔	90
9월 23일	全國新聞記者大會	조선호텔	125
9월 25일	內外鑛業者聯合懇談會	경성호텔	200
10월 2일	日本赤十字社朝鮮本部와 愛國婦人會朝鮮本部 總會	창경궁비원	8,000
10월 3일	鐵道一千哩祝賀會	경복궁	1,500
10월 4일	朝鮮酒造業者大會	중앙시험소	50
10월 4일	朝鮮移入酒商大會	일본인상업회의소	30
10월 8일	朝鮮水産懇談會	중앙시험소	200
10월 10일	朝鮮醫學總會	조선총독부의원	300
10월 10일	東洋協會支部大會	경성호텔	300
10월 10일	朝鮮藥學總會	연구회강당	100
10월 13일	朝鮮金融業者大會	조선호텔	100
10월 14일	運輸業者大會	경성호텔	100
10월 15일	全國商業會議所와 滿洲實業團聯合懇談會	조선호텔	60
10월 18일	朝鮮農會總會	공업전습소	740
10월 23일	全鮮醫生大會	창덕궁비원	600

102 京城協贊會殘務取扱所, 『京城協贊會報告』, 1916, 132~133쪽.

〈표 2-16〉 조선물산공진회 관람자 수[103]

날짜	요일	날씨	주간						야간						합계
			일본인	조선인	중국인	외국인	무료	계	일본인	조선인	중국인	외국인	무료	계	
9.11	토	맑음	2,881	8,306	77	87	3,780	15,131	2,491	5,594	15	23	520	8,643	23,774
9.12	일	흐림	5,234	5,108	88	16	861	11,307	2,642	4,149		1	669	7,461	18,768
9.13	월	흐림	2,241	7,249	33	66	2,477	12,111	1,822	4,503		3	535	6,863	18,974
9.14	화	맑음	2,028	5,870	65	89	752	8,804	1,403	6,219	33	31	155	7,841	16,645
9.15	수		3,490	8,210	78	30	1,183	12,991	1,853	3,693	25	33	296	5,900	18,891
9.16	목		2,753	8,597	66	26	1,348		1,242	4,029	20	6	472	5,769	18,559
9.17	금		2,592	6,807	80	26	968	10,473	1,507	3,605	163	64	476	5,815	16,288
9.18	토		1,877	9,233	74	119	1,278	12,581	1,620	4,029	54	36	884	6,623	19,204
9.19	일		3,648	4,600	63	22	1,134	9,467	1,286	3,748	91	10	567	5,702	15,169
9.20	월		2,131	10,999	84	23	1,221	14,458	1,470	3,168	33	28	823	5,522	19,980
9.21	화		2,334	5,133	50	53	1,429	8,999	1,236	2,880	24	22	509	4,671	13,670
9.22	수	맑음	2,107	4,199	31	29	1,384	7,750	827	2,016	20	17	808	3,688	11,438
9.23	목	흐린 후 비	2,672	8,326	145	32	1,718	12,893	355	1,384	14	20	571	2,344	15,237
9.24	금	비	1,018	1,544	15	20	922	3,519	303	812	8	13	552	1,688	5,207
9.25	토	비	1,743	8,845	54	78	1,646	12,366	1,343	2,680	18	20	611	4,672	17,038

103 조선총독부, 「(시정오년기념)조선물산공진회보고서」 1, 1916, 271~273쪽.

날짜	요일	날씨	주간						야간						합계
			일본인	조선인	중국인	외국인	무료	계	일본인	조선인	중국인	외국인	무료	계	
9.26	일	흐린후 맑음	3,389	4358	65	25	1,582	9,419	1,311	3,337	23	7	628	5,306	14,725
9.27	월	맑음	3,364	11,556	85	13	1,526	16,544	1,015	4,783	37	20	554	6,409	22,953
9.28	화	맑음	2,405	9,313	117	5	1,515	13,355	1,009	3,832	31	29	984	5,885	19,240
9.29	수	맑은후 비	3,647	6,561	35	55	1,348	11,646	339	1,628	4	14	430	2,415	14,061
9.30	목	흐린후 맑음	3,640	5662	83	39	2084	10508	1,165	3,992	32	23	1,334	6,546	17,054
10.1	금	맑음	3,839	11,445	85	89	1,981	17,439	3,141	6,246	45	18	5,585	15,035	32,474
10.2	토	맑음	4,036	10,355	37	43	2,072	16,543	2,242	4,333	16	18	1,066	7,675	24,217
10.3	일	맑음	4,781	6,416	57	16	3,291	14,561	2,052	4,117	23	14	453	6,659	21,220
10.4	월	맑음	2,975	8,384	31	16	1,424	12,830	1,133	2,946	35	18	1,048	5,180	18,010
10.5	화	맑음	2,186	6,839	42	38	1,340	10,445	218	667	4	6	371	1,266	11,711
10.6	수	흐림	1,810	4,294	93	41	1,829	8,067	533	2,182	14	14	549	3,292	11,359
10.7	목	맑음	2,412	5,984	48	32	1,605	10,081	955	1,942	12	13	544	3,466	13,547
10.8	금	비	1,290	1,540	5	5	1,190	4,030	358	602		5	417	1,382	5,412
10.9	토	맑음	2,643	6,128	55	44	1,528	10,398	1,466	2,971	71	28	581	5,117	15,515
10.10	일	맑음	7,100	3,817	45	14	1,740	12,716	2,819	3,170	35	33	1,349	7,406	20,122
10.11	월	흐림	2,133	6,668	32	19	1,424	10,276	541	665	10	8	369	1,593	11,869
10.12	화	맑음(냉기)	2,269	4,778	38	18	1,882	8,985	1,618	2,450	32	23	1,490	5,613	14,598

날짜	요일	날씨	주간 일본인	조선인	중국인	외국인	무료	계	야간 일본인	조선인	중국인	외국인	무료	계	합계
10.13	수	맑음	2,602	4,502	35	45	1,346	8,530	2,449	1,807	28	20	628	4,932	13,462
10.14	목		2,196	7,416	39	37	1,954	11,642	2,020	2,759	35	27	1,426	6,267	17,909
10.15	금		2,769	5,042	27	17	1,618	9,473	1,596	2,099	12	23	810	4,540	14,013
10.16	토		2,828	5,190	48	52	1,705	9,823	1,451	2,658	10	17	962	5,098	14,921
10.17	일	맑음	10,720	8,433	145	73	8,141	27,512	3,900	5,504	48	38	1,619	11,109	38,621
10.18	월		2,837	5,885	75	24	2,134	10,955	1,491	2,283	11	12	1,080	4,877	15,832
10.19	화	흐림	3,125	4,280	37	31	1,605	9,078	382	364	4	11	483	1,244	10,322
10.20	수	비	1,225	1,595	21	12	1,640	4,493	459	1,043	6	7	793	2,308	6,801
10.21	목	흐림	2,614	2,793	32	19	1,955	7,413	487	1,228	11	16	774	2,516	9,929
10.22	금		3,064	3,368	46	18	1,886	8,382	676	2,133	16	10	997	3,832	12,214
10.23	토	맑음	2,842	7,538	42	27	1,914	12,363	999	4,298	30	21	846	6,194	18,557
10.24	일		10,130	7,996	25	37	2,201	20,389	1,400	3,247	6	11	817	5,481	25,870
10.25	월		3,748	5,894	77	31	2,715	12,465	1,008	1,890	10	34	945	3,887	16,352
10.26	화	흐림	3,241	4,272	58	28	2,205	9,804	1,111	1,912	12	4	1,105	4,144	23,948
10.27	수		2,705	4,483	47	32	1,871	9,138	599	632			405	1,636	10,774
10.28	목	맑음(냉기)	2,933	3,551	29	26	2,601	9,450	1,076	1,344	9	6	1,334	3,759	13,299
10.29	금		16,602	50,712	160	35		67,510	10,069	32,332	35	21		43,457	110,967
10.30	토	흐림	16,510	36,310	148	67		53,135	6,186	53,911	53	14		60,164	113,299
10.31	일	맑음	21,680	85,693	179	66		107,618	12,828	29,835	55	28		42,746	150,364
계			206,039	472,522	3,326	1,905	88,953	772,745	93,502	254,651	1,333	938	41,214	391,638	1,164,383

〈표 2-13〉, 〈표 2-14〉, 〈표 2-15〉, 〈표 2-16〉를 통해 확인할 수 있는 것은 조선물산공진회 전체 관람인원은 1,164,383명이다. 이 중 주간 관람객은 772,745명, 야간 관람객은 391,638명이며, 조선인은 주간 472,522명, 야간 254,651명으로 총 727,173명으로서 62.45%, 일본인은 주간 206,039명, 야간은 93,502명으로 총 299,541명으로서 25.72%이다. 그런데 일본인 관람객에는 일본에서 온 단체관람객 1,028명이 포함되어 있으므로 재조선 일본인 관람객은 298,513명이다. 단순 계산으로 보면 1915년 12월 말 현재 1915년 조선인은 3,027,463호, 15,957,630명이므로 전체 조선인의 4.56%만이 조선물산공진회를 관람하였을 뿐이다. 이는 후술하듯이 조선총독부가 지방의 중견인물을 중심으로 조선물산공진회 관람단을 조직한 것과 관련이 있다고 생각한다.

이는 조선물산공진회 관람이 조선인에게는 그리 쉬운 일이 아니었음을 나타낸다고 할 수 있다. 조선총독부는 경제적인 어려움으로 조선인들이 조선물산공진회를 관람하지 못할 것이라는 예상 하에 다음과 같은 계획을 세워 조선인 관람객을 동원하고 하였다.

> 總督府에서는 今秋 共進會에 對하여 可及的 多數한 朝鮮人의 來觀을 希望하여 各 道廳에 命하여 此方針下에 各種 施設을 催進하는 中이오 其中에서도 京畿道 등은 僻陬遠隔의 地에 對한 彼等에 往往 其費用이 乏少함을 因하여 來觀하지 못하는 者 多하리라 憂慮하여 客臘來로 各地 面長 及 里長等에게 通牒을 發하고 一般 鮮人에게 對하여 副業을 奬勵하며 其貸銀 中에서 一人 平均 1원을 貯金하여 此로써 協賛會的의 小團隊를 作케 하고 一面에서 費用의 一部를 補助하는 同時에 團隊로 汽車賃 等 割引의 便을 與할 計劃이라더라.[104]

---

104 「共進會 來觀 勸誘」, 『매일신보』, 1915년 1월 22일.

조선총독부는 부업을 통해 얻은 수입의 일부와 보조금을 지급함으로써 공진회 관람객을 동원하려 하였던 것이다. 이러한 방침에 근거하여 경성 협찬회 부회장 조중응은 "僻陬遠隔地에 在한 朝鮮人에게는 斯速히 準備를 行케 하여 老若男女가 無漏見學"[105]하도록 주장하였고, 실제로 경상북도에서는 1915년 1월부터 조선물산공진회 관람을 목적으로 조선인을 대상으로 저금을 장려하였고,[106] 함경북도에서도 공진회 관람을 목적으로 저금을 장려하였다.[107] 그리고 전라북도와 황해도에서는 이 방침을 실천한 구체적 방안을 각각 다음과 같이 계획하였다.

(전라남도에서는—인용자) 可及的 道内 朝鮮人으로 하여금 多數 參觀케 하여 道民의 新知識을 啓發하고 兼하여 産業敎育과 其他 各種 事業의 振興 發展에 資할 計劃으로 1郡에 100명 내지 200명의 參觀者를 出케 하되 團體員의 旅費는 京城 1泊 往復 5일 간에 要할 費用 약 10원 내외로 打算하여 自作自給勤儉貯蓄의 方面으로 勸誘하기로 하기로 하여 過般에 大久保 内務部長이 團體觀覽者 勸諭方을 각 府尹, 郡守에게 通牒을 發하였는대 參觀者는 각기 郡内 群民의 代表의 資格이 有한 者, 즉 郡面洞里에 信用, 德望이 有하고 단 資産이 有한 者로 選定하되 參觀者의 資格은 有하나 旅費 缺乏한 자는 4월부터 9월까지 임시노동작업을 계속하여 그 所得한 金錢으로 여비에 充用케 하되 매일 5전 이상의 現金을 저축할 事와 此外에 莚, 叭 또는 繩, 草鞋 등을 製作하고 혹은 薪, 木炭 등을 판매하여 其費에 充할 事와 또는 臨時勞動을 躬行하여 雇人夫를 廢하고 其賃金을 저금케 하여 一面으로는 參觀旅費를 調達케 하고 一面으로는 勤儉貯蓄의 美風을 養成하여 一擧兩得의 方策을 定케 하였고 參觀者가 參觀을 終了 후에는 時機를 見하여 各其 地方에서 報道會를 開하고 共進會 其他에 就하여 見聞한 所感을 里洞民에게 詳細히 報道케 하라 하였고 單히 團體 觀覽者에뿐 止할 것이 아니라 其他 一般 觀覽者로 如何 多數히 할는지 預知치 못하겠더라.[108]

---

105 共進會와 朝鮮人의 義務」, 『매일신보』, 1915년 2월 28일.
106 「慶北道と共進會 鮮人觀覽獎勵」, 『釜山日報』, 1915년 1월 28일.
107 「共進觀覽貯金」, 『매일신보』, 1915년 3월 2일.
108 「共進會觀光團」, 『매일신보』, 1915년 3월 22일.

제2장 조선총독부의 관광정책 129

(황해도에서는-인용자) 1. 共進會觀覽獎勵會를 各郡에 조직케 하여 12개조의 規約 준비를 배부하였으며 2. 전기와 같이 觀覽獎勵會를 조직하고 그 규약에 의하여 다시 시찰단 조직케 할 계획을 立하며 그 단원은 각 지방 농업 단체, 篤農家, 資産家 등을 중심으로 하여 단원을 모집하며 또 단원의 副業 기타 방법에 의하여 상당한 貯金을 施하여 費用에 充하고 단원은 군을 組合에 分하여 郡廳員 또는 獎勵會 役員 인솔 하에 관람케 하며 3. 출품 중 입상자를 出한 面에 시찰단원을 中堅으로 하고 一般 面長과 共同的으로 일면 6개소 이상의 紀念事業을 施設케 할 豫定인데 농산물 중 입상자를 出한 面에서는 採種田, 模範堆肥舍, 米穀調製場 등, 蠶業에 재하여는 模範桑園, 林産物에 대하여는 苗圃模範造林 등 其他地에 적당한 시설을 행할 사 4. 공진회 폐회 후 各郡에서 視察團員 및 主되는 地方民을 召集하여 褒賞의 傳達式을 수행하고 시찰단원으로써 공진회 관람에 대한 보고를 特派하여 산업개발의 필요 및 이익을 周知케 할 계획이라더라.[109]

각도에서는 여러 가지 방법으로 단체적 관람자의 勸誘獎勵에 힘을 쓰는데 현재에 결정된 자를 들어 말하건대 가장 가까운 京畿道에서는 各府 各郡 농가에 대하여 副業을 獎勵하여 금년 1월부터 매월 얼마씩 貯金케 하며 또 産業에 관한 각종 단체에 대하여도 觀覽에 들 비용을 저축케 하고 또 忠淸南道에서는 한 고을에 세 단체씩 조직하여 3회에 나누어 관람케 한다는데 한 단체를 40명으로부터 50명까지로 하고 引率者는 郡守와 書記와 財務主任이 각각 한 단체를 擔任하고 이에 드는 경비는 이미 예정되어 지금 各戶에서 貯金하는 중이요 全羅北道도 또 各郡에 參觀團을 조직하고 旅費를 위하여 이왕부터 貯金하는 중인데 이곳에서는 參觀者 報告會를 개최하여 觀覽者의 見聞所感을 보도케 하기로 하였고 全羅南道에서는 이외에 또 觀覽契라 하는 일종의 契를 설립하였고 慶尙北道에서는 각 府郡에 대하여 순수한 參觀契를 조직하였더라. 또 慶尙南道에서는 각 면에서 産業改良 有志한 者 한 사람을 선발하여 會의 비용으로써 共進會를 관람케 하고 또 自費로 관람하는 자 중에도 산업의 指導獎勵上에 필요한 줄로 인정한 자에게는 비용의 기부를 補助한다 하고 관람하고 온 후에는 그 所感을 講話케 한다 하고 외 타 각도에서도 각종의 방법을 講究하여 貯金을 獎勵하며 觀覽團을

---

109 「共進觀覽獎勵」, 「매일신보」, 1915년 5월 26일.

조직하는데 그중 平安北道에서는 團體觀覽者의 請願者가 이미 2천 명
이라 하고 咸鏡南道에서는 각 시찰단 1명에 대하여 2원 이내를 補助하
고 引率者 되는 郡書記에는 1인 평균 25원을 보조한다는데 이미 1천
명의 청원자가 있고 또 咸鏡北道에서는 특정한 출품물 중 1등으로부터
3등까지 상을 탄 자에게는 大正 5年度에 奬勵金을 하부하며 혹은 판매
할 길의 확장에 특별한 편의를 주고자 한다더라.[110]

　　즉 전라북도는 각군에서 100~200명 정도의 관광단을 조직하고 1인
당 여비를 10원 내외로 정하였다. 그리고 여비를 마련하기 위해 自作自給
勤儉貯蓄의 방안을 채택하였다. 특히 여비가 부족한 사람들을 위해 군에
서 임시노동작업을 시행하여 보조하는 방안을 제시하였다. 그리고 관람 이
후 도민에게 조선물산공진회에 대한 감상과 소감을 전하는 보도회를 열 것
도 계획하였다. 황해도에서는 각군에 공진회관람장려회를 조직하고, 농업
단체, 독농가, 자산가 등을 중심으로 관람단을 조직하도록 하였다. 여비
는 부업 기타 방법으로 획득한 돈을 저금하여 마련하도록 하였으며, 군청
원 또는 장려회 역원이 인솔하도록 하였다. 경기도에서도 부업 장려를 통
해 마련한 돈을 매월 1원씩 저축하여 여비를 마련하도록 하였으며, 충청남
도에서는 관람단의 규모는 40~50명으로 규정하고 군수, 서기, 재무주임
이 인솔하도록 계획하였다. 특히 전라남도와 경상북도에서는 관람계 혹은
참관계를 조직하도록 하였으며 경상남도에서는 각면에서 산업개량 유지자
1인씩을 선발하여 여비를 보조할 수 있도록 하였고, 개인 관람자 중에서도
필요에 따라 비용의 일부를 보조할 수 있도록 하였다. 함경남도에서는 각
시찰단 1명에 대하여 2원 이내를 보조하고 인솔자 되는 군서기에는 1인
평균 25원을 보조하도록 결정하였다.

---

110 「觀覽準備 금년 가을 공진회 단체관람의 준비」, 『매일신보』, 1915년 5월 27일.

이렇게 보면 조선물산공진회 관람단은 군 단위로 조직하는 것이었으며, 비용은 관람자의 저금을 통해 해결하는 것을 기본으로 하면서 다양한 형태로 보조금을 지불하였음을 알 수 있다. 또한 관람단 인솔자는 군수, 군서기, 재무주임, 군청원, 장려회 역원 등이 되었다. 더욱이 전라북도와 경상남도에서는 관람단원에게 관람 후 보고회 등의 형식으로 주민들에게 관람 소감이나 감상을 보고하도록 하였다. 이러한 관 주도의 공진회 관람단 조직에 대해서는 평안남도에서 발표한 다음의 '시찰단에 관한 주의사항'을 통해 명확하게 알 수 있다.

1. 시찰단은 좌기 日割과 如히 변경함을 不得함.
   시찰인원은 다소의 증감은 免키 難하나 旅館의 준비가 有하니 다수의 증감이 無함을 요함.
   만일 다수의 증감이 有할 시는 미리 평남도청 및 경성 본도 사무소에 통지를 요함.
2. 시찰단에는 단장 또는 인솔자를 置하여 일체를 알선할 사
3. 공진회 개회 중은 경성 시중 각 旅宿의 雜鬧가 有할 줄 염려하여 경성부 인사동 195번지 태화관 舘主 朴容勳과 像約하고 본도 시찰단 숙소로 충당케 할 사
4. 10월 17일 褒賞授與式 당일은 부윤, 군수, 도부윤 즉 참사 기타 지방대표적 신사 각부 鄕約 6, 7명씩으로 특별히 一團을 조직하여 참관할 계획이니 這這知悉할 사(본단은 10월 15일 출발)
5. 특별시찰단원은 10월 14일 석각까지 평안남도 도청내 권업계에 名刺를 제출하고 일정을 承知할 사
6. 시찰단체원 명부는 별지 □形에 의하여 매단체에 2본을 作製하여 1본은 7월 30일까지 도청 제1부에 1본은 8월 15일까지 재경성본도사무소에 제출함이 가하며 그후 이동이 有한 시는 속히 도청 및 경성본도사무소에 통지할 사(경성사무소는 경성 長谷川町에 설치하여 8월 5일부터 개설함)
7. 기차임 및 숙료, 점심 등은 대략 여좌함.
   (1) 숙료 금 1원 80전(매일 60전 3일분)
   (2) 점심 금 15전(면 1기 5전씩 3일분)

(3) 관람료 금15전(1회 50전 3회분)

(4) 自平壤至南大^門驛往復貨金 4원 29전(50인 이상 3할 5분할의 계산)

8. 共同支辨을 요할 비용은 미리 단체장 또는 인솔자가 도취하여 지불케 하고 단체의 행동상 支障이 無토록 할 사

9. 시찰단의 명칭은 특별시찰단을 제한 외는 何番視察團이라 칭하고 번호는 출발예정순서에 거할 사

10. 특별시찰단원의 주소 씨명은 7월 말일까지 도청 제1부에 통지할 사[111]

즉 평안남도는 공진회관람단의 조직과 인솔, 숙식은 물론이고 관람 일정까지 공진회 관람 일정 전체를 관장하였던 것이다. 이는 평남에만 해당하는 것이 아니라 조선총독부의 방침에 따라 전국적으로 동일하였을 것이며, 일본시찰단의 경우도 마찬가지였다.

이러한 도의 방침에 따라 각군에서 관람단을 조직하였다. 충주군관광단의 경우 군수를 단장으로 13개면의 면장이 위원이 되어 1914년 12월 이래 매월 1원씩 저금하였으며, 신청자가 예상을 초과하였다. 일정은 경성 2박 후 인천을 시찰한 후 수원권업모범장과 각 공장을 시찰 후 청주에서 해산하는 것이었다.[112] 개성군에서는 1915년 6월 4일 군참사, 명망가 다수가 모여 군수를 회장으로 하고, 평의원과 간사 약간명으로 시정오년기념조선물산공진회참관장려회를 조직하였으며, 송도면에서 130명이 참가를 신청하였다.[113] 이렇게 관람장려회는 각군별로 조직된 것으로 보인다. 다음의 울산관람장려회의 규정을 동해 관람장려회의 특징을 알 수 있다.

1. 관람단은 수단체로 나누어 1단체를 약 50명으로 하고 1단마다 지도자를 둔다.

---

111 「平南共進會視察團」, 『매일신보』, 1915년 7월 11일. 7. (3)항의 입장료 1회 50전은 1회 5전의 오타로 보인다.

112 「共進會와 忠州 大觀光視察團組織」, 『매일신보』, 1915년 3월 31일.

113 「共進觀覽獎勵」, 『매일신보』, 1915년 6월 10일.

2. 관람단에 대해서는 관람장려회에서 약간의 비용을 보조한다.
3. 관람단에 가입하고자 하는 자는 7월 25일까지 울산군청 또는 면 사무소, 학교조합 사무소에 신청한다. 단 5월 이후 신청자는 제4 항의 계금은 신청 당월 이전의 분은 신청할 때 불입해야 한다.
4. 관람단원은 여비 기타의 개산 비용으로서 5월부터 9월까지 매월 1회 금2원을 해당월 25일까지 불입하고 출발 당일 2원을 불입해 야 한다. 단 내지인은 각기 2원 50전으로 한다.
5. 1인에 대한 여비 기타 개산금 7원 40전. 물금역에서부터 남대문 역 기차운임 금3원 60전. 숙료 내지인은 6원 60전, 금1원 26전 제잡비. 합계 12원. 내지인은 15원[114]

울산의 경우에서 볼 수 있는 것처럼 관람단의 신청은 군청, 면사무소, 학교조합 사무소 등을 통해 이루어졌으며, 1915년 5월 현재 해주군 해주 면사무소에 공진회 관람을 신청한 인원은 30여 명[115]이었다는 것에서도 확인할 수 있다.

조선물산공진회 관람단은 이와 같은 방법에 의해 조직되었다. 이 결과 전라북도의 공진회 관광단원은 5월 29일 현재 2,248명이었다.[116] 평안북도에서는 1915년 5월 공진회 관람 희망자가 의주군 360여 명, 용천군 40명, 정주군 300명, 박천군 120명, 희천군 180명, 구성군 150명, 선천군 90명, 삭주군 54명, 창성군 31명, 초산군 55명, 후창군 15명 등이었으며 도내 전체로는 1,500명 정도였다.[117]

그런데 조선인 '老若男女가 無漏見學' 할 수는 없었으므로 지방에서 조선물산공진회를 관람할 수 있거나 관람한 사람들은 한상룡이 지적한 바와 같이 "觀覽者를 可及的 多數 聚集함에 對하여도 可及的 實地事業에 接觸

---

114 「共進會觀覽獎勵會」, 『釜山日報』, 1915년 6월 15일.
115 「共進會視察團」, 『매일신보』, 1915년 5월 13일.
116 「出品과 觀覽者」, 『매일신보』, 1915년 6월 2일.
117 「共進會觀覽者」, 『매일신보』, 1915년 5월 11일.

하여 硏究, 利用할만한 資格이 有한 人"[118]으로서 앞에서 언급했듯이 '實地 事業에 接觸하여 硏究, 利用할만한 資格이 有한 人', '郡內 群民의 代表的 資格이 有한 者, 즉 郡面洞里에 信用, 德望이 有하고 단 資産이 有한 者', '각 지방 농업 단체, 篤農家, 資産家 등 지방사회의 중견인물이었다고 할 것이다. 이는 1910년대 중견인물의 양성을 통해 식민지 지배를 안정시키고자 한 일제의 식민지 지배정책이 관철된 것이라 생각된다.

3. 여행안내서의 편찬과 관광

오늘날 관광이라고 할 때 그것은 통상 근대관광을 의미한다. 근대관광은 닝왕이 지적하고 있듯이 대중화와 산업화를 특징으로 한다. 이것은 부유한 귀족 계층이나 사회 일부의 제한된 인물들만 영위하였던 전근대 관광과 구별된다. 이에 대해 마에다 다케히코(前田武彦)는 근대관광의 특질을 다음과 같이 정리하였다.

> (1) 근대관광은 사회적 지위, 신분, 속성에 구애없이 엘리트나 비엘리트나 모두가 즐긴다는 것이 기본이다. 즉 평등성을 갖는다.
> (2) 그 결과 많은 일반 서민이 관광여행을 즐기는 것이 가능하게 된다. 즉 대량성이 보증되었다.
> (3) 근대관광 이전의 여행은 종교적 행위와 밀접하게 관계있다. 그러나 근대관광은 종교와는 반드시 결합되어 있지 않다. 즉 세속성을 띠고 있다.
> (4) 특수한 재능과 능력을 갖는 등 특정한 사람들만이 즐기는 것이 아니라 그 관광행동은 누구에 대해서도 거의 동등한 즐거움을 준다. 예를 들면 스위스 알프스의 융프라우는 등산철도의 개통에 따라 등산 기술과 특수 장비와 체력이 없는 노인도 종점에 도달

---

118 「共進會 觀覽者에게 희망」, 『매일신보』, 1915년 2월 13일.

하여 장대한 빙하의 광경을 충족할 수 있다. 즉 즐거움의 일반화
가 보증되었다.

(5) 휴일제도의 침투, 관계 법규의 제정 등 관광함에 따른 제조건의
정비와 합리화가 추진되었다.

(6) 근대 이전의 여행은 그 行程의 전체를 여행자 자신이 관리했다.
근대관광에서는 여행을 관리하는 자와 여행자는 분리해 있다. 즉
관광업무가 전문화했다.

(7) 그 결과 관광객은 힘들지 않게 여행하고 즐거운 것과 아름다운
광경이 눈앞에서 전개되는 것을 기다릴 뿐이다. 즉 관광객이 수
동화하였다.

(8) 관광여행이란 사회현상이 경제적 이윤 추구를 위해 수단화하고
있다.[119]

이러한 근대관광의 특질 중 (6)의 관광업무의 전문화와 (7)의 관광객이
수동화하였다는 것은 곧 관광이 안전하게 이루어진다는 것을 의미한다. 전
근대 관광은 거주지로부터 멀리 떨어진 곳, 즉 잘 알지 못하는 곳을 여행
함에 따라 안전하지 못하거나 위험한 상황에 빠질 수 있었으나 근대관광
은 관광업무의 전문화가 이루어짐에 따라 관광객은 전문 안내자나 여행안
내서 등의 도움을 받아 최대한 많은 정보를 얻게 되어 안전한 여행이 가능
해졌다는 것을 의미한다. 그러므로 관광은 산업화, 대중화되었던 것이다.
이러한 관광의 산업화, 대중화는 국가사회제도 등 제도적 정비와 철도교통
등의 교통수단의 발전에 기인한 것이었다고 할 수 있는 것이다.

이와 같은 특질을 갖는 근대관광은 영국의 토마스 쿡에 의하여 산업화,
대중화되었다. 그는 세계 최초의 여행사인 토마스 쿡 앤 선사를 설립하여
국내 관광 뿐만 아니라 해외관광에도 진출하였다. 특히 해외관광을 통해 식
민지 관광이 발전하였다. 이러한 과정은 일제의 식민지인 조선에서도 마찬

---

119 前田武彦, 「近代観光の両義性」, 『神戸国際大学紀要』 51, 神戸国際大学学術研究
会, 1996, 27~28.

가지였다. 그리하여 우리나라 근대관광은 그 탄생부터 갖게 된 것이었다.

식민지 조선의 근대관광에 대해서는 상당한 연구가 축적되었다. 식민지 시기 한국관광에 대한 연구는 조선총독부의 관광정책을 분석하여 식민지 근대관광이 갖는 정치적 성격을 파악한 연구,[120] 식민지 조선의 유명 관광지를 분석하여 식민주의 이데올로기가 어떻게 드러나는지를 파악한 연구,[121]

---

120 李良姬,『金剛山觀光の文化人類學的研究』, 廣島大學博士學位論文, 2004;「植民地朝鮮における朝鮮總督府の觀光政策」,『北東アジア研究』13, 島根縣立大學北東アジア地域研究センター, 2007; 조성운,「일제하 조선총독부의 관광정책」,『동아시아문화연구』46, 한양대학교 동아시아문화연구소, 2009;「1930년대 식민지 조선의 근대관광」,『한국독립운동사연구』46, 독립기념과 한국독립운동사연구소, 2010;「일본여행협회의 활동을 통해 본 1910년대 조선관광」,『한국민족운동사연구』65, 한국민족운동사학회, 2010;「근대 친천 군함관람과 그 성격」,『인천학연구』15, 인천대학교 인천학연구원, 2011;「식민지 조선의 자동차 운행과 유람자동차」,『조선총독부의 교통정책과 도로건설』, 국학자료원, 2011;「대한제국기 근대학교의 소풍·수학여행의 도입과 확산」,『한국민족운동사연구』70, 한국민족운동사학회, 2012;「1920년대 수학여행의 실태와 사회적 인식」,『한국독립운동사연구』42, 독립기념관 한국독립운동사연구소, 2012;「1930년대 식민지 조선의 수학여행」,『한일민족문제연구』23, 한일민족문제학회, 2012;「조선여행사(1945~1949)의 활동을 통해본 해방공간기 관광」,『숭실사학』29, 숭실사학회, 2012;「개항기 근대여관의 형성과 확산」,『역사와 경계』92, 부산경남사학회, 2014; 김백영,「철도제국주의와 관광식민주의 : 제국 일본의 식민지 철도관광에 대한 이론적 검토」,『사회와 역사』102, 한국사회사학회, 2014; 김백영·조정우,「제국 일본의 선만(鮮滿) 공식 관광루트와 관광안내서」,『일본역사연구』39, 일본사학회, 2014; 조성운,「1910년대 조선총독부의 금강산 관광개발」,『한일민족문제연구』30, 한일민족문제학회, 2016; 赤井正二,『旅行のモダニズム 大正昭和前期の社會文化変動』, ナカニシヤ出版, 2017; 조성운,「1910~20년대 수원지역 근대관광의 실태」,『한국민족운동사연구』98, 2019.

121 최석영,「일제 식민지 상황에서의 부여 고적에 대한 재해석과 '관광명소'화」,『비교문화연구』9-1, 2003; 허병식,「식민지 조선과 '신라'의 심상지리」,『비교문학』41, 2007;「식민지의 장소, 경주의 표상」,『비교문학』43, 2007; 이병진,「식민지시기 일본인들이 발견한 '신라'에 관하여」,『일본학보』72, 2008; 김신재,「1910년대 경주의 도시변화와 문화유적」,『신라문화』33, 동국대학교 신라문화연구소, 2009; 윤소영,「식민통치 표상 공간 경주와 투어리즘-1910~1920년대 일본인의 여행기를 중심으로-」,『동양학』, 단국대학교 동양학연구소, 2009; 김종수,「일제강점기 부여고적의 재해석과 고적관광의 성격」,『문화재』71, 국립문화재연구소, 2016; 최석영,「일제하 경주 고적조사·발굴과 관광 인프라 구축에 대한 기초적 연구」,『역사와 역사교육』33, 웅진사학회, 2017.

당시 발간된 여행안내서나 기행문을 분석한 연구[122] 등이 있다. 본고에서는 식민지 시기 조선총독부 철도국이 발간한 여행안내서를 중심으로 여행안내서에서 소개한 주요 관광지에 대해 살펴보려 한다. 이를 통해 조선총독부가 근대관광을 통해 얻고자 한 것이 무엇이었는가를 확인할 수 있기를 기대한다.

1) 여행안내서의 발행

여행안내서는 주로 여행을 하려는 사람의 편의와 안내라는 특수한 목적을 가지고 쓰여진 서물 전체를 지칭한다고 정의할 수 있으며, 가이드북과 핸드북의 두 종류가 있다.[123] 여행안내서는 여행자에게 정보를 전달하는 실용적 기능, 여행자에게 방문해야 할 장소를 제시하는 여행공간을 분절함과 동시에 방문해도 좋을 곳과 그렇지 않은 곳을 구분하는 공간분절 및 가치 부여 기능, 여행 일정과 모델에 따라 여행시간을 분절하는 시간 분절 기능, 알려지지 않았던 관광지를 소개하여 새로운 관광지를 창조하는 관광지 창조의 기능을 갖고 있다.[124] 또 여행안내서는 내용에 따라 간선도로와 철도연선을 안내하는 旅程에 관한 안내, 지역에 관한 안내, 테마별 안내,

---

122 서기재, 「일본근대 '여행안내서'를 통해서 본 조선과 조선관광」, 『일본어문학』 13, 한국일본어문학회, 2002; 「기이한 세계로의 초대 : 근대 '여행안내서'를 통하여 본 금강산」, 『일본어문학』 40, 한국일본어문학회, 2009; 김영수, 「1920~30년대 인천의 '관광도시' 이미지 형성」, 『인천학연구』 14, 인천대학교 인천학연구원, 2009; 전수연, 「근대관광을 통해 드러난 일본의 제국주의−1900년대 이후 일본의 조선관광과 여행안내서를 중심으로−」, 『미술사학보』 35, 미술사학연구회, 2010.

123 岩佐淳一, 「旅行とメディア−戦前期旅行ガイドブックのまなざし−」, 『学習院女子大学紀要』 3, 2001, 12쪽.

124 岩佐淳一, 「旅行とメディア−戦前期旅行ガイドブックのまなざし−」, 『学習院女子大学紀要』 3, 2001, 13~14쪽.

사찰이나 시설 등을 안내하는 핀 포인트(Pinpoint) 안내 등으로 구분할 수 있다.[125]

세계 최초의 여행안내서는 1820년 마리아나 스타크(Mariana Starke) 가 저술한 *Travels on the Continent:Written for the Use and Particular Information of Travellers*라고 알려져 있다.[126] 이후 존 머리 2세(John Murray Ⅱ)가 1836년 *Hand-Book for Travellers on the Continent*라는 여행안내서를 출판하였다.[127] 이어 유럽에서는 지속적으로 여행안내서가 출판되었다. 근대관광이 일본에도 전파, 발전하면서 일본 내에서도 여행안내서의 출판이 성행하였다. 아라야마 마사히코(荒山正彦)는 일본의 여행안내서는 에도(江戸)시대에 출판된 도주키(道中記)와 메이쇼즈에(名所図会)가 메이지(明治) 시기에도 이어져 출판되었으나 근대화에 따라 새로이 등장한 건축물과 다리 등의 구축물(構築物), 가스등, 철도와 철도역 등의 새로운 명소가 추가되었다. 철도가 등장한 이후에는 도보여행이 중심이었던 도주키와 메이쇼즈에는 철도를 주제로 한 철도여행안내서로 변화하였다고 밝혔다.[128] 특히 제2차 세계대전 이전에 출판된 여행안내서의 상당수가 철도원(鐵道院) 혹은 철도성에서 제작된 것은 철도여객을 증가시키기 위한 정책적 목적을 갖고 있었다고 할 수 있다.[129]

일제는 조선에서는 1880년대 중반 이후 대만에서는 청일전쟁 후, 만주

125 山本光正,「旅行案内書の成立と展開」,『国立歴史民俗博物館研究報告』155, 2010, 112쪽.
126 한지은,「익숙한 관광과 낯선 여행의 길잡이-서구의 여행안내서와 여행(관광)의 변화를 중심으로-」『문화역사지리』31-2, 한국문화역사지리학회, 2019, 46쪽.
127 한지은,「익숙한 관광과 낯선 여행의 길잡이-서구의 여행안내서와 여행(관광)의 변화를 중심으로-」『문화역사지리』31-2, 한국문화역사지리학회, 2019, 47쪽.
128 荒山正彦,『近代日本の旅行案内書図録』, 創元社, 2018, 10~11쪽.
129 岩佐淳一,「旅行とメディア-戦前期旅行ガイドブックのまなざし-」,『学習院女子大学紀要』3, 2001, 19쪽.

에서는 러일전쟁 후에 철도 부설에 관계하기 시작하였고, 관제 철도여행안내서를 출판하기 시작한 1907년 무렵에는 조선, 대만, 만주에 대한 여행안내서를 출판하기 시작하였다.[130] 바로 이 시기인 1906년에 아사히신문사가 조직한 일본 최초의 해외단체여행이라 할 수 있는 만한순유단의 조선과 만주 관광 이후 일본에서는 조선과 만주에 대한 여행과 관광의 관심과수요가 크게 촉발하였다. 또한 1910년대 중반 이후 다야카 카타이(田山花袋)는『東京の近郊』(1916),『一日の行樂』(1918),『京阪一日の行樂』(1923),『東京近郊一日の行樂』(1923) 등을 저술하여 1일, 2일 여행과 근교 여행안내서를 출판하였다.[131] 여기에서 1910년대 중반 이후 일본에서는 근교 여행과 1일이나 2일의 짧은 여행이 유행하였다는 것을 알 수 있다. 이는 곧근교를 운행하는 철도와 자동차의 발달에 기인한 것으로 근대 교통이 발달하면서 비교적 장기간 이루어졌던 여행과 관광이 당일치기 혹은 2일 정도의 단기간 여행이 가능할 정도로 크게 변화하였다는 것을 의미한다.

이러한 변화가 가능하였던 또 다른 이유는 일요일이 공휴일로 정착된것[132]과 1911년 제정되고 1916년 시행된 공장법에서 찾을 수 있을 것이다. 물론 공장법은 만 16세 미만의 아동과 여성의 노동시간을 규제한 것이지만 이들에게 법적 휴일을 부여한 것은 의미가 크다고 할 수 있다. 우리나라에서는 다음과 같이 1895년 각령(閣令) 제7호(第7號)로 각 관청의 집무 시간을 규정하면서 일요일을 휴일로 지정하였다.

---

130 荒山正彦, 앞의 책, 15~16쪽.
131 赤井正二, 『旅行のモダニズム 大正昭和前期の社會文化變動』, ナカニシヤ出版, 2017, 16~17쪽.
132 시가현(滋賀縣)에서는 1877년 4월부터 일요일을 휴일로 정하였다.(『滋賀県管内布達全書』(上), 1877, 178쪽.). 또 梅亭鷲臾(瓜生熊三郎)는 일본에서 근무하는 구미인들이 요구로 휴일을 16번째 날에서 일요일로 변경하였다고 그 유래를 설명하였다.(『大祭日日曜日休假の由來』, 漫遊會, 1899, 23쪽.).

제1조 各 官廳 執務時限은 左와 같이 定함.

穀雨로 小暑 前日까지 午前 9時로부터 午後 3時까지. 小暑로 白露
前日까지 午前 8時로 正午 12時까지. 白露로 穀雨 前日까지 午前
10時로 午後 4時까지.

제2조 左開한 日은 休暇로 함.

開國紀元節 7月 16日, 大君主誕辰 7月 25日, 誓告日 12月 2日 除夕
前日부터 正朝 3日까지.

제3조 小暑로 白露까지는 職務上에 無妨한 則 所屬長官은 其 僚屬에
休暇를 與함을 得함

제4조 日曜日은 全日休暇를 作하고 土曜日은 正午 12時로부터 休暇
를 作함.

제5조 地方의 景狀과 又官衙事務의 情形으로 已하기 得한 境遇이 有
한 則 主部大臣은 閣議를 經하여 右時間을 改定하는 事를 得함

제6조 事務繁劇 한 境遇에는 上官의 指揮를 遵하여 休暇日 或 夜中
을 拘지 안하고 職務를 執함이 可함[133]

그리고 일제의 조선 강점 이후인 1912년 11월 조선총독부 고시 제84
호로 일요일, 1월 1일, 12월 31일과 축·제일이 휴가로 지정되어[134] 일요일
은 휴일이었으나 해방될 때까지 공장법은 시행되지 않았다. 어쨌든 1917년
일요일과 슈키고레이사이(秋季皇靈祭)[135]가 이어져 2일의 연휴가 있었을
때 『매일신보』는 뚝섬 모범장, 경원선과 경의선 연변의 밤줍기 등의 근교
여행, 경복궁박물관, 이왕직박물관, 장충단의 서북학생운동회, 훈련원의
'베-쓰볼' 등의 관람 등을 권하였다.[136] 그리고 〈그림 2-17〉의 경성관광협
회에서 발행한 리플렛에는 경성의 근교의 관광지로 청량리(제국대학 예과,
임업시험장, 농업학교 등), 세검정, 금곡릉, 한강, 인천(청일전쟁과 러일전

133 「閣令 第7號」, 『舊韓國官報』 第62號, 開國 504年(1895) 閏5月 12日.
134 「朝鮮總督府 告示 第84號」, 『朝鮮總督府官報』 第86號, 1912년 11월 12일.
135 일제 강점하에서는 춘계황령제(춘분)와 추계황령제(추분)가 휴일로 지정되었다.
매년 추분에 고레이덴(皇靈殿·황령전)에서 역대 천황(天皇), 황후(皇后), 황친(皇
親) 등의 영혼을 모시는 제의(祭儀)를 말한다.
136 「日休의 日二連 何處에? 이틀 휴가를 어디가 놀까」, 『매일신보』, 1917년 9월 23일.

쟁, 월미도), 개성, 수원, 벽제관(임진왜란), 이왕직박물관, 총독부박물관, 상공장려관 등을 들고 있다. 이는 일본의 근교 여행과 맥을 같이 하는 것이라 할 수 있다. 그런데 경성관광협회가 1933년 5월 9일 창립[137]되었으므로 이 리플렛은 1933년 이후에 발행된 것이다. 따라서 앞의 경성 근교의 관광지는 1933년 이후에 근교 관광을 장려하면서 소개된 것으로 보아야 한다고 생각된다.

〈그림 2-17〉 경성관광안내도

---

137 「府尹を會長に 京城觀光協會」, 『朝鮮新聞』, 1933년 5월 11일. 경성관광협회의 임원은 다음과 같다.
회장 井上淸 부회장 賀田直治, 韓相龍 상무이사 李源甫 이사 伊藤正愨, 茅野留藏, 尹致昊, 張憲植, 新田留次郞, 趙性根, 保坂久松, 大和田福德, 朴興植, 加常常美, 朴榮喆, 田淵勳, 朴承稷, 中江準五郞, 戶島祐次郞, 武者鍊三, 矢鍋永三郞, 進辰馬, 山澤和三郞, 平井熊三郞, 山本正三, 平田一平, 松原純一, 関大植, 元惠常, 松井房治郞, 小林源六, 森悟一, 淺川眞砂, 芮宗錫, 佐藤作郞 감사 肥塚正太, 田川常次郞 고문 牛島省三, 吉田浩, 林繁藏, 菊山嘉男, 渡邊忍, 松本誠, 穗積眞六郞, 篠田治策, 笠井健太郞, 山田三良, 林茂樹, 加藤敬三郞, 池田淸, 有賀光豊, 山本犀藏, 朴泳孝(「京城觀光協會の創立」, 京城府 編, 『京城彙報』 140, 1933년 5월, 40쪽).

다만 여기에서 주의할 것은『매일신보』의 이와 같은 권유가 실제 조선인의 삶과 직결되는 것인가의 문제이다. 여행과 관광이 산업화, 대중화하려면 중간계급이 성장해야 하는데 식민지 조선에서 중간계급이 어느 정도로 성장하였는가는 의문이기 때문이다. 중간계급이란 전통시대의 신분제적 중간층을 의미하는 것이 아니라 자본주의적 존재를 의미한다. 일본에서는 도시의 관리·군인·교육 관계자 등이 주체가 되며 자본주의가 성장함에 따라 일반기업 회사원이 다수를 점하게 되었다고 한다.[138] 이러한 중간계급이 식민지 조선에서 언제 성장했는가를 확인하기는 쉽지 않으나 최소한 식민지 수도인 경성에서는 이들의 활동을 일찍부터 볼 수 있었다. 특히 1910년 12월 말 현재 경성에 거주하는 일본인은 34,468명인데,[139] 이를 1911년 6월 말 현재 직업별로 보면 관리 2,134명, 코리(公吏, 관리) 25명, 고원 1,269명, 교원 182명, 회사원 739명, 신문잡지기자 63명, 군인군속 58명, 변호사 및 소송대리인 19명, 의사 81명, 상점원 1,478명, 간호부 175명, 소사·급사 294명, 전답 경작 337명, 다이구(大工, 목수 혹은 건축기술자) 961명, 인력거부 158명, 과자상 325명, 잡업 456명 등이다.[140] 특히 전답 경작자는 조선 거주 일본인 농민은 그 수가 소수였지만 "적은 농민 중에서도 실제로 경작하는 사람은 지극히 적었"[141]으므로 지주였을 것이라 판단할 수 있다. 이렇게 보면 하녀, 소사·급사, 인력거부 등을 제외한 경성 거주 일본인들은 대부분 중간계급 정도의 위치에 있었다고 할 수 있다. 그리고 민족별 경성 상주 거주자를 나타낸 〈표 2-17〉에서 볼 수 있듯이 경성 거주 일본인의 수는 1920년까지 꾸준히 증가하였다.

---

138 赤井正二, 『旅行のモダニズム 大正昭和前期の社会文化変動』, ナカニシヤ出版, 2017, 22쪽.
139 京城居留民團役所 編, 『京城發達史』, 1912, 423쪽.
140 京城居留民團役所 編, 『京城發達史』, 1912, 430~435쪽.
141 高崎宗司, 『植民地朝鮮の日本人』, 岩波新書2003, 122쪽.

<표 2-17> 일제 강점 초기 경성부의 상주인구 추세(1914~1920)[142]

	1914	1915	1916	1917	1918	1919	1920
조선인	187,716	176,026	183,866	184,502	182,207	178,907	181,829
일본인	59,075	62,914	67,030	66,565	66,943	67,665	65,617
외국인	2,009	2,145	2,172	2,087	1,792	2,052	2,762
합계	248,800	241,085	253,068	253,154	250,942	248,624	250,208

특히 1925년 조선총독부 촉탁으로 있던 일본인은 84명, 조선인은 10명
인데 일본인의 총연봉 합계는 59,484원, 조선인은 6,048원이었다.[143] 이
를 개인당 월봉으로 계산하면 일본인은 약 59원, 조선인은 약 50원이므로
민족적 차별이 있었다. 참고로 1916년 조선인 車夫 임금 1원 20전, 練瓦
職(벽돌공-인용자) 98전, 泥匠(미장이-인용자) 84전, 표구사 83전, 목수 80전, 井戶堀
(우물 파는 사람-인용자) 74~75전, 인부 45~46전[144]이었다. 인부를 제외하면 전문
적인 기술을 가진 숙련공이라 할 수 있어 일당이 인부보다 높았음에도 불
구하고 이들과 비교해도 조선총독부 촉탁은 고소득자에 해당하였음을 알
수 있다. 바로 이러한 계층이 식민지 조선의 중간계급으로서 성장하고 있
었던 것이며, 일본과 마찬가지로 이들이 여행과 관광의 소비층으로 대두하
였던 것이라 할 수 있다.

한편 1905년 을사늑약이 체결되고 1906년 통감부가 설치되면서 대한
제국은 실질적으로 일제의 식민통치를 받게 되었다. 이에 따라 1905년과
1906년에 각각 개통된 경부선과 경의선 역시 통감부 철도관리국 관할 하에
들어갔고, 이 통감부 철도관리국이 공공기관에서 발행한 우리나라 최초의

---

142 이준식, 「일제강점기 경성부의 공간구조 변화와 인구변동」, 『향토서울』 69, 서울
    역사편찬원, 2007, 310쪽, <표 2>. 1914년과 1919년의 합계는 오류이므로 바
    로잡음.
143 『大正14年 朝鮮總督府統計年報』, 1927, 723쪽.
144 「각지노동임금」, 『매일신보』, 1916년 7월 18일.

근대적 여행안내서라 할 수 있는 『한국철도선로안내(韓國鐵道線路案內)』를 1908년에 발간하였던 것이다. 이후 일제의 조선 강점 이후 조선총독부 철도국은 다수의 여행안내서를 발간하였다. 〈표 2-18〉은 통감부시기를 포함하여 일제 강점기 조선총독부와 조선총독부 철도국이 발간한 여행안내서를 정리한 것이다.

〈표 2-18〉 조선총독부 철도국이 발간한 여행안내서

번호	제목	발행연도	쪽수
1	韓國鐵道線路案內	1908	233
2	朝鮮鐵道線路案內	1911	242
3	朝鮮鐵道線路案內	1912	66
4	湖南線線路案內	1914	64
5	京元線寫眞帖	1914	39
6	京元線鐵道案內	1914	109
7	朝鮮鐵道旅行案內 附金剛山遊覽の栞	1915	297
8	金剛山遊覽の栞	1915	32
9	朝鮮金剛山探勝案內	1919	
10	朝鮮鐵道旅行案內	1921	
11	金剛山眞景繪圖	1923	
12	朝鮮金剛山案內	1927	
13	金剛山探勝案內	1928	
14	(萬二千衆峰)朝鮮金剛山	1929	
15	朝鮮旅行案內記	1929	275
16	京城:開城 仁川 水原	1929	73
17	釜山:大邱 慶州 馬山 鎭海	1929	
18	朝鮮之風光	1933	19
19	朝鮮旅行案內記	1934	640
20	半島の近影	1936	73
21	(釜山鴨綠江間)寫眞帖	불명	93
22	朝鮮旅行案內 鐵道線路略圖	불명	
23	金剛山探勝	불명	

〈그림 2-18〉
『한국철도선로안내』

〈표 2-18〉의 『한국철도선로안내』
는 통감부 철도관리국에서 발행한 것
이나 통감부 철도관리국이 조선총독
부 철도국의 전신이므로 함께 서술하였
다. 발행 시기를 보면 『한국철도선로안
내』(1908)를 포함한 1910년대가 8종,
1920년대가 8종, 1930년대가 3종이며
발행 시기가 불명확한 것이 3종이 있
다. 그리고 이 중 사진첩은 『경원선사
진첩』(1914), 『조선지풍광』(1933), 『半
島の近影』(1936), 『(釜山鴨綠江間)寫
眞帖』이 있다. 이외에도 민간 출판사나
사진관에서 여행안내서나 사진첩을 다수 발간하였으며, 조선총독부 철도
국과 민간에서 리플렛도 많이 찍어내었으나 그 수를 추정하기는 어렵다.

〈표 2-18〉의 여행안내서는 철도 노선을 중심으로 편찬한 것과 관광지
를 중심으로 편찬한 것으로 나눌 수 있다. 철도 노선을 중심으로 편찬한 것
은 경부선과 경의선, 경원선 등 간선철도를 중심으로 하였으며 지선이나 사
철 등에 대해서는 취급하지 않거나 간단하게 취급하였다. 그리고 서술 과정
에서 다수의 사진을 소개하고 있다는 공통점이 있다. 관광지를 중심으로 편
찬한 것은 주로 경성을 중심으로 한 여행안내서로서 개성, 인천, 수원 등을
함께 취급하였으며, 부산을 중심으로 한 것은 대구, 경주, 마산, 진해 등 경
상남북도의 유명 관광지를 함께 취급하였다. 그리고 금강산 관광을 위한 여
행안내서가 7종이 발간되었음을 알 수 있다. 경원선을 중심으로 한 여행안
내서 2종까지 포함하면 모두 9종이나 된다. 『조선철도여행안내』(1915)에는
「金剛山遊覽の栞」가 부록으로 첨부되었고, 1919년에는 『조선금강산탐승안

내』가 최초의 금강산 여행안내서로 발간되었다. 이후 1921년 『조선철도여행안내』가 남만주철도주식회사 경성철도국에서 발간되었다. 이 책은 『조선철도여행안내』(1915)의 편제를 바탕으로 편성한 것으로 보인다.

이처럼 조선총독부철도국에서 여행안내서를 꾸준히 출판한 것은 철도 이용자의 수를 늘려 영업 수익을 증대시키겠다는 의도를 나타낸 것이다. 이는 여행안내서의 출판이 단순히 여행정보를 제공하는 것에 머무는 것이 아니라 철도의 수익 창출과 직결되었다는 것을 의미한다. 더욱이 철도나 전철이 새로 개통했을 때 그 철도나 전철 연선의 명소나 관광지를 소개하여 새로운 관광지를 창출하는 기능도 하였다. 이는 식민지 조선의 경우에도 마찬가지였다. 새로운 철도가 개통되면 철도 연선의 명소와 관광지가 새로이 소개되고 있는 것이다. 이를 〈표 2-19〉의 『한국철도선로안내』(1908)와 『조선철도여행안내』(1915)의 목차 비교를 통해서 확인할 수 있다.

〈표 2-19〉 『한국철도선로안내』(1908)와 『조선철도여행안내』(1915)의 목차 비교

『한국철도선로안내』(1908)		『조선철도여행안내』(1915)	
경부선의 부	부산역, 초량역, 부산진역, 구포역, 물금역, 원동역, 삼랑진역, 밀양역, 유천역, 청도역, 경산역, 대구역, 신동역, 왜관역, 약목역, 금오산역, 김천역, 추풍령역, 황간역, 영동역, 심천역, 이원역, 옥천역, 증약역, 대전역, 신탄진역, 부강역, 조치원역, 전의역, 소정리역, 천안역, 성환역, 평택역, 서정리역, 진위역, 오산역, 병점역, 수원역, 군포장역, 안양역, 시흥역, 영등포역, 노량진역, 용산역, 남대문역, 서대문역, 오류동역, 소사역, 부평역, 축현역, 인천역, 낙동강역, 진영역, 창원역, 마산역	경부본선	부산역, 초량역, 부산진역, 구포역, 물금역, 원동역, 삼랑진역, 밀양역, 유천역, 청도역, 경산역, 대구역, 신동역, 왜관역, 약목역, 금오산역, 김천역, 추풍령역, 황간역, 영동역, 심천역, 이원역, 옥천역, 대전역, 신탄진역, 부강역, 조치원역, 전의역, 소정리역, 천안역, 성환역, 평택역, 서정리역, 오산역, 병점역, 수원역, 군포장역, 안양역, 시흥역, 영등포역, 노량진역, 용신역, 남대문역, 서대문역
		마산선	낙동강역, 진영역, 창원역, 구마산역, 마산역
		경인선	오류동역, 소사역, 부평역, 주안역, 축현역, 인천역

『한국철도선로안내』(1908)		『조선철도여행안내』(1915)	
경의선의 부	수색역, 일산역, 문산역, 임진강역, 장단역, 개성역, 토성역, 계정역, 금성역, 간포역, 남천역, 물개역, 신막역, 서흥역, 흥수역, 청계역, 마동역, 사리원역, 심촌역, 황주역, 겸이포역, 흑교역, 중화역, 역포역, 평양역, 서포역, 순안역, 어파역, 숙천역, 만성역, 신안주역, 영미역, 운전역, 고읍역, 정주역, 곽산역, 노하역, 선천역, 동림역, 차연관역, 남시역, 양책역, 비현역, 백마역, 석하역, 신의주역	경의본선	수색역, 일산역, 금촌역, 문산역, 장단역, 개성역, 토성역, 계정역, 금교역, 간포역, 남천역, 물개역, 신막역, 서흥역, 흥수역, 청계역, 마동역, 사리원역, 심촌역, 황주역, 흑교역, 중화역, 역포역, 평양역, 서포역, 순안역, 어파역, 숙천역, 만성역, 신안주역, 맹중리역, 영미역, 운전역, 고읍역, 정주역, 노하역, 선천역, 동림역, 차연관역, 남시역, 양책역, 비현역, 백마역, 석하역, 신의주역
		겸이포선	겸이포역
		평남선	대평역, 기양역, 진지동역, 진남포역
		호남선	가수원역, 두계역, 연산역, 논산역, 강경역, 함열역, 황등역, 이리역
		군산선	지경역, 군산역, 부용역, 김제역, 태인역, 정읍역, 사가리역, 신흥리역, 장성역, 임곡역, 송정리역, 나주역, 영산포역, 고막원역, 학교역, 몽탄역, 삼향역, 임성리역, 목포역
		경원선	왕십리역, 청량리역, 창동역, 의정부역, 덕정역, 동두천역, 전곡역, 연천역, 대광리역, 철원역, 월정리역, 복계역, 검불랑역, 세포역, 삼방역, 고산역, 용지원역, 석왕사역, 남산역, 안변역, 갈마역, 원산역
		함경선	덕원역, 문평역, 문천역, 전탄역, 고원역, 영흥역

〈표 2-19〉에서 확인할 수 있는 것은 『한국철도선로안내』는 경부선의 부와 경의선의 부로 구분하였으나 경부선의 부에는 경인선과 마산선이 함께 소개되어 있는 것을 확인할 수 있다. 그리고 『조선철도여행안내』(1915)에는 1905년 군용철도로 개통된 겸이포선이 추가되고, 경인선과 마산선이 경부선의 부에서 분리되었으며, 1910년 개통된 평남선, 1912년에 개통된 군산선, 1914년에 개통된 경원선과 호남선, 1928년 완공되었으나 1915년에 일부 개통되었던 함경선 등이 추가로 소개되었다. 이처럼 여행안내서는 새로운 철도가 건설, 개통될 때마다 그 철도 연선의 명소나 관광지를 소개

하여 새로운 관광지를 창출하는 기능
도 수행하였다. 예를 들면『한국철도
선로안내』(1908)에는 경부선의 증약역
과 진위역이 폐지되어『조선철도여행
안내』(1915)에는 보이지 않으며,『조
선철도여행안내』(1915)에는『한국철도
선로안내』(1908)에는 보이지 않는 마
산선의 구마산역, 경인선의 주안역, 경
의선의 금촌역과 맹중리역이 소개되어
이 역들이 1908년 이후 새로 설치되었
음을 알 수 있다. 금촌역의 관광지로는
검단사(黔丹寺), 맹중리역은 신안주대
창발전소(新安州大倉發電所)가 소개되
어 있다.

〈그림 2-19〉『조선철도여행안내』표지

　　그런데『조선철도여행안내』(1915)의 개정판인 1924년판은 기존의 조
선철도여행안내를 개정한 내용을 소개하였을 뿐만 아니라 부록으로 금강
산 탐승안내를 수록하였다. 조선철도여행안내는 조선선의 개요, 경부본
선, 마산선, 경인선, 경의본선, 겸이포선, 평양탄광선, 평남선, 호남선, 군
산지선, 경원선, 함경선 등 각 선로의 역을 중심으로 지역의 특징을 서술
하고 관련 사진을 수록하였다. 금강산탐승안내는 개설, 금강산의 통로, 탐
승 순서, 탐승 준비 및 車馬, 탐승할인승차선권, 내금강의 제승지(諸勝地),
외금강의 제승(諸勝)으로 구성되었고, 별지에 금강산지도와 각종의 금강
산 사진이 첨부되었다. 이 구성은『조선철도여행안내』(1915)의 구성을 바
탕으로 관련 내용을 서술한 것으로 보인다.

　　1923년에는 남만주철도주식회사 경성관리국에서『금강산진경회도(金

剛山眞景繪圖)』라는 조감도를 발행하였다. 그리고 1927년부터 1929년까지는 매년 금강산 여행안내서가 발간되었음을 확인할 수 있어 조선총독부철도국이 금강산을 관광지로 개발하고 선전하기 위해 노력하였음을 알 수 있다. 이렇게 보면 금강산 여행안내서는 1914년과 1915년에 만들어지기 시작하여 1919년에 '금강산'을 제목으로 단 여행안내서가 최초로 출간되었음을 알 수 있다. 1914년과 1915년에 간략하게라도 금강산 여행안내서가 출간된 배경에는 1915년 조선물산공진회의 개최를 기해 이를 관람하기 위해 경성으로 오는 관광자들에게 금강산 관광을 권유하기 위한 것이었다.

한편 1923년에는 김영철(金英喆), 양재기(梁在機)가 경성여행안내사를 설립하여 월간 『여행안내』라는 잡지를 한글로 발행하였다.[145] 이 잡지는 경성여행안내사·열차 내·정거장·각 여관, 서점 등지에서 판매하였다.[146] 한글판 여행안내서의 발행은 1922년 조선총독부에 의해 결정된 것으로 보인다.

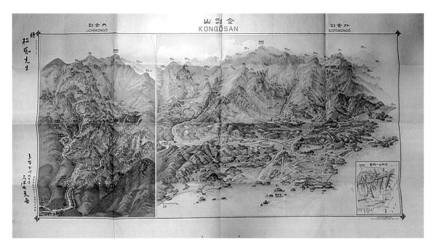

〈그림 2-20〉 금강산진경회도(金剛山眞景繪圖)(1923)

---

145 「조선문 『여행안내』」, 『매일신보』, 1923년 3월 25일; 「신간안내」, 『매일신보』, 1923년 10월 12일.
146 「신간안내」, 『매일신보』, 1923년 10월 12일.

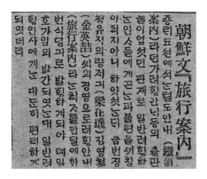

〈그림 2-21〉 한글판 잡지 『여행안내』 창간 기사

1922년 『매일신보』의 다음 기사에서 이를 확인할 수 있다.

근래 외국인의 내왕 등에 자극되어 □성적은 매우 좋은 바 한 거름 조선선에 오면 차 안의 불질서함과 열차도덕의 진보 안된 일에 놀라 하는 소리는 조선여행자로부터 항상 듣는 바 (중략) 내년도부터는 승객에 대하여서는 기차도덕을 선전하기로 되는 동시에 첫째로 ①차량 양측에 창 아래에 기차 표빗과 마찬가지의 색선을 넣기로 되었으며 또 ②조선인에 대하여는 보통학교 교과서 중에도 기차에 관한 승객의 주의 조건을 게재할 것을 작년래로 총독부 학무국에 청원 중이었는데 아주 인가가 되면 이 위에 더 좋은 방책이 없겠다 하며 또 ③정월부터는 조선인 소용의 여행안내서를 발행하여 대대적 선전을 하고 ④각 역 안에 언문으로 열차 안의 도덕요항을 게시하는 등 종래 비난의 과녁이 되던 점을 철저적으로 개량하기로 결정하고 기차도덕의 교과서 편입과 언문 여행안내서의 편찬에 급히 준비 중이라더라.[147](밑줄은 인용자)

위의 인용문 밑줄 친 것에서 확인할 수 있듯이 조선총독부는 1923년을 기해 주로 조선인을 대상으로 기차도덕의 개선을 위한 네 가지 대책을 마련하였다. 이 대책은 ①과 같은 제도적인 개선과 함께 ②~④와 같은 기차

---

147 「기차 승객의 도덕요항을 교과서에 편입 결정 조선인 소용 여행안내서도 발행하여 대대적으로 선전」, 『매일신보』, 1922년 12월 14일.

도덕에 대한 조선인의 인식을 개선하기 위한 것이었다. 여기에서 주목되는 것은 ①, ③, ④는 당장 실시할 수 있는 것이었으나 ②의 교과서에 기차도덕에 대한 내용을 수록하는 것은 조선총독부 학무국과의 협의가 필요함은 물론 보통학교 학생을 대상으로 하는 것인 만큼 장기적으로 기차도덕 개선을 위한 활동을 꾸준히 전개한다는 계획이었음을 알 수 있다.

이와 같은 계획이 실행되었는가는 확인되지 않으나 이러한 계획이 필요할 만큼 조선인의 철도 이용과 여행자가 증가하였음을 보여주는 것은 명확하다고 할 수 있다. 이때 도덕요항이 어떠한 내용인지는 확인할 수 없으나 1924년 경기도 보안과와 경성전기회사가 제정한 다음의 전차도덕 표어와 크게 다르지 않을 것이라 생각한다.

1. 출입구를 막지 않을 것
2. 좌석을 여분을 두지 않도록 비스듬히 죄어앉을 것
3. 노인, 어린이, 여성에게는 자리를 양보할 것
4. 차내의 청결에 주의하고 물건을 잃어버리지 않도록 할 것
5. 뛰어 타거나 내리지 않도록 할 것
6. 갈아타는 일이 적은 길을 선택하여 되도록 직통차를 이용할 것
7. 차장의 말을 무시하지 말고 배려하며 운전수에게 말을 걸지 말 것
8. 남을 필요 없는 준비를 하고 표나 승환권은 말거나 더럽히지 말고 펼친 채로 낼 것[148]

그리고 부산경찰서에서는 『전차도덕가(電車道德の歌)』라는 팸플릿을 만들어 배포하였는데 이 팸플릿은 일본어와 한글 가사가 병기되어 있었다. 〈표 2-20〉과 같이 전체 9개 항목이며 각 항목은 4구절로 이루어졌다.[149]

---

148 「運轉手に物言ふな 老人や小供には譲れ 電車道德の標語をポスターにして揭示」, 『京城日報』, 1924년 8월 7일.
149 김동철, 「근대 부산의 교통발달과 기록-기차와 전차를 중심으로-」, 『한국기록관리학회지』11-1, 한국기록관리학회, 2011, 268쪽.

<표 2-20> 『전차도덕가(電車道德の歌)』(한글 부분 발췌 정리)[150]

1	안전한 곳에서 기다려	하차한 사람이 마친 후에	승차 때 남을 밀지 말며	순서를 지킵시다
2	서로서로 생각하여서	운전수에게 말하지 말며	차장의 말을 잘 들어서	운전대에 서지 않도록
3	출입구를 막지 말고	차례대로 안으로 들어 갑시다	좌석을 넓게 차지하지 말며	옆으로 앉기와 다리를 동게지 말며
4	차표는 각각 손에 들어서	하차 전에 준비하시오	부인도 동작을 민첩히 하며	동행한 아이를 조심하시오
5	노인, 어린이, 부인에게는	서로 좌석을 양보하며	특히 장애인에게나	외국인에게는 친절히
6	거스름돈이 필요없도록 주의하여	차표는 승차 동시에 지급하며	(차표를) 말거나 훼손하지 말도록 소중히	(차표를) 펴진 모양으로 주십시오
7	부푸른 물건을 가지지 말며	냄새나는 물품을 휴대하지 말며	짐은 반드시 무릎 위에	침을 뱉지 마시오. 차내에
8	고성방가를 삼가하며	차내 품위를 준수합시다	타인이 싫어하지 않도록	청결하고 조용히 하며
9	창으로 손이나 머리를 내밀지 말며	뛰어 타거나 내리지 마시오	선로 회단을 조심하시오	위험을 범하지 마시오 부상당하지 않도록

※출전: 부산경찰서, 『電車道德の歌』

〈그림 2-??〉 부산관광협회가 발행한 부산관광리플렛(1939)

　이 『전차도덕가』가 언제 만들어졌는지는 확인할 수 없으나 1924년 경기도 보안과와 경성전기회사가 제정한 표어를 보다 자세하게 나타낸 것으

---

150 김동철, 앞의 논문, 269쪽, 〈표 7〉.

로 보이며, 그 내용은 대동소이하다. 조선총독부가 어떠한 목적으로 '전차 도덕'을 강조했는가는 표어나 노래의 내용에서 유추할 수 있다. 조선총독 부는 근대문물인 전차를 이용하는 고객이 갖춰야 할 규율을 제정하여 이 를 전차 이용객에게 강제하였던 것이다. 즉 규율의 제정자인 조선총독부가 '근대' 혹은 '문명과 야만'이라는 틀로 우회하여 식민지 조선에 대한 지배의 효율성을 제고하려 하였던 것이라 할 수 있다.

그런데 기차도덕에 대한 내용이 교과서에 수록되는 것은 1928년 8월 13일 "철도국에서는 초등교과서의 개정을 기하여 철도에 관계되는 문장을 풍부히 넣어서 철도지식을 유년시대로부터 철저히 하려는 의향이라 한 다."[151]는 기사에서도 알 수 있듯이 1929년 무렵이 되어서야 교과서 서술 에 반영되는 것으로 생각된다. 실제 조선총독부 철도국에서 한글판 여행안 내서가 발행되었는지는 확인되지 않으나 조선인 철도 이용자 중에는 여행 혹은 관광을 목적으로 한 사람들도 많았기 때문에 한글판 여행안내서의 출 판도 검토한 것으로 보인다. 이러한 분위기에서 앞에서 본 바와 같이 한글 여행잡지인 『여행안내』가 발행될 수 있었던 것이다.

다음으로 우리나라 최초의 근대적 여행안내서라 할 수 있는 『한국철도 선로안내』가 편찬·발간돼 경위를 다음의 서문에서 알 수 있다.

> 이 안내서는 공무의 餘暇掛員이 편찬한 것으로 재료는 종래의 안내 서 또는 각 역장의 보고에 따른 것으로 원래 한국에는 각지의 戶數, 人 口 또는 沿革 등에 대해 확실한 재료를 얻기 곤란하였을 뿐만 아니라 일정한 기간까지 완성해야 할 필요상 단시일리에 원고를 끝내야 했기 때문에 다소 杜撰의 嫌이 없지 않다. 이러한 것들은 다른 날 적당하게 訂補하여 완성하고자 한다. 다행히 이를 양해받아 깨달은 바는 가능한 한 주의를 주길 바란다.

---

151 「교과서에 철도지식 철저히 보급」, 『매일신보』, 1928년 8월 13일.

이 서문에서도 알 수 있듯이 이 책은 통감부 여가계원이 기존의 여행안내서와 각 역장의 보고를 기초로 편찬하였음을 알 수 있다. 이 책은 조선총독부가 설치된 이후인 1911년 4월『조선철도선로안내』라 개제되었는데, 다음의 서문 내용을 보아 그 서술 내용이 다소 수정된 것으로 보인다.

> 이 안내서는 공무의 餘暇掛員이 편찬한 것으로 말할 것도 없이 완벽하다고는 할 수 없으나 여행상 다소의 편의를 제공할 수 있다. 그럼에도 원래 조선에서는 확실한 재료를 얻기 곤란하므로 각지의 인구, 호수 등 힘써 정확을 기한다 하더라도 만에 하나 과오가 없다고 보장하기 어려워 세상이 널리 알고 있는 가르침을 기다려 과오를 고치고 不備를 보완하여 점차 이의 완성을 기하고자 한다. 원하건대 다행히 작은 뜻을 양해받아 가르침에 인색하지 않음을 얻으니 천만다행이다.

1908년판과 1911년판 서문의 차이점은 1908년판이 '종래의 안내서 또는 각 역장의 보고'에 따라 편찬한 것임을 밝힌 것에 비해 1911년판에서는 그와 같은 언급없이 1908년판과 마찬가지로 편찬을 위한 재료의 수집이

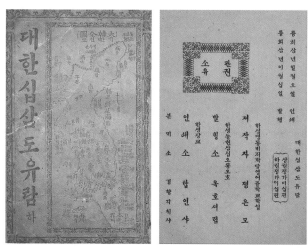

〈그림 2-23〉『대한십삼도유람』(하)(옥호서림, 1909)의 표지와 판권지

어려웠다는 점을 강조하였을 뿐이다. 여기에서 알 수 있는 것은 1908년판의 발간 이전에도 여행안내서가 존재하였다는 것이다. 그런데 '종래의 여행안내서'의 저자와 출판지, 발행언어 등에 관해서는 언급이 없어 구체적인 서지사항을 알 수는 없다.

한편 필자가 현재까지 확인한 바로는 최초의 한글판 여행안내서는 1909년 2월 배재학당 영어중학교 학생 정은모가 옥호서림에서 발행한 『대한십삼도유람』이다. 이 책은 상하 2권으로 발행되었다.

저자 정은모는 이 책의 서문을 다음과 같이 썼다.

> 대한십삼도유람셔
>
> 아름답도다. 이 칙 한권만 들고보면 우리나라 십삼도 금슈강산이 안하에 라렬ᄒ얏스니 이 칙의 밝음이여 천리경과 만리경보다 더 밝도다. 옛적에는 어느 나라 사람이던지 세상에 나서 자긔가 태싱한 동 리 산천이 엇더한지 자긔가 샤는 고을 토대가 엇더한지, 자긔 나라 륙디와 바다가 엇더한지 모로고 살앗시되 지금 세상 사람들은 화륜거와 화륜선을 타고 탱자와 갓치 둥근 짜덩이 위에 잇는 만국을 통해 단이며 유람ᄒ는 세상인디 우리 대한국 사람은 우리나라 산수도 유람치 못ᄒ 사람이 허다ᄒ니 개명치못한 나라사람이라 ᄒ는 지목을 엇지 면ᄒ리오.
>
> 광무 삼년에 학부에셔 대한디지를 편집ᄒ야 전국 학교에 교과셔로 졍ᄒ얏스나 한문 글자를 셕근고로 전국의 단문한 남녀동포가 고루 볼 수 업스니 학문이 속히 발달되기를 바라난 마음에 스스로 씨닷는 마음이 잇는고로 나의 나히 십팔셰라. 셔칙을 편집홀 학력이 업스나 니가 나의 고루함을 잇고 감히 대한십삼도유람 상하권을 역집ᄒ노니 바라건디 우리나라 형뎨자매난 장리에 히외 만국에도 치빙ᄒ야 유람ᄒ시랴니와 먼져 이 칙 두권을 보시면 우리나라 명산대쳔과 도회승디를 침상에 누어서 유람ᄒ실 터이오 일후에 이 칙에 대한디지 교과셔가 될 줄로 예언ᄒ느이다.
>
> 륭희 삼년 일월 일일 저자 정은모셔[152]

---

152 정은모, 「대한십삼도유람셔」, 『대한십삼도유람』(상), 옥호서림, 1909.

서문에서 저자 정은모의 나이가 18세이며, 이 책은 기차와 기선을 통해 자유롭게 여행을 다니는 세상이 되었음에도 불구하고 우리나라 사람들은 그렇지 못해 개명하지 못한 나라 사람이라는 지목을 받으므로 이를 면하기 위해 순한글로 이 책을 편찬하였다는 것이다. 그리고 나아가 이 책을 읽으면 책을 통해서라도 우리나라를 유람할 수 있으며, 향후 대한지지 교과서가 될 것이라는 것이다. 결국 이 책은 우리나라 유람의 안내서이자 인문지리서로서 저술되었다는 것을 알 수 있다. 그리고 여행의 목적 가운데는 '개명'도 있음을 확인할 수 있다. 정은모의 이와 같은 포부는 당대에 유행하던 철도가의 영향을 크게 받은 것으로 보인다. 최남선은 '경부텰도노래(京釜鐵道歌)'의 저술 목적을 다음과 같이 말하였다.

> 이 노래는 학도 모다를 쓰고 담바귀를 불느고 택보다를 씨고 흥씌여
> 라를 노래하난 아래들노 하여곰 시맛(詩趣)과 다미를 맛보게 하고 아울
> 너 우리나라 남반편(南半區)의 디리ㅅ디식(地理的 知識)을 두기 위하여
> 디은 것이라. [153]

최남선은 이 글의 말미에 "삼가 이 노래를 어린 학생 여러분에게 드립옵내다."[154]고 하여 이 글의 주된 대상이 '어린 학생'이라는 점을 명확히 하였다. 그리하여 이 글의 주된 독자층으로 설정된 '어린 학생' 정은모는 이 글을 읽었을 가능성이 높다고 할 수 있다. 혹 정은모가 이 글을 읽지 않았다 하더라도 당대에는 『경부텰도노래(京釜鐵道歌)』와 같은 철도창가가 유행하였으므로 정은모는 이러한 시대사조에 영향을 받았던 것은 분명하다

153 公六, 「뎐례말」, 『경부텰도노래(京釜鐵道歌)』, 新文舘, 1908.
154 위의 책, 34쪽.

할 수 있다.[155] 더욱이 『경부텰도노래(京釜鐵道歌)』는 남대문역에서 부산역에 이르는 각 역을 열거하면서 역 주변의 명승지를 소개하고 있다는 점에서 여행안내서로서의 성격도 갖고 있다고 할 수 있다.

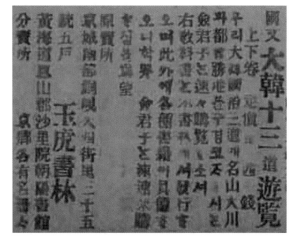

〈그림 2-24〉 『대한십삼도유람』의 광고
(『대한매일신보』 1909년 3월 16일(좌), 『대한매일신보』(국한문판) 1909년 3월 17일(우))

이러한 서문의 내용을 보다 간결하게 확인할 수 있는 것은 〈그림 2-24〉의 광고 카피, 즉 "우리 대한국 산천경개를 구경코자 하시는 형제자매는 이 책 한 질을 보시면 십삼도 금수강산을 역력히 구경하시리이다."[156]와 "우리 大韓國拾三道에 名山大川과 都會勝地를 구경코ᄌ ᄒ시ᄂᆞᆫ 僉君子ᄂᆞᆫ 速速購覽ᄒ오셔. 右敎科書ᄂᆞᆫ 本書林에셔 發行ᄒ오며 此外에 各種書籍

---

155 철도창가에 대해서는 다음의 연구를 참조 바람.
　　구인모, 「일본의 식민지 철도여행과 창가-『만한철도창가』(1910)를 중심으로-」, 『정신문화연구』 116, 한국학중앙연구원, 2009; 최현식, 「조선 철도창가의 기억과 향유를 위하여-6편의 철도창가 소개와 개관-」, 『현대문학의 연구』 57, 한국문학연구학회, 2015.
156 「광고」, 『대한매일신보』, 1909년 3월 16일.

이 具備ᄒ오니 학계 僉君子는 速速來購ᄒ심을 爲望"[157]이라는 『대한매일신보』의 광고이다. 이 광고를 통해 이 책의 출판사인 옥호서림은 이 책의 성격을 여행안내서로 규정하고 있었다는 것을 명확히 보여주고 있다.

『대한십삼도유람』의 목차는 다음과 같다.

〈표 2-21〉『대한십삼도유람』의 목차

상권	하권
목차셔 제일편 대한뎨국의 강산 총론 제일. 위치와 폭원과 ○안 제이. 디셰와 디질과 강류 제삼. 긔후와 물산 뎨사. 인정과 풍속 뎨오. 죵교와 연혁 뎨육. 졍톄와 구역 뎨이편 경긔도 유람 수부는 수원 일부 삼십륙군 뎨일. 위치경계와 디셰와 연혁 뎨이. 산믹과 강류 뎨삼. 히만과 도셔 졔사. 도회와 승디 뎨삼편 츙쳥북도유람 수부는 츙주 십칠군 뎨일. 위치경계와 디셰와 연혁 뎨이. 산믹과 강류 뎨삼. 도회와 승디 뎨사편 충청남도 유람 수부는 공주 삼십칠군 뎨일. 위치경계와 디셰뎨이. 산믹과 강류 뎨삼. 히만과 도셔 뎨오편 젼라북도 류람 수부는 젼주 이십륙군 뎨일. 위치경계와 디셰와 연혁 뎨삼[뎨이]. 히만과 도셔 뎨육편 젼라남도 유람 수부는 광주 일목 삼십삼군 뎨일. 위치경계와 디셰 뎨이. 산믹과 강류 뎨삼. 히만과 도셔 뎨사. 도회와 승디 뎨오. 제주 위치와 경계와 디셰 뎨칠편 경상북도 유람 수부는 ᄃᆞ구 사십일군 뎨일. 위치경계와 디셰와 연혁 뎨이. 산믹과 하류 뎨삼. 히만과 도셔 뎨사. 도회와 승디	뎨팔편 경상남도 유람 수부는 진주 일부 이십구군 뎨일. 위치경계와 디셰 뎨이. 산믹과 강류 뎨삼. 히만과 도셔 뎨사. 도회와 승디 뎨구편 황히도 수부는 히주 이십삼군 뎨일. 위치경계와 디셰와 연혁 뎨이. 산믹과 강류 뎨삼. 히만과 도셔 뎨사. 도회와 승디 뎨십편 평안남도 수부는 평양 이십삼군 뎨일. 위치경계와 디셰와 연혁 뎨이. 산믹과 강류 뎨삼. 히만과 도셔 뎨사. 도회와 승디 뎨십일편 평안북도 수부는 녕변 이십일군 뎨일. 위치경계와 디셰 뎨이. 산믹과 강류 뎨삼. 히만과 도셔 뎨사. 도회와 승디 뎨십이편 강원도 수부는 츈쳔 이십륙군 뎨일. 위치경계와 디셰와 연혁 뎨이. 산믹과 강류 뎨삼. 히만과 도셔 뎨사. 도회와 승디 뎨십삼편 함경남도 수부는 함흥 일부 십삼군 뎨일. 위치경계와 디셰와 연혁 뎨이. 산믹과 강류 뎨삼. 히만과 도셔 뎨사. 도회와 승디 뎨십사편 함경북도 수부는 경셩 일부 구군 뎨일. 위치 경계와 디셰 뎨이. 산믹과 강류 뎨삼. 히만과 도셔 뎨사. 도회와 승디

목차 셔를 포함하여 모두 14편으로 편찬된 『대한십삼도유람』는 제2편 경기도부터 제14편 함경도까지 우리나라 13도를 제1장 위치 경계와 지세, 제2장 산과 강류, 제3장 만과 도서, 제4장 도회와 승지로 구성되었다. 각

---

157 「광고」, 『대한매일신보』(국한문판), 1909년 3월 17일.

편의 제1장에는 위치경계와 지세 뿐만 아니라 연혁이 추가된 곳도 있다. 그리고 전라남도에는 제주도의 위치와 경계와 지세가 제5장으로 첨가되어 있다. 그러므로 체제는 전반적으로 통일하였으나 각 도의 특징에 따라 장 구성이 다른 경우도 있음을 알 수 있다.

이러한 체제 구성은 1908년에 통감부 철도관리국이 발행한 『한국철도 선로안내』와는 전혀 다른 구성이다. 책 제목에서 알 수 있듯이 『한국철도 선로안내』는 경부선(부산역, 초량역, 부산진역, 구포역, 물금역, 원동역, 삼랑진역, 밀양역, 유천역, 청도역, 경산역, 대구역, 신동역, 왜관역, 약수역, 금오산역, 김천역, 추풍령역, 황간역, 영동역, 심천역, 이원역, 옥천역, 증약역, 대전역, 신탄진역, 부강역, 조치원역, 전의역, 소정리역, 찬인약, 성환역, 평택역, 서정리역, 진위역, 오산역, 병점역, 수원역, 군포장역, 안양역, 시흥역, 영등포역, 노량진역, 용산역, 남대문역, 서대문역, 오류동역, 소사역, 부평역, 축현역, 인천역, 낙동강역, 진영역, 창원역, 마산역)과 경의선(수색역, 일산역, 문산역, 임진강역, 장단역, 개성역, 토성역, 계정역, 금성역, 한포역, 남천역, 물개역, 신막역, 서흥역, 흥수역, 청계역, 마동역, 사리원역, 심촌역, 황주역, 겸이포역, 흑교역, 중화역, 역포역, 평양역, 서포역, 순안역, 어파역, 만성역, 신안주역, 영미역, 운전역, 고읍역, 정주역, 곽산역, 노하역, 선천역, 동림역, 차련관역, 남시역, 낭책역, 비현역, 백마역, 석하역, 신의주역)의 각 역을 중심으로 주변의 인문지리적 정보와 명승지, 관광지를 소개하고 있다. 주의할 점은 경부선에 소개되어 있는 낙동강역, 진영역, 창원역, 마산역은 1905년 사설철도로 개통되었던 마산선을 소개한 것이다.

부산역·수원역·평양역을 예로 들면 무역, 어업, 승지(용두산, 용미산, 절영도, 동래), 관아·회사·사원·학교, 여관, 요리점, 인력거 임금표, 통신 등의 항목이 설정되어 있다. 수원역은 승지(용화전[龍華殿], 화성장대 [華城將臺], 화양루[華陽樓], 문묘[文廟], 미로문정[未老聞亭], 병암간수[屏 岩澗水], 화성행궁[華城行宮], 낙남헌[落南軒], 화령전[華寧殿], 강무당[講 武堂], 칠간수[七間水], 방화수류정[訪花隨柳亭], 용연[龍淵], 연무대[鍊武 臺], 매향교[梅香橋], 구간수[九間水], 귀산[龜山], 봉령사[奉寧寺], 청련암 [靑蓮庵], 백운사[白雲寺], 수원팔경, 권업모범장, 농림학교, 농상공부임업 과종묘원), 관아·학교·회사, 역에서 각 명소에 이르는 거리, 여관, 요리점 등의 항목이 설정되어 있다. 특히 수원팔경(팔달제경[八達霽景], 서호낙 조[西湖落照], 화산두견[花山杜鵑], 화홍관창[華虹觀漲], 광교적설[光敎積 雪], 북지상련[北池賞蓮], 남제장류[南堤長柳], 나각대월[螺閣待月])을 별 도로 소개하고 있다.[158] 평양역은 승지(대동강, 대동문, 연광정[練光亭], 대 동관, 선교리[船橋里], 모란대[牡丹臺], 을밀대[乙密臺], 부벽루[浮碧樓], 기자릉[箕子陵], 풍경궁[豊慶宮](통칭 이궁[離宮]), 경의선창설기념비[京義 線創設紀念碑], 기자우물, 만경대[萬景臺], 진남포), 관아, 여관, 요리점, 인력거 임금표, 인차철도(人車鉄道), 통신 등의 항목이 설정되어 있다. 이 처럼『한국철도선로안내』는 각 역을 중심으로 한 주요 시설과 명승지를 소 개함으로써 여행(관광)에 대한 기초 정보를 제공하고 있는 것이다.

부산에 대해『대한십삼도유람』은 다음과 같이 소개하고 있다.

> 동뇌부는 부산항구 동북편 삼십리에 잇스니 산을 등지고 치벽을 쌋
> 코 셩뇌셩외에 견방이 질비ᄒ며 빅가지 지물이 폭주ᄒ며 셩밧게 적은
> 기쳔은 고리와 갓치 둘너잇고 셔북동삼면은 초목도읍는 산악이 굼틀굼
> 틀ᄒ야 본부셩쳡을 병풍갓치 막아잇고 셔편 샨 이마에 ᄒ 누문이 놉피

---

158 수원팔경은 시기와 인물에 따라 변화되었다. 이에 대해서는 정해득의 연구(「수원 팔경 연구」,『수원역사문화』2, 수원박물관, 2012.)를 참조 바람.

소삿스니 이는 곳 텬연한 셕문이오 텬하에 긔관이라. 숀록에 온쳔이 잇
셔셔 목욕ㅎ는 숀이 부졀ㅎ고 범어사는 령남 모든 졀즁에 거찰이오 승
도가 항상 수쳔인이더라

　부산은 우리나라 구항구 즁에 한아이라. 각국 션박이 츌입ㅎ고 부두
에 돗디가 수풀갓치셧스며 시가에 인가가 샹년ㅎ고 샹고가 믈이로 모
도이며 무역이 은부ㅎ니 실로 우리나라에 데일부두더라[159]

　위의 인용문에서 볼 수 있듯이『대한십삼도유람』은『한국철도선로안
내』와 달리 부산과 동래를 구분하여 설명하고 있으며, 동래에 대한 소개
에서 동래성 내의 풍경, 온천, 범어사를 소개하였고, 부산은 부산항에 대
한 설명에 그치고 있다. 반면에『한국철도선로안내』는 동래를 부산에 포
함시켜 설명하고 있으며, 용두산·용미산·절영도·동래를 소개하고 있다.
특히 용두산에 대해서는 부산의 공원으로서 소나무가 울창하고, 맑은 날
에는 일본을 바라볼 수 있으며 고도히라(金刀比羅)신사, 즉 용두산신사가
있음을 소개하였다.[160] 용미산에 대해서는 가토 기요마사(加藤淸正)의 소
사(小祠)가 있다고 하였고,[161] 절영도에 대해서는 마키노시마(牧の島)라
고도 불린다고 하며 하계 해수욕에 적당하다고 소개하였고,[162] 동래에 대
해서는 일본인이 경영하는 여관이 있으며, 금정온천이 초량에서 3리에
있다는 것을 소개하였다.[163] 결국『한국철도선로안내』의 관광지는 일본과
관련된 내용만을 소개하였다. 그러므로『대한십삼도유람』과는 차이가 있
음을 알 수 있다.

---

159 정은모,『대한십삼도유람(하)』, 옥호서림, 1909, 7~8쪽.
160『한국철도선로안내』, 1908, 2쪽.
161『한국철도선로안내』, 1908, 3쪽.
162『한국철도선로안내』, 1908, 3쪽.
163『한국철도선로안내』, 1908, 3쪽.

〈그림 2-25〉 용두산거류지신사
(『釜山案內志』, 日韓商品博覽會協贊會, 1906.)

〈그림 2-26〉 용두산에서 본 거류지 半面
(『釜山案內志』, 日韓商品博覽會協贊會, 1906.)

그러나 『경부텰도노래(京釜鐵道歌)』는 다음과 같이 부산을 소개하고 있어 『대한십삼도유람』과 같이 『한국철도선로안내』와는 다른 관점을 보이고 있음을 알 수 있다.

수십분을 디난 후, 다시 쩌나서
한탐 가니 부산딘(釜山鎭), 거긔로구나
우리나라 수군이, 잇슬 째에는
툐선(哨船) 두어 요해텨(要害處), 방비하더니

해외 도덕 엿봄이, 쓰니엿난디
남의 힘을 빌어서, 방비하난디
해방함(海防艦) 한 뎍 업시, 발여두엇고
잇난 것은 외국긔(國旗), 날닌 배로다

수백년뎐(數百年前)부터, 일인 사던 곳
풍신수길(豐臣秀吉) 군사가, 드러올 째에
부산으로 파견(派遣)한, 소서행댱(小西行長)의
혈뎐(血戰)하던 옛 뎐댱(戰場), 여긔 잇더라

범어사(梵魚寺)란 대탈(大刹)이, 에서 오십리(五十里)
신라(新羅) 흥덕왕(興德王) 째에, 왜구(倭寇) 십만(十萬)을

의상(義湘)이란 승댱(僧將)이, 믈리팀으로
그 명성을 갑흐려, 세움이라데

삼십리(三十里)를 쩌러딘, 동래온뎡(東萊溫井)은
신라(新羅)부터 뎐(傳)하난, 옛 우물이라
수잇스면 도상(道上)의, 피곤한 것을
한번 가서 씨서서, 뉘이리로다

영가대(永嘉臺)의 달구경, 겨를 못하나
튱댱단(忠壯壇)의 경배(敬拜)야, 엇디 이디리
툐량녁(草梁驛)을 디나면, 부산항(釜山港)이니
이 텰도의 마됴막, 여긔라 하데
부산항(釜山港)은 인텬(仁川)의, 다음 연데니
한일 사이 무역(韓日間 貿易)이, 듀댱이 되고
항구(港口) 안이 너르고, 물이 깁허서
아모리 큰 배라도, 둑히 다히네
수입수튤(輸入輸出) 툥액이, 일텬여만환(一千餘萬圜)
입항튤항(入港出港) 선(船)박이, 일백여만톤(一百餘萬噸)
행뎡사무(行政事務) 텨리(處理)는, 부윤(府尹)이 하고
물화(物貨) 출입(出入) 감독(監督)은, 해관(關海→海關의 오식, 인용자)이 하네

일본(日本) 사람 거류민(居留民), 이만인(二萬人)이니
얼는 보면 일본(日本)과, 다름이 업고
됴고마한 동선(從船)도, 일인이 부려
우리나라 사람은, 얼는 못하네

한성남산신령(漢城南山神靈)이, 업기 뎐부터
윤산신령(輪山神靈) 업슨디, 발서 오래니
오늘날에 이르러, 새삼스럽게
강개함도 도리혀, 어리석도다

검숭하게 보이는, 뎌기 멸영도(絕影島)
부산항(釜山港)의 목징이, 되고 잇스니
아모대로 보아도, 요해디디라
리튱무(李忠武)의 사당을, 거긔 모섯네

인천(仁川)싸디 여긔서, 가난 동안이
뉵십시간(六十詩間) 걸려야, 닷난다는데
일본(日本) 마관(馬關)싸디는, 불과 열시에
디테 업시 이름을, 엇난다하데

슯흐도다 동래(東萊)는, 동남(東南) 데일현(第一縣)
부산항(釜山港)은 아국(我國) 둥, 둘대 큰 항구
우리나라 쌍갓티, 아니보이게
더러틋 한심(甚)한 양, 분통하도다[164]

　이러한 차이는 조선인과 일본인의 시선의 차이임이 명백하다. 특히『한국철도선로안내』의 부산 명승지에 대한 소개는 1906년 일한상품박람회협찬회에서 발행한『부산안내지(釜山案內誌)』의 내용과 맥을 같이 한다. 명소고적으로 용두산, 용미산, 송도반도, 부산진, 동래온천, 범어사, 김해읍, 울산성지, 통영, 밀양영남루 등을 소개한『부산안내지』의 용두산, 용미산, 동래온천의 소개 내용은『한국철도선로안내』의 소개 내용과 큰 차이가 없다. 특히 동래온천에 대해서는 "부산에 오는 사람은 차례로 한 번은 가서 입욕하고자 할 것이다. 따라서 거류지에서 인차, 마차 등의 편이 있으며 인차임은 편도 1원, 마차임은 편도 50전"[165]이라 소개할 정도로 일본인들에게는 주요한 관광지였다.
　이와 같이『한국철도선로안내』와『부산안내지』에 소개된 명승지는 1934년 발행된 부산제2공립심상소학교가 발행한『향토독본(鄕土讀本)』교과서에도 빈영되었다. 상하의 두 권으로 발행된 이 교과서 3, 4학년용으로 편찬된 상권에는 3학년 과정에 마쓰시마(松島), 4학년 과정에 가토 기요마사(加藤淸正)이, 5·6학년용으로 편찬된 하권에는 5학년용에 마키노시

164　公六,『경부텰도노래(京釜鐵道歌)』, 新文館, 1908, 26~32쪽.
165　『釜山案內志』, 日韓商品博覽會協贊會, 1906, 49쪽.

마(牧の島, 현재의 영도), 동래온천(東萊溫川), 부산의 사사(釜山の社寺)가 각각 하나의 장으로 설정되어 있어 재부산 일본인들이 이들 장소와 인물을 부산의 명승지와 중요 인물로 생각하고 있음을 알 수 있다. 이렇게 보면 '종래의 안내서 또는 각 역장의 보고'에 따라 편찬되었다고 한 『한국철도선로안내』가 참고한 '종래의 안내지'에는 『부산안내지』와 같은 재조일본인이 편찬한 지방지가 포함되어 있다고 생각된다.

한편 1923년에는 김영철, 양재기가 경성여행안내사를 설립하여 월간 『여행안내』라는 잡지를 한글로 발행하여,[166] 20전에 판매하였다.[167] 같은해 7월 15일에는 양두희(梁斗熙)와 정지수(鄭芝秀)[168]가 동양기차기선여행안내사에서 동양에서 통행하는 기차와 기선으로 여행하는 여행자의 편의를 도모하기 위하여 순한글로 『동양기차기선여행안내(東洋汽車汽船旅行案內)』 창간호를 발간하였다.[169] 또 1925년에는 『선만공인여행안내(鮮滿公認旅行案內)』가 조선여행안내사에서 발행되어 30전에

〈그림 2-27〉 동양기차기선여행안내 광고

166 「조선문 『여행안내』」, 『매일신보』, 1923년 3월 25일; 「신간안내」, 『매일신보』, 1923년 10월 12일; 「『여행안내』 신간」, 『조선일보』, 1923년 3월 27일. 그런데 『여행안내』를 발행한 경성여행안내사는 "경성유지 金英喆씨는 금번 朝鮮鐵道汽船旅行案內社를 설립"(「철도기선안내사」, 『조선일보』, 1923년 1월 16일.)한다는 기사로 보아 최초의 사명은 조선철도기선여행안내사로 상정했던 것 같다.
167 「신간소개」, 『조선일보』, 1923년 3월 27일.
168 「신간소개」, 『조선일보』, 1923년 8월 6일.
169 「조선문의 여행안내」, 『조선일보』, 1923년 7월 2일.

판매[170]되었음이 확인된다. 1926년에는 조선상공세계사와 조선지리역사연구회가 『조선리정여행안내(朝鮮里町旅行案內)』를 발간하였다. 1928년에는 전선철도여행안내사(全鮮鐵道旅行案內社)에서 월간으로 매월 12일에 발행을 계획하였던 『전선철도여행안내(全鮮鐵道旅行案內)』를 창간, 발행하였다.[171] 그리고 1932년 조선여행안내사에서 발행한 『선만철도여행안내(鮮灣鐵道旅行案內)』와 1941년 부산선만교통사가 발행한 『일만지기차기선여행안내(日滿支汽車汽船旅行案內)』가 발간된 것으로 보아 조선여행안내사와 부산선만교통사가 설립되어 영업하고 있었음을 알 수 있다.

경성여행안내사의 『여행안내』의 발행에 대해 『동아일보』와 『조선일보』는 각각 다음과 같이 보도하였다.

> 이때까지 조선 안의 각 정거장에는 일본문으로 된 철도여행안내는 많이 있었으나 조선문으로 된 것은 없어서 일반 조선사람에게는 불편이 많더니 금번 수송동 83번지 金英喆씨가 조선철도여행안내사를 설립하고 매월 정기로 새것을 발행하여 철도회사의 허락을 얻어 각 정거장에서 팔 터인데 남대문정거장에는 되도록 고학생을 시켜 팔게 할 터이며 내용은 기차시간 이외 여행에 필요한 것이 많다더라.[172]

> 조선에서 철도 안내와 여행 안내 등의 출판물이 조선문으로 발행된 것이 하나도 없으므로 일반 여행가의 불편이 적지 아니하더니 금번에 양재기, 김영철 양군의 경영으로 철도 여행안내를 조선문으로 출판하여 한 달에 한 번씩 정기 발행하게 되어 이미 제1호가 발행되었는데 발행소는 시내 수송동 83번지 철도여행안내사요 한 책의 정가는 20전의 염가이므로 종차로 여행자의 편의가 다대하리라더라.[173]

---

170 「新しい出版物」, 『京城日報』, 1925년 9월 5일.
171 「신간소개」, 『매일신보』, 1928년 1월 23일; 「신간소개」, 『조선일보』, 1928년 1월 25일. 창간호의 발행은 이 기사를 통해 확인할 수 있으나 이후 지속적으로 발행되었는가는 확인되지 않는다.
172 「조선철도여행안내 매월 1회 정기 발행」, 『동아일보』, 1923년 3월 27일.
173 「『여행안내』 신간」, 『조선일보』, 1923년 3월 27일.

즉 김영철이 조선철도여행안내사를 설립하여 월간 『여행안내』를 발행하여 각 정거장에서 판매할 것이며, 기차시간과 여행에 관한 기사를 취급한다는 것이라는 것이다.[174] 이 잡지는 정거장 외에도 경성여행안내사·열차 내·각 여관, 서점 등에서도 판매하였다.[175] 그런데 한글로 된 여행안내서의 발행은 1922년에 결정된 것으로 보이나 발행 목적은 여행을 장려하는 것이 아니라 "근래 외국인의 내왕 등에 자극되어 □성적은 매우 좋은 바 한 거름 조선선에 오면 차 안의 불질서함과 열차도덕의 진보 안된 일에 놀라 하는 소리는 조선여행자로부터 항상 듣는 바"[176]라고 하여 조선철도 승객의 기차 도덕을 향상시키는 데에 있었다. 이를 위해 남만주철도 경성관리국에서는 1923년부터 승객에 대하여 기차도덕을 선전하기로 하는 동시에 차체 양측 창 아래에 색선을 넣기로 하였고 1923년부터 보통학교 교과서에 기차 승객의 주의사항을 기재하도록 조선총독부 학무국과 교섭하고 조선인 대상의 여행안내서를 발행하여 대대적으로 선전할 계획을 수립하였다.[177]

실제 조선총독부 철도국에서 한글 여행안내서가 발행되었는지는 확인되지 않으나 이러한 계획을 수립하였다는 것만으로도 조선인의 철도 이용이 매우 많아졌다는 것을 보여준다고 할 수 있다. 그리고 이렇게 증가한 조선인 철도 이용자 중에는 여행 혹은 관광을 목적으로 한 사람들도 많았기 때문에 한글판 여행안내서의 출판도 검토한 것으로 보인다. 이러한 분위기에서 앞에서 본 바와 같이 한글 여행잡지인 『여행안내』가 발행될 수

174 회사명은 이후 『여행안내』 발행처가 경성여행안내사인 것으로 보아 경성여행안내 사로 변경·설립한 것으로 보인다.
175 「신간안내」, 『매일신보』, 1923년 10월 12일.
176 「기차 승객의 도덕요항을 교과서에 편입 결정 조선인 소용 여행안내서도 발행하여 대대적으로 선전」, 『매일신보』, 1922년 12월 14일.
177 「기차 승객의 도덕요항을 교과서에 편입 결정 조선인 소용 여행안내서도 발행하여 대대적으로 선전」, 『매일신보』, 1922년 12월 14일.

있었던 것으로 보인다. 그러나 『여행안내』는 국립중앙도서관, 국회도서관
에서 검색되지 않으며, 학술연구정보서비스(RISS)에서도 검색되지 않아
참고할 수 없었다. 다만 신문의 신간소개를 통해 1923년 4월 창간호부터
1925년 11월호까지 발행된 것으로 확인되나 폐간 시기를 특정할 수는 없
다. 당시 발행되던 신문의 「신간소개」에서 소개한 『여행안내』 각호의 내용
은 〈표 2-22〉와 같다.

〈표 2-22〉 신문에 소개된 『여행안내』 소개글

신문	날짜	기사 내용
매일신보	1923. 4. 2	조선문으로 발간한 여행안내는 此가 嚆矢이니 初로 刊行되었음에 불구하고 재료의 수집과 내용의 충실을 기함이 실로 완전하고 무결하여 여행자의 一大良友가 되겠더라
조선일보	1923. 5. 23	김영철, 양재기 양씨의 경영으로 조선 동포의 여행자를 위하여 조선문으로 발행하는 여행안내는 금번 5월호가 발간되었는데 그 내용은 자못 정밀하여 族客의 없지 못할 필요품이더라.
조선일보	1923. 6. 12	김영철, 양재기 양씨의 경영인 조선문 여행안내는 금번에 6월호를 발간하였는데 수집이 정밀하여 여객에게 무쌍한 필요품이더라
조선일보	1923. 7. 11	이때는 조선철도선로의 시간이 변경되었으므로 여행자의 필요품은 여행안내일뿐안 각역의 안내 외 기타의 필요사항을 만재하였더라.
조선일보	1923. 10. 10	경성여행안내사에서 발행하는 여행안내는 기내용이 충실하여 여행가의 필휴품이 될 만한 바 현금 부업품공진회를 제하여 지방 인사가 다수 래경함에 취하여 실로 불가무할 참고서가 되겠더라.
매일신보	1923. 10. 12	특히 副業共進會 관람하는 인사를 위하여 緻密精細히 편찬하였는데 경성안내까지 부록하였으며 시내 각 여관, 저명 상점 등을 무루 등재하여 실로 여행자 이외 副共 관람하는 인사는 필히 좌우에 치할 好書
매일신보	1923. 11. 7	朝鮮線 이외 일본, 만주선 기타 각지 연락 상황과 郵船의 왕래 등 교통에 관한 것은 무루 등재되고 각선로 안내까지 간단명료히 가장 평이하게 기재
매일신보	1923. 12. 9	여행에 관한 만반을 구비 기재한 책자이니 기차편은 물론 연락되는 자동차, 郵船까지도 세밀하게 게재되었고 또 간단명료하게 철도선로안내를 부록하였다. 실로 여행자 명감이 이 책일 것이다.
조선일보	1923. 12. 10	양재기, 김영철 양씨의 경영하에 발행되는 경성여행안내 제십호(12월호)는 금월 1일에 간행되었는데 각 선로 안내와 시간표 및 교통에 관한 기사를 만재하였더라.

신문	날짜	기사 내용
조선일보	1924. 2. 24	경성여행안내 2월호는 선거 각 선의 시간 및 임금표와 각역, 각지의 여행상의 편을 줄 만한 기사를 조선문으로 만재하여 여행가의 필휴품이 될 만하더라.
매일신보	1924. 4. 11	목차 조선철도선안내, 사설철도선안내, 일본철도성선, 각지철도기선시 간급임금표 등을 조선문으로 일목명료히 기재한 여행자의 필휴할 양서 이라
매일신보	1924. 5. 21	5월 1일 각 철도선 시각이 변경되므로부터 각 여행자의 편의를 圖키 위하여 各線의 발착시각 및 주의사항을 명기한 바 목차의 대요를 거하면 조선철도선안내, 사설철도선안내, 일본철도성선, 각지 철도기사시간 및 임금표, 조선철도선로안내 등
시대일보	1925. 1. 11	목차 조선철도선안내, 사설철도선안내, 일본철도성선, 각지 철도기선시 간, 조선철도선로안내

〈표 2-22〉를 통해 알 수 있는 것은『여행안내』는 일제하 최초의 한글판 월간 여행 관련 잡지이며 여관이나 상점 등을 소개하였으며, 일본선·만주선을 비롯한 기타 각지의 연락 상황, 각 철도와 자동차, 우선(郵船)의 시간표 및 요금표 등이 소개되었다. 그러므로『여행안내』는 국내뿐만 아니라 일본과 만주의 철도와 자동차, 선박 등의 정보도 소개하는 등 일제의 세력권에 대한 각종 교통과 여행정보를 수록한 것으로 보인다. 그리고 경성안내·철도선로안내 등의 부록을 편찬하기도 하였다. 더욱이 조선부업공진회를 기하여 특집호를 낼 정도로 관광객이 요구하는 정보를 최대한 빠르고 정확하게 제공하였다. 이와 같이『여행안내』는 조선여행 전문 안내서로서의 성격을 갖는다고 할 수 있다.

그런데 경성여행안내사는『여행안내』만을 발행만 한 것이 아니라 관광사업도 수행한 것으로 보인다. 즉 경성여행안내사는 1925년 10월 30일 경주고적견학단을 조직하였고,[178] 같은 해 11월 7일에는 조선여자청년회,

---

178 「경주고적견학단□」, 『조선일보』, 1925년 10월 29일.

조선일보와 함께 소요산부인탐승단을 조직하여 소요산을 관광하였던 것이다.[179] 이 소요산부인탐승은 경원선을 이용한 당일치기 관광이었다. 그리고 1926년에도 경성여행안내사가 조선일보사와 공동명의로 탐승 각지 인사와 탐승단원에게 감사를 표한 다음의 인사글로 보아 경성여행안내사는 조선일보사와 공동으로 탐승단을 여러 차례 조직한 것으로 보인다.

> 탐승각지인사제위께
> 금번 양사 주최 탐승단이 귀지를 방문함에 당하야는 우중 불편하심을 불구하고 성대한 환영과 간숭한 알선을주시와 명감불기하옵는바 약의이오나 자에 지상으로 사의를 공표하나이다.

> 탐승단원제위께
> 금번 양사 주최의 소하 탐승단에 다수히 찬동하심은 감하무비이오나 왕복과 탐승 중에 주최 측의 설비와 주선이 불충분한 바 많이 있어 제위께 다대한 곤란을 끼쳤음을 실로 미안천만이옵기 점히 지상으로 사의를 표하나이다.
> 경성여행안내사 조선일보사[180]

이와 같이 1920년대 이후에는 한글판을 포함한 월간 여행안내서가 간행되는 식민지 조선에서도 다수 출판되었음을 확인할 수 있다. 이는 여행과 관광이 대중화되고 있음을 의미한다고 볼 수 있다. 이에 따라 여행과 관광을 산업화하려는 시도가 여행사의 설립으로 나타나기도 하였다. 일제의 조선 강점 직후인 1911년에는 상공업과 기타 시찰을 목적으로 조선과 만주 각지에 대한 여행 수요가 증가하자 이들 여행자에게 편의를 제공하기 위하여 만선여행안내사가 발기되어 다음을 확정하였다.

---

179 「무사히 마친 소요산 탐승」, 『조선일보』, 1925년 11월 9일.
180 「탐승각지인사제위께 탐승단원제위께」, 『조선일보』, 1926년 8월 3일.

1. 각지에 指定旅館을 特約하고 단원에게 대하여는 특히 숙박료를
  減額케 할 사
2. 諸官衙, 공장, 廟宇, 명승지 등 관람의 편의를 도모하는 동시에
  각종 조사 사항의 依囑에 응하는 사
3. 각 여행지의 소개 의뢰 및 통신 등을 引受하는 사
4. 또 다수 여행단체의 관광에 편리케 하기 위하여 汽車汽船賃, 車馬
  賃, 숙박료 기타 一切事를 청부하고 且案內者를 附케 할 사

　　지정여관은 부산·군산·평양·청진·봉천·철령·장춘·하얼빈·북경·천
진 기타 25점에 달하였으며, 남만주철도주식회사는 이와 같은 계획에 찬
성하여 1, 2등 왕복 연락 승차권을 사용하는 자에게는 다음과 같이 할인할
것을 특약하였다.[181]

〈표 2-23〉 만선여행안내사 단체에 대한 남만주철도주식회사의 할인 특약

인원	10인 이상	15인 이상	20인 이상	유효기한
만주내	30%	35%	45%	30일간
선만 순유	35%	40%	50%	40일간

　　이처럼 일제의 조선 강점 직후 식민지 통치의 필요에 따라 여행사의 설
립이 계획되었으나 이후 선만여행안내사의 활동에 대한 기록을 찾을 수 없
어 이 여행사의 설립은 이루어지지 않은 것으로 보인다. 이듬해인 1912년
일본여행협회 조선지부가 설치되면서 여행사의 역할을 하였다.[182] 이 일본여
행협회 조선지부가 식민지 조선 최초의 여행사로 생각된다. 앞에서 본 바와
같이 1923년 여행전문잡지의 발간을 목적으로 조직된 경성여행안내사가 민
간 최초의 여행사 업무를 취급한 것으로 보인다. 그리고 1927년 9월경 조

---

181 「만선여행의 利便」, 『매일신보』, 1911년 5월 27일.
182 일본여행협회 조선지부의 활동에 대해서는 조성운의 연구(「일본여행협회의 활
　　동을 통해 본 1910년대 조선관광」, 『한국민족운동사연구』 65, 한국민족운동사학
　　회, 2010)를 참조 바람.

선내의 각 역, 도시, 오지는 물론 남만주 일대까지 연락하고, 상점의 소개, 각지의 연락과 상호 이용에 도움을 주기 위해 준비 중이던 선만철도여행안내사가 경성부 서린동에 본부를 두고 사무를 개시하였다.[183] 그리고 1935년 조선산업박람회 개최를 축하하는 비행을 철도여행안내사가 주최[184]한 것으로 보아 1930년대 중반에는 철도여행안내사가 존재했음을 알 수 있다. 만선철도여행안내사와 철도여행안내사가 동일한 회사인지는 확인할 수 없다.

이렇게 보면 1911년 선만여행안내사의 설립을 시도한 이래 1912년 일본여행협회 조선지부가 설치되어 여행회사의 업무를 수행하였을 뿐만 아니라 1920년대에는 조선인이 한글판으로 월간 여행잡지를 출판할 정도로 여행은 대중화되었다. 더 나아가 이들 회사 가운데에는 여행업을 겸하는 회사도 출현하였고 전문 여행사도 탄생한 것으로 보인다. 다만 조선인이 설립한 것이 확인된 경성여행안내사와 동양기차기선여행안내사를 제외한 나머지 회사들의 설립 주체를 확인할 수 없는 점은 아쉽다 할 것이다. 이 회사들은 민간회사가 아니고 관설이나 반관반민의 성격을 갖는 것도 있을 수 있다. 다만 경성여행안내서의 김영철이 경성의 유지로만 설명되고 있으며, 『조선총독부관보』에 교과용도서발매인으로 정지수(鄭芝秀)[185]가 있는데 그가 『동양기차기선여행안내』를 발행한 정지수와 동일인인지는 확인하기 어렵다.

2) 여행안내서의 명승지

여행안내서에 소개된 모든 명승지를 알 수 없으므로 부산, 수원, 평양, 금강산을 중심으로 살펴보고자 한다. 이를 위해 조선총독부철도국이 발간

---

183 「鮮滿鐵道旅行案內社開所」, 『경성일보』, 1927년 9월 28일.
184 「朝鮮博協贊飛行」, 『朝鮮新聞』, 1935년 4월 7일.
185 『조선총독부관보』 제1754호(1918년 6월 12일).

한 『한국철도선로안내』(1908), 『조선철도여행안내』(1921), 『조선여행안내기』(1934)에 소개된 명승지를 비교하고자 한다.

〈표 2-24〉에서 보면 일제하 관광지와 오늘날의 관광지가 큰 차이가 없음을 알 수 있다. 그러나 각 여행안내서에 소개된 각 관광지에 대한 설명은 오늘날과 큰 차이가 있다. 예를 들면 『한국철도선로안내』(1908)의 부산역에 대한 설명은 "경상도 동래부 부산항 일본거류지 북쪽 해안 매축지에 있으며, 항은 우리 對州와 겨우 40리 떨어져 상대"[186]한다고 시작한다. 『조선철도여행안내』(1915)의 부산역 설명은 "고하나조노텐노(後花園天皇) 가키쓰(嘉吉) 2년(470여년 전) 대마와 조선 사이에 통신조문의 誼를 맺어 使船의 왕래, 방물의 증답을 행함과 동시에 통상을 약속하고 울산군의 염포, 웅천군의 제포 및 동래군의 부산포의 3포를 열어 교역장으로 삼았다."[187]로 시작하여 부산과 일본의 역사적 관련성을 설명한 후 1876년(명치 9) 수교 조약이 체결되기에 이르렀고, 정부는 새로이 관리청을 두고 이로부터 신시대의 무역기에 들어섰다.

〈표 2-24〉 조선총독부철도국이 발행한 여행안내서의 관광지 비교

	부산	수원	평양	금강산
한국철도 선로안내 (1908)	부산역(龍頭山, 용미산, 절영도, 동래) 초량역(津江成太君招魂碑) 부산진역(鎭城, 小西城趾, 永嘉臺, 동래부, 범어사, 부산수원지, 매축공사)	용화전, 화성장대, 화양루, 문묘, 미로문정, 병암간수, 화성행궁, 낙남헌, 화령전, 강무당, 방화수류정, 용연, 연무대, 매향교, 구간수, 구산, 봉령사, 청련암, 백운사, 수원팔경, 권업모범장, 농림학교, 농상공부임업과종묘원	대동강, 대동문, 연광정, 대동관, 선교리, 모란대, 을밀대, 부벽루, 기자릉, 풍경궁(통칭 이궁), 경의선창설기념비, 기자우물, 만경대, 평양팔경, 진남포, 망덕산, 봉오산	

186 통감부철도관리국, 『朝鮮鐵道線路案內』, 1908, 1쪽.
187 조선총독부철도국, 『朝鮮鐵道旅行案內』, 1915, 1쪽.

	부산	수원	평양	금강산
조선철도여행안내 附金剛山 遊覽の栞 (1915)	부산역(용두산, 용미산, 津江君招魂碑, 부산진성지, 小西行長城址, 동래부, 동래온천, 범어사, 해운대, 울산성지) 초량역(津江君招魂碑) 부산진역(동래온천, 해운대온천, 범어사, 동래성지, 소서성지, 울산성지)	권업모범장, 팔달산(화성장대), 화홍문, 방화수류정, 서호, 광교산(백운사, 청련암), 화산(융건릉),	철도기념비, 7층석탑, 풍경궁, 대동문, 연광정, 선교리(청일전쟁초혼비), 모란대, 을밀대, 현무문, 부벽루, 영명사, 箕子廟, 만수대, 칠성문, 사동탄광	내금강 : 장안사, 靈源庵, 망군대, 백화암, 삼불암, 표훈사, 정양사, 만폭동, 마하연, 만회암, 백운대, 비로봉 외금강 : 만물상, 한하계, 온정리, 신계사, 옥류계, 구룡폭, 구룡연, 고성, 해금강, 신금강, 유점사, 백마봉, 중내원, 회문령
조선여행안내기 (1929)	부산역(용두산, 용미산, 대정공원, 송도, 절영도, 동래온천, 해운대, 범어사, 津江兵庫碑) 부산진역(津江兵庫碑)	팔달문, 화령전, 화성장대, 화홍문, 권업모범장	箕子井, 모란대, 을밀대, 현무문, 부벽루, 영명사, 칠성문, 기자릉, 만수대, 연광정, 대동문, 낙랑고분	금강산 항목이 별도로 설정되지는 않았으나 경원선 철원역, 평강역의 소개에서 금강산 소개. 외금강 만물상, 외금강 구룡연, 신계사, 해금강 입석리 海濱 사진 소개.
조선여행안내기 (1934)	부산본역(용두산, 물산장려관, 송도, 절영도) 부산진역(부산포성지, 津江兵庫碑, 부산가축시장) 동해남부선 서면역(경마장), 동래역(동래읍, 동래온천, 범어사, 동래온천), 수영역(송도해수욕장, 부산골프구락부), 해운대역(해운대온천, 부산진성지), 사상역(팔경대)	조선총독부농사시험장, 서호, 팔달문, 행궁, 화령전, 화성장대, 화홍문, 방화수류정, 봉로대	서기산공원, 대동문, 연광정, 보통문, 숭인전·숭령전, 칠성문, 을밀대, 箕子廟, 현무문, 모란대, 영명사, 부벽루, 기생학교, 골프장, 낙랑고분	내금강 : 장안사, 명경대, 망군대, 영원암, 명연담, 삼불암, 표훈사, 정양사, 만폭팔담, 보덕굴, 마하연, 묘길상, 유점사, 비로봉, 월출봉, 일출봉 외금강 : 온정리, 발봉, 수정봉, 만상계, 구룡연, 옥류동, 신계사, 한하계, 만물상, 장군성, 채하봉, 鉢淵沼 해금강 : 삼일포, 해금강 신금강 : 유점사, 미륵봉 부근과 백천교리에서 계곡물에 연해 거스른 성문동계곡을 가리킴. 백천폭, 천화폭, 12폭

1880년(명치 13) 관리청을 영사관으로 고치고, 1906년(명치 39) 2월 이사청이 되었다. 1910년(명치 43) 9월 합방과 동시에 부청이 설치되었다."[188]고 하여 일본의 관점에서 부산을 설명하였다. 그리고 부산은 "조선의

188 조선총독부철도국, 『朝鮮鐵道旅行案內』, 1915, 1쪽.

남단에 위치하며 해로 120여리 떨어져 시모노세키(下關)와 상대한다. 조선 종단철도의 기점으로서 歐亞大陸으로 통하는 문호"[189]라거나 "日本, 歐洲간 교통의 지름길(最捷)"[190]이라 하여 유럽과 아시아를 연결하는 관문으로서의 부산의 지리적 위치를 강조하였다. 그리고 "부관연락선이 본역(부산역-인용자) 끝의 부두 잔교에서 조석 2회 발착"[191]한다고 소개하였다. 이는 일본에서 부관연락선을 타고 부산항에 도착하여 부산역에서 출발하는 "급행여객차는 조석 2회 당역-안동 간을 발착"[192]한다고 하여 일본-부산-경성-신의주-안동으로 이어진다는 점을 소개하였고, "특별히 鮮滿直通急行旅客車도 있"[193]다는 점을 강조하였다. 이처럼 부산과 부산역은 일본과 만주 혹은 중국, 일본과 유럽을 연결하는 관문으로서 매우 의미있는 위치라는 점을 『조선철도여행안내』(1915)는 강조하였던 것이다. 『조선철도여행안내기(朝鮮鐵道旅行案內記)』(1929)는 "부산지방은 상고의 가락국, 즉 일본에 복속되었던 임나지방이다. 신라, 고려를 거쳐 이조가 흥할 무렵 왜구 곧 쓰시마(對馬)의 國主 소(宗)氏와 교섭이 비번했던 당시 염포, 제포와 함께 내지인을 위한 교역장으로 열렸던 3포의 하나"[194]라고 설명한 후 1876년 강화도조약 이래 부산의 변천을 일본의 관점에서 개괄한 후 "매일 2회 부관연락선과 선만의 제철도를 준비해 내지에서 구아대륙으로 통하는 요충"[195]으로 설명하였다. 그리고 부산을 경유하는 항로를 다음과 같이 소개함으로써 일본제국 내에서 부산항이 지니는 교통상의 위치를 강조하였다.

---

189 조선총독부철도국, 『朝鮮鐵道旅行案內』, 1915, 2쪽.
190 조선총독부철도국, 『朝鮮鐵道旅行案內』, 1915, 3쪽.
191 조선총독부철도국, 『朝鮮鐵道旅行案內』, 1915, 2쪽.
192 조선총독부철도국, 『朝鮮鐵道旅行案內』, 1915, 2쪽.
193 조선총독부철도국, 『朝鮮鐵道旅行案內』, 1915, 2쪽.
194 조선총독부철도국, 『朝鮮鐵道旅行案內記』, 1929, 17쪽.
195 조선총독부철도국, 『朝鮮鐵道旅行案內記』, 1929, 17쪽.

浦鹽－大阪線 연 30회, 朝鮮－上海線 연 18회, 雄基－關門線 월 3회,
新義州－大阪線 연 36회, 濟州島－關門線 월 2회, 大阪－淸津線 월 4회,
朝鮮－西岸線 연 24회, 長崎－壹岐·對馬線 월 6회[196]

『조선철도여행안내기』(1934)는 부산역에 대해 다음과 같이 소개하였다.

> 부산항은 조선 동남단에 위치한 무역항으로서 조선해협을 건너 120리
> 의 저쪽 下關과의 사이에 조석 2회의 관부연락선이 정기로 운항하며, 선
> 만철도와 연락하여 만주, 중국, 歐亞大陸으로 통하는 大玄關인 樞要 지
> 위를 점하고 있다. 또 이외에 北九州기선회사 경영의 博多行 연락선이
> 매일 1회 왕복 운항하여 내지와의 교통은 실로 至便하게 되었다. 관부연
> 락선 및 釜博連絡船은 제일 잔교에 부가되어 있어 배와 열차와의 사이는
> 겨우 수십보로 접속할 수 있는 것과 같은 시설로서 현재 조석 1회씩 부
> 산, 봉천 및 경성 간에 직통의 급행열차가 이 잔교에서 착발하고 있다.
> 잔교에는 여객대합소·매표소(出札所)·수하물취급소·화폐교환소·전신
> 취급소·철도안내소·뷰로안내소·식당에 이르기까지 船車 연락상 일체가
> 정비되고 국제 연락역으로 추호도 부끄럽지 않은 설비를 가지고 있다.[197]

부산잔교역은 부관연락선과의 연계를 목적으로 부산역에서 선로를 연
장하여 1913년 부산항 제1부두 잔교에 설치한 경부선의 한 역이었으나
1945년 이후 운행 중단과 동시에 폐지되었다. 이로써 부관연락선과 경부
선의 시간표는 연동되어 대륙과의 연결이 보다 용이하게 되었다.

이상과 같이 보면 부산항의 교통상, 지리상의 위치는 일본과의 연락에
종속되는 것이었다. 『조선철도여행안내기』(1929)까지는 고대 이래 부산과
일본의 역사적 관계에 대한 설명으로 시작한 것에 비해 『조선철도여행안내
기』(1934)에는 이러한 설명 없이 바로 위의 인용문이 서술되어 있다. 이는

---

196 조선총독부철도국, 『朝鮮鐵道旅行案內記』, 1929, 19쪽.
197 조선총독부철도국, 『朝鮮鐵道旅行案內記』, 1934, 3쪽.

통감부 이래 식민사관에 입각한 조선사교육이 이루어졌고, 이 무렵에는 그러한 생각이 상식화되었기 때문이 아니었을까 조심스럽게 추측해본다.

한편 주요 관광지는 여행안내서의 편찬 시기에 따라 약간의 차이가 발생하였다. 부산의 경우에는 일본과의 연락을 강조하는 한편 철도역의 신설과 전철의 부설에 따른 전철역의 신설에 따라 부산항에서 부산 각지의 관광지로의 연결은 보다 편리해졌다. 『한국철도선로안내』에서 소개한 용두산, 용미산, 절영도, 동래, 쓰에나리태군초혼비(津江成太君招魂碑), 부산진성, 고니시성지(小西城趾), 범어사 등의 관광지는 『조선철도여행안내기』(1934)까지 소개되어 있으며, 이후 해운대, 대정온천, 송도, 부산가축시장, 부산골프구락부, 사경대 등이 추가되었음을 확인할 수 있다. 수원의 경우는 화성과 그 부속시설, 그리고 통감부시기에 설치된 권업모범장, 종묘원, 농상공부 임업과, 조선총독부농사시험장 등 일제의 식민지 농업정책 수행의 첨병 역할을 한 근대농업시설이 있었다. 평양의 경우에는 고구려 평양성과 그 부속시설, 그리고 철도기념비, 청일전쟁초혼비, 사동탄광, 서기산공원, 기생학교, 골프장, 낙랑고분 등이 있다. 그러나 고구려 평양성의 부속시설인 모란대, 을밀대, 현무문 등에 대한 설명에는 청일전쟁과 관련된 일본군의 승전 사실 위주로 설명되어 있다. 금강산의 경우에는 내금

〈그림 2-28〉 부산 용두산공원의 경치

〈그림 2-29〉 부산 용두산공원의 경치

강과 외금강으로 나누어 설명하던 것이 『조선철도여행안내기』(1934)에는 내금강, 외금강, 해금강, 신금강으로 소개되어 있다. 이는 1920년대 중반 이래 일제가 제국 내에서 추진하던 국립공원화계획과 관련이 있다. 그리하여 조선총독부에서는 금강산국립공원화계획을 수립하여 금강산 관광개발을 적극적으로 추진하였기 때문이다.

그런데 앞에서 언급했듯이 부산의 사례나 평양 현무문의 사례와 같이 우리나라의 대표적 문화유적에 대한 설명이 누락되고 일본과 관련된 역사적 사실이 설명되고 있다는 것은 관광이 우리나라의 문화와 전통, 역사에 기반한 것이 아니라 일본의 역사에 기반한 것이라는 점을 명확하게 보여준다고 할 수 있다. 이를 다음과 같이 『조선철도여행안내』(1915)에는 철도기념비와 7층석탑, 풍경루(豊慶樓), 대동문, 연광정, 선교리, 모란대, 을밀대, 현무문, 부벽루와 영명사, 기자묘(箕子廟), 만경대, 칠성문, 사동탄광이 소개되어 있다. 평양이 고구려의 도읍이었으므로 대부분의 유적은 고구려와 관련된 것임에도 불구하고 이들 유적지에 대해서는 고구려에 대한 설명은 생략하고 일본과의 관련성에 초점을 맞추고 있음을 알 수 있다.

練光亭 : 대동문과 나란히 낭떨어지 위에 있으며 좌측 상류에 綾羅洲를 바라보고 금수산의 푸른 절벽 사이로 부벽루, 영명사, 모란대 등이 비스듬히 보인다. 임진왜란 당시 小西行長이 이 亭上에서 명의 사신을 접견했다고 한다. 또 역시 중국 사절을 환영하여 지방 대관 등의 연회장으로 사용된 곳이다.

船橋里 : 평양 대안의 일촌란이다. 청일전쟁 당시 우리 正功軍이 苦戰한 유적으로 弔魂碑가 있다. 이래 이미 20여 성상, 당시 심은 버드나무의 그림자가 깊으며 香煙은 끊일 때가 없다. 대동문 앞의 渡船場에서 江岸을 따라 내려가면 약 10여 정에 달한다.

牡丹臺 : 시가의 동북쪽 금수산 정상에 있다. 홀연히 성의 내외를 睥睨한다. 청일전쟁 당시 적이 守據한 砲壘의 흔적이 남아있다. 서쪽 고지

는 을밀대이다. 兩臺의 鞍部는 玄步門으로 부벽루, 영명사 또한 그 밑에 布置한다. 대안의 능라도는 평양 수도의 上源으로 島上은 平衍하며 흡사 융단을 깔아놓은 것 같다.

乙密臺 : 모란대와 마주보고 있다. 대상에 四虛亭이 있으며, 箕子廟의 울창한 숲벽 하에 깔리고 만경대 위의 소나무는 바람에 시끄럽고 사방이 굉활한 형세로 호탕하다. 당시 청나라 장수 左寶貴는 이곳을 거점삼아 수비하였고 우리 支隊는 진격하여 苦戰 끝에 드디어 전사한 것이다. 탄흔이 아직 정자에 남아있어 곳곳에 회고의 정이 새롭다.

玄武門 : 모란, 을밀 양대의 사이에 성벽이 반을 부서진 지금 석축의 작은 문이 남아있는데 이것이 현무문이다. 청일전쟁 당시 서쪽 감북산으로 진격하던 삭령지대가 맹공하여 먼저 모란대의 적을 침묵시키고 나아가 이 문에 이른다. 대문을 굳게 닫아 들어가지 못하게 하고 三村 중위는 부하 16명과 담벽을 기어올라 누상에 이르면 을밀대의 적이 끊임없이 사격하여 매우 위험하여 겨우 그 낮은 담장에 기대어 몸을 지지하였다. 이때 일등 병사 原田重吉이 몸을 바쳐 벽 안으로 들어가 대문을 열었다. 이에 전부대의 진공이 용이하게 되어 평양 북부 高地의 점령이 확실해졌다. 이때부터 현분문은 세상에 이름이 높다.

浮碧樓와 永明寺 : 부벽루는 금수산반에 있다. 소서행장이 평양을 철수한 20년 후인 조선 광해군 5년에 건축되었다. 부벽루 앞의 영명사 8각 石龕은 고려조. 5층석탑은 조선 초기에 건립되어 刻畫는 簡勁히 볼 수 있다. (이하 생략)

七星門 : 평양의 북문으로 원산가도에 서있다. 보통간 앞을 흐르고 좌우에 높은 절벽을 한 성벽이 그 위에 걸쳐 있다. 임진왜란 때 적이 먼저 문을 빼앗아 아군은 결국 苦戰하여 함락되었다. 러일전쟁에는 적의 척후문 밖에 달하여 피아가 최초 싸움을 했던 곳이다. 오른쪽 높은 곳에 울창한 송림이 연한 곳은 기자묘이다.[198]

　　이처럼 평양의 유적지를 소개하는데 고구려와 관련된 사실은 제외하거나 간략하게 서술하고 일본과 관련된 사실은 비교적 소상하게 소개하고 있

---

198 조선총독부철도국, 『조선철도여행안내』, 1915, 82~86쪽.

TOMB OF *Kii-chă* AT HEIJŌ (PINGYANG).

〈그림 2-30〉 기자릉

다. 이는 『한국철도선로안내』(1908)의 서술에서도 확인할 수 있다. 그러므
로 통감부와 조선총독부가 발행한 여행안내서의 관광지 소개는 일본과 관
련있는 사실을 강조하고 있음을 알 수 있다. 이는 식민지 조선관광의 주된
소비자가 일본인이라는 점에서 일본인 조선관광자에게 제국 일본의 강대
함과 역사적으로 조선은 일본과 불가분의 관계를 맺고 있었다는 점을 강조
하려 한 것이었다고 볼 수 있다. 또한 조선인 관광자들에게도 고대부터 조
선과 일본은 매우 밀접한 역사적 연관성이 있음을 강조하고 인지시키려 하
였다. 그런데 1913년 일본 철도원이 발행한 영문 여행안내서에는 7층석탑
(Seven-storyed Stone Pagoda), 대동문(Daido-mon), 풍경루(Hokei-
kyu), 연광정(Renko-tei), 선교리(Senkyori), 모란대(Botan-dai), 을밀

대(Otsumitsu-dai), 부력루(Fuheki-ro)와 영명사(Teimei-ji), 5층석탑
(Five-Storyed Pagoda), 기자묘(Kishi-Ryo), 칠성문(Shichisei-mon)
등이 소개되었다. 이 중 선교리는 "평양 맞은편에 있는 강가의 작은 마을
(약 50호)이다. 그곳은 1894~1895년 청일전쟁의 전투가 있던 곳"이라 소
개하였고, 모란대에 대해서는 "중국군은 이곳에 포대가 있어 일본군을 크
게 괴롭혔다."[199]고 설명함으로써 일문 여행안내서와 같은 맥락에서 식민
지 조선의 관광지를 소개하고 있음을 알 수 있다.

이와 같이 일제하 발행된 여행안내서는 일제의 관점과 시선이 반영된
것이었다. 그리고 이렇게 서술된 여행안내서는 일본인은 물론 서양인과 조
선인에게도 읽힘으로써 조선에 대한 일제의 식민지 지배를 선전하고 정당
화하는데 이용되었던 것으로 판단된다.

---

199 鐵道院, 『AN OFFICIAL GUIDE TO EASTERN ASIA』VOL1 MANCHURIA &
    CHOSEN, 1913, 261~262쪽.

4. 근대교통의 설치와 관광

1) 철도의 도입과 사설철도

(1) 대한제국기 철도 관련 제도의 성립

잘 알려져있듯이 우리나라 최초의 철도는 경인철도이다. 경인철도는 1896년 미국인 모스(Morse, J. R.)가 철도부설권을 획득하여 1897년 3월 29일 착공하였으나 일본의 정상자본가(政商資本家)인 이와사키 야노스케(岩崎彌之助), 시부사와 에이이치(涉澤榮一) 등이 1897년 조직한 경인철도인수조합이 설립한 경인철도합자회사에 매각하여 1899년 9월 완공하였다. 1905년에는 경부철도주식회사가 경부철도를 완공, 개통하였고, 1906년 3월 25일에 청천강 철교가 준공됨으로써 경의철도의 전 구간이 개통되었다. 경의철도는 1905년 군사상 필요하다는 일제의 강요에 못이긴 대한제국 정부가 50년간 임대조약을 체결하여 부설권을 일제에 박탈당한 상태에서 완공되었다. 이렇게 경부철도·경의철도가 개통됨으로써 대한제국은 부산-경성-신의주를 잇는 남북종단철도의 완성을 보게 되었다. 그런데 일제는 대한제국의 철도를 직접 경영하려는 목적으로 1906년 3월 30일 제국의회에서 경부철도매수법(京釜鐵道買收法)을 통과시켰다. 이에 따라 통감부는 1906년 7월 통감부 철도관리국을 설치하여 경부선과 경인선을 관할하였고, 9월에는 경의선, 마산선을 이관받아 대한제국의 철도를 모두 장악하였다.[200] 그리고 대한제국 강점 이후 1910년 10월 1일 조선총독부 내에 철

---

200 참고로 대한제국기에 건설된 철도는 다음과 같다.

노선명	영업구간	연장	전구간 개통 연도
경인선	서대문-인천	33.0km	1900
경부선	남대문-초량	444.5km	1905
마산선	삼랑진-마산	40.2km	1905

도국을 설치하여 식민지 조선의 철도 행정을 담당하게 하였다. 이렇게 보면 우리나라 철도는 국유철도가 아니라 사설철도로 시작되었음을 알 수 있다.

철도 부설을 위한 움직임은 대한제국 시기부터 비교적 활발하였다. 1880년대에 발행되었던 『한성순보』·『한성주보』는 미국, 일본, 청, 러시아 등 각국의 철도 관련 소식을 보도하여 철도 부설의 필요성을 강조하였다. 국립중앙도서관에서 제공하는 대한민국 신문 아카이브(www.nl.go.kr/newspaper/)에서 철도를 키워드로 검색하면 『황성신문』 5,686건, 『대한매일신보』 1,262건, 『대한매일신보』 국한문판은 1,759건 등 모두 8,707건이나 되는 철도 관련 기사를 찾을 수 있는 것이다. 이러한 철도에 대한 관심은 철도가 근대문명을 상징하는 존재였을 뿐만 아니라 대한제국의 근대화를 촉진시킬 수 있는 매개체로서 인식되었기 때문이었다고 할 수 있다.

그런데 『한성순보』·『한성주보』는 관보의 성격을 갖고 있으며, 『황성신문』은 대한제국의 구본신참 개혁을 뒷받침하는 성격을 갖고 있다는 점에서 철도에 대한 이 신문들의 관심은 곧 대한제국 정부의 시선을 대변한다고 보아도 무방할 것이다. 따라서 대한제국 정부는 철도의 부설에 대해 상당한 관심을 갖고 있었음은 분명하다. 이러한 관심을 반영하여 대한제국 정부는 1896년에 칙령 제30호로 '국내철도규칙'을 다음과 같이 공포하였다.

> 第一條 國內 人民 往來와 物品 出入의 便利홈을 爲ᄒ야 國內 各地方에 鐵道를 設置홈.
> 第二條 國內 各地方 鐵道의 尺量을 均一케 ᄒ야 此道 輪車가 彼道에도 互相通行ᄒ야 無礙케 홈.

노선명	영업구간	연장	전구간 개통 연도
경의선	용산~신의주	527.9km(개량후 496.7km)	1906

※자료: 조선총독부철도국, 『조선철도40년약사』, 1940(도도로키 히로시, 앞의 논문, 16쪽, 〈표 2〉 초창기 철도 개통 연도와 구간을 이용하였으나 경부철도의 전구간 개통 연도가 1905년이므로 이를 바로 잡음).

第三條 國內 各地方 鐵道의 廣을 外國의 現行 立規를 從ᄒ야 鐵線 設ᄒ 兩間을 英尺 四尺八寸半으로 確定홈.

第四條 官立ᄒ 鐵道 滊車의 往來人 票價와 出入物 運費ᄂ 農商工部大臣이 定홈.

第五條 本國人이나 外國人이 鐵道會社를 國內 各地方에 設置ᄒ 時에도 此規則을 一切 遵行ᄒ고 票價와 運費도 農商工部와 協議ᄒ야 妥定홈.

第六條 鐵道細則은 農商工部大臣이 追後로 定홈.

附則 第七條 本令은 頒布日로붓터 施行홈.[201]

이에 따르면 대한제국은 철도 부설의 목적을 여객과 화물 운송의 편리를 도모하는 것에 두었고, 궤간을 4척 8촌 반(1,435mm)으로 규정하여[202] 국제 표준 궤간을 따르고 있다. 또한 내외국인을 막론하고 국내에 철도회사를 설립할 경우에 이 규칙을 준수하며, 농상공부와 협의하여 운송비를 정해야 한다고 명시하였다. 관설철도[203]뿐만 아니라 사설철도에 대해서도 이 규칙에 따라 철도 업무가 처리되었다. 그런데 대한제국의 선로 궤간은 1896년에 5척(1,524mm)으로 개정되었다가 1898년 이후 다시 4척 8촌 반으로 환원되었다. 이는 아관파천에 따라 조선에 대한 러시아의 영향력이 커지면서 시베리아 철도와 동일한 5척 궤간을 채용하였다가 고종의 환궁 이후 국제표준으로 되돌린 것으로 이해된다. 즉 조선을 사이에 둔 러시아

---

201 『대한제국관보』제380호, 「勅令 第30號 國內鐵道規則」.

202 궤간은 1896년에 5척(1,524mm)으로 개정되었다. 당시 아관파천으로 러시아의 영향력이 커지면서 시베리아 철도와 동일한 5척 궤간을 채용한 것으로 보인다. 이는 1898년 이후 다시 4척 8촌 반으로 환원되었다(朝鮮鐵道史編纂委員會 編, 『朝鮮鐵道史 第1卷 創始時代』, 朝鮮總督府鐵道局, 1937, 52쪽).

203 일본에서는 국가에서 부설한 철도를 사설철도에 대비되는 관설철도로 칭하다가, 「철도국유법」이 시행된 이후(1906) 관설철도를 대신하여 국유철도라는 용어가 생겨나게 되었다. 이러한 용어는 조선에도 그대로 적용되었다. 따라서 본 논문에서도 1906년을 기준으로 하여 이전은 관설철도, 이후는 국유철도라는 용어를 사용한다(原田勝正, 「일본에 있어서 철도의 특성과 그 발달(1872~민영화 이전)」, 『일본철도의 역사와 발전』, 북갤러리, 2005, 84쪽).

와 일본의 세력 다툼의 산물이었다고 판단된다. 이와 같은 '국내철도규칙'의 제정은 1897년 3월 29일 기공된 경인선의 부설이 그 배경에 있었다. 1896년 모스에게 경인철도 부설권을 내주면서 철도에 관한 법령이 필요했기 때문이다.

한편 을사조약 체결 직후인 1905년 12월 21일 대한제국 정부는 법률 제6호로 다음의 '사설철도조례'를 제정하였다.

第1條 旅客 및 貨物 運輸 營業 目的으로 鐵道를 敷設코자 ᄒᆞᄂᆞᆫ 者ᄂᆞᆫ 發
起人 五人 以上으로 署名ᄒᆞ야 鐵道會社 創立請願書에 起業趣旨書
를 添付ᄒᆞ야 農商工部에 請願ᄒᆞᆯ 事
第2條 起業趣旨書에ᄂᆞᆫ 左開事項을 記載ᄒᆞᆯ 事
　　1. 社名 및 本社와 創立事務所 所在地名
　　2. 鐵道 名目 및 軌道 幅員
　　3. 線路 兩端 및 經過地方에 添付 該略圖
　　4. 資本金 總額 및 總株數, 每株金額
　　5. 鐵道敷設費用 및 運輸營業上 收支槪算
　　6. 發起人 姓名, 住所 및 發起人이 自擔ᄒᆞᆫ 株數. 但發起人 總員이
　　　　自擔ᄒᆞᆯ 株數ᄂᆞᆫ 總株數 2/10 未滿을 不得ᄒᆞᆯ 事
第3條 農商工部에서 第一條 請願書 및 趣旨書를 査閱ᄒᆞ야 起業上 拘礙
之端이 無ᄒᆞ면 假認許狀을 成給ᄒᆞ고 本社를 設置코자 ᄒᆞᄂᆞᆫ 地方官
에게 發訓ᄒᆞ야 發起人으로 線路實測圖面工事 方法書 및 會社定款을
調製ᄒᆞ야 農商工部에 報明케 ᄒᆞᆯ 事. 旣設鐵道와 相妨이 有ᄒᆞ거나 該
地方 狀況에 鐵道 敷設 ᄒᆞᆯ 必要 가 無ᄒᆞᆯ 時에ᄂᆞᆫ 請願書를 退下ᄒᆞᆯ 事
第4條 農商工部에서 前條 圖面書類를 審査ᄒᆞ야 妥當ᄒᆞᆷ을 確認ᄒᆞᆫ 時에
ᄂᆞᆫ 政府會議를 經ᄒᆞ야 會社設立 및 鐵道敷設認許狀을 成給ᄒᆞᆯ 事
第5條 發起人은 前條 認許狀을 成給ᄒᆞᆫ 後가 아니면社 名으로 株金을
募集ᄒᆞ거나 鐵道工事에 着手ᄒᆞᆷ을 不得ᄒᆞᆯ 事
第6條 會社ᄂᆞᆫ 認許狀을 成給ᄒᆞᆫ 日로 始ᄒᆞ야 6個月 以內로 鐵道 敷設
工事에 着手ᄒᆞ며 認許狀에 記載ᄒᆞᆫ 豫定期限 內에 竣工ᄒᆞᆷ이 可ᄒᆞ되
만약 其期限內에 竣工기 難ᄒᆞᆫ 事由가 有ᄒᆞᆯ 時에ᄂᆞᆫ 2個月 以前으로
農商工部에 對ᄒᆞ야 延期를 請願ᄒᆞᆷ이 可ᄒᆞ니 其延期ᄂᆞᆫ 豫定期限의
半를 不踰ᄒᆞᆯ 事

第7條 軌道 幅員은 特許를 得호 外에는 總히 四呎八吋半으로 定흘 事
第8條 鐵道用地라 稱홈은 左開와 如흘 事
　　1. 線路用地 其幅員은 築堤開鑿橋梁 等 工事의 必要를 應ᄒᆞ야 量定
　　　흘 事
　　2. 停車場 用地, 停車場 及 事務所, 車庫, 貨物庫, 轉車臺 等 建築
　　　用土地
　　3. 前項 構內에는 事務의 便宜을 隨ᄒᆞ야 驛長, 車長, 機關手의 住
　　　屋 等 建築用 土地
　　4. 鐵道 敷設 及 運輸를 爲ᄒᆞ야 車輛器具를 製造 或 修繕ᄒᆞ는 工場
　　　과 同上 工作材料 及 器具를 貯藏흘 倉庫 等 健築用 土地
第9條 鐵道 敷設를 爲ᄒᆞ야 舊來의 道路, 橋梁, 溝渠, 運河 等을 變更ᄒᆞ
　　거나 或 一時 移設코자 흘 時에는 該所管官廳에 協議를 要홈이 可
　　ᄒᆞ되 該費用은 會社에서 支出 흘事
第10條 線路가 道路를 橫過흘 境遇에는 橋梁 架設ᄒᆞ거나 踏切道를 設
　　홈이 可ᄒᆞ고 其他危險을 防止흘 必要가 有호 處에는 墻柵門戶 及
　　隄防을 設ᄒᆞ며 或 把守人을 配置ᄒᆞ야 十分 警備에 注意흘 事
第11條 線路 全部는 或 一部分의 工事을 竣成호 後에 旅客 及 貨物運
　　輸를 開業코자 흘 時에는 農商工部에 報明흘 事
第12條 農商工部는 前條 報明을 依ᄒᆞ야 監督員을 派遣ᄒᆞ야 工事方法
　　書에 準ᄒᆞ야 軌道, 橋梁, 車輛, 建築 等을 監査케 ᄒᆞ야 一切 完全ᄒᆞ
　　면 開業認許狀을 成給ᄒᆞ고 만일 完全치 못호 個處가 有ᄒᆞ면 敗築修
　　理을 命홈이니 此時에는 監査員의 報明書를 會社에 示흘 事. 會社
　　는 前項 開業認許狀을 不得ᄒᆞ면 運輸業을 開치 못흘 事
第13條 農商工部는 鐵道 敷設 中 臨時監査員을 派遣ᄒᆞ야 監査케 ᄒᆞ며
　　運輸 開業 後라도 監査員을 派遣ᄒᆞ야 軌道, 橋梁, 車輛, 建築 等과
　　運輸上 實況을 監査케 ᄒᆞ야 만일 危隊事가 有ᄒᆞ면 改築, 修理을 命
　　홈이니 此境遇에는 監査員의 報明書를 會社에 示흘 事
第14條 第12條, 第13條의 改築, 修理를 竣호 後에도 更히 監査를 受흘 事
第15條 農商工部는 會社에서 鉄道用地로 要ᄒᆞ는 官有土地 及 第9條의
　　土地는 相當호 價格으로 賣下 以給ᄒᆞ고 民有土地는 公用土地 買上
　　ᄒᆞ는 例를 據ᄒᆞ야 買上以給홈이니 或 該土地에 在호 家屋 等도 本
　　條에 準ᄒᆞ야 處理흘 事
第16條 會社에서 鐵道 敷設을 癈止ᄒᆞ거나 線路 變更을 依ᄒᆞ야 前條의
　　土地를 不用흘 時에는 該土地 原所有者가 原價로 買還ᄒᆞ는 權이 有

홀 事. 會社는 前項 土地를 不用ᄒ는 意로 原所有者에게 通知 ᄒ야
만 原所有者가 三個月 以內로 買還치 아니ᄒ면 其買還權을 失홀 事
第17條 鐵道事務에 關ᄒ야 往復ᄒ는 官吏는 無賃으로 乘車케 ᄒ되 其
官吏에게는 便乘 或 常乘車券을 交付홀 事. 軍馬, 銃砲, 糧食, 被服
等 一切 軍需品은 總히 半價로 輸送홈이니 此時에는 公格를 因 ᄒ
者의 公文을 憑準홀 事
第19條 罪人과 罪人을 護送ᄒ는 官吏는 半價로 乘車케 홀 事
第20條 戰時ᄂ 事變이 有홀 時에는 徵發令의 定ᄒ 바를 從ᄒ야 鐵道를
使用게 홀 事. 平時라도 至急히 軍隊를 派送홀 時에는 當該官廳의
命을 從ᄒ야 速히 運送ᄒ며 其運賃은 第18條의 例를 依홀 事
第21**條** 軍隊에서 軍事上 必要를 應ᄒ야 車輛을 改修或新飾ᄒ거ᄂ 軍
需品載卸器具制造를 命ᄒ며 其實費를 支出ᄒ는 時에는 會社에서
此를 拒絕치 못홈이라
第22條 農商工部大臣은 公衆의 安全을 爲ᄒ야 官有鐵道에 實施ᄒ는
事務는 會社에 命ᄒ야 施設케 홈을 得홈이라
第23條 官設이ᄂ 官許를 得ᄒ 者가 會社의 鐵道線路를 接續ᄒ거나 橫
過ᄒ야 鐵道를 敷設코자 홀 時에는 設工事에 對ᄒ야 會社에서 此를
拒絕치 못홀 事
第24條 官設鐵道에 設行ᄒ는 規則은 私設鐵道에도 適用홀 事
第25條 會社에서 會社定款이나 工事方法을 變更코자 홀 時에는 農商
工部에 請願ᄒ야 更히 認可을 受홀 事
第26條 旅客 및 貨物運賃額과 運輸規程을 定ᄒ거ᄂ 或 此을 變更코자
홀 時에는 農商工部大臣의 認許를 受혼 後에 實行ᄒ되 2週日 以前
으로 此를 公佈홀 事
第27條 列車 發着時間 및 度數를 定ᄒ거ᄂ 或 此를 變更홀 時에는 農
商工部에 報明홀 事
第28條 會社는 每年 2期로 營業報告書를 調製ᄒ야 40日 以內로 農商
工部大臣에게 報明홀 事
第29條 會社는 其財産 全部나 或 一部를 典質ᄒ야 得債홈이 有ᄒ되 其
債金額은 株主가 辦納혼 資本 金額의 1/2을 不踰ᄒ고 每期 會計 磨
勘 時에 右債金을 完償혼 後가 안이면 株主에게 利益金 分派홈을
得지 못홀 事. 前項의 典質로 外國人에게 得債코자 홀 時에는 農商
工計에 請願ᄒ야 政府會議을 經혼 後에 特히 認可을 受치 안이면
不得홀 事

第30條 會社의 會計磨勘法은 左開 2種으로 分흘 事
   1. 資本會計磨勘 軌道, 車輛, 器械, 停車場, 土地, 建築 等 營業上
      收益이 有흘 物件 設備에 關흔 出納
   2. 收益會計磨勘 前項 物件의 維持保存에 關흔 費用 및 營業上 出納
第31條 私設鐵道가 官設鐵道에 接續흘 境遇에는 交互運輸方略 및 賃
   金相計等節은 農商工部大臣이 決定흠이라. 兩會社 以上 私設鐵道
   가 接續흘 境遇에는 交互運輸方略 및 賃金相計等節에 關ㅎ야 兩議
   가 不協흘 時에는 農商工部大臣裁定을 請흘 事. 前項에 境遇가 有
   흠 時에는 農商工部大臣의 裁定을 終局으로 흠이라
第32條 官設鐵道로 豫定흔 線路는 特許가 아니면 私設을 不得ㅎ며 私
   設鐵道로 認許를 受흔 線路라도 起工 以前에 官設을 要흠 時에는
   會社는 此를 拒絶치 못흘 事
第33條 農商工部는 認許狀을 成給흔 日로 始ㅎ야 滿30個年(特히 營業
   期限을 定흔 者는 其滿期) 後에 鐵道 및 附屬物件을 買上ㅎ는 權이
   有흠이라
第34條 前條를 依ㅎ야 鐵道 및 附屬物件을 買上ㅎ는 時에는 前5個年
   間 株券 價格을 平均ㅎ야 此를 買上ㅎ는 價格으로 定흠이라
第35條 認許狀을 成給흔 日로 始ㅎ야 6個月 以內로 鐵道 敷設 工事에
   着手치 안이ㅎ거나 豫定期限 및 延期 內에 竣工치 아니ㅎ면 認許狀
   을 還收ㅎ되 但 其事宜를 從ㅎ야 該旣設鐵道 및 附屬物件을 公賣에
   附寸ㅎ야 使其 買受者로 此를 竣工케 ㅎ는 事가 有ㅎ니라
第36條 旅客 및 貨物運送之際에 社員이 疏忽惰怠ㅎ거나 故意로 損害
   를 生케ㅎ는 時에는 會社에서 其賠償의 責任이 有흠 事
第37條 第4條의 認許狀을 不受ㅎ고 社名으로 株金을 募集ㅎ거나 鐵道
   工事에 着手ㅎ면 第3條의 假認 許狀을 還收ㅎ고 第12條의 認許狀
   을 不受ㅎ고 開業ㅎ거나 第13條의 改築修理를 不經ㅎ고 營業ㅎ는
   時에는 農商工部大臣은 此을 停止케 ㅎ며 其間 營業收入金은 自官
   沒收흘 事
第38條 鐵道運輸開業後會社에서 本條例와 會社定款을 不遵ㅎ거나 鐵
   道의 正當흔 秩序를 紊亂케 ㅎ면 農商工部大臣은 該社員을 改選케
   ㅎ며 秩序를 整頓ㅎ기싯지는 農商工部鐵道局으로 運論營業을 繼續
   直轄ㅎ되 該營業의 損益은 會社에 歸흘 事
第39條 鐵道線路 沿ㅎ야 架設흘 電信은 政府와 會社가 幷設 或 各設흠
   을 得ㅎ되 但 架設實費는 各其使用部分에 對ㅎ야 支出흘 事

第40條 會社ᄂᆞᆫ 鐵道用地 및 停車場內 家舍 一部를 無賃으로 郵便 및
電信用에 供ᄒᆞ되 但 政府에서 家舍를 改造ᄒᆞ거ᄂᆞ 用地를 買上ᄒᆞᆯ 時
에ᄂᆞᆫ 其實費를 支出ᄒᆞᆷ 事
第41條 郵便物 其他 遞傳人員에 關ᄒᆞᆫ 賃金은 郵便條例에 據ᄒᆞ야 該所
管官廳에서 會社와 約定ᄒᆞᆯ 事第42二條 會社의 營業稅ᄂᆞᆫ 開業日로
始ᄒᆞ야 徵收ᄒᆞ되 一般 營業稅에 依ᄒᆞᆷ 事
第43條 外國人이 數設ᄒᆞᆫ 鐵道라도 特別히 條約을 據ᄒᆞᆫ 外에ᄂᆞᆫ 總히 本
條例에 準旅ᄒᆞᆯ 事
第44條 本條例 頒布 以前에 認許를 受ᄒᆞᆫ 鐵道ᄂᆞᆫ 本條例 頒布日로 起ᄒᆞ
야 本條例에 準施ᄒᆞᆯ 事
第45條 本條例의 細則은 部令으로 定ᄒᆞᆯ 事
附則 第46條 本條例ᄂᆞᆫ 頒布日로브터 施行ᄒᆞᆯ 事
光武九年十二月十八日御押 御璽 奉 勅 議政府議政大臣臨時署理學部大
臣 李完用 農商工部大臣 權重顯[204]

이 '사설철도조례'에 따르면 대한제국의 사설철도는 농상공부에 인허가
권이 있으며, 철도용지와 선로 궤간, 자본금 등이 규정되어 있다. 특히 선
로 궤간은 4척 8촌 반으로 규정되어 있어 1898년 이래의 선로 궤간을 유
지하였음을 알 수 있다. 또 철도 가설 중 전신에 관한 규정을 두어 정부가
전신을 이용할 수 있도록 하였다.

그런데 이 '사설철도조례'는 을사조약 직후에 제정되었다는 것에서도
추측할 수 있듯이 일본의 '사설철도조례'와 '사설철도법'의 영향을 강하게
받았다. 98개조로 구성된 일본의 사설철도법은 1887년 칙령 제12호로 제
정된 41개조의 '사설철도조례'를 폐지하면서 제정한 법률로서 궤도를 제외
한 일반의 이용을 위해 설치된 민영철도의 부설, 운영에 관해 규정한 것으
로 법조문은 증가하였으나 그 내용에서는 '사설철도조례'와 큰 차이가 없
다. 이는 '사설철도법'이 주요 간선 철도가 사설철도로 만들어졌을 때를 염

---

204 『대한제국관보』 제3329호, 1905년 12월 21일.

두에 두고 제정된 법[205]이라는 점에서 사설철도에 관한 세세한 부분까지 자세히 규정했기 때문이다.

한편 1906년 2월 통감부가 설치된 이후 대한제국의 철도 행정은 통감부 철도관리국에서 전담하였다. 일본의 메이지천황이 칙령 제172호로 공포한 '통감부 철도관리국 관제'[206]에 따르면 통감부 철도관리국은 "한국에서의 철도의 건설, 개량, 보존, 운수 및 부대사업을 관장"(제1조)하며, 장관 1인·사무관 전임 2인·사무관보 전임 2인·기사 전임 14인·통역관 전임 1인·서기 전임 145인·기수 전임 65인·통역생 전임 2인을 두도록 하였다(제2조). 장관은 통감의 명령을 받아 국무를 수행하며(제3조), 한국주차군사령관의 요구에 응해 군사 수송 기타 군사상 소요되는 설비를 수행하도록하였고(제4조), 통감부 철도관리국에는 총무부·공무부·운수부의 3개의 부서를 설치하도록 하였다(제12조). 이로 보아 통감부 철도관리국은 을사조약이후 대한제국의 철도 관련 행정에 대한 전권을 행사하였다고 볼 수 있다.

(2) 일제하 사설철도의 설립과 운영

앞에서 본 바와 같이 '국내철도규칙'과 '사설철도조례'는 대한제국기에 제정된 철도 관련법이었다. 특히 '사설철도조례'는 을사조약 체결 이후인 1905년 12월에 제정되었기 때문에 사실상 일제에 의하여 제정되었다고 볼 수 있다. 그러므로 경인철도, 경부철도, 마산철도 등 을사조약 이전 개통된 철도는 형식상 '국내철도규칙'에 의해 이루어진 것이었다.

1906년 통감부 설치 이후 대한제국의 철도 행정은 통감부 철도관리국이 전담하였다. 그리고 1910년 국권 피탈 이후에는 칙령 제359호 '조선총

---

205 和久田康雄, 『日本の私鉄』, 岩波書店, 1981, 52쪽.
206 일본 국립공문서관 디지털아카이브에서 인용.

독부 철도국 관제'(1910년 9월 30일 제정, 10월 1일 시행)에 따라 조선총독부 철도국에서 철도에 관한 일체의 사무를 관장하였다. 통감부 철도관리국의 업무와 크게 달라지지는 않았으나 통감부 철도관리국의 업무에 없던 '경편철도 및 궤도에 관한 사무'가 추가되었다. 구성원은 기감(技監)을 겸직하는 장관1인, 참사 전임 6인, 부참사 전임 4인, 참사보 전임 9인, 기사 전임 38인, 통역관 전임 1인, 서기와 기수 전임 409인을 두도록 하였다.[207]

한편 1917년 7월 31일 조선총독부는 조선총독부 철도국 관제를 폐지[208]하고, 1917년 칙령 제90조에 따라 조선총독부 훈령 제34호를 발하여 조선총독부 관할 철도의 운수 업무를 남만주철도주식회사에 위탁[209]하였다가 1925년 조선총독부 고시 제64호로 위탁업무를 해제[210]하면서 조선총독부 철도국 관제[211]를 다시 제정하여 조선총독부 철도국을 부활하였다. 조선총독부 철도국은 "조선에서의 국유철도 및 그 부대업부와 사설철도 및 궤도의 감독에 관한 사항을 관장"(제1조)하며 국장·이사 전임 1인·참사 전임 7인·부참사 전임 22인·기사 전임 55인·서기 전임 890인·기수 전임 599인을 두도록 하였다(제2조). 조선총독부 철도국은 서무과, 감독과, 영업과, 운전과, 공무과, 기계과, 경리과를 두었는데 각 과의 업무는 다음과 같다.

> 서무과 : 기밀에 관한 사항, 직원의 신분 진퇴 및 상벌에 관한 사항, 직원의 요양 및 위안에 관한 사항, 공제조합에 관한 사항, 숙사 배급에 관한 사항, 인쇄 및 관인의 管守에 관한 사항, 문서의 접수·발송·사열·편찬 및 보존에 관한 사항, 법규·소송·손해배상 및 위자금에 관한 사항, 제반 광고에 관한 사항, 통계·보고 및 局報의 발행에 관한 사항,

---

207 『조선총독부관보』 제28호, 「칙령 제359호 조선총독부철도국관제」.
208 『조선총독부관보』 호외, 「칙령 제79호」.
209 『조선총독부관보』 호외, 「조선총독부훈령 제34호」.
210 『조선총독부관보』 호외, 「고시 제64호」.
211 『조선총독부관보』 호외, 「칙령 제84호」.

무임 승차증에 관한 사항, 타과의 주관에 속하지 않은 사항

감독과 : 사설철도의 면허 및 궤도의 허가에 관한 사항, 사설철도 및 궤도의 감독에 관한 사항, 사설 철도 및 궤도의 저당·등록·대장 및 통계에 관한 사항, 사설철도의 보조에 관한 사항

영업과 : 철도운수의 영업에 관한 사항, 창고의 영업 및 보관창고에 관한 사항, 여관·식당·식당차 기타 부대영업에 관한 사항, 객화차 및 부속품의 운용에 관한 사항, 운수수입의 심사에 관한 사항

운전과 : 열차의 운전, 신호 및 보안에 관한 사항, 차량의 보관 및 검사에 관한 사항, 기관차 및 부속품의 운용에 관한 사항, 전기통신에 관한 사항

공무과 : 철도 및 건조물의 건설, 개량 및 보존에 관한 사항, 철도용지에 관한 사항, 전기통신시설의 건설, 개량 및 보존에 관한 사항, 신설선로의 조사에 관한 사항

기계과 : 차량 및 기계의 제작, 개량 및 수리에 관한 사항, 공장의 계획 및 관리에 관한 사항, 전력시설 및 그 공급에 관한 사항

경리과 : 예산 및 결산에 관한 사항, 출납에 관한 사항, 물품의 調度·출납·보관 및 처분에 관한 사항, 재산의 정리에 관한 사항[212]

위의 사무분장에 따르면 사설철도에 관한 사무는 감독과에서 담당하였음을 알 수 있다. 그런데 이미 1912년 6월 조선총독부는 제령 제25호로 조선경편철도령을 공포하여 경편철도에 관한 법령을 마련하였다. 17개 조로 구성된 조선경편철도령은 사설철도에 관한 조선총독부 최초의 법령이라 할 수 있다. 경편철도란 대도시권에서 중간급 규모의 역내 교통수단으로 이용되는 철도망을 의미하는데, 경편철도법에 기초하여 건설된 궤간 1,067㎜보다 좁은 철도, 즉 협궤철도를 지칭한다. 일본에서 경편철도법은 1910년 4월 21일 제정되어 8월 3일부터 시행되있으므로 조선경편철도령은 이 법에 영향을 많이 받았을 것으로 판단된다.

그런데 조선경편철도령에서 주목되는 점은 "국가 또는 공공단체에서

212 「조선총독부훈령 제12호 조선총독부철도국사무분장규정」, 『조선총독부관보』 제3786호.

공익을 위해 사설의 경편철도 및 그 영업상 필요한 물건의 전부 또는 일부를 매수하고자 할 때는 경편철도는 이를 거부할 수 없다"[213]고 한 제7조의 규정이다. 후술하는 조선철도12년계획에서 사철의 국유화정책을 추진할 수 있는 법적 근거라 할 수 있다. 조선총독부가 이와 같은 법령을 제정할 수 있었던 것은 사설철도에 대한 보조금을 지급할 수 있었기 때문이라 생각된다.[214] 그러나 조선경편철도령으로는 후술하는 바와 같이 점증하는 사설철도의 부설을 뒷받침하기에 한계가 있었고, 제1차 세계대전의 종전 이후 일본 경제가 불황에 빠지면서 전쟁기에 축적된 잉여자본의 투자처가 필요하였다. 이와 동시에 일본 내의 철도법이 정비되면서 조선의 법령 역시 개정을 필요로 하였다. 이러한 결과로 조선총독부는 조선경편철도령을 폐지하고, 1920년 '조선사설철도령(제령 제8호)'을 새로이 제정[215]하였다.

'조선사설철도령'은 "私人이 공중용으로 제공하기 위하여 부설하는 철도에 관해서는 이 령에 규정하는 것을 제외하고 지방철도법에 의한다"(제1조)라고 하여 '지방철도법'을 상위법으로 명시하고 있다. 일본에서 사설철

---

213 「제령 제25호 조선경편철도령」, 『조선총독부관보』 제540호.
214 사설철도에 대한 조선총독부가 지급한 보조금은 아래의 표와 같다.

	1914	1916	1918	1920	1922	1924
전북경편	6,940	8,386	2,883	34,509		
조선중앙		30,000	123,661	379,370	752,076	
서선식산				101,427	239,564	
금강산전기				29,218	193,310	325,945
남조선철도				42,019	197,867	
조선경남				46,914	247,201	487,860
조선삼림				40,603	59,219	
조선산업				57,833	60,419	
양강척림				15,674	39,090	
도문철도				168,949	167,404	244,027
보조예산액	83,656		147,541	1,184,150	2,500,000	2,830,000
결산액	6,940	38,386	126,546	695,301	1,837,466	3,258,177

※자료: 菊島啓, 「植民地朝鮮の私設鉄道に関する研究－大正期設立の会社とその特徴－」, 『清和法學研究』 15-1, 清和大学法学会, 2008.
215 「제령 제8호 朝鮮私設鐵道令」, 『朝鮮總督府官報』 제2356호.

도가 '철도국유법'의 시행 이후 지역의 '지방철도'로만 부설[216]될 수 있었던 반면 조선에서는 국유철도의 선구적·대안적 노선의 역할을 하고 있다[217]는 점은 철도의 궤간 규정과 밀접한 관련이 있다고 판단된다. 즉 조선사설철도령은 "사설철도의 궤간은 4척 8촌 반(1,435mm)으로 한다. 특별한 경우에는 2척 6촌(762mm), 또는 3척 6촌(1,067mm)으로 할 수 있다"(제2조)고 규정되어 있다. 이러한 궤간은 조선의 국유철도와 같은 것으로 경편철도가 대부분 762mm의 궤간으로 부설되어 국유철도와의 접속이 불편했던 점이 반영[218]된 것이라 할 수 있다. 또한 일본의 경우 1,067mm의 궤간을 원칙으로 한 것에 비해 조선에는 1,435mm의 국제표준궤간을 채택한 것은 매우 중요한 의미가 있다. 조선 철도는 "단순히 식민지 철도로서의 역할만이 아니라 장래 중국에서 유럽 대륙의 철도와 연결시켜 세계 교통의 간선"[219]으로 만들고자 했던 일본의 대륙 침략 의도가 그대로 드러나기 때문이다.[220] 그리고 조선총독부는 조선사설철도령을 뒷받침하기 위한 조선사설철도령 시행규칙을 1920년 11월 10일 공포하였다.[221]

식민지 조선의 서선식산철도주식회사의 상무취체역 가타 나오지(賀田直治)는 조선 사설철도의 사명을 아래와 같이 생각하였다.

1. 지방 산물의 개발 증식을 도모하여 가치를 증진시킬 것
2. 토지의 이용 가치를 증진시킬 것
3. 미개척의 삼림, 광산 혹은 불모지 등의 개척을 늘릴 것

---

216 原田勝正, 「일본에 있어서 철도의 특성과 그 발달(1872~민영화 이전)」, 84쪽.
217 鮮交會, 『朝鮮交通史』, 774쪽.
218 轟博士, 「일제강점기 사설철도망의 형성과 유형」, 46쪽.
219 鮮交會, 『朝鮮交通史』, 36쪽.
220 이에 대해서는 平山昇의 연구(「日鮮滿を結んだ鉄路と航路」, 『日本史の硏究』 212, 山川出版社, 2006)를 참조 바람.
221 『조선총독부관보』 호외, 「조선총독부령 제72호」.

4. 이민지 혹은 신촌락의 건설을 수반할 것
5. 공업의 발흥을 원조할 것
6. 국방 혹은 경비상의 편리함을 제공할 것.
7. 내지 자본 및 내지인을 조선에 도입할 것
8. 내선 자본의 제휴와 내선인 융화를 실현할 것[222]

    이는 사설철도의 기능이 단순히 수송에만 머무는 것이 아니라 자원 개발·일본인 이민을 통한 신촌락의 설치 등 지방 개발, 그리고 이를 통해 일본 자본의 유치와 조선인 자본과의 합작을 통한 이른바 '일선융화', 군사상의 필요 등 다목적으로 이용하고자 했음을 알 수 있다. 특히 관광개발은 지방 개발의 일환으로 이루어진 것으로 보인다.
    이와 같이 제도를 정비한 이후 1920년까지 건설되어 운행 중인 사설철도는 각각 〈표 2-25〉와 같다.

〈표 2-25〉 1910년~1920년 조선사설철도일람(1920년 6월 말 조사)[223]

회사명	구간	운행거리 (㎞)	궤간	원동력	설립허가일	운수개시일	자본 또는 건설비
전북경편철도 주식회사	이리-전주	15.5	2척 6촌	증기	1913.1.9	1914.11.17	300,000
함흥탄광철도 주식회사	함흥-서호진	10.0	2척 6촌	증기	1913.9.29	1915.12.20	600,000
개천경편철도	신안주-개천	18.2	2척 6촌	증기	1916.5.13	1916.5.15	450,000
	개천-천동	4.6			1917.12.3	1918.12.1	155,000
조선중앙철도 주식회사	대구-포항	63.9	2척 6촌	증기	1916.2.15	1917.11.1	12,000,000
	포항-학산	1.2				1919.6.25	
	서악-불국사	8.3				1918.10.31	

---

222 賀田直治,「朝鮮私設鐵道の使命と效果」,『朝鮮私設鐵道協會會報』創刊號, 朝鮮私設鐵道協會, 1920, 12쪽.
223 조선사설철도협회,『조선사설철도협회회보』창간호, 1920년 12월, 21~22쪽.

회사명	구간	운행거리 (哩)	궤간	원동력	설립허가일	운수개시일	자본 또는 건설비
서선식산철도 주식회사	내토–상해	9.4	2척 6촌	증기	1919.5.16	1919.5.20	520,000
남만주태흥 합명회사	회령–상삼봉	24.8	2척 6촌	증기	1919.3.13	1920.4.28	1,000,000
조선와사전기 주식회사	부산진–동래	5.8	2척 6촌	전기, 증기	1909.6.29	1909.12.1	3,000,000
	부산부내	4.9		전기	1910.5.18	1915.11.1	
경성전기 주식회사	경성부내	16.7	3척 6촌	전기	1898.1	미국인 경영시대	9,000,000
오천축삼랑	김제역–읍내	1.2	2척	인력	1919.9.2	1919.9.13	6,000
삼현길	왜관역–낙동강 강구	0.7	2척	인력	1911.12.5	1912.9.20	3,500
함흥탄광철도 주식회사	함흥–장만리	15.6	2척	인력	1916.9.29	1918.2.12	3,500
함경북도청 (송본승태랑에 임대)	경성–나남	4.3	2척	인력	1914.4.30	1914.10.21	7,012
	경성–생기령	4.7			1918.5.15	1919.4.2	6,444
	경성–독진	2.0			1918.5.15	1919.4.2	
송본승태랑	청진부내	0.6	2척	인력	1917.7.14	1918.1.26	3,500

이외에도 1916년부터 1920년까지 식민지 조선에서는 조선철도주식회사(송정리–마산·원촌–전주), 조선중앙철도주식회사(불국사–울산·울산–동래·울산–장생포·공주–충주·평택–장호원·장호원–음성·장호원–여주), 조선삼림철도주식회사(함흥–장진·장진–원주), 함흥탄광철도주식회사(함흥–오로리), 서강척림철도주식회사(고무산–합수·길주–혜산진), 금강산전기철도주식회사(철원–화천), 조선경남철도주식회사(안성–군산), 서선식산철도주식회사(사리원–저도·석탄–해주·신천–용당포·이목–장연), 조선산업철도주식회사(김포–안동·중화–수안·진남포–온정리·맹중리–강계), 조선흥업철도주식회사(평양–순□), 부선철도주식회사(나진–□개·회령–금동), 조선경동철도주식회사(수원–여주), 남만주태흥합명회사(□

삼봉-달□진), 片村庄太郎 (강경역-읍내) 등의 사설철도회사가 각 노선에 대한 철도 건설을 허가받았다.[224] 이렇게 1910년대 식민지 조선에서는 사설철도를 중심으로 철도의 운행과 건설이 활발하게 이루어지고 있었다.

이와 같이 사설철도가 발흥하자 사설철도업자들은 1920년 조선사설철도협회를 조직하여 자신들의 이익을 옹호하는 활동을 전개하였다. 조선사설철도협회는 각 사설철도회사를 발기인으로 하여 '조선사설철도사업의 개량, 진보와 회원의 친목 도모'를 목적으로 하였다.[225] 1922년 초 조선사설철도협회 평의원회에서 만철 관계자, 주주, 여관업자, 운송업자를 비롯한 기타 철도관계자를 망라한 '조선철도협회'를 설립하자는 의견이 제출되었고, 조선철도협회의 사업으로 다음을 논의하였다.

1. 철도에 관한 학술의 연구를 위하고 또는 강연회를 개할 사
2. 관청의 자문에 응하고 또는 의견을 진술할 사
3. 철도에 관한 필요한 사항을 조사할 사
4. 기관잡지를 발행할 사
5. 회원의 자문에 응할 사
6. 조선철도사업의 소개 및 철도의 주지를 도할 사
7. 회원의 위문, 표창, 구제 등의 사업을 행할 사
8. 철도에 관계가 유한 조선사정을 소개할 사
9. 철도를 중심으로 조선산업을 촉진할 사
10. 기타 필요한 사상[226]

이들은 철도협회라는 통일기관을 설립하여 사설철도의 통일을 추구하는 한편 회사의 통일을 통해 철도 보조에 관한 단일 목소리를 내고자 했던

---

224 조선사설철도협회, 『조선사설철도협회회보』 창간호, 1920년 12월, 22~24쪽.
225 「設立趣意書」, 『朝鮮私設鐵道協會會報』 創刊號, 1920, 2쪽.
226 「朝鮮鐵道協會 設立 計劃, 私設鐵道協會, 理事會에서 提唱」, 『每日申報』, 1922년 2월 1일.

것이다.[227] 그리하여 조선사설철도협회 이사진이 참석한 가운데 협회 조직에 관한 규약을 정하고 철도국과 만철, 사철 측에서 각 1명씩 위원을 선정하여 협회 회장을 선출하였다. 초대 회장은 만철경성관리국장인 구보 요조(久保要藏)가 맡았다.[228] 이후 조선철도협회는 『조선철도협회회보』를 발간하였고, 1924년 이를 『조선철도협회잡지』로, 1927년에 다시 『조선철도협회회지』로 제호와 발간형태를 변경하여 기관지를 발행하였다.

이와 같이 사설철도의 부설이 활발해진 결과 1927년 현재 식민지 조선에서 운행되고 있는 사설철도는 〈표 2-26〉과 같다.

〈표 2-26〉 식민지 조선의 사설철도 현황(1927년 11월 말 현재)[229]

회사	선명	도	개업선	공사중인 구간	미개업선
조선철도 주식회사	충북선	충남북	조치원-청안		청안-충주
	전남선	전남	송정리-담양	담양-석현	
	경북선	경북	김천-점촌		점촌-안동
	경동선	경북 경남	대구-작산(경북) 경주-울산(경남)		울산-동래 울산-장생포
	경남선	경남	마산-진주		진주-하동
	황해선	황해	사리원-신천 상해-내토 화산-신원 신원-하성		신천-저도 신천-용당포 이목-장연 신원-해주
	함남선	함남북	오로-풍상 함흥-오로 풍산-장풍 오로상통-풍상서신흥		동문-후주고읍 상통-동문 서신흥-한대리
	함북선	함북	고무산-신참		신참-삼하강구 삼하강구-합수
조선경남철도 주식회사		충남 경기	천안-광천 천안-안성 안성-장호원		廣州-군산대안 장호원-여주

227 『동아일보』, 1922년 2월 6일.
228 『동아일보』, 1922년 5월 2일.
229 「私設鐵道現況」, 『朝鮮鐵道協會會誌』 16권 12호, 조선철도협회, 1927, 61~63쪽.

회사	선명	도	개업선	공사중인 구간	미개업선
금강산전기철도 주식회사		강원	철원-김화 김화-금성 금성-탄감리 탄감리-창도	창도-현리	창도-화천 현리-장연
도문철도 주식회사		함북	회령-동관진		
개천철도 주식회사		평남	신안주-천동		
조선와사전기 주식회사		경남	부산진-동래		
조선경동철도 주식회사		경기			수원-여주
전라철도 주식회사		전남			송정리-법성포
남조선철도 주식회사		전남			순천-여수 순천-용당 용당-영산포 보성-광주

〈표 2-25〉, 〈표 2-26〉을 비교하면 1910년대 존재하였던 사설철도회
사가 〈표 2-26〉에는 상당수가 보이지 않으며, 〈표 2-25〉에 보이지 않는
회사가 〈표 2-26〉에 나타나기도 한다. 이는 〈표 2-26〉이 대표적인 사설
철도회사만을 수록했을 수도 있으나 1910년대 존재하였던 사설철도회사
가 문을 닫았거나 다른 회사와 합병해서 새로운 이름의 회사로 조직되었을
가능성이 있다. 이에 대해서는 향후 논의가 진척되어야 한다고 생각한다.

그러나 조선총독부는 1927년부터 12개년에 걸쳐 기존 계획선인 평원
선, 함경선과 함께 도문선·혜산선·만포선·동해선·경전선 등 5개의 간선
의 건설과 사철을 매수, 개량할 것을 내용[230]으로 한 조선철도12년계획을
발표하였다. 결국 사철은 조선총독부철도국에 매수되어야 하였으나 1930년
대에도 사철이 영업을 하는 것으로 보아 완전한 사철 국유화가 이루어지지

---

230 金大煥,「朝鮮鉄道12年計画について」,『史學論叢』36, 別府大学史學研究會,
2006, 42쪽.

는 않은 것으로 보인다. 오히려 소운송 분야에서 사철과 경쟁하던 자동차회사를 사철에 통합하려 한 조선총독부의 계획에 대해 자동차운송업자들의 집단적 반발이 있었던 것이다.[231]

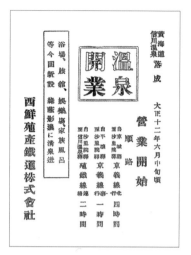

<黄海道信川温泉落成>
溫泉開業

浴場、旅館、娛樂場、家族風呂
等今回新設 繞葭影濃に清泉迸

西鮮殖産鐵道株式會社

營業開始
順路

自京城驛 京義線行北 四時間
自南大門驛 京義線行北 一時間
自沙里院驛 京義線行北 一時間
白沙里院驛 殖鐵線行 一時間
信川温泉驛 殖鐵線行二時間

大正十二年六月中旬頃

〈그림 2-31〉 서선식산철도주식회사의
신천온천 개업 광고

이러한 사철은 지역의 승합자동차회사와 경쟁관계에 있었으며, 간선이 아닌 관계로 수익을 올리기 위한 노력을 하지 않으면 안되었다. 그리하여 여객과 화물의 운송 이외에도 철도 연선 주변의 명승지과 고적을 관광지로 개발하여 승객을 확충하려 하였다. 1923년 재령평야를 통과하는 서선식산철도주식회사의 노선이 개통된 이래 신천온천은 일본인과 조선인 온천객이 증가하여 여관 등도 설비를 일신하였고, 안악온천, 장수산, 구월산 등에 대한 관광개발을 추진하고 있었다.[232] 특히 장수산에 도로 건설과 산록에 숙박소의 설비 등을 계획하고, 신천온천에는 직영 여관을 건축하여 1923년 6월 개업을 예정하였다.[233] 남조선철도주식회사 선로 연선에는 무등산, 담양 菩提庵, 영산강이 있다.[234] 전북철도주식회사는 전주신사, 경기전, 한벽루, 오목대, 다가

231 이에 대해서는 다음을 참조 바람.
조병로·조성운·성주현, 「일제 식민지시기의 도로교통에 대한 연구(Ⅱ)-1930~40년대 제2기 치도계획과 자동차운송을 중심으로-」, 『한국민족운동사연구』 61, 2009; 조성운, 「식민지 조선의 자동차 운행과 유람자동차」, 『조선총독부의 교통정책과 도로건설』, 국학자료원, 2011.

232 津川俊一郎, 「載寧平野と西鮮殖鐵」, 『조선철도협회회보』, 조선철도협회, 1923년 5월, 150~151쪽.

233 『조선철도협회회보』, 조선철도협회, 1923년 5월, 165쪽.

234 『조선철도협회회보』, 조선철도협회, 1923년 5월, 166쪽.

공원, 덕진역전의 연못 등 주변 관광지를 운행하였다.[235] 중앙철도주식회사는 1922년 8월 초 경주고적보존회로부터 불국사 앞의 건물을 인수하여 이를 불국사여관이라 개칭하여 8월 15일부터 경영하였다.[236] 이 중앙철도주식회사 선로의 연선에 있는 관광지로는 銀海寺, 경주 일대의 명승고적과 풍광, 울산성지, 조치원선 청주역 부근 東公園 櫻馬場이 있다.[237] 그리고 해수욕장과 온천 개발을 철도와 연결시키고 있음도 주목해야 한다. Y.I.生은 이에 대해 다음과 같이 서술하였다.

> 조선의 욕장에는 해수욕과 온천이 있습니다. 해수욕에는 원산, 인천이 출중하며 황해도 서안에도 白砂靑松의 좋은 적지가 있습니다만 아직 하등의 설비가 없습니다. 온천에는 동래, 유성, 온양, 신천, 용강, 금강산, 주을 등이 점차 설비를 완비하고 있으며, 기타 황해도 서선식철의 未設線 연선에 수개소, 평원선 연선에도 양호한 곳이 있습니다만 아직 도시인의 발길을 끌기에는 적합하지 않습니다. 그리고 앞의 유성, 주을, 금강산, 원산, 동래, 인천의 6개소는 올해부터 만철 경관국에서 상당한 자금을 투하하여 설비의 완전을 기한다고 합니다. 신천온천은 서선식산철도가 땅을 매수하고 여관을 설치하여 욕장 계획의 대요를 들어보이고 있으니까.[238]

이로 보아 철도회사가 해수욕장과 온천 개발에 밀접한 관련이 있음을 알수 있다. 그리고 『조선철도협회회보』 1923년 9월호에는 「장래 발전을 위해 노력하는 피서지」라는 특집이 게재되었고, 목포해수욕장, 마산해수욕장, 옥녀봉해수욕장, 구미포해수욕장, 문평해안, 서호진해수욕장 등 6개의 해수욕장이 소개되었다. 특히 만철 경성관리국이 유성, 주을, 금강산, 원산, 동래,

---

235 『조선철도협회회보』, 조선철도협회, 1923년 5월, 154쪽.
236 『조선철도협회회보』, 조선철도협회, 1923년 5월, 155쪽.
237 『조선철도협회회보』, 조선철도협회, 1923년 5월, 160쪽.
238 Y.I.生, 「朝鮮の鐵島と浴場計劃」, 『조선철도협회회보』, 1923년 6월, 27쪽.

〈그림 2-32〉 조선 8경 장수산의 기경

인천의 6개 욕장에 투자를 시작했다는 것은 만철도 욕장 개발을 통해 승객의 확대를 도모하고 있음을 보여주는 것이라 할 수 있다.

　그리고 일기자는 1923년 9월 조선의 사설철도를 합동하여 탄생한 조선철도주식회사는 조선을 국제적 유람지로 완성시킬 사명[239]을 갖는다고 하면서 경북과 황해도 북부에 유람철도의 완성을 주장하였다. 그는 이 회사가 대구-경주와 울산-동래 노선을 완성하면 일본에서 오는 사람은 부산에서, 북쪽에서 오는 사람은 대구에서 유람 목적을 달성할 수 있으며,[240] 황해도 사리원에서 분기하여 재령-신천-안악-猪島 노선과 신천에서 분기하여 장연에 이르는 노선, 상해에서 분기하여 해주에 이르는 노선을 완성한다년 연선에 신천, 신천 용천리, 안악, 송화, 달천의 5개 온천과 長壽山·구월산,

---

239　一記者, 「慶北及黃海兩道に二大遊覽鐵道を完城せよ」, 『조선철도협회회보』, 1923년 9월호, 64쪽.
240　一記者, 「慶北及黃海兩道に二大遊覽鐵道を完城せよ」, 『조선철도협회회보』, 1923년 9월호, 64쪽.

구미포해수욕장 등의 관광지를 개발할 수 있을 것이라 주장하였다.[241] 그러므로 관광지의 개발을 통해 승객을 확대하고 철도회사의 영업이익을 확대하려는 것은 국철과 사철을 막론하고 철도회사의 주요한 경영 전략이었음을 알 수 있다.

2) 자동차의 도입과 운행

(1) 자동차의 도입

한국 역사상 최초로 자동차를 타고 운전한 사람은 다음에서 볼 수 있듯이 孫秉熙로 알려져 있다.

> 東洋에서 自働車 第一 먼저 타니가 누구일가
> 中國, 朝鮮, 日本의 3國을 通하야 自働車 第一 먼저 타니가 누구일가. 實로 滋味잇다면 一種의 滋味잇는 이약이다. 그런대 自働車 第一 먼저 타니는 이번에 作故한 孫秉熙先生이 잇다 한다. 東洋 3國 中에서 맨 처음으로 自働車를 求景한데가 日本이오 日本에 第1着으로 自働車를 占有한 이가 即 先生이엇다. 日本의 明治 36年頃에 先生께서 日本에 亡命하엿는대, 그때 大阪에 博覽會가 열니며 米國人某로부터 自働車 2臺를 出品하엿다. 이를 본 先生은 곳 그 中의 1臺를 買收하야 出品者로부터 運轉法을 習得하야 상투짜고 갓쓰고 朝鮮服 입은 그대로 自己가 運轉하며 大阪市中을 疾驅하얏다(當時의 撮影이 有함). 그러니 말이지 孫先生은 自働車의 運轉에 能할 뿐 아니라 自轉車를 썩 잘 타는대 만일 自轉車 競走를 行한다면 嚴福童을 壓頭하리라는 말이다. 그리고 當時 大阪博覽會의 殘餘의 自働車 1臺는 日本 宮內省으로 買入하엿는대 外來의 朝鮮人에게 他 1臺가 先占되엿다 하야 퍽 섭섭하게 생각하엿다고.[242]

---

241 一記者, 「慶北及黃海兩道に二大遊覽鐵道を完城せよ」, 『조선철도협회회보』 1923년 9월호, 65쪽.
242 「東洋에서 自働車 第一 먼저 타니가 누구일가」, 『개벽』 25, 개벽사, 1922, 59쪽.

위의 인용문을 보면 손병희는 1903년 오사카(大阪)에서 개최되었던 내국권업박람회로 추정되는 박람회에 출품된 자동차 2대 중 1대를 매수하여 "상투짜고 갓쓰고 朝鮮服 입은 그대로 自己가 運轉하며 大阪市中을 疾驅"하였던 것이다. 더욱이 현재에는 확인되지 않지만 그가 운전하는 모습의 사진이 남아있다고 하는 것으로 보아 이는 사실인 것으로 판단된다.

〈그림 2-33〉 손병희가 타던 자동차

그런데 손병희가 타고 운전한 장소는 오사카였으므로 그 장소가 우리나라가 아니었다. 우리나라에 자동차가 언제 도입되었는지에 대해서는 1903년설과 1911년설이 있다. 1903년설은 『新生活100年(韓國現代史)』(신구문화사, 1974)과 『한국자동차70년사』(윤준모 저, 교통문화사, 1975), 『2007 근대문화유산 교통(자동차)분야 목록화 조사 보고서)』 등에서 고종이 미국에서 구입하였다고 한 서술한 것에 근거[243]하고 있으나 그 근거를 정확하게 제시하고 있지 못하다. 손정목이 주장한 1911년설은 1911년 왕실과 조선총독부에서 각각 1대의 리무진을 구입하였다[244]고 한 마나베(眞鍋半八)의 주장[245]을 근거로 한 것이다. 또 뒤의 〈표 2-28〉에서도 나타나듯이 식민지 조선에서 자동차의 수가 통계상 최초로 나타난 시기도 1911년이다. 그러나 1906년 권병수(權丙壽)가 경원철도 부설될 때까지 여행객과 화물의 수송을 목적으로 경성과 원주를 왕복하는 자동차회사의 설립을 청원하여 농상공부로부터 인가를 받았음이 확인된다. 이에 대해 농상공부에서는 매차에 1개월에 10환의 세금을 부과하였다.[246] 이 회사의 정관은 다음과 같다.

第一欵 自働車主旨ᄂᆞᆫ 以外國模製로ᄒᆞ되 附屬自發電氣機車ᄒᆞ야 活動自轉을 迅速去來케ᄒᆞᆯ 事
第二欵 搭客車에ᄂᆞᆫ 二等을 分ᄒᆞ야 每車에 可搭數十人ᄒᆞ고 切符ᄂᆞᆫ 依�車例ᄒᆞ야 賣却ᄒᆞᆯ 事
第三欵 物品輸運도 依二欵切符例ᄒᆞ야 營業ᄒᆞᆯ 事
第四欵 道路危險處에ᄂᆞᆫ 自本社로 出資修築ᄒᆞᆯ 事
第五欵 營業稅段은 該事務實施後에 定稅納上ᄒᆞᆯ 事[247]

---

243 『2007 근대문화유산 교통(자동차)분야 목록화 조사 보고서)』, 문화재청 근대문화재과, 2007. 10, 15쪽.

244 손정목, 「道路와 自動車」, 『日帝强占期都市社會相硏究』, 일지사, 1995, 335쪽.

245 眞鍋半八, 「運搬具의 統計的考察」, 『朝鮮』15권 7호, 1931. 7, 72쪽. 그런데 손정목은 眞鍋半八의 글이 조선총독부가 발행한 『朝鮮總攬』(1933)에 수록되어 있는 것으로 표기하고 있어 출처를 바로잡는다.

246 「자동차 영업」, 『대한매일신보』, 1906년 9월 1일; 「자동차 인허」, 『만세보』, 1906년 9월 22일. 이 기사에 따르면 이 회사의 설립자는 權司長丙壽와 具警務然韶이다. 『황성신문』 1906년 9월 21일에는 이 회사의 설립자를 權鳳洙, 具然韶로 소개하고 있다. 이로 보아 권봉수와 구연소는 각기 사장과 경무의 직을 수행하고 있는 관리였음을 알 수 있다.

247 「자동차회사」, 『황성신문』, 1906년 5월 15일.

그리고 권병수와 구연소는 자동차 대중소 10량을 구입하여 경성 내외
부근의 자동차 영업도 인가를 받아 다음 구간을 운행하였는데 운임은 매
구간 신화 2전이었다.

自大安洞四街로 經寺洞至苧洞二 區
自大安洞四街로 經松峴三淸洞二 區
自大安洞四街로 經黃土峴新門外 麻浦三區
自泥峴으로 經水標橋至校洞齋洞 三區
自日本理事廳前으로 經大安門至 西十字閣北壯洞二區
自典洞으로 經鍾路至龍山三區
自西小門으로 經東大門外至藁島 三區[248]

이와 같이 1906년에는 자동차회사가 설립되어 경성 일대와 경주-원
산 간의 운행을 인가받았다. 또 같은 해에는 박영준(朴榮俊)이 4륜 자전차
를 신식으로 발명하여 매일 실제로 시험하였는데 기계가 정밀하고 운전이
신속하였다고 한다.[249] 1908년에는 조치원 정거장에서 군산항까지 도로를
놓고 자동차를 운용[250]하였고, 1909년에는 군산과 전주 사이에 전기철도
의 부설 이전에 자동차를 사용할 계획을 수립하였다.[251] 또한 천도교에서
는 손병희가 일본에서 운행하던 자동차를 귀국할 때 가지고 들어와 고종
의 자동차와 교환하였다고 한다.[252] 실제 1908년 건원절(乾元節)에 순종이
고종이 거처하던 덕수궁에 문안할 때 배종할 고등관리는 마차에 탑승하였
는데 "主馬課에 所在훈 馬車가 不足ᄒ야 統監府馬車와 日本留學生監督府

248 「運車區域」, 『황성신문』, 1906년 10월 13일 ; 「자동차 운행 구역」, 『만세보』, 1906년
　　10월 14일.
249 「자동차 발명」, 『대한매일신보』, 1906년 9월 6일.
250 「자동차 운용」, 『대한매일신보』, 1908년 12월 20일.
251 「자동차 사용」, 『황성신문』, 1909년 2월 12일.
252 천도교 상주선도사 성주현의 교시.(2020년 12월 23일 전화 통화).

에셔 學部로 送致혼 馬車와 孫秉熙氏의 馬車를 借用"[253]하였다. 이 마차는 손병희가 일본에서 귀국할 때 가지고 온 것으로 주한일본공사관은 이를 다음과 같이 기록하였다.

天道敎會 大道主 孫秉熙는 오늘 大田 발 일반열차로 오후 1시 35분 南大門驛 도착, 수행자 5~60명으로 한국 국기를 가진 자를 선도하여 정차장에 나가자 出迎人들이 일제히 만세 (韓語)를 삼창하였다. 일본에서 준비해 온 마차는 그 조립에 시간이 걸린다고 하여 일행은 인력거를 타고 南署 廣通房 上茶洞 2통 10호인 그의 자택에 들어가는 문 앞 또는 현관 앞에는 각 4명의 一進會員이 지키고 있어 일행외에는 쉽게 문 안으로 들어지를 않았다. 韓은 양복차림이고 양장을 한 화려한 일본 부인(22~23세)을 대동하고 있었다. 그리하여 크게 타인의 이목을 끌었다. 出迎人은 약 4~5,000 (斬髮者는 그 반수에 달하지 않았다.) 그 대다수는 일진회원 및 천도교회원이었다. 그런데 남대문 및 정거장 사이가 대단히 복잡했으나 상당한 단속을 했기 때문에 다행히 사고는 없었다.[254](강조는 인용자)

여기에서 언급한 마차는 말이 끄는 마차를 의미하는 것이 아니라 자동차를 의미하는 것으로 이해된다. 황제 일행이 탈 마차를 굳이 통감부, 일본유학생감독부, 손병희에게서 차용할 이유가 없기 때문이다. 이렇게 보면 손병희가 일본에서 자동차를 가지고 귀국하였고, 실제 자동차회사가 운영되었는가는 확인해야 하겠으나 1906년에 우리나라 최초의 자동차회사가 설립 인가를 받았다는 점에서 1903년설과 1911년설은 재검토되어어야 한다고 생각된다.

이상에서 보았듯이 1910년을 전후한 시기에 우리나라에서는 자동차가

---

253 「乘車陪後」, 『황성신문』, 1908년 3월 8일.
254 「(70) 손병희 도착 상황」, 『주한일본공사관기록』 24권(국사편찬위원회 한국사데이터베이스에서 인용.).

운행되었을 가능성이 매우 높다. 기존 연구에 따르면 1912년 4월경에는 곤조 미치미(近藤三千三), 오리이 가이치(織居嘉一), 이봉래(李鳳來)[255]가 자본금 20만 원을 공동출자하여 오리이자동차상회(織居自動車商會)를 설립하여 포드 T형 자동차 2대로 서울에서 1시간당 5원의 시간대여(時間貸)로 영업을 시작한 것이 우리나라 최초의 자동차영업이었다고 한다.[256] 그리고 같은 해 8월 대구에 거주하는 오츠카(大塚金次郎)가 대구-경주-포항 간의 노선에서 승합자동차 영업을 개시함으로써 우리나라 최초의 버스영업도 시작되었다.[257] 그러나 『매일신보』에 따르면 대구-포항 간의 자동차 영업이 개시된 것은 1912년 11월 15일이고, 격일로 운행되었으며 요금은 대구-포항 5원 20전, 대구-영천 1원 80전, 대구-하양 1원 16전, 대구-하화 2원 60전, 대구-경주 3원 20전이었다.[258] 또 1911년 12월 29일 경무부에서는 에가와 미치마사(繪川道正)[259]에게 경남 마산-진주와 진주-삼천포 간의 자동차 영업을 허가하였다. 이 회사는 허가일로부터 5개월 이내에 영업을 개시한다고 하였으므로 오리이자동차상회와 영업 개시일이 비슷하다.[260] 이 회사의 운임은 마산-진주 3환 80전, 진주-삼천포 1환 30전, 진주-사천 60전, 사천-삼천포 80전이며 특등은 30%를 할증하였고, 4세

<hr>

255 이봉래는 내부협판을 역임하였으며 조선에서 몇째 안가는 재산가였다.(「이봉래 씨의 회생, 장자 유령의 夢告 아들의 혼이 이르는 약을 먹고 회생」, 『매일신보』, 1916년 4월 9일). 그는 1912년 조선운수합명회사의 사옥을 남대문 밖에 낙성하였다. 이로 보아 그는 운수와 자동차 사업을 동시에 추진하고 있었음을 알 수 있다.(「운수합명회사낙성」, 『매일신보』, 1912년 1월 6일).
256 손정목, 앞의 책, 335쪽.
257 손정목, 앞의 책, 341쪽. 그런데 다른 연구(『2007 근대문화유산 교통(자동차)분야 목록화 조사 보고서』, 25쪽)에서는 1911년 11월 진주에 거주하던 에가와가 마산-삼천포 노선의 허가를 받아 운행한 것이라고 하여 손정목의 연구와 차이를 보이고 있다. 그런데 이 보고서에는 출처를 명기하지 않아 본고에서는 손정목의 견해를 따랐다.
258 「자동차영업개시」, 『매일신보』, 1912년 11월 20일.
259 「마진간 자동차 운전」, 『매일신보』, 1912년 8월 23일.
260 「경남자동차영업」, 『매일신보』, 1912년 1월 16일.

이상 12세까지는 반액으로 할인하였다.[261]

그러나 계획과는 달리 이 회사는 같은 해 8월에 1대의 자동차밖에 도입하지 못하여 마산-진주 사이부터 운행을 개시하였다.[262] 1919년 9월 15일에는 정순현(鄭淳賢) 외 6명이 신청한 경남자동차주식회사가 경남 거창에서 설립 허가되었고,[263] 10월 27일에는 구시다 요시타쓰(楠田義達) 외 9명이 군산부에서 신청한 군산자동차주식회사가 설립 허가되었다.[264] 1920년 1월 23일에는 경남 고성에서 다카노 겐페이(高野權平)가 여객 운송을 목적으로 신청한 고성자동차합자회사,[265] 2월 13일에는 승객용 자동차의 임대와 부대사업의 경영을 목적으로 부산자동차주식회사가 히기네 가마키치(日杵鎌吉) 외 41명의 신청으로 허가되었고,[266] 3월 4일에는 경남 거창에서 이치스키 다케노스케(一杉竹之助) 외 15명이 승합자동차 경영을 목적으로 신청한 선남자동차주식회사(鮮南自動車株式會社)가 허가되었다.[267]

이후 『조선총독부관보』에는 자동차회사 설립 허가에 관한 기사는 나오지 않는다. 다만 조선총독부 철도국과 각 지방 자동차회사 사이에 체결된 여객 연락 운수에 관한 고시들이 있는 것으로 보아 전국적으로 자동차회사가 설립되어 조선총독부 철도국과 협력하였음을 알 수 있다. 예를 들면 강원자동차상회,[268] 합자회사주을온천자동차상회,[269] 감갑순 경영 대전유

261 「자동차운전영업」, 『경남일보』, 1912년 1월 20일.
262 「마신간 자동차 운전」, 『매일신보』, 1912년 8월 23일.
263 『조선총독부관보』 제2133호, 1919년 9월 18일.
264 『조선총독부관보』 제2166호, 1920년 10월 30일.
265 『조선총독부관보』 제2237호, 1920년 1월 29일.
266 『조선총독부관보』 제2253호, 1920년 2월 18일.
267 『조선총독부관보』 제2271호, 1920년 3월 10일.
268 「조선총독부고시 제142호」, 『조선총독부관보』 제3835호, 1925년 5월 30일.
269 「조선총독부고시 제350호」, 『조선총독부관보』 제4006호, 1925년 12월 25일.

성온천간자동차,[270] 울산자동차조합,[271] 평안자동차상회,[272] 평남자동차상회,[273] 함경자동차상회,[274] 함북자동차상회[275] 등을 들 수 있다. 그리고 고성자동차주식회사(高城自動車株式會社)는 조선총독부 철도국·금강산전기철도주식회사·강원자동차상회·조선우선주식회사와 연대하여 금강산탐승연대승차선권의 발매 및 연락수하물의 취급을 개시하였다.[276] 이처럼 1911년 자동차가 최초로 도입되고 이듬해인 1912년부터 식민지 조선에서는 바로 자동차 영업이 시작되고 이후 각지에서 자동차회사가 설립되어 지역간의 정기운행이 시작되었던 것이다.

그런데 일본에서는 1909년 일본자동차합자회사, 1910년에는 제국운수자동차주식회사(帝國運輸自動車株式會社)와 야마구치 카츠조(山口勝藏)가 자동차 임대사업을 시작하였고,[277] 대만에서는 1913년 타이베이(臺北)에서 포드 2대로 자동차 영업이 시작되었다.[278] 따라서 식민지 조선과 대만을 포함한 제국 일본에서 자동차 영업은 대략 1910년을 전후한 시기에 이루어졌음을 알 수 있다. 그런데 이 자동차회사들은 대부분 일본인에 의해 경영되는 것이었다. 오리이자동차상회의 설립자 중 한 사람인 이봉래도 경영자가 아닌 단순 투자자였던 것은 이를 증명한다고 할 수 있다. 식민지 조선의 자동차 소유주를 통해 보면 더욱 명확해진다. 1915년과 1916년 식민지 조선의 자동차 소유자는 〈표 2-27〉과 같다.

---

270 「조선총독부고시 제445호」, 『조선총독부관보』 제575호, 1928년 11월 29일.
271 「조선총독부고시 제327호」, 『조선총독부관보』 제810호, 1929년 9월 11일.
272 「조선총독부고시 제328호」, 『조선총독부관보』 제1070호, 1930년 7월 28일.
273 「조선총독부고시 제489호」, 『조선총독부관보』 제1429호, 1931년 10월 9일.
274 「조선총독부고시 제600호」, 『조선총독부관보』 제1753호. 11월 10일.
275 「조선총독부고시 제3호」, 『조선총독부관보』 제2099호, 1934년 1월 12일.
276 「조선총독부고시 제226호」 및 「조선총독부 고시 제170호」, 『조선총독부관보』 제1003호, 1930년 5월 10일.
277 조성운, 『관광의 모더니즘』, 민속원, 2019, 167쪽.
278 曽山毅, 『植民地台湾と近代ツーリズム』, 青弓社, 2003, 141쪽.

〈표 2-27〉 식민지 조선의 자동차 소유자[279]

이름	주소	보유 대수	
		1915	1916
李哲載 외 1명	경기도 이천군 구내면 가고전	6	7
織居加一	경성 본정 2정목	11	10
中條榮藏	경기도 인천 화방정	2	2
三上豊 외 3명	경성 병목정	3	4
山本悅藏 외 1명	전라북도 전주 本町	3	5
加藤幾三郎	전라남도 목포 동해안	2	2
大塚昇次郎	경상북도 포항면 포항	2	2
會川道正	경상남도 진주면 성내	3	3
山本時次郎	평안남도 진남포 서4정목	1	1
吉田豊	평안 안주군 안주읍내 석교동	2	2
管谷駒之助	경성 남대문역전	2	3
W. Tayler(미국인)	경성 장곡천정	1	1
李容紋	경성 황금정 1정목	6	10
侯爵 尹澤榮	경성 송현동	1	1
閔大植	경성 관훈동	1	1
子爵 朴齊純	경성 화개동	1	1
에페 올 데스[280](영국인)	경성 서소문내	1	1
猪原貞雄	총독부 철도국 경성 조선호텔	2	5
H. Underwood(미국인)	경성 어성정	1	1
合資組合 平壤自動車商會	평안남도 평양 욱정	2	2
稷山鑛業株式會社	충청남도 직산군 이동면 양대리	1	1
松永武吉	평안남도 평양 산수정	1	1
京城鑛業株式會社	황해도 수안군 수구면 홀동	1	2
합계		56	68

279 『全國自動車所有者名鑑』, 東京輪界新聞社, 1915, 25쪽; 『全國自動車所有者名鑑』, 東京輪界新聞社, 1916, 90~91쪽.
280 영문명을 찾지 못해 가나를 한글로 번역하였음.

〈표 2-27〉에서 확인할 수 있는 것처럼 1915년에는 조선인 자동차 소
유자는 이철재(李哲載) 6대, 이용문(李容紋) 6대, 윤택영(尹澤榮), 민영휘
(閔大植), 박제순(朴齊純) 각 1대로 5명이 15대를 소유한 것으로 나타난
다. 1916년에는 조선인 가운데 이철재가 7대, 이용문이 10대로 각각 1대와
4대가 증가하여 윤택영, 민대식, 박제순 소유의 자동차와 합해 모두 20대
로 증가하였다. 그리고 미국인 2명, 영국인 1명이 1대로 외국인은 3대를
소유하였다. 일본인 소유자 중 오리이 가이치는 오리이자동차상회의 오리
이 가이치와 동일 인물로 추정된다. 또 평양자동차상회가 있는 것으로 보
아 1915년에는 오리이자동차상회 이외에 평양에도 자동차상회가 있어 평
양을 중심으로 자동차가 운행되었다는 것을 알 수 있다. 그리고 조선인 자
동차 소유자 중 윤택영, 박제순은 조선귀족이고, 민대식은 자작 민영휘의
장남이므로 이들은 자가용 용도로 자동차를 보유한 것으로 보인다. 그러나
이철재와 이용문은 보유 대수로 보아 영업용으로 소유한 것 같다.

이철재에 대해서는 정확히는 파악되지 않으나 1919년과 1920년 이천
군 군참사[281]와 1920년 민선 경기도평의원으로 선출된 이철재[282]와 동일
인물로 추측된다. 특히 이용문은 민영휘의 차남 민규식(閔奎植)과 1912년
무렵 우리나라 최초의 택시회사라 할 수 있는 한성택시를 설립[283]하였다고
하므로 그 소유 자동차는 한성택시 소유였을 가능성이 높다고 할 수 있다.
그런데 이용문(李容紋)은 다음에서 보이는 이용문(李容汶)과 동일인이라는
추정이 가능하다.

---

281 『조선총독부 및 소속관서 직원록』 1919년, 1920년.(국사편찬위원회 한국사데이
터베이스에서 인용).
282 「도평의원」, 『매일신보』, 1920년 12월 21일.
283 방기철, 『한국 역사 속의 기업가』, 앨피, 2018.

李鳳來氏는 舊韓國時代에 重要 官職을 歷任하여 一時 豪俠의 風이
有하오며 財産도 此機를 隨하여 不少히 貯蓄되었으므로 現今에는 有數
한 財産家로 著名한 바 該氏에 대하여 這間多少의 是非가 有하더니 時
運의 變遷에 依하여 敎育이 急務됨을 覺悟하고 私立 鳳鳴學校를 設置
하여 多數 靑年을 敎育하는 中이온즉 其公益心을 贊賀할만하온대 時運
이 不幸하였던지 捐財數가 有하였던지 그 令男 李容汶氏는 諸般行動이
浮浪에 近함은 公論이 自在할 터이오며 數年來로 營業한다고 米豆取引
所이니 自動車會社이니 弼汶合名會社이니 許多名稱을 設하였다가 事
事 失敗하여 不知中 負債額이 40만 원의 巨額에 達하여 十萬圓으로 僅
僅 辨償하고 其餘는 淸帳치 못한 故로 債鬼의 督促을 不堪하여 利川 鄕
第로 下往하였다는대 氏에 대하여 世人의 評論을 據한즉 今日 困迫은
浮浪의 餘□이라 하오니 浮浪靑年界의 鑑戒가 될 듯 하외다.[284]

즉 이용문은 오리이자동차상회의 설립자 중의 한 사람인 이봉래(李鳳
來)의 아들이며, 그 자신이 자동차회사를 설립하였던 것이다. 이로 보아 이
용문이 설립한 자동차회사는 한성택시라 추측된다. 위의 인용문에서 볼 수
있듯이 이봉래는 대한제국기 중요 관직을 역임하였다. 『매일신보』에 따르면
그는 내부협판을 역임하였으며, 조선에서 몇째 안가는 재산가였다.[285] 『조
선왕조실록』이나 『승정원일기』를 통해 확인 가능한 것은 그가 1900년 한
성부 판윤, 1901년 중추원 의관, 내부협판, 1902년 혜민원 의정관 겸임,
1904년 내부대신 서리, 1907년 봉상시 제조, 제실회계심사국장을 역임하
였고, 일제의 국권 강탈 이후인 1911년 조선상업은행장, 한성미술품제작
소 이사장을 역임하였다. 한성미술품제작소는 경영이 어려워지자 1913년
이왕직에서 인수하였다.[286] 이렇게 보면 그는 대한제국기 관료로서 활동하
다가 일제의 국권 강탈 이후에는 자본가로서 자동차회사를 비롯한 각종 회

---

284 「敬啓者」, 『매일신보』, 1914년 5월 29일.
285 「이봉래씨의 회생, 장자 유령의 夢告 아들의 혼이 이르는 약을 먹고 회생」, 『매일
신보』, 1916년 4월 9일.
286 『순종실록부록』 4권, 순종 6년 5월 5일.

사를 설립하거나 자본을 투자하였다. 특히 그는 1912년 조선운수합명회사의 사옥을 남대문 밖에 낙성[287]한 것으로 보아 조선운수합명회사는 최소한 1911년에 설립된 것임을 알 수 있다. 또한 1912년 무렵 자신은 오리이자동차상점에 투자하고 차남인 이용문은 한성택시를 설립하였다. 이로 보아 그는 일제의 국권 강탈 직후 운수와 자동차 사업을 동시에 추진하고 있었음을 알 수 있다.

이렇게 자동차가 도입, 운행되기 시작한 이후 식민지 조선에서는 자동차의 수와 자동차 영업도 점차 증가하였다. 이에 따라 육상운송수단도 변화하였다. 1911년부터 1932년까지 육상운송수단의 변화를 〈표 2-28〉에서 확인할 수 있다.

〈표 2-28〉 식민지 조선의 육상운반구의 수

年度 \ 具種	自動車	人力車	荷車(손수레)	荷牛車	荷馬車	客馬車
1911	2	1,217	1,804	38,337	585	110
1912	6	1,665	4,823	40,706	1,124	143
1913	31	2,692	7,072	45,689	1,442	198
1914	43	3,167	9,355	47,224	1,642	228
1915	70	3,424	9,422	65,428	1,904	212
1916	89	4,133	11,778	65,658	2,269	199
1917	114	4,605	15,689	51,075	2,498	213
1918	212	4,811	18,236	63,294	2,614	231
1919	416	4,933	19,507	67,873	3,601	135
1920	679	4,950	21,658	66,071	4,500	84
1921	774	4,527	26,680	78,736	3,939	111
1922	935	4,494	29,196	89,425	4,343	102

287 「운수합명회사낙성」, 『매일신보』, 1912년 1월 6일.

年度＼具種	自動車	人力車	荷車(손수레)	荷牛車	荷馬車	客馬車
1923	1,088	4,647	32,161	94,113	4,538	92
1924	1,205	4,079	32,059	96,640	4,945	100
1925	1,341	3,918	32,246	99,598	4,338	114
1926	1,587	3,542	35,547	105,161	5,850	96
1927	2,005	3,455	35,392	111,952	5,606	89
1928	1,544	3,284	35,459	115,829	4,056	68
1929	3,426	3,105	36,542	114,659	3,763	
1930	3,873	2,888	35,624	113,696	3,789	
1931	4,331	2,631	35,359	111,791	3,560	
1932	4,808	2,733	34,372	111,676	3,363	

※자료: 손정목, 앞의 논문, 59쪽, 〈표 2〉.

〈표 2-28〉에 보이는 바와 같이 식민지 조선에서 통계상 자동차의 수가 최초로 나타난 것은 1911년이다. 〈표 2-25〉에서 볼 수 있듯이 식민지 조선의 자동차의 수는 점차 증가하여 1920년에는 전국에 679대가 되었다. 특히 경성의 경우에는 1920년 5월 말 현재 자동차가 57대였다.[288] 1920년대 중반 이후에는 운송수단으로서의 자동차의 역할과 비중이 지속적으로 증대되었다고 판단된다. 이에 반하여 도시인의 이동수단으로 이용되었던 인력거의 비중은 1920년대 중반부터 점차 축소되었다. 그리하여 1930년대 인력거는 '요릿집에 불려가는 기생'이나 '왕진을 나가는 의사' 등 그 이용자가 극히 제한[289]되어 인력거 이용자의 수는 "자동차인지 그 제-길할 놈의 것 때문에 타시는 손님이 적지요. 삯이 헐치요. 長程은 전에 70전 하던 것을 60전으로 내리고. 또 용산이나 문 밖에 사시는 손님은 타시질 않습니다. (중략) 원수놈의 자동차한테 문밖 손님을 빼앗겼으니까 길이 좋

288 「경성 차량류 대수」, 『조선일보』, 1920년 6월 28일.
289 김영근, 앞의 글, 75쪽.

아졌던들 무슨 利가 될 것도 없지요."[290]라고 할 정도가 되었고, 요금도 인하되었음을 알 수 있다. 이렇게 인력거 이용자 수가 감소된 이유 중의 하나는 '길이 좋아'졌기 때문이었다. 이는 자동차 운행의 증가에 따라 도시 내에 도로가 건설되고 개수되었음을 의미한다.

그런데 자동차는 도시 내에서만 운행된 것이 아니라 자동차 운수회사가 설립되어 지역과 지역 사이에 정기 운행이 점차 확대되었다. 대표적인 자동차 운수회사로는 앞에서 본 오리이자동차상점이 있다. 오리이자동차상점은 1913년 3대의 자동차(1대는 예비용)로 매일 2회 왕복 계획으로 황해도 해주–사리원 간의 자동차 영업을 준비[291]하여 개통하였다. 1927년 1월 1일 현재 해주 오리이자동차는 해주–사리원, 해주–남천, 해주–곡산, 해주–신원을 운행하였다.[292] 1928년에는 오리이자동차부 황해선본부는 해주–사리원, 해주–신원, 해주–서흥, 남천–곡산을 운행[293]한 것이 확인되어 1927년과 비교해 노선이 변경되었음을 알 수 있다. 또 황해선본부는 조선철도의 기차차표를 발매[294]한 것으로 보아 자동차 영업만이 아니라 사설철도와의 협력 사업도 수행하였을 뿐만 아니라 조선총독부 철도국과도 1930년 4월 1일부터 여객 및 수하물 연대운송을 개시하였다.[295] 또한 경성의 황금정–봉래정 간의 보도를 자동차 통행이 가능한 도로로 만들기 위한 계획도 하였다.[296] 또 1915년에는 진주–김천간 승합자동차 운전영업 허가를 경상남도로부터 획득하였다.[297] 이 노선은 진주를 출발하여 산청, 함양, 거창, 상주를

290 김준삼, 「車夫로 본 十年朝鮮」, 『別乾坤』 1930년 1월, 61~62쪽.
291 「해주 자동차 운전」, 『매일신보』, 1913년 5월 28일.
292 「광고」, 『朝鮮新聞』, 1927년 1월 1일.
293 「광고」, 『朝鮮新聞』, 1928년 1월 1일.
294 「직거자동차시간표」, 『朝鮮新聞』, 1928년 3월 24일.
295 「조선총독부고시 제148호」, 『조선총독부관보』 제969호, 1930년 3월 29일.
296 「자동차점 도로 加工」, 『매일신보』, 1913년 9월 7일.
297 「김천간 자동차」, 『매일신보』, 1915년 5월 5일.

〈그림 2-34〉 김천-경주간
자동차 시간표

〈그림 2-35〉 김천-영주간
자동차 시각표

경유하여 김천에 도착하는 것으로 오전 5시 출발, 오후 2시 도착하여 오전 10시 30분 부산 출발 안동현(安東縣) 도착의 급행열차에 접속하는 것을 계획하였던 것이었다.[298] 그리고 〈그림 2-34〉, 〈그림 2-35〉에서 볼 수 있듯이 1917년에는 김천-경주, 김천-영주 노선도 운행되었음이 확인되며, 송병준(宋秉畯)이 요금 5원으로 수원-원주간의 자동차 운행 영업권을 획득하였다.[299] 1918년에는 김천-내성 노선도 운행하였다. 이 노선은 김천을 출발하여 옥산, 상주-함창, 용궁, 예천, 영주를 경유하여 내성에 도착하는 것이었다.[300]

이외에도 자동차회사명을 확인할 수는 없으나 1918년에는 포항-대구 노선,[301] 동래-해운대 노선,[302] 밀양-창녕 노선[303]도 확인된다. 참고로 1915년 식민지 조선의 자동차 노선은 〈표 2-29〉와 같다.

---

298 「晉金自動車試運轉」, 『朝鮮時報』, 1915년 3월 12일.
299 「자동차개통」, 『朝鮮時報』, 1917년 7월 28일.
300 「광고」, 『朝鮮時報』, 1918년 3월 23일.
301 「광고」, 『朝鮮時報』, 1917년 8월 2일.
302 「광고」, 『朝鮮時報』, 1918년 4월 18일.
303 「광고」, 『조선시보』, 1918년 9월 15일.

〈표 2-29〉 식민지 조선의 자동차 노선과 운임(1915)[304]

지방	구간	전선 운임	경과지 정류장	차량		정원	창업자
				常用	豫備		
경성	황금정-장호원	5.76	독도, 광진, 주막리, 이천	2	1	6	李哲載 외 1명
경기	수원-여주	3.00	용인, 김량장. 양지, 이천	2	1	6	李哲載 외 1명
충북	청주-조치원	0.80		1	1	6	織居加一
	충주-청주	3.50	증평, 음성, 대소원	2		7	中條榮藏
	부홍-청주	0.80					
	충주-청주	3.50	증평, 음성, 대소원	1	청조간 충용	7	織居加一
충남	천안-광천	3.65	온천리, 신창, 신예원, 예산, 홍천	1	공주 충용	6	織居加一
	공주-강경	2.30	논산	1	공주 충용	6	織居加一
	공주-조치원	1.20	대교	1	1	6	織居加一
전북	전주-이리	2.00	용산, 동산, 성곡, 독령, 반월리, 백구정, 목천포	3		6	三上豊 외 3명
	전주-남원	3.50	상관면 신리, 관촌, 임실역촌	1	1	6	山本悅藏
	전주-김제	1.50		1	전주남 원간 충용	6	山本悅藏 외 1명
전남	광주-송정리	0.80		2		10	加藤幾三郎
경북	대구-포항	4.50	부조, 경주, 아화, 영천, 하양	2		6	大塚昇次郎
경남	진주-마산	4.30	군북	3		6	繪川正道
	진주-삼천포	1.65	사천군 죽천동, 사천성외	2	1	6	織居加一
황해	해주-시리원	3.40	신주막, 신원, 광량만	2	1	6	織居加一
평남	진남포-용강	1.40	매산리, 광량만	1		6	山本時次郎
	신의주-개천	2.23	안주	1	1	6	吉田豊
	신안주-북원	2.31					
	북원-개천	0.95					
평북	의주-신의주	1.00		2		12	管谷駒之助

---

304 朝鮮總督府, 『朝鮮彙報』, 1915년 3월, 209~210쪽.

〈그림 2-36〉 함남북에서 활약하는 오리이자동차

그리고 이용문은 경성시내 및 부근, 평양자동차상회는 평양시내 및 부
근에서 임대자동차 사업을 행하였으며, 중주-청주 노선과 경성부 황금
정-장호원 노선은 운행을 개시하지 못하였다.[305] 또한 〈표 2-29〉에서 확
인할 수 있듯이 오리이 가이치는 충북, 충남, 경남, 황해에서 자동차 회사
를 경영하였다. 1927년에는 오리이자동차가 함북 길주-용동 간을 운행하
였음도 확인되고,[306] 1928년에는 오리이자동차부 회령지부, 경원지부, 웅
기지부, 나남지부가 확인된다.[307] 1930년에는 기존의 함북 회령-경원, 종
성-온성, 종성-경원 노선 외에 웅기-훈계 간의 도문동부선을 개통하는
한편 훈계-온성 노선의 개설도 추진하였다.[308] 1931년 8월 12일 함북오리
이자동차상회는 청진-웅기 노선의 영업을 허가받았다.[309] 이 함북오리이

305 朝鮮總督府, 『朝鮮彙報』, 1915년 3월, 209~210쪽.
306 「직거자동차부 후의」, 『매일신보』, 1927년 12월 12일.
307 「광고」, 『朝鮮新聞』, 1928년 1월 8일.
308 「交通網廣範な織居自動車部」, 『朝鮮新聞』, 1930년 12월 7일.
309 「淸津雄氣間の自動車認可さる 織居自動車で準備を急」ぐ」, 『朝鮮新聞』, 1931년 8월 24일.

자동차상회는 합자회사로서 1928년 9월 15일 자본금 6만 원으로 설립되었다. 회사 설립 목적은 자동차 운수업 및 기타 부대사업이었으며, 사장은 곤조 미치미(近藤三千三), 사원은 오리이 가이치(織居可一), 요시가와 헤이기치(吉川平吉), 이치키 하지메(市來基)였다.[310]

또한 앞에서도 언급했듯이 경성, 대구, 진주에서 자동차 운수회사가 설립되어 영업을 개시하였다. 1912년 포항에 거주하는 조선자동차운반상회 오츠카 쇼지로(大塚昇次郎)는 전주-이리 간의 여객 및 화물 운송을 목적으로 자동차 영업원을 전주경무국에 제출하였다. 그는 인가를 얻기까지 사무실을 연일 오츠카농장(大塚農場) 내에 두고 연도 주요지에 정거장 지점을 설치하여 매일 오전 6시부터 오후 6시까지 2, 3시간에 쌍방으로 왕복하는 계획을 수립하였다. 차량은 예비차량 1대를 포함한 2대로 설계하였다. 탑승 인원은 운전수, 차장 외 6명이며, 화물은 150관으로 정하였다.[311] 1918년 오츠카농장자동차부는 포항을 출발하여 안강, 경주, 아화, 영천, 하양을 경유하여 대구에 도착하는 노선을 운영하였다.[312] 또 통운회사 경성지점장 스가야 고마노스케(菅谷駒之助)도 전주-이리 간 자동차 영업을 목적으로 요시히로(吉弘) 전주경무부장을 방문하였다.[313] 1913년에는 평양의 우치다 로쿠오(內田錄雄)가 진남포-광량만 간의 자동차 영업을 위해 당국에 사업신청을 계획하였다. 특히 이 계획이 주목되는 것은 광양만에서 1리 떨어진 용강군 온천의 욕객(浴客)을 주된 탑승객으로 설정[314]한 관광 목적을 갖고 있었기 때문이다. 이 계획은 순조롭게 진행되어 우치다상회(內田商會)는 차량 1대를 구입하였고, 1913년 3월 26일에는 마쓰나가(松

---

310 『朝鮮銀行會社組合要錄』, 1929(국사편찬위원회 한국사데이터베이스에서 인용).
311 「최근의 전주」, 『매일신보』, 1912년 7월 14일.
312 「광고」, 『朝鮮時報』, 1918년 3월 23일.
313 「全裡間의 自動車」, 『매일신보』, 1912년 10월 20일.
314 「內田氏의 자동차영업」, 『매일신보』, 1913년 3월 2일.

永)도장관, 오자와(小澤)경무부장이 시승하였으며, 27일에는 □篠 내무부장, 長水口 재무부장이 시승하여 도로 시찰을 하였다.[315]

그리고 오리이자동차상점 이외에 1917년 김갑순이 설립한 구안자동차지부(邱安自動車支部)가 있었던 것이 확인되며,[316] 1921년 경성에는 진구(神宮)자동차상점도 있었던 것으로 보인다.[317] 구안자동차지부는 1918년 대구–안동, 대구–창녕 노선을 운행하였다. 대구–안동 노선은 대구를 출발하여 칠곡, 다부, 효령, 군위, 도리, 의성, 구미를 경유하였으며, 대구–창녕 노선은 대구를 출발하여 화원, 현풍을 경유하였다.[318] 또 1926년에는 수원과 용인에 중앙자동차합자회사와 중앙자동차용인조합이 수원–이천, 수원–김량장, 김량–백암, 수원–사강, 수원–조암 노선을 승합 및 임대로 운행하였으며, 우편물 체송도 취급하였음이 확인되며, 전북 진안에도 진안자동차부가 있었음이 확인된다.[319]

이상에서 본 바와 같이 우리나라에서 자동차 회사가 설립된 것은 1906년이다. 그러나 이 회사가 실제 영업을 했는지는 확인을 요한다. 실제 자동차 영업이 확인되는 것은 1912년 오리이자동차상점이 설립된 이후라 할 수 있다. 이후 〈표 2-29〉에서 볼 수 있듯이 1915년 무렵에는 식민지 조선 각지에 자동차회사가 설립되어 자동차 영업이 전국적으로 행해지게 되고, 1920년대 이후에는 더욱 확대되었음을 확인할 수 있다. 이렇게 자동차 영업이 확대된 것은 도로 상황이 개선된 것과 관련이 깊다.[320]

---

315 「內田自動車 試乘」, 『매일신보』, 1913년 4월 1일.
316 「광고」, 『朝鮮時報』, 1917년 8월 2일.
317 「자동차 부속품을 전문으로 도적질」, 『동아일보』, 1921년 5월 27일.
318 「광고」, 『朝鮮時報』, 1918년 4월 30일.
319 「광고」, 『朝鮮新聞』, 1926년 12월 31일.
320 도로 개수에 대해서는 조병로의 연구(「일제 식민지 시기의 도로교통에 대한 연구(Ⅰ)」, 『한국민족운동사연구』 59, 한국민족운동사학회, 2009; 조병로·조성운·성주현, 「일제 식민지 시기의 도로교통에 대한 연구(Ⅱ)」, 『한국민족운동사연구』 61, 한국민족운동사학회, 2009)를 참조 바람.

한편 자동차의 수가 점차 증가하고 산업적인 측면에서도 자동차의 활용이 커지면서 자동차 교통은 사설철도에 큰 위협이 되었다. 그것은 자동차 교통은 간편, 신속하고 철도와 같이 거액의 건설비를 요하지 않으며 소자본으로 영업할 수 있는 편리함이 있다. 또 운임이 비교적 저렴하므로 여객이 점차 증가하여 화물수입보다 여객수입에 무게를 둔 사설철도에 위협[321]이 되었기 때문이다. 그리하여 남만주철도주식회사에서는 자동차 노선과 사설철도는 하나의 유기체로서 식민지 조선의 보조교통기관이라는 목적을 달성하기 위해 다음과 같은 조건 하에서 허가해야 한다고 주장하였다.

1. 사철의 배양선으로서 사철의 한 역에서 오지로의 교통
2. 사철교통운수량 과잉의 경우에 그 완화 방법
3. 사철을 부설할 정도로 지방사정이 발달하지 못한 곳에는 그 선구자로
4. 시가 교통 및 계절적·유람적 교통[322]

이러한 남만주철도주식회사의 주장은 조선총독부에 의해 대체로 수용되었다. 1927년 조선총독부는 조선철도12개년계획을 채택하여 철도 중심의 교통, 운수정책을 채택[323]하였고, 철도가 건설되지 않은 지역에서는 조선총독부 철도국이 자동차 사업의 직영[324]을 통해 교통문제를 해결하고자 하였다. 이는 결국 자동차는 철도의 보조수단으로 이용하겠다는 의미로 이해된다. 이에 따라 조선총독부 철도국에서는 1928년 사설철도회사가 경쟁관계에 있던 병행선의 자동차회사를 매입, 경영하도록 하는 한편 병행선 기타 관계노선의 자동차와 연락운수 또는 협정운수 등에 의해 경쟁을 완화[325]

---

321 南滿洲鐵道株式會社庶務部調査課, 『朝鮮の私設鐵道』, 1925, 234쪽.
322 南滿洲鐵道株式會社庶務部調査課, 『朝鮮の私設鐵道』, 1925, 234쪽.
323 조병로·조성운·성주현, 앞의 논문, 276쪽.
324 「京春自動車經營促成運動」, 『조선일보』, 1927년 8월 11일.
325 鮮交會, 『朝鮮交通回顧錄』(行政編), 三元社, 1981, 91~92쪽.

제2장 조선총독부의 관광정책 223

하도록 하는 조치를 취하였다. 이와 같이 조선총독부 철도국이 자동차사업의 직영을 계획한 것은 자동차가 "사설철도에게는 경쟁상대가 되어서 철도영업에 미치는 영향이 적지 않아 사설철도의 보호, 조성에 노력하고 있던 철도성으로서도 그것을 방치하기가 어렵기"[326] 때문이었다.

이러한 사정은 조선의 사설철도에만 해당하는 것이 아니라 일본이나 대만의 경우도 마찬가지였다. 일본의 경우 동경시전(東京市電), 성전(省電), 지하철, 사철(私鐵), 버스, 택시를 합한 총여객수에서 그 비율이 1926년에 8%였던 버스와 택시가 1934년에는 32.2%로 증가하였는데, 가장 타격을 많이 받았던 것은 이 기간 동안 34.8%의 승객수 감소를 보인 시전(市電)이었다. 또 대만의 경우에는 승합자동차의 발달에 따라 관설철도의 수입이 감소되었을 뿐만 아니라 사설철도와 테오시(手押し)궤도는 그 타격이 심각하였던 것이다.[327] 따라서 조선에서도 자동차의 발달은 사설철도를 비롯한 기존의 교통수단의 경영에 영향을 미쳤을 것으로 생각된다.

이러한 조치의 결과로 〈표 2-28〉에서 볼 수 있듯이 1927년 2,005대였던 자동차의 수는 1928년 1,544대로 일시적으로 감소하였으나 1930년에는 3,426대로 급증하였다. 이는 조선총독부 철도국이 의도한 바와는 전혀 다른 것이었다. 이는 조선철도주식회사를 비롯한 사설철도가 자동차회사를 매입하였을 뿐만 아니라 새로이 자동차 운수사업에 뛰어들었기 때문이었다. 1928년 조선철도주식회사는 황해선 연선 및 벽지방면에 대한 열차와의 연락을 위해 자본금 13만 원으로 자동사 사업을 겸영할 것을 결정하고 해주-장연, 몽금포-신천온천, 장연-해주, 장연-신천온천, 신천온천-풍천, 장연-대탄, 금도-서도, 은율-금산포, 장연-송화온천, 송화-

---

326 鮮交會, 『朝鮮交通回顧錄』, 三元社, 1981, 91쪽.
327 曽山毅, 『植民地台湾と近代ツーリズム』, 青弓社, 2003, 146쪽.

송화온천 노선을 4월 13일 철도국 및 도지사로부터 인가를 받았고,[328] 경남연선과 오지의 연락을 위해 진주-삼천포, 사천-진교, 죽천-선진, 고성-통영, 고성-문산, 진동-함안, 배둔-영악의 여객 노선과 삼천도, 사천, 진주, 산청, 함양 간의 화물 노선의 승인을 신청하였던 것이다.[329]

이러한 조선철도주식회사의 자동차 겸영은 "동일 영업선에 그 영업선에 경쟁자가 허가될 경우는 동사의 그 영업선에 재한 자동차의 경영은 대단히 脅威되어 경영상 곤란을 感하고 동사가 자본을 投하여 매수 또는 합동한 영업선은 극히 불확실한 자가 多하여 목하 운송합동에 문제로 된 新店防止問題와 마찬가지이니 그 영업선에 대한 신영업자가 방지되기 전에는 조철의 자동차 경영은 항상 불안"[330]한 상태였다. 그러므로 조선철도주식회사는 조선총독부의 사설철도 보호정책을 계기로 오히려 자동차운송업에 대한 본격적인 투자를 시작하였으며, 이에 대해 우려가 존재했던 것 같다.

한편 1928년 1월 1일과 1932년 7월 말 현재 식민지 조선의 승합자동차 노선의 수는 〈표 2-30〉과 같다.

〈표 2-30〉 식민지 조선의 승합자동차 노선의 수

구분		경기	충북	충남	전북	전남	경북	경남	황해	평남	평북	강원	함남	함북	계
노선수	1928	46	22	41	40	81	62	116	53	31	26	49	25	21	613
	1932	87	28	72	51	92	70	203	65	65	54	43	29	27	886

※자료: 조선총녹부경무국, 『乘合自動車運轉狀況』, 조선총독부, 1928; 貴島克己 編, 『朝鮮に於ける自動車運送事業に就て』, 南滿洲鐵道, 1933.

---

328 「조철의 자동차 겸영」, 『중외일보』, 1928년 4월 21일.
329 「조철 경남선 자동차업 겸영」, 『중외일보』, 1928년 8월 8일.
330 「조철회사의 자동차 겸영 불안을 感하는 상태이다」, 『매일신보』, 1930년 3월 9일.

〈표 2-30〉을 통해 볼 때 1912년 식민지 조선에서 승합자동차의 영업이 시작된 이래 부정기 노선을 포함한 전국의 승합자동차 노선이 1928년 613개, 1932년 889개에 이를 정도로 승합자동차의 운행은 급속히 보급되었다. 이 중 하루에 10회 이상 왕복하는 노선은 1928년에는 경기도에서 행당리-독도(14회), 신풍리-수원역(14회), 황해도에서 사리원-사리원역(14회), 평남에서 신천-신천온천(11회), 안주-신안주(10회), 함북에서 청진부두-청진역(10회) 등 6개 노선뿐이었는데 비해 1932년에는 경기도에서 행당리-독도(14회), 충남에서 예산-정거장(12회), 전남에서 화순-화순역(10회), 순천-순천역(12회), 순천역-조곡리(23회), 여수-여수역(22회), 광주-송정리(16회), 영산포-장흥(11회), 경북에서 대구-안동 노선의 대구-천평(13회), 천평-관동(13회), 관동-군위(14회), 군위-도리원(13회), 도리원-의성(12회), 영천-영천역(13회), 경남에서 마키노시마(牧ノ島, 절영도)-주갑(20회), 부산-동래(17회), 동래읍-온천장(12회), 부산-울산(13회), 부산-신평(10회), 부산-해운대(14회), 울산-방어진(12회), 양산-물금(12회), 사덕-대사(10회), 금만-선암(16회), 김해-진영(10회), 밀양읍내-밀양역(24회), 함안역-함안읍(16회), 마산-진해(10회), 마산-구마산(47회), 고성-통영(12회), 진주-삼천포(13회), 진주-진주역(27), 함양-화산(10회), 황해도에서 사리원 서리-사리원역(12회), 신천-신천온천(14회), 해주-동해주역(13회), 연안-연안역(10회), 황주-황주역(12회), 평남에서 신안주-안주(10회), 함남에서 석왕사역-석왕사(10회), 함흥-서호진(13회), 함북에서 용평-어대진(12회), 주을온장-주을온천(12회), 나남-경성(12회), 나남-청진(36) 등 45개 노선으로 크게 증가하였다. 뿐만 아니라 대부분의 노선이 1일에 1~2회 왕복에 불과하였던 1928년에 비해 1932년에는 왕복 회수가 증가하였다.[331] 1932년에는

---

331 貴島克己 編, 『朝鮮に於ける自動車運送事業に就て』, 南滿洲鐵道, 1933, 128~180쪽.

이로 보아 자동차 사업을 억제하려던 조선총독부의 정책과는 달리 자동차 교통은 불과 4년 만에 크게 발달하였음을 알 수 있다.

이와 같은 승합자동차 노선은 지역과 지역을 연결하는 노선은 운행 빈도가 높지 않았으나 도심 구간이나 철도역 또는 포나 항구를 연결하는 노선은 운행 빈도가 높았다는 특징이 있다. 또한 동래온천·신천온천·주을온천·석왕사·해운대(온천, 해수욕장)·절영도 등 관광지를 연결하는 노선도 운행 빈도가 높은 편이었다. 이로 보아 승합자동차는 도심 구간을 연결하거나 철도역과 철도가 운행되지 않는 인근 지역을 연결하는 한편 철도역과 관광지를 연결하는 목적으로 운행되었음을 알 수 있다. 이는 승합자동차의 운행이 사설철도의 경영을 위협할 정도로 성장한 것은 다음의 점에서 승합자동차가 사설철도에 비해 경쟁력에서 우위를 보였기 때문이라 할 수 있다.

1. 완전한 융통성(교통량이 증가한 경우에 노선의 조정이 자유로우며 특수한 경우 급증한 교통량의 수송이 가능하다).
2. 궤도보다도 지연이 적다(一車가 고장이 일어나도 전운전계통의 운행을 정지시키는 일이 없다).
3. 여객의 乘降을 위해 보도에 접근할 수 있다.
4. 軌條 또는 고정시설에 자본을 투하할 필요가 없다.[332]

다만 일제는 자동차 연료인 가솔린(원유)의 대부분을 수입하였기 때문에 운전비가 높다는 단점[333]이 있었으므로 1930년대 중반 이후 일제가 전쟁을 확대해 가는 과정에서 가솔린을 절약하기 위해 가솔린 배급제, 자동차 운행 축소를 비롯한 다양한 가솔린 절약정책을 시행하였다.[334]

---

332 鐵道省監督局陸運課,「都市交通二於ける各種運輸機關の比較研究(上)」,『朝鮮鐵道協會會誌』14권 9호, 1935, 6쪽.
333 鐵道省監督局陸運課, 앞의 글,『朝鮮鐵道協會會誌』14권 9호, 1935, 6쪽.
334 이에 대해서는 조병로·조성운·성주현, 앞의 논문을 참조 바람.

이외에도 1920년대 중반 이후에는 〈표 2-31〉에서 볼 수 있듯이 택시 영업도 각지에서 활발하게 이루어진 것으로 보인다.

〈표 2-31〉 식민지 조선의 택시회사[335]

회사명	사장	목적	설립일	본점주소	출전
택시自動車部 (合資)	安川喜代作	일반 자동차 영업	24.4.23	대구부 1정목 5	1933년
中央택시自動車 (合資)	佐佐木淸一郞	택시대자동차. 승합자동차 및 수선업, 앞항에 부대하는 사업	24.11.15	경성부 고시정 14	1927년
淸津택시 (株)	大河內雪	승합 및 임대 자동차 영업, 대물 자동차 운수 영업, 자동차 및 부분품 판매업, 전 각항에 부대하는 사업의 투자	28.11.12	청진부 항정 12-7	1933년
黃金택시 (合資)	神野好太郞	자동차 임대업 부대 사무	29.2.14	경성부 황금정 3丁目 255	1933년
咸興택시 (株)	方義錫	자동차의 운전업 및 그에 따른 업무	29.7.15	함흥부 대화정 3丁目 7	1939년
大學택시 (合資)	西村篤雄	임대자동차업	29.8.13	경성부 연건정 28	1942년
雄基택시 (合資)	山鹿博	웅기 시내 외 각방면으로 자동차운전을 경영하는 동시에 그 부속품의 매매	30.7.1	본점 :함북 경흥군 웅기읍 웅기동 267 지점 : 나진부 영정 2정목 226	1939년
사쿠라택시 (合資)	石原得義	임대자동차 영업	30.8.2	경성부 완남동 142	1933년
中央택시 (合資)	具會極	임대자동차 영업	30.12.13	청진부 포항동 78	1931년
本町택시 (合資)	吉田菊次郞	자동차 임대 영업	31.5.30	경성부 本町 2 丁目 8	1942년
中央택시商會 (合資)	韓百厦	자동차 임대 貸切 영업	31.11.18	함흥부 대화정 4丁目 23	1939년
北鮮택시 (合資)	金一煥	시내외 대절 임대 자동차 영업	32.4.30	함흥부 대화정 4丁目 20	1942년
沙里院택시 (合資)	中村伊之輔	지동차운수업	33.8.31	황해도 봉산군 사리원읍 북리	1935년
安全택시商會 (合資)	崔昇在	임대자동차 영업	33.10.1	청진부 항정 9	1935년

335 출전은 『朝鮮銀行會社組合要錄』(東亞經濟時報社)이며 표의 출전란 숫자는 『朝鮮銀行會社組合要錄』의 출판 연도임.(국사편찬위원회 한국사데이터베이스에서 인용).

회사명	사장	목적	설립일	본점주소	출전
漢陽택시 (株)	朱貞順	자동차운수업 및 이에 부대하는 사업	34.11.1	경성부 종로 1 丁目 77	1939년
三千浦택시 (合名)	千炳植	임대 승객자동차 영업	34.11.15	경남 사천군 삼천포읍 동리	1935년
日光택시 (合資)	劉泰麟	대절 여객 자동차 운송업	35.9.20	진남포부 한두정 39-6	1942년
松都택시 (合資)	德田淳永	자동차에 의한 여객 운송	35.11.30	개성부 대화정 14	1942년
箕城택시 (株)	金榮泰	승용貸切자동차영업	36.2.12	평양부 수정 86	1939년
京城택시 (株)	野野村謙三	자동차에 의한 여객의운송, 전호에 부대하는 사업	36.4.21	경성부 장곡천정 116	1939년
明治택시 (合資)	金正植	여객 대절 자동차 운송사업, 전항에 부대하는 업무	36.5.1	경성부 황금정 2丁目 199-8	1942년
元택시 (株)	神宮興太郎	대절 여객 자동차 운송 사업 및 이것에 부대하는 일체의 업무를 영업, 화물자동차 운송사업 여객 자동차 운수사업, 자동차에 관련하는 기계 기구의 제조 및 판매 수리 대부 및 이것에 부수하는 업무	36.8.5	원산부 本町 1 丁目 1	1942년
朝日택시 (株)	安本安民	자동차 운송 및 운수사업 및 이것에 부대하는 일체의 업무	36.9.1	함흥부 신흥정 119	1942년
溫泉택시 (合資)	金榮浩	자동차운송업 및 기타 부대 사업	36.9.15	황해도 옹진군 마산면 온천리 188	1939년
中央택시 (株)	林富太郎	자동차에 의한 여객 및 화물 기타 일반운송사업, 자동차 및 부속품 판매업, 자동차 수선업, 이에 따른 각종사업	37.1.8	청진부 포항동 81-11	1939년
溫泉택시 (合資)	韓鏡洪	여객 운송업	37.1.11	경남 동래군 동래읍 온천리	1942년
히카리택시 (株)	李天應	여객대절 자동차영업	37.2.27	경성부 종로 4 丁目 49	1939년
釜山택시 (株)	荒井初太郎	자동차에 의한 여객 운송사업, 기타 사업에 부대하는 일체의 업무	37.11.1	부산부 대교통 4丁目 93	1942년
國産택시 (株)	坂本俊資	자동차에 의한 대절여객운송 사업	37.11.10	대구부 금정 1 丁目 18	1939년
永登浦택시 (株)	内山寬正	자동차 운수사업	37.11.30	경성부 영등포 정 432-2	1939년
共同택시 (株)	内山寬正	자동차 운수업	38.2.12	경성부 명치정 2丁目 48	1939년
鎭南浦合同택시 (株)	齊藤久太郎	일반도로에 의한 자동차운송 사업 및 자동차 운수사업 및 그에 따른 제반사업	38.10.5	진남포부 용정리 25	1939년

회사명	사장	목적	설립일	본점주소	출전
大邱合同택시 (株)	坂本俊資	대절 여객 자동차 운수 사업의 경영 및 이것에 부대하는 업무	39.4.10	대구부 금정 1 丁目 4	1942년
라이온택시 (合資)	原田瀧藏	여객 자동차운송업	41.1.17	부산부 행정 2 丁目 46	1942년

〈표 2-31〉을 보면 택시회사는 경성 11개, 청진·함흥 각 4개, 대구 3
개, 진남포·부산 각 2개, 경흥·봉산(사리원)·사천(삼천포)·개성·평양·원
산·옹진·동래 각 1개씩 있었음이 확인된다. 특히 옹진군 마산면과 동래
군 동래읍의 온천택시는 옹진온천과 동래온천 이용자를 주된 영업대상으
로 삼았을 가능성이 높다는 점에서 관광을 목적으로 설립된 회사라 할 수
있다. 이외에도 다음에서 볼 수 있듯이 1935년 택시업계에는 김응수(金應
銖)와 신(申) 모 씨라는 조선인이 설립한 회사가 더 있었다.

> 평안백화점은 백만 원의 주식회사다. 그리고 이 자금의 대부분은 사
> 장인 金應銖씨가 출자하엿다. 그러면 金應銖씨란 엇든 분인고. 씨는 평
> 북사람으로서 평북에서 주요한 자동차선로를 획득하야, 자동차영업으
> 로 불과 10년 내외에 수십만 원의 큰 자산가가 된다. 오늘날 조흔 자
> 동차선로를 가젓기 까닭에 부자된 사람으로는 북에 咸南 北靑의 方義
> 錫씨(吁,興택시회사사장 及 其他諸線路소유)가 잇고, 서에 평북 金應銖
> 씨(현재평안택시회사사장)가 잇고, 장차로는 중앙인 서울에 申모씨(京
> 水線路)가 잇스리란 말이 떠도니만치 金應銖씨의 수완은 놀나웟다. 자
> 동차에서 수십만 원(남에 말에는 오십만 원이상云云)을 모아진 김씨는
> 그 자동차업은 그대로 경영하는 한편, 평양商界에 진출할 뜻을 품고 평
> 양땅에 이르러.[336]

위의 인용문에서 알 수 있듯이 방의석, 김응수는 식민지 조선의 대표적

336 「平安百貨店은 엿재 亡햇는가, 巨大한 資本中 三四十萬圓 損失說 」,『삼천리』제7
권 제10호, 1935, 11, 145쪽.(국사편찬위원회 한국사데이터베이스에서 인용).

인 자동차 사업가였다. 특히 김응수는 자동차사업을 통해 크게 부를 축적하여 평안백화점 설립에 소용된 자본금 백만 원을 대부분 출자할 정도로 자동차사업을 통해 부를 축적한 인물이었다. 이로 보아 자동사 운수업은 1920년대 이후 식민지 조선에서 이른바 '돈이 되는' 사업이었음을 알려주는 것이라 할 것이다.

한편 1927년 채택된 조선철도12개년계획의 연장선에서 1931년 부임한 우가키(宇垣) 총독은 철도국 관제를 개정하여 자동차운송사업을 철도국에서 감독하도록 하였다. 이는 철도, 궤도의 감독 외에 주로 자동차운수를 포함한 육운(陸運)의 감독권을 철도성에서 관할하도록 한 1928년 3월 일본의 철도성 관제의 개정과 맥을 같이 하는 것이었다.[337] 식민지 조선에서 이러한 정책을 채택하게 된 배경에는 "자동차의 발달에 수반하여 장거리 운송 방면에도 점차 철도의 세력 범위를 침범하고 철도가 받은 영향이 심대함에 비추어 자동차 운송의 중대성을 통감"[338]했기 때문에 일본 국내의 자동차사업법을 내용으로 하는 조선자동차교통사업령을 제정하여 자동차운송사업감독의 기초를 확립할 것 등을 결정하였다.[339] 이 결정에 따라 1933년 9월 7일 제령 19호 조선자동차교통사업령[340]이 공포되었다. 그 주요 내용은 다음과 같다.

1. 자동차 운수사업 및 자동차 도로사업을 공공기업의 범주로 이관하여 조선통독부의 면허사업으로 할 것
2. 조선총독은 철독구장 및 도시사에 대해 직권의 위임을 인정할 것
3. 조선총독은 자동차의 기준, 운수, 설비 및 회계에 관해 필요한 규정

337 政務總監, 「鉄道局官制の改正と自動車運輸の監督に就いて」, 『朝鮮鐵道協會會誌』 11-9, 1932, 3쪽.
338 貴島克己 編, 『朝鮮に於ける自動車運送事業に就て』, 南滿洲鐵道, 1933, 7쪽.
339 鮮交會, 『朝鮮交通回顧錄』(行政編), 三元社, 1981, 92쪽.
340 「朝鮮自動車交通事業令」, 『朝鮮總督府官報』 제2000호, 1933년 9월 7일.

(부령)을 제정할 수 있다.

4. 국영 자동차 운수사업 및 자동차 도로사업에 대해 몇가지 제외 사례를 둘 것
5. 자동차교통사업재단 저당제도를 둘 것
6. 나라에 기설 사업(민영)과 경쟁하는 자동차운수사업 및 자동차도로사업을 개설한 경우 보상에 관한 제도를 둘 것
7. 각종 명령 위반에 대한 벌칙을 둘 것
8. 자동차 교통 방해에 관한 형벌을 둘 것[341]

이에 근거하여 종래에는 하나의 노선에 다수의 영업자를 허가했으나 무모한 경쟁 때문에 폐해가 있어 하나의 노선에 한 영업자만을 허가하는 방향으로 자동차사업 허가방침을 변경하였다.[342] 이는 자동차운송사업이 사설철도, 궤도와 마찬가지로 공기업,[343] 즉 조선 총독의 지시 및 감독을 받게 되었으며 그 권한이 철도국 및 도에 위임되었다는 것을 의미한다. 이후 조선총독부는 1935년 4월 1일에는 자동차교통사업령 시행규칙을 제정, 시행하였다.[344] 이러한 일련의 과정은 조선총독부가 자동차사업과 관련한 일체의 권한을 행사함으로써 대륙침략에 소용되는 석탄을 일본과 조선에 공급하기 위한 운송선의 확보라는 목적을 달성[345]하기 위한 것이었다고 할 수 있다. 즉 일제의 철도 및 자동차정책이 만주 및 중국에 대한 침략정책과 직접적으로 관련이 있음을 시사하는 것이었다. 이와 같이 사업을 통제받게 된 식민지 조선의 민간자동차사업자들은 1928년 4월 3일 전조선자동차협회(全朝鮮自動車協會)를 조직[346]하여 한편으로는 조선총독부

---

341 貴島克己 編, 『朝鮮に於ける自動車運送事業に就て』, 南滿洲鐵道, 1933, 97~98쪽.
342 貴島克己 編, 『朝鮮に於ける自動車運送事業に就て』, 南滿洲鐵道, 1933, 7쪽.
343 澤崎修, 「自動車運輸業の監督行政について」, 『朝鮮鐵道協會會誌』 1-9, 1932, 7쪽.
344 「自動車業法令 4월 1일부터 實施」, 『조선일보』, 1935년 3월 28일.
345 김경림, 앞의 논문, 88쪽.
346 「自動車協會組織」, 『조선일보』, 1928년 4월 11일. 전조선자동차협회의 임원은 다음과 같다.

의 정책에 호응하면서 다른 한편으로는 저항하기도 하였다. 그리하여 민간 자동차사업자들을 중심으로 자동차의 상업적 이용도 제한적이기는 하지만 지속되었다.

(2) 유람자동차의 운행

식민지 조선에서도 일본이나 대만과 마찬가지로 관광에 자동차가 이용되었다. 1912년 승합자동차가 운행되기 시작하였으므로 관광 목적의 자동차 운행 역시 1912년 이후라는 것은 명확하다. 관광 목적으로 자동차가 운행되었다 하더라고 운행 형식에 따라 식민지 조선에서 유람자동차[347]가 언제 처음으로 운행되었는가를 규정하는데 논란이 될 수 있다. 예를 들면 조선총독부 철도국은 1916년 원산-금강산과 평강-금강산을 잇는 도로를 건설하고 두 노선에 8인승 승합자동차를 각각 2대씩 투입하여 오전, 오후 한 번씩 정기적으로 운행하기 시작하였다.[348] 그리고 다음에서 볼 수 있는 바와 같이 평강-장안사, 원산-온정리 구간을 운행 가능한 6월부터 10월까지 5개월을 정기운행하였던 것을 알 수 있다.

작년 여름부터 만철 관리국에서 영업을 개시한 금강산 탐승자동차의
운전은 절기 관계로 11월부터 쉬어왔는데 본년은 6월 1일부터 운전을

명예회장 福原俊丸 회장 士井一義 부회장 靑木勝 方義錫 평의원 服部房吉(충북) 宮本善吉 本田德彌(충남) 尹永全(평남) 相馬興作 阪本由藏 金漢昇(전남) 近藤三千三 車東均(함북) 生部又一(경북) 宋秉幌 佐佐木淸一郎(경기) 申俊明(충북) 岩尾傳吾(평남) 吉田雅一 金奎鶴(평북) 崔昇烈 富樫堅吉 鄭錫朱(전북) 曲延二岡 田謙作(황해) 崔準集(강원) 中川鐵治(함남) 一法師竹犬隈(경남)

347 유람자동차는 곧 관광버스를 말한다. 본고에서 식민지 시기의 용어를 그대로 살리기 위하여 관광버스라 칭하지 않고 유람자동차라 칭하기로 한다.
348 『2007 근대문화유산 교통(자동차)분야 목록화 조사 보고서)』, 문화재청 근대문화재과, 2007. 10. 27쪽.

하겠고, 또 평강발 장안사, 원산발 온정리 간에는 작년에 3대씩 운전하였는데 본년은 각 한 대를 더하고 정기운전은 각 발착소로부터 한 대씩 교차운전을 하고 남겨진 두 대는 사이사이에 임시운전을 하리라더라.[349]

결국 1916년 2대로 시작한 금강산 관광을 목적의 탐승자동차는 1918년에는 3대, 1919년에는 4대로 증가하였던 것이다. 이는 금강산 관광객이 증가했기 때문일 것이다. 이렇게 금강산관광에는 1916년 이래 탐승자동차가 이용되었다.

그런데 금강산관광에는 탐승자동차라는 용어가 사용되었으나 1923년에는 『조선시보(朝鮮時報)』에 오카모토(岡本)자동차부에서 신라고적유람안내 광고[350]가 게재되어 1923년에 유람자동차가 경주에서 운행되었음

〈그림 2-37〉
오카모토(岡本)고적유람자동차경주역전 영업소

을 알 수 있다. 그러나 유람자동차라는 용어는 아직 사용되지 않았다. 이 용어는 1924년 2월 19일 『조선시보』의 기사 제목 「경주유람자동차(慶州遊覽自動車)」에서 처음으로 사용된 것으로 보인다. 이 경주유람자동차는 1924년 조선총독부가 경주유람자의 편의를 도모하기 위해 경주군청에 기증한 자동차 1대였다.[351] 이 유람자동차는 상업적으로 이용된 것이 아니라 경주를 찾는 귀빈용으로 경주군청이 운행한 것이라 생각된다. 상업적으로 운행된 최초의 유람자동차는 역시 1926년 경주의 오카모토(岡本)자동차부

349 「金剛山 探勝自動車」, 『매일신보』, 1919년 4월 24일.
350 「광고」, 『朝鮮時報』, 1923년 5월 9일과 5월 11일.
351 「慶州遊覽自動車」, 『朝鮮時報』, 1924년 2월 19일.

에서 운행한 신라고적유람자동차인 것으로 보인다.[352] 이렇게 보면 오카모토자동차부는 1923년 이래 유람자동차를 운행하였으며, 그때부터 유람자동차라는 용어를 사용하였으나 1926년 이전까지의 광고에서는 유람자동차라는 용어를 사용하지 않고 '유람안내'라는 용어를 사용했던 것이라 볼 수 있다. 그런데 이 시기 신문기사는 '탐승자동차'과 '유람자동차'을 구분하여 사용하였다. 신문기사의 내용을 통해 보면 '탐승자동차'는 승합자동차를 이용하여 관광 목적지까지 이동할 때 사용되며, '유람자동차'는 안내양이나 기사가 일정 구간을 순환하며 관광지에 대해 설명해주는 자동차를 의미하는 것으로 생각된다.

1928년에는 경성의 인력가, 전세자동차, 그리고 정기노선의 승합자동차를 이용하여 시내 관광을 하였다. 『조선철도협회회지』에 소개된 경성시내 및 근교의 관광안내문에는 인력거, 승합자동차, 전세자동차의 요금과 소요시간이 제시되어 있다.[353] 이 경우 이 자동차들을 유람자동차라 할 수 있는가 하는 점이다. 이 자동차는 관광을 목적으로 온 여객들을 위해 원산-금강산, 평강-금강산, 금강산-온정리 구간이나 경성시내의 일정한 구간을 왕복한 것은 분명하지만 유람자동차라기보다는 관광객 수송을 위한 정기승합자동차라 보는 것이 명확하다고 할 것이다. 또한 전세자동차도 관광만을 목적으로 운행되었던 것은 아닐 것이다. 그러므로 앞에서 본 경주의 유람자동차도 정기운행을 한 것이 아니라 전세로 운행되었을 것이다.

그러면 순전히 관광만을 목적으로 하는 우리나라 최초의 관광버스, 즉 유람자동차는 언제부터 운행되었을까. 그것은 아마도 1929년 조선박람회 기간 중 임시로 운행되었던 유람자동차가 시초가 아닐까 싶다. 물론 조선

352 「광고」, 『京城日報』, 1926년 1월 3일.
353 「京城市內及附近名勝案內 人力車及自動車賃金」, 『朝鮮鐵道協會會誌』 7-4, 1928, 65쪽.

〈그림 2-38〉 동경유람자동차 광고

박람회 기간 중에만 운행했다는 점에서 제도적으로 정착된 것은 아니었다. 정기적으로 운행된 최초의 유람버스는 1931년 경성유람승합자동차회사의 경성유람승합자동차였다. 또한 일정한 코스를 일정한 간격으로 운행하는 유람자동차와 임대로 운행하는 전세자동차도 있을 것이다. 앞에서 본 바와 같이 식민지 조선에서는 일정한 노선을 운행하는 승합자동차보다 자동차를 임대하는 전세자동차의 운행이 먼저 시작되었다.

식민지 본국인 일본에서 유람버스가 본격화된 것은 1920년대 중반 이후부터 1940년대 중반경까지[354]인데, 최초의 유람버스는 1925년 12월 15일 동경승합자동차회사(東京乘合自動車會社)가 코교마에(皇居前)−긴자(銀座)−우에노(上野) 코스를 운행[355]하였다. 1926년에는 〈그림 2−38〉에서 볼 수 있듯이 동경승합자동차주식회사가 오전 9시부터 우에노역(上野驛), 오전 10시부터 신바시역(新橋驛)에서 정기운행하였다. 20인승 고급식 전망버스를 이용하여 십 수개의 명소를 관광할 수 있었다. 승차관광은 3시간, 하차관광은 4시간 반, 휴식은 30분으로서 1일 8시간이 걸리는 코스였다. 요금은 대인 3원 50전, 소인 2원 50전으로 전문 안내인이 탑승하여 관광명소에 대해 설명하였다. 이 유람버스는 1927년에는 우에노역에서 8시 30분과 9시, 신바시역에서 9시와 10시에 출발하는 것 외에 동경역(東京驛)에서도 9시에 출발하는 것도 생겼을 뿐만 아니라 차종도 13인승, 16인승, 20인승[356]으로 다양화되어 유람자동차사업이 순조롭게 진행되었음을 알 수 있다. 1927년에는 벳부지옥순례(別府地獄參り)에도 유람버스가 이용되었다.[357] 만주에서의 유람자동차는 1930년대에 집중적으로 등장하였다.[358] 이 시기의 유람버스는 20~25인승의 대형전세버스사업이 중심이 되었으며, 버스는 광창(廣窓), 천창(天窓), 오픈 타이프 등 다양한 모습을 띄었다고 한다. 그러므로 일본·조선·만주 등 일제의 지배권 하에 있는 지역에서는 1920년대 중반 이후 유람버스가 항상적으로 운행되고 있었던 것이다.[359]

일본의 근대관광에 대한 한 연구에서는 교통기관의 변천에 따른 일본

354 下村彰夫,「観光地空間との関わりから見た交通機関の史的展開」,『日本造園学会研究発表論文集』6, 1988, 56쪽.
355 高媛,「楽土を走る観光バス」,『拡大するモダニティ』, 岩波書店, 2002, 202쪽.
356 「광고」,『京城日報』, 1927년 1월 8일.
357 下村彰夫, 앞의 논문, 58쪽.
358 高媛,「楽土を走る観光バス」,『拡大するモダニティ』, 岩波書店, 2002, 202쪽.
359 조성운, 앞의 책, 민속원, 181~182쪽.

근대관광의 변천을 다음의 5시기로 구분하였다.

(1) 제1기(明治中期~明治末期) : 관광지의 입구까지 철도가 정비되고 관광이 근대교통기관에 의한 새로운 전개를 보이기 시작한 시기
(2) 제2기(大正時代) : 자연풍경의 아름다움이 발견되어 관광지도 외연화하고 거기까지 승합자동차가 들어간 시기
(3) 제3기(昭和初期~昭和20年代) : 유람버스에 의한 단체여행 등 관광이 대중화하기 시작하고 교통기관에 관광을 즐기는 수단으로서의 기능이 요구된 시기
(4) 제4기(昭和30年代) : 전망도로와 로프웨이에 의해 이동과 周遊를 다이나믹하게 즐기게 된 시기. 전망의 중요성이 높아짐.
(5) 제5기(昭和40年代 이후) : 자가용차가 다리로서의 중요한 위치를 확립하고 관광지가 평면적으로 즐거움과 동시에 그 획일성과 俗化가 크게 진전된 시기.[360]

이 시기 구분에 따르면 제2기인 다이쇼(大正) 천황이 재위한 1910년대 초반부터 1920년대 중반에 승합자동차가 관광지까지 들어가고 1920년대 후반부터 유람버스에 의한 단체관광이 시작되었다는 것이다. 이는 단순히 일본에만 국한된 것이 아니라 앞에서 언급했듯이 식민지 조선의 경우도 마찬가지였다. 1912년 오리이자동차회사를 설립한 이후 1916년에는 금강산에서 정기 승합자동차가 운행되었고, 1923년에는 경주에서 전세로 유람자동차가 운행되기 시작하였다.

한편 1929년 조선박람회를 앞두고 각지에서는 유람자동차의 운행을 계획하였다. 대구의 최순(崔淳)은 조선박람회 기간에 맞추어 개최 예정인 신라예술품전람회, 고분발굴 등의 관광객을 대상으로 자본금 1만 원의 대구-경주간의 직통 유람자동차회사의 설립을 출원하였다. 이 회사는 신식 포드

---

360 下村彰夫,「観光地空間との関わりから見た交通機関の史的展開」,『日本造園学会研究発表論文集』6, 1988, 56쪽.

자동차 5대를 구입하여 운행을 계획하였다.[361] 평양에서는 평안남도가 평양
유람택시계획을 택시업자에게 설명한 후 출원자에 대해 바로 설립허가를 내
준다는 계획을 수립하였다. 유람택시의 코스는 갑과 을의 두 노선으로 하였
는데, 갑선은 평양역을 출발하여 상품진열관, 박물관, 을밀대, 모란대, 마키
차야(牧茶屋), 연광정, 대동문을 거쳐 평양역으로 돌아오는 2시간 30분 코
스이며, 을선은 갑선 코스에 대동문에서 낙랑까지를 더한 3시간 20분 코스
였다. 요금은 갑선은 4원, 을선은 5원 30전이었다. 특히 자동차 운전수에게
평양의 명소를 설명할 수 있도록 영업주가 교육할 것을 요구하였다. 이 유
람택시는 조선박람회 기간에만 운행하는 것이었으나 성과가 좋으면 영구히
운행할 것도 상정하였다.[362] 1931년에는 부산에서도 부산역전에서 온천유람
자동차가 운행되었음이 확인된다.[363]

이러한 과정에서 경성자동차조합에서는 1929년 조선박람회 개최 기간
중 시내 명승고적 남대문 외 23개소를 4시간 30분 내에 유람하는 유람자
동차를 운행하였다. 요금은 1인 3원 50전, 20인 이상 3원, 50인 이상 2원
50전, 100인 이상 2원, 5세 이하 소아 무료, 6세 이상 12세 이하의 소아
는 대인의 반액으로 결정하였다.[364] 이 유람자동차는 조선박람회 기간 내에
만 운행하는 임시적인 것이었다. 부산에서도 1929년 부산역−다이쵸마치
(大廳町)−용두산(龍頭山)−일한시장(日韓市場)−나가테도리(長手通)−부산
역을 운행하는 유람버스가 있었다.[365]

361 「大邱慶州間 遊覽自動車」, 『경성일보』, 1929년 8월 27일.
362 「具體化した平壤遊覽自動車 朝博觀光團を當てに」, 『朝鮮新聞』, 1929년 9월 9일.
363 「광고」, 『朝鮮新聞』, 1931년 10월 15일.
364 「市內 各所 遊覽 自動車의 料金」, 『동아일보』, 1929년 9월 13일. 조선총독부 철도
   국에서 발행한 관광팸플릿(『京城』, 1929, 6쪽.)에 소개된 경성 시내명소를 一巡
   하고 경성역에 돌아오는 유람자동차는 상시 운행되었던 것이 아니라 조선박람회
   기간 중 운행되었던 것이라 생각된다.
365 조선총독부철도국, 『釜山』, 1929, 8쪽. 그런데 이 유람버스가 정기노선을 가진

이렇게 비록 임시 운행이기는 하지만 식민지 조선에서도 1929년 유람자동차가 운행되기 시작하고 관광을 진흥시키고자 한 조선총독부는 유람자동차의 운행에 적극적이었다. 식민지 조선에서 유람자동차의 운행을 적극적으로 주장한 것은 사토 사쿠로(佐藤作郞)이다. 그는 1918년 남만주철도주식회사에 입사하여 경성관리국 영업과에서 근무하였고, 1921년부터 1년간 구미에 유학하으며, 1922년 4월 여객주임에 임명되었다. 1925년 러시아 및 유럽 각국을 여행하고 조선총독부 철도국 참사로 승진하고 1932년 영업과장이 되었다.[366] 조선총독부 철도국의 실무담당자였던 그가 1931년에 자동차 드라이브를 가능하게 하는 도로, 즉 유람도로의 건설과 관광버스의 운행을 주장하였던 것이다.[367] 이와 같이 사토가 유람자동차의 운행을 주장할 수 있었던 것은 이미 경기도와 경성부에서 유람자동차의 운행을 검토하고 있었기 때문이다. 즉 1928년 경성부영버스의 운행을 검토하면서 경성부에서는 "빈번히 入城하는 각지의 관광단을 위하여 동경과 같이 유람자동차도 실시할 의향"[368]을 갖고 있었기 때문이다.

그 결과 1931년 6월 22일부터 매일 오전 8시와 오후 1시에 하세가와마치(長谷川町) 경성택시 앞에서 승차, 조선신궁·창경원·경복궁 기타 14개소를 관광하는 코스로 구성된 경성유람승합자동차(京城遊覽乘合自動車)가 운행되었다.[369] 이 유람자동차는 여성안내원이 동승하여 명소를 안내하였으며 각 명소마다 하차하여 구경하는 방식으로 운행되었다. 정원은 16명이고 요

것인지 전세버스인지는 확인할 수 없다.
366 조선인사흥신록편찬부, 『朝鮮人士興信錄』, 1935, 194쪽.
367 佐藤作郎, 「朝鮮に於ける觀光事業に就いて」, 『朝鮮』, 1931년 7월호.
368 「구체화된 부영버스 유람차도 겸영」, 『매일신보』, 1928년 2월 1일.
369 1938년 현재 유람코스는 경성역-남대문-덕수궁-조선총독부-경복궁-창경원-경학원-제국대학-박문사-본정-남산공원-조선신궁-미츠코시백화점이었다.(O·E生, 「京城遊覽バスにお客となりて」, 『朝鮮鐵道協會會誌』17-10, 1938, 62쪽).

〈그림 2-39〉 경성명승유람안내(경성자동차교통주식회사 발행)

〈그림 2-40〉 경성명승유람버스(경성버스유람자동차계 발행)

금은 2원 20전이며, 소요시간은 4시간 반이었다.[370] 이외에도 1932년 봄에
는 경성부는 직영으로 요금 50전의 수 대의 일요경성유람버스를 운행하였
다.[371] 1933년 창립된 경성관광협회는 그 해에 유람버스 및 유람택시를 11건
안내하였다.[372] 1934년에는 부산가스전기주식회사(釜山瓦電)는 봉래관(蓬萊
舘) 뒷쪽에 온천풀, 욕장(浴場), 오락기관을 설치하여 유원지로 개발할 계획
을 세우고 부산역전-동래온천장 구간의 유람버스 운행을 도당국에 신청하였

---

370 「경성유람자동차운전」, 『동아일보』, 1931년 6월 21일.
371 「京城府 直營 日曜遊覽車」, 『중앙일보』, 1932년 3월 20일.
372 「觀光協會 11일간 410건을 案內」, 『동아일보』, 1933년 10월 31일.

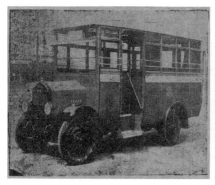
〈그림 2-41〉 경성부영버스

〈그림 2-42〉 인천항에 도착한 경성부영자동차

다.[373] 1938에는 경성전기에서 운행하는 16~20인승 전망식 고급차로 단체 유람버스를 운행하였다.[374] 이처럼 1929년 비록 임시적인 것이었으나 경성에서 최초로 유람자동차가 운행된 이래 1938년 무렵까지 유람자동차의 운행은 증가하였고, 자동차도 점차 고급화되었던 것을 확인할 수 있다.

그런데 1928년 4월 22일 경성부영(京城府營) 버스가 1구간 요금 7전, 10분 간격의 배차로 운행을 시작하였다.[375] 그러나 운행을 시작한 지 며칠이 되지 않아 경성부영자동차 노선 변경 문제가 대두하였다. 자동차 노선이 전차 노선과 겹쳐 자동차회사와 전차회사가 경쟁하며, "현재의 노선은 하등 실용에 적합하지 않다. 단지 봄의 유람에 승차하는 자만 있"다는 것이다.[376] 유람노선으로 지적된 것은 경성역-남대문통-황금정통-장충단 노선과 경성역-남대문통-황금정-운동장-고상(高商)의 두 노선이었다.[377]

---

373 「釜山東萊間に遊覽バスを走らせ 溫泉場を遊覽地化す」, 『釜山日報』, 1934년 9월 30일.
374 O·E生, 「京城遊覽バスにお客となりて」, 『朝鮮鐵道協會誌』 17-10, 1938, 63쪽.
375 「부영버스 22일부터 운전 20일에 시운전 한구역 요금은 7전」, 『중외일보』, 1928년 4월 19일.
376 「變更されるバスの路線 遊覽本位から實用本位とする」, 『京城日報』, 1928년 4월 26일.
377 「變更されるバスの路線 遊覽本位から實用本位とする」, 『京城日報』, 1928년 4월 26일.

이처럼 경성부는 부영버스를 운행하기 시작할 때부터 유람 즉 관광이라는 목적을 갖고 있었던 것이다. 이렇게 경성부영버스가 관광 목적을 가진 것은 1920년대 경성을 관광하는 관광단의 꾸준한 증가와 이듬해인 1929년 조선박람회를 앞에 두고 있었기 때문이라 생각된다. 특히 부영버스가 유람적 성격이 강하다는 지적은 경성부에서 1929년 조선박람회 개최 기간 동안 시내의 명소와 고적을 순회하는 유람자동차 운행을 정책적 대안으로 마련하였기 때문이라 생각된다.

한편 앞에서 언급한 여성안내원에 대해『조선일보』는 다음과 같이 보도하였다.

> 8만호와 40만 인구를 가진 대경성은 수만흔『스피드』다리(足)를 가지고 밤낮의 구별이 업시 활동하고 잇서 대도회의 착잡을 이루고 잇스니 자동차, 전차, 인력거, 버스(乘合自働車) 등의 괴물들이 네 거리 교통 순사의『꼬―』『스톱』의 호령과 손가락질에 따라서 오고가고 또 가고오기를 거듭하고 잇다.
>
> 그중에서도『택시』와 인력거 등은『부르』들의 뚱뚱보다리가 되엇거니와 무엇보다도 대중(大衆)의 다리가 되어 활동하는 것은『뻐스』이며 이『뻐스』를 동으로 물고 서으로 달리는 사람이『뻐스껄』(車掌)이다. 경성에는 경성부에서 경영하는『뻐스』에 65명, 경인(京仁)『뻐스』에 17명, 경수(京水)유람(遊覽)『뻐스』에 수명식의『뻐스껄』이 잇는 중 그들은 보통학교를 졸업하고 모집정원(募集定員) 20배를 초과하는 그 가운데서 가장 얼골의 아름답고 똑똑하고 몸이 튼튼하다는 조건 밋헤서 선발되어 명예의 차장이 된 것이다.
>
> 그들은 차장의 정복정모(正服正帽)에 넓은 혁대(革帶)로 허리를 깜눅하게 졸라매고 돈가방을 메고 한 손에『뻰지』또 한 손에 차표를 가젓스니 무장(武裝)한 낭자군(娘子軍)이며 가두직업(街頭職業)의 제일선(第一線)에 나선 용자(勇者)이다. 오전 7시부터 오후 10시까지 48대(府營 버스만)의 자동차를 운전하야 가지고 온 장안거리에 거미줄을 치고 잇다. 매일 달리는 행정(行程)이 평균 4천5백마일(哩)이며 마저 태우는 승객이 평균 1만 2천 명에 달하고 5전식 바다넛는 돈이 하로에 7백여 원이라 하나 그들의 보수는 불과 20원으로부터 30원 사이라 한다.

뿐 아니라 그들의 뒤에는 뭇남자들의 유혹과 조소가 잇서 못견듸게 따라단일 뿐 아니라 보통 승객 중에도 10원 자리와 1원 자리를 내어노코 거스름돈을 달라하며 업는 승환표(乘換票)를 무리하게 요구하고 정류장(停留場)도 안인 곳에서 뛰여오르고 뛰여나리다가 도리여 책임을 차장에게 전가(轉嫁)식히는 등 실로 가진 농락이 만타.

연약한 녀자의 몸으로 이 과격한 로동에 종사하며 더욱 도회의 아침저녁 『으럿쉬·아워』에 자긔와 승객들의 목숨이 오고가는 위험을 무릅쓰고『꼬―』『스톱』『오라잇』을 불으며 대중의 다리가 되어주는 그 직업이 얼마나 모험적이며 또 첨단적(尖端的)이랴. 그대들이야 참으로 천하에 긔염을 토하는 부인 로동자이며 계급전선(階級戰線)에 나설 전위분자(前衛分子)들이다.

제일선의 용자 『뻐스, 껄』들의여! 거리거리에서 사람됨을 배우고 아우성치는 도회의 소음(騷音) 중에서 정신을 차려 꿋꿋한 거름을 거러가라.[378]

위의 인용문에서 볼 수 있듯이 여성안내원은 보통학교 졸업자 이상의 학력과 '가장 얼골의 아름답고 똑똑하고 몸이 튼튼'한 신체적 조건, 즉 용모가 단정하고 건강해야 여성안내원으로 선발될 수 있었다. 또한 남성들의 유혹과 조소, 승객들의 무리한 요구 등으로 정신적으로나 육체적으로 쉽지 않은 노동임에도 불구하고 월급이 20원에서 30원 정도였다. 1931년 말 경기도 판임관 대우 조선인 관리의 월봉이 45원 정도[379]인 것으로 보면 여성안내원의 월봉은 그리 낮은 편은 아니었다. 그러므로 노동강도가 비교적 높았으나 20대 1 이상의 입사 경쟁률을 보일 정도로 여성들에게는 인기있는 직종이었다고 할 수 있다. 그런데 1938년 경성유람버스의 여자안내원 4명은 모두 여학교 또는 전문학교를 졸업한 고학력자였음에도 교양이 부족하지는 않지만 역사적 설명은 부족하다는 평가를 들었다.[380] 그러므로 1938년 무렵이 되면 여자안내원의 학력은 1931년보다 높아졌음을 알 수 있다.

378 「大都會의 驅使者 버스 껄의 쏘―스톱」, 『조선일보』, 1931년 10월 15일.
379 朝鮮總督府, 『朝鮮總督府統計年報』, 1933, 702~703쪽.
380 O·E生, 「京城遊覽バスにお客となりて」, 『朝鮮鐵道協會會誌』 17-10, 1938, 57쪽.

그러함에도 불구하고 O·E生은 나가사키(長崎)-운젠(雲仙) 간의 여행안내원과 비교하여 경성유람자동차회사의 여행안내원에 대해 일본어 능력이 부족한 조선 소녀의 안내로 불만이 많으므로 유람코스 연선의 각소에 관한 소개용 안내문을 작성하여 이를 암송시켜 설명에 대신하면 유람객들이 만족할 것이라고도 할 정도[381]로 불만이 있었다. 이는 곧 이 유람자동차의 승객은 주로 일본인이었고 식민지 본국인 일본 중심의 관광이 이루어졌음을 의미한다.

한편 1935년 평양관광협회에서도 유람버스의 운행을 검토[382]하기 시작하여 1936년에는 수요 예측을 위해 평양관광협회에 평양을 찾은 관광객의 수를 문의[383]하는 한편 그 운영 주체를 평양관광협회를 포함한 민영으로 할 것인가 부영(府營)으로 할 것인가 논의하고 있다.[384] 이러한 논의 과정 속에서 유람버스의 운영은 최초에는 부영으로 결정이 났으나 예산 부족을 이유로 민영으로 하기로 결정하여 1937년 1월 11일 킹택시사에 인가되었다. 킹택시사는 30인승 버스 2대를 구입하여 운행하기로 하였고 평양시내 일주요금을 2원으로 정하였다.[385] 또 경주에서도 1936년 개인이 운영하던 신라고적유람자동차를 읍영 혹은 주식회사로 변경하려는 논의가 일어나[386]

381 O·E生,「京城遊覽バスにお客となりて」,『朝鮮鐵道協會會誌』17-10, 1938, 59쪽.
382 「平壤觀光協會의 遊覽客誘致政策 선전과 시행을 병행」,『매일신보』, 1935년 1월 31일. 평양관광협회는 1935년 1월 상순에 개최되었던 이사회에서 牡丹峰, 大同江, 樂浪古墳, 妓生 등을 관광상품으로 선전하고 관광객을 유치하기 위하여 유람버스의 운행 이외에도 □□□前에 안내소를 설치하고 안내에 萬全을 기할 일, 팸플릿 외 기타 인쇄물을 인쇄하여 관광단체 및 개인견학자에 供할 일, 개인 안내인을 置하기로 한 후 관광협회에서 其□採用할 일, 진남포부와의 연락을 취하여 진남포 견학자로 평양에 □□할 일, 연암동 하에 휴게소를 설치할 일 등을 결정하였다.
383 「平壤에 遊覽버스 明年度에 實現乎 1년간의 관광객을 조사중 예산을 편성할 터」,『매일신보』, 1935년 12월 3일.
384 「遊覽버스의 經營을 民間에 許可方針」,『조선일보』, 1936년 12월 24일.
385 「平壤名勝一週 遊覽버스 認可」,『조선일보』, 1937년 1월 14일.
386 「新羅古蹟の遊覽自動車 邑營か株式會社に」,『조선신문』, 1936년 6월 12일.

1937년 경주고적유람자동차주식회사(慶州古蹟遊覽自動車株式會社)가 자본금 20만 원으로 설립, 운영되었다.[387] 무령왕릉, 소금강산, 불국사를 경유하는 코스를 운행한 경주고적유람자동차의 요금은 2원 20전이었으나 1937년 12월 1원 85전으로 인하하였다.[388]

다른 한편 1916년 평강–장안사, 원산–온정리 구간을 운행하기 시작한 이래 금강산관광에도 자동차가 이용되었다. 운행 구간도 내금강 구역은 〈표 2-32〉에서 볼 수 있듯이 6개, 외금강 구역은 〈표 2-33〉에서 볼 수 있듯이 12개로 증가하였다. 이는 금강산 관광이 꾸준하게 성장하였음을 보여주는 것이라 할 수 있다. 1935년 현재 내금강과 외금강의 구간별 자동차 요금은 다음의 〈표 2-32〉, 〈표 2-33〉과 같다. 그런데 승합 단체의 경우 30인 이상은 10%, 학생은 20%를 할인해주었으며, 전세는 7인 이하의 소형 요금으로서 7인 이상 초과분은 승합요금으로 계산하였다.

〈표 2-32〉 내금강 자동차 요금표

| 구간 | 거리(km) | 운임(원) | | 기타 |
		개인	대절(7인승)	
말휘리–온정리	22	1.50	10.50	
장안사–온정리	33	2.00	13.50	
말휘리–장안사	11	0.50	3.00	최대 수송력 1회 약 50인
내금강역–장안사	2	0.10	0.70	
구성동입구–온정리	3	0.40	5.00	
구성동입구–말휘리	19	1.10	7.70	

※자료: 「金剛山探勝經費其ノ他」, 『朝鮮鐵道協會會誌』 14권 9호, 104쪽.

---

387 「資本20萬圓만 慶州自動車社創立」, 『동아일보』, 1937년 6월 12일.
388 「慶州遊覽버스賃減下」, 『조선일보』, 1937년 6월 12일.

〈표 2-33〉 외금강 자동차 요금표

구간	거리(km)	운임(원)		기타
		개인	대절(7인승)	
외금강역-온정리	4	0.15	1.20	
온정리-육화암	6	0.30	2.00	
온정리-신계사	6	0.30	2.00	
온정리-고성	12	0.50	3.50	
온정리-해금강	16	0.70	4.50	
동(삼일포기)			5.00	전세만
온정리-백천교	28	1.10	8.00	
신계사-외금강	6	0.40	2.80	
신계사-해금강	20	0.90	6.30	
고성역-해금강	4	0.20	1.40	
백천교-외금강	24	1.10	7.70	
고성-백천교	20	0.70	5.00	

※자료: 「金剛山探勝經費其ノ他」, 『朝鮮鐵道協會會誌』14권 9호, 104쪽.

이와 같이 식민지 조선에서는 1930년대에 접어들면서 유람자동차의 운행이 점차 확산되었다. 그리고 1940년 8월 현재 전국의 200여 개의 관광코스에서 600여 대의 유람버스가 운행되고 있는 것으로 확인된다.[389] 그런데 〈표 2-34〉에서 보면 1941년 무렵부터 3개 회사가 94.9km의 코스에서 유람자동차를 운행하고 있는 것을 알 수 있다. 여기에서 주목되는 것은 1930년대 말까지 확산되던 유람자동차의 사업자가 3개에 불과하다는 점이다. 이는 1940년 철도성 감독위원회가 1940년 8월 유람자동차의 전폐를 결정하고 10월 1일부터 시행하기로 결정[390]한 것과 관련이 깊다고 할 수 있다. 이러한 결정은 1940년 8월 1일 미국의 대일본석유금수조치에 따

---

389 「觀光버스 廢止 全國 200餘區에」, 『매일신보』, 1940년 8월 25일.
390 위와 같음.

른 가솔린 부족에 기인한 것이었다고 볼 수 있다. 그리하여 1941년부터 1943년까지 94.9km의 노선을 3개 사업자가 운행하고 있다는 것은 유람자동차를 비롯한 관광사업에 대한 일제와 조선총독부의 억제 방침이 실제 집행되었다는 것을 의미한다고 할 것이다.

〈표 2-34〉 **자동차 교통사업 상황표(1941～1943)**[391]   (노선길이 단위: km)

| | 여객자동차 운수사업 | | 여객자동차 운송사업 | | | | | 화물자동차 운송사업 | | | 특정여객자동차 운송사업 | | |
| | 사업자수 | 노선길이 | 관광 여객 | | 단체 여객 | | 보통 여객 사업자수 | 구간 화물 | | 구역 화물 사업자수 | 노선 정한 것 | | 노선 정하지 않은 것 |
			사업자	노선길이	사업자	노선길이		사업자수	노선길이		사업자수	노선길이	
1941	117	25,875.2	3	94.9	3	378.5	126	88	23,766.0	138	9	125.5	9
1942	102	25,760.1	3	94.9	3	378.5	119	87	23,641.0	123	17	172.1	11
1943	101	24,016.4	3	94.9	3	504.0	90	61	24,344.2	74	12	198.7	9

※자료: 조선총독부, 『朝鮮事情』, 1942, 168～169쪽; 조선총독부, 『朝鮮事情』, 1943, 179～180쪽; 조선총독부, 『朝鮮事情』, 1937, 181쪽.

(3) 유람도로의 건설

앞절에서 본 바와 같이 식민지 조선에서 일정 코스를 순환하는 최초의 유람자동차는 1929년 조선박람회 개최 시기에 경성에서 경성자동차조합이 임시로 운행하였던 것이라 할 수 있다. 그리고 1931년에는 경성유람승합자동차회사가 설립되어 경성시내의 명소와 고적을 순환하는 유람자동차가 운행을 시작하였다. 이외에도 부산, 평양, 경주 등지에서도 유람자동차가 운행되었다. 이와 같이 유람자동차가 운행될 수 있었던 것은 이 지역의 명

---

391 조병로·조성운·성주현, 「일제 식민지시기의 도로교통에 대한 연구(Ⅱ), 『한국민족운동사연구』 61, 2010, 281쪽, 〈표 13〉.

승지와 고적지 등 관광지를 연결하는 도로, 즉 유람도로가 건설되었기 때문일 것이다. 유람도로의 건설은 1920년대 중반 이후에 나타나기 시작하는 것으로 보이는데, 이는 지방도시의 관광정책과 밀접한 관련이 있다고 판단된다. 유람도로는 관광도로와 탐승도로라고도 불렸는데, 〈표 2-35〉와 같이 건설되었다.

〈표 2-35〉 관광도로(유람도로, 탐승도로) 일람

구간	공사주체	주요 내용	근거
금강산			(매)1913.4.11
옥천 또는 영동~속리산 법주사		충북지사가 발의, 자동차 통행 가능	(시보)1923.5.31
明岩堤	충북	명암제 관광	(조)1924.8.17
매포리~도담삼봉		매포리~삼봉 간 花自動車	(매)1925.12.13
충주~단양	도로기성동맹회	단양팔경 탐승, 경북과의 교통 편리	(매)1926.3.30
고성	고성번영회	관광객 편의를 위한 회유도로 건설 도모	(부)1927.4.29
황해선 미력역~장수산	재령군	미력역에서 자동차로 妙音寺와 懸安寺 관광	(조)1927.8.22
미력역, 장수산역~장수산		미력역과 장수산역에서 장수산탐승도로 준공	(조)1927.10.19
춘천 봉의산		춘천탐승회에 도로 수리 요청	(중)1928.10.17
마이산		탐승도로 개수 한해로 중지	(매)1928.12.16
동래온천~범어사	동래면	금정산 공원 계획	(부)1929.1.26
금강산	조선총독부	자동차 통행, 조선박람회 계기	(매)1929.3.2
현무문~모란대~의암산~ 주암산~평원도로	평남, 평양	대성산 고구려성지, 사동, 조선무연탄 탄광, 대동강 전망	(조)1929.5.12
牡丹臺~酒岩山		공사 지연되어 9월 15일 개통 예정	(중)1929.9.16
칠보산(古站驛~實村)	명천군	함경선 全通 계기. 고참역~칠보산은 자동차 통행	(매)1930.11.5
수원 동문도로 (종로~매향교~동문 송림 ~방화수류정~화홍문)	수원읍	새로운 유람지	(매)1931.6.19
해주신사~구해주농학교	재향군인회 해주분회, 해주소방조		(조)1932.2.13

구간	공사주체	주요 내용	근거
신천군 용진면~ 구월산 貝葉寺	용진면	탐승자동차 통행	(중앙)1932.4.4
함양 대지면 안의~거창 갈계리	경남	함양, 거창의 8정 8담 관광	(시보)1932.8.8
선죽교~성균관~채하동~ 부산동~쌍폭동~만월대	개성부	명승고적 순회 유람도로	(중앙)1932.11.13
구룡연탐승도로	강원도	駕籠에서 구룡연 구간 연장	(조)1933.7.11
모란대~대성산~안계궁	평남	모란대 국립공원 지정 대비	(조)1933.10.6
舊農學校~海州神社~灌熱亭		자동차 유람 가능	(조)1934.5.5
승호리역~만달산	평양 만달면	杏花가 만발한 만달산까지 유람도로 설치 계획	(조)1935.4.2
漢垈里~快物里	함남	부전공원에서 장진강수력발전소간의 유람도로 계획	(매)1935.8.8
평양신사 입구~을밀대	평양부	관광 목적으로 도로 포장 계획	(매)1935.10.16
괴산군 花溪		청암면에서 화계까지의 탐승을 위한 도로 개수 필요	(조)1935.10.26
洞內出口~蛛龍窟驛	철도국	만포선 개통에 따라 동내출구 터널~소룡굴역	(조)1935.10.31
속리산		산내 주요 명승지를 차마가 통행할 수 있는 도로 설치 계획	(조)1935.10.25
대동강 청류벽하 도로	평양부	산업유람 겸용 도로로 개수	(조)1936.1.30
淸流壁~興盃	평양부	평양관광협회와 협력하여 추진	(매)1936.3.15
강릉영림서 소금강작업장~소금강산록	강릉 연곡면		(조)1936.3.20
속초~신흥사	양양 도천면	설악산 탐승도로	(조)1936.3.27
양구~말휘리		탐승도로 개통하여 내금강자동차회사에서 버스 운행-화천, 김화 경유하지 않고 직코스로 운행 가능 (300km→ 90km로 단축)	(매)1936.5.7
금강산		호텔, 산장과 함께 탐승도로 신설	(부)1936.7.8
온정리~만물상, 육화대~신풍리	조선총독부	2개년 계획	(조중)1936.8.10
송도유원지	송도유원주식회사	송도유원지 분양 제1기 계획	(조)1936.8.22
금강산	조선총독부	금강산 탐승도로 기본조사	(조)1936.9.11
묘향산	평북	묘향산 임도를 탐승도로 겸용으로	(매)1936.10.5

구간	공사주체	주요 내용	근거
月林驛~普賢寺	평북	묘향산공원 계획 하에 탐승도로 개수 입안	(매)1936.10.14
정읍 산내면 능교리~순창 군 쌍치면, 흥복면~장성군 백양사	유지 제씨	유람도로 설치를 도에 진정	(매)1936.10.28
속리산	충북	속리산 탐승도로 완성	(매)1936.11.3
一勝江 입구~西生城址		서생성지 탐승 목적	(매)1936.11.19
인천역~송도	송도유원주식회 사		(조)1937.3.2
외금강 動石洞~九龍淵	금강산협회	1940년 동경올림픽과 만국박람회 대비	(매)1937.6.12
관악산	시흥군	京電버스를 관악산 아래까지 연장	(매)1939.5.12
탄금대~한강연안 주유	각면 연명	충주 중앙탑에는 로터리 설치	(매)1940.6.7
인제군 용대리~설악산, 용 대리~내금강 방면 3리	인제군	설악산 탐승과 선전	(매)1940.6.23
동명왕릉~마장리	평남명소고적보 존회	고구려 고분, 벽화 관광 순환도로 개설 건의	(매)1941.8.9

※자료: (매)는 『每日申報』, (조)는 『조선신문』, (중)은 『중외일보』, (시보)는 『朝鮮時報』, (중앙)는 『중앙일보』, (부)는 『부산일보』, (조중)은 『조선중앙일보』

〈표 2-35〉에서 볼 수 있듯이 1913년 금강산에서 관광을 목적으로 한 도로가 처음으로 건설된 이래 유람도로는 1920년대 중반부터 1940년 무렵까지 건설되었으며, 1941년 12월 일제가 진주만을 공격하기 직전까지 유람도로의 건설을 추진하였음을 알 수 있다. 특히 1930년 4월 23일 칙령 제83호 국제관광국관제(國際觀光局官制)에 따라 철도성의 외국(外局)에 국제관광국이 설치된 이래 식민지 조선에서도 유람도로가 집중적으로 건설된 것을 확인할 수 있는 것이다.

유람도로는 강원도(금강산, 춘천, 설악산), 황해도(장수산, 해주, 신천), 전북(마이산, 내장산), 경남(부산 동래, 함양), 경북(西生城址), 평남(평양, 소룡굴), 평북(묘향산), 경기도(개성, 수원, 인천, 관악산), 함북(명천 칠보산), 함남(부전고원), 충북(괴산, 청주, 속리산, 충주) 등 전국에 걸쳐 건설되었다. 특히 금강산, 설악산, 속리산, 장수산, 내장산, 묘향산, 칠보산, 관악산 등 유명한 산은 관광지로 개발하려 하였던 것이다. 이는 일제의 국립공원 설치 계획과 무관하지 않은 것으로 보인다. 또한 인천의 송도공원, 부산의 금정산공원 계획, 모란대 국립공원 지정 대비, 시흥의 관악산, 청주의 명암제 등은 대도시민을 위한 근교 여행지의 개발과 관련된 것이라 볼 수 있다.

그리고 유람도로의 건설 주체는 조선총독부·도·부·군·면 등의 관청이 주가 되었으며, 도로기성동맹회·고성번영회·재향군인회·소방조·금강산협회·평남명소고적보존회·송도유원주식회사 등 민간에서도 추진하였음을 알 수 있다. 특히 앞에서 본 평양·경주와 개성 같은 고적지, 금강산·묘향산·설악산·장수산·속리산과 같은 명승, 인천 송도유원지·수원 동문도로·시흥 관악산과 같이 도시 주변의 명소를 연결하는 유람도로의 건설이 추진되었다. 이들 유람도로의 공통점은 자동차 통행이 가능하다는 것이었다. 이는 곧 주변 도시와 관광지를 연결하는 자동차의 운행을 전제조건으로 하는 것이었다. 그리하여 일부 지역에서는 민간이 자동차회사를 설립하여 관광 목적의 자동차를 운행하였던 것이다.

유람도로의 건설을 적극적으로 추진하였던 지역은 인천과 평양이었다. 인천은 1917년 인천 축항 제2단계 공사에 따라 월미도와 인천역을 연결하는 방파제를 도로로 활용되고, 1918년 순환도로가 건설된 이후 유원지로서 개발되기 시작하였다.[392] 1923년 3월 27일에는 가쿠 에이타로(加來榮太郞), 요시다 히데지로(吉田秀次郞), 코노 다케노스케(河野竹之助), 히로사와 마사지로(廣澤正次郞), 이마무라 가쿠지로(今村覺次郞), 우즈타카 히

---

392 손환, 「일제하 인천월미도의 여가시설에 관한 연구」, 『한국체육학회지』 44권 5호, 한국체육학회, 2005, 4쪽.

로시(堆浩) 등이 자본금 30만 원으로 욕탕, 여관, 요정, 生簀(수족관), 매점, 貸家, 貸船 및 이에 대한 부대사업을 하는 월미도유원주식회사를 설립하였다.[393] 특히 남만주철도주식회사에서 건설한 월미도조탕은 1923년 7월 10일 개장하였다.[394] 이후 1935년 조선경동철도주식회사가 송도와 수원을 연결하는 수인선을 착공하고, 1933년 인천부윤으로 부임한 나가이 테루오(永井照雄)가 '공업인천', '상업인천'과 함께 '관광인천'을 3대 부시(府示)로 제시하면서 송도유원지 개발을 본격적으로 추진하였다.[395] 그리하여 〈표 2-35〉에서 볼 수 있듯이 송도유원주식회사가 인천역-송도 구간의 유람도로의 건설을 추진하였던 것이다. 〈그림 2-43〉은 그 평면도이다.

송도유원주식회사는 인천지역 유지 요시다 히데지로, 요시키 젠카이(吉木善介), 경성 유지 츠즈키 코지(都築康二), 하세가와(長谷川), 미쓰모토(三本), 조선경동철도주식회사의 아라키(荒木) 전무 등이 창립준비위원에 선임되어 1936년 3월 3일 인천에서 창립준비위원회를 열고,[396] 4월 12일 창립하고 나가이 이치지로(永井市次郎)를 사장으로 선임하는 한편 대수영장, 조탕, 식당, 임대 보트, 낚시터, 마장(馬場), 스케이트장, 국제적 골프장 등 유원지의 경영과 별장 및 주택 건설, 토지 분양을 통해 송도 일대에 해안 별장을 조성하는 사업을 수행할 것을 결정하였다.[397] 이외에도 1937년 월미도의 다리 폭도 기존의 차도 6m에서 인도 6m를 확장하였고,[398] 문학산에도 관광도로를 설치하고자 하였다.[399] 또한 경인선에서 분기하여 학익정을 통하는

---

393 「商業及法人登記」, 『朝鮮總督府官報』 第3228號, 1923年 5月 17日.
394 「월미도조탕」, 『동아일보』, 1923년 7월 17일.
395 염복규, 「일제하 인천의 「행락지'로서 위상의 형성과 변화-월미도와 송도유원지를 중심으로-」, 『인천학연구』 14, 인천대학교 인천학연구원, 2011, 13쪽.
396 「松島遊園會社 創立準備委員會」, 『朝鮮新聞』, 1936年 2月 22日.
397 「松島遊園創總」, 『매일신보』, 1936년 4월 15일.
398 「月尾島觀光路竣工式 21일 성대히 거행」, 『동아일보』, 1937년 11월 13일.
399 「文鶴山에 觀光路 3月末에 實測한다」, 『동아일보』, 1938년 2월 25일.

<그림 2-43> 인천부관내도 송도관광도로계획평면도

제2산업도로 종점을 기점으로 수인선 송도선을 거쳐 해안으로 나가 송도유
원지에 이르는 관광도로 양측에는 벚꽃나무를 심도록 하였다.[400]

또 평양에서는 1912년 평양민단역소에서 2천여 원의 자금을 투자하여
시가계획, 방수배수 설비, 모란대공원 축조 등의 사업을 계획하였다. 이

400 「松島觀光道路工事 中村組に落札 兩側には櫻の並木」, 『朝鮮新聞』, 1937년 3월 14일.

중 모란대공원 축조 사업은 다음과 같이 계획되었다.

> 모란대공원 축조는 泰西의 양식을 참작하여 선명한 설계를 위하는데
> 부지는 民有, 官有地 합하여 29만여 평을 수용할 터이라는데 현재의
> 乙密臺, 牡丹臺, 水道水源池, 箕子陵, 萬壽臺, 老風亭, 浮碧樓 등의 명
> 소고적은 皆此中에 포함되고 장내에는 <u>도로의 연장을 2리여로 공원 외
> 부를 우회하고 江岸으로부터 箕子陵 密林에 入하는 도로는 약 1里通으
> 로 隧道를 掘鑿하여 장래에는 此로 전차를 通케 하고</u> 其中에는 音樂臺,
> 植物園, 溫室, 動物園, 運動場, 興農園, 物産陳列場, 集會堂, 大神宮社
> 娛樂에 供한 기관을 設하여 憂者樂者로 一覽하면 신선한 사상을 起하
> 며 정신 수양에 一大勝地를 作하여 평양의 市街로 新面目을 換作하여
> 新代의 요구에 通케 하리라더라.[401](밑줄은 인용자)

위의 인용문의 밑줄 친 내용에서 볼 수 있듯이 모란봉공원은 일본인 조
직인 평양거류민단에서 제안한 것으로 그 계획 단계부터 공원 내외에 도
로를 건설할 것을 계획하였다. 이 도로를 유람도로라 할 수 있을 것이므
로 모란봉공원은 계획할 때부터 유람도로와 전차의 설치를 계획했던 것이
다. 더욱이 공원 경내에는 을밀대(乙密臺), 모란대(牡丹臺), 기자릉(箕子
陵), 만수대(萬壽臺), 노풍정(老風亭), 부벽루(浮碧樓) 등의 고적과 근대 문
물인 수도수원지(水道水源池)가 있으며, 기자릉에 이르는 도로에는 음악
대, 식물원, 온실, 동물원, 운동장, 흥농원(興農園), 물산진열장(物産陳列
場), 집회당(集會堂), 대신궁사(大神宮社) 등의 근대적인 시설을 설치할 계
획이었다. 이 공원은 계. 데라란더(게데란데)[402]가 설계하였다. 그는 조선
총독부 청사의 기본설계를 담당했던 독일의 게오르크 데 라란데(Georg de
Lalande)로 보이는데, 〈그림 2-44〉는 그 설계도이다.

---

401 「平壤市街大改修」, 『매일신보』, 1912년 2월 14일.
402 「동양의 금수강산 모란봉의 대공원」, 『매일신보』, 1914년 6월 26일; 「모란대공
원」, 『매일신보』, 1915년 9월 26일.

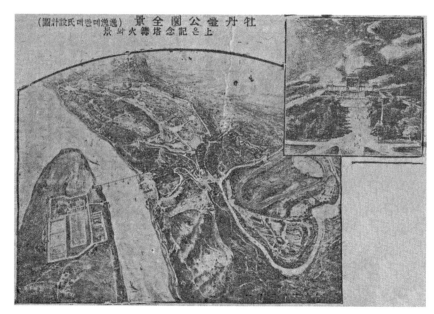

〈그림 2-44〉 모란대공원 전경

〈그림 2-45〉 모란대의 봄

이와 같이 평양에서는 1910년대 초반부터 모란대공원의 건설을 준비하는 단계부터 유람도로의 건설을 계획하였다. 그리고 1932년에 을밀대유람도로에서 자동차가 추락했다는 기사에서 볼 수 있듯이 을밀대가 모란대공원 내에 존재하므로 모란대공원에는 자동차가 통행하는 유람도로가 건설되어 있었다는 것을 확인할 수 있다.[403] 이 모란대유람도로는 1930년대 초에는 모란봉공원(牧丹峯公園)에서 주암산(酒岩山) 구간에 머물렀으나[404] 1933년에는 국립공원의 설치 움직임에 조응하여 대성산 정상까지 연장하여 자동차 유람이 가능하도록 계획[405]하였다가 모란봉공원-대동강-주암산-고구려왕궁지-사동(寺洞)-고구려고분군지대-안학궁지-광법고사(光法古寺)-평원도로에 이르는 20여 리의 유람도로를 건설하는 것으로 변경되었다.[406] 그리고 1936년 11월에는 모란봉 유람도로와 합치하는 순환드라이브웨이를 신설[407]하려는 계획을 변경하였다. 여기에서 조선총독부와 평양부는 1930년대 초반까지는 고구려 유적지를 관광 개발하지 않고 있다가 모란봉공원-대성산 구간의 유람도로 건설 계획을 통해 평양 내의 고구려 유적지를 본격적으로 개발하려 한 것임을 알 수 있다. 이는 조선총독부 철도국이 발행한 『조선여행안내기』(1934)의 평양 소개 부분에 대성산성과 안학궁 등 고구려 유적지가 전혀 포함되어 있지 않으며, 〈그림 2-46〉에서도 대성산성과 안학궁은 표시되어 있지 않은 것에서도 알 수 있다.

---

403 「乙密臺遊覽道路에서 自動車墜落大破」, 『동아일보』, 1932년 4월 3일.
404 「國立公園될 山水明媚한 牧丹峰 遊覽道路 大聖山까지 延長」, 『조선일보』, 1933년 10월 6일. 그런데 이 공사는 임금 체불 등의 이유로 공사에 출역하는 노동자의 수가 극히 적어 지연되었던 것으로 보인다.(「酒岩山遊覽道路 工事遲延狀態」, 『매일신보』, 1936년 10월 30일)
405 「國立公園될 山水明媚한 牧丹峰 遊覽道路 大聖山까지 延長」, 『조선일보』, 1933년 10월 6일.
406 「延長 20餘里의 遊覽道路를 敷設 大國立公園을 目標로 着着準備中 急速實現을 一般企待」, 『조선일보』, 1934년 2월 2일.
407 「遊覽道路用地內 37戶 撤去 決定」, 『조선일보』, 1936년 10월 27일.

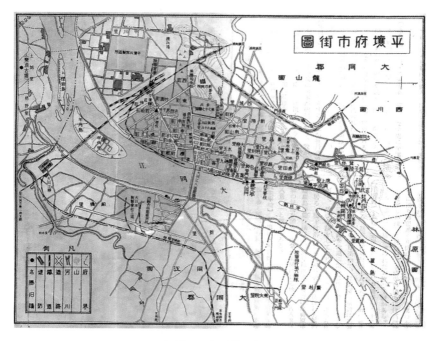

〈그림 2-46〉 평양부시가도

　　이와 같은 유람도로의 건설과 함께 평양부에서는 1935년 무렵부터는
도로를 포장하기 시작하였다. 즉 1935년 평양신사 입구에서 을밀대에 이
르는 구간을 공사비 2만 원을 투입하여 포장하기로 하였으며,[408] 1938년 3월
26일 개최된 평양부회에서는 모란봉공원의 도로포장보다는 주민이 거주
하는 지역부터 먼저 포장하는 것이 우선이라는 조선인 부회의원의 주장에
대해 일본인 부회의원들은 관광도시 평양의 체면을 유지[409]하기 위해 공원
내의 도로부터 포장해야 한다는 논쟁이 있었던 것이다. 이 결과 모란봉공
원 도로 포장사업은 원안대로 가결되지 않고 수정되었던 것이다.

408 「名勝地遊覽道路 鋪裝工事施行 平壤神社入口부터 乙密臺까지 工費 2萬圓으로」,
　　『매일신보』, 1935년 10월 16일.
409 「牧丹峰公園觀光路 鋪裝工事에 反對」, 『조선일보』, 1938년 3월 28일.

이외에도 경주고적보존회에서는 1927년 대자연공원 건설을 목적으로 유람도로의 건설을 경북도청에 요청하여 경북도청에서는 기사를 파견하여 도로건설을 위한 측량을 실시하였다.[410] 개성에서는 1932년 명소와 고적을 연결하는 유람도로의 건설을 계획하고 부회(府會)에서 1만 2천 원의 예산을 확보한 후 도로 건설 예정지의 지주로부터 토지를 기부받아 죽산개수기점(竹山改修起點)에서 고려성에 이르는 5,663m의 도로와 죽산개수기점에서 4km지점에서 개풍군 중서면 국도에 이르는 361m를 합한 6,024m의 도로의 건설을 계획하였다. 이 도로의 코스는 개성역-전매국 출장소-사회관-개성부청-남대문-고려청년회관-박물관-숭양서원(崇陽書院)-선죽교-소년형무소-성균관-채하동-금조대(琴釣臺)-부산동(扶山洞)-만월대(滿月臺)-오정문(午正門)-개성역을 예정하였다.[411] 1936년에는 개성부 자남산에 공원을 조성하기 위한 전제로서 부근 주민의 기부근 5천 원을 포함한 1만 원의 예산으로 유람도로를 건설할 것을 결정하였다.[412]

또 1920년대 일본에서 제기되었던 국립공원 조성 분위기 속에서 조선에서도 금강산 국립공원화에 대한 움직임이 있었다. 그리하여 1930년 초 3차례에 걸친 타합회에서 금강산국립공원화계획이 논의되었다. 이 계획에서는 금강산을 국립공원화하기 위한 제반 사항을 논의하고 원조를 하기 위하여 금강산협회를 조직할 것을 결정하였다. 금강산협회의 업무로는 금강산에 관한 각종 조사, 금강산 소개선전, 공회당·숙박·휴계 등에 관한 시설 경영, 안내 등을 계획하였다. 이러한 계획과 함께 탐승로의 개선을 위한 내외금강산을 연결하는 말휘리에서 신풍리에 이르는 자동차도로의 건

---

410 「慶州古蹟 迴遊道路」, 『조선일보』, 1927년 3월 16일.
411 「名勝古跡 많은 遊覽都市를 計劃 총공비 1만 2천 원 예산으로 遊覽道路工事着手」, 『매일신보』, 1932년 10월 5일.
412 「開城子男山 遊覽道路新設」, 『조선일보』, 1936년 11월 22일.

설이나 전차의 연장, 온정리에서 온정리 하까지의 자동차도로의 건설 등이 논의되고 있다.[413] 즉 관광도로의 건설을 논의하고 있는 것이다.

이러한 계획이 실현되었는가는 알 수 없으나 1937년에 금강산조사회가 미나미 지로(南次郞) 총독에게 건의하였던 금강산국립공원화계획에도 드라이브 웨이의 건설이 포함[414]되어 있는 것으로 보아 당시에 금강산 국립공원화의 실현 가능성을 높게 생각하였던 것으로 보인다. 그리고 마산과 진해를 잇는 관광도로의 건설과 저도(猪島) 공원화도 추진하였으며,[415] 부산에서도 부산-송도간 관광도로의 건설공사를 착공하였으며,[416] 인천에서는 1939년 관광도시로서의 면모를 갖추기 위해 하수구를 정비하고 도로를 포장하고자 하여 도로포장비에 15,116원의 예산을 마련하였다.[417]

이처럼 조선 강점 이후 일제는 식민지 지배정책의 일환으로 철도와 도로를 건설하였다. 특히 조선총독부철도국의 국철 외에도 1927년말 현재 개통한 사설철도 노선은 26개에 달하였다.

413 「金剛山國立公園計劃」, 『朝鮮鐵道協會會誌』 9-9, 1930, 26쪽.
414 「自動車 타고 金剛山 구경」, 『동아일보』, 1939년 10월 29일.
415 「馬鎭間觀光道路 마침내 實地踏査 猪島公園化도 計劃」, 『동아일보』, 1938년 11월 25일.
416 「釜山-松島 遊覽道路着工」, 『동아일보』, 1939년 4월 12일.
417 「鋪裝될 仁川道路網 總面積만 二萬二千餘平方米 觀光港都의 새로운 施設」, 『동아일보』, 1939년 3월 30일.

〈그림 2-47〉 조선우선주식회사 경영 항로(연대 불명)

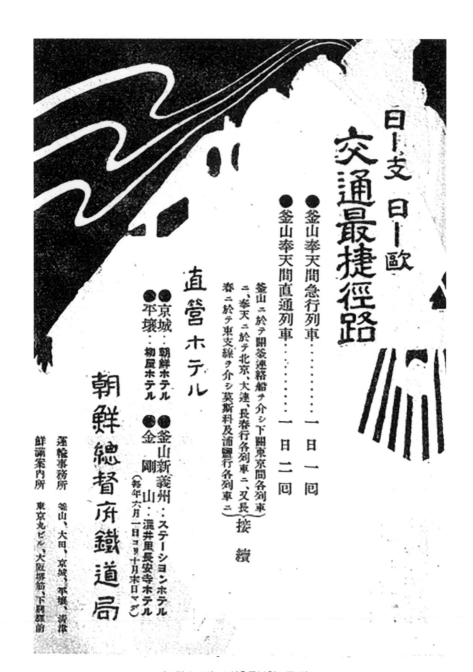

〈그림 2-48〉 조선총독부철도국 광고

제3장 | 조선총독부의 관광개발

1. 조선총독부의 금강산 관광개발

1) 금강산보승회의 조직과 변천

일제는 일찍부터 관광에 대한 관심이 컸다. 특히 1912년 일본여행협회를 설치한 후 바로 식민지 경성·대북·대련에 지부를 설치[1]하고 조선에는 경성역과 부산역 여객대합소에 안내소를 설치하였다.[2] 그리고 조선지부에 대한 제반 사항을 관련 기관과 일반에 소개하기 위한 활동을 다음과 같이 전개하였다.

> 1. 조선철도에 의뢰하여 각 역장, 부산·신의주정거장 호텔 주임 및 초량·평양 영업과 파출원에 대해 뷰로의 목적 및 사업의 대강을 알리고 조선에서 외객유치 및 안내 등에 관해서는 뷰로를 이용하도록 노력할 것과 동시에 항상 뷰로에 대해 상당한 편의를 제공할 것을 주의하고
> 2. 경성 기타 각 주요지의 신문사에 의뢰하여 지부 및 안내소의 개설과 그 목적 등에 관해 각지상에 그 기사를 게재하고
> 3. 각 안내소에는 일정한 간판을 만들어 이를 보기 쉬운 장소에 걸고
> 4. 지부 전략호를 'Tourist Ryuzon'이라 정하여 작년 12월 12일 그 등기를 마쳤다.[3]

이외에도 『조선(朝鮮)』이라 제한 간단한 영문 폴더 2천 부를 인쇄하여 세계의 주요 기선회사, 만국침대회사 대리점, 토마스 쿡상회 등에 배포하여 조선여행을 선전하고 유럽-일본 간의 열차 접속시각 등을 안내하고 상세한 조선여행안내서를 편찬하는 중이었다.[4] 1912년 조선지부 설치 이후

---

1 『過去1年間二於けるジャパンツーリストビューロー』, 11쪽.
2 『過去1年間二於けるジャパンツーリストビューロー』, 42쪽.
3 『過去1年間二於けるジャパンツーリストビューロー』, 43쪽.
4 『過去1年間二於けるジャパンツーリストビューロー』, 43~44쪽.

조선총독부철도국 영업과장으로서 조선지부 책임자였던 미쓰모토 다케시게(三本武重)는 지부 사업의 근본방침으로 조선의 이름을 널리 알릴 것, 세인이 상상하고 있는 만큼 조선의 시설이 빈약하지 않다는 것을 주지시킬 것, 기이한 것을 좋아하는 인정에 조선의 지역색을 반영시킬 것, 비교적 수가 많은 일본관광객의 여행을 조선까지 연장시킬 것, 통과 여객의 발을 조선에 묶을 것, 금강산의 관광시설과 선전에 한층 힘을 쓸 것 등에 중점[5]을 두고 사업을 진행하였다. 여기에서도 알 수 있듯이 일본여행협회 조선지부는 설치된 직후부터 식민지 조선의 관광개발에 중점을 두었던 것이다. 일본여행협회가 반관반민 조직이었다는 것을 감안하면 이는 일본정부의 정책이 반영된 것이라 할 수 있다.

금강산 관광개발에 대한 이와 같은 일본정부 차원의 관심에 따라 조선총독부는 이를 정책적으로 뒷받침하였다. 이는 1915년 조선물산공진회를 계기로 본격화되었다. 조선물산공진회에 대한 연구는 동화주의적 관점, 일제의 산업정책적 관점, 여흥적 성격의 관점 등 여러 방면에서 이루어졌으나 관광이라는 관점[6]에서 이루어진 것은 거의 없는 실정이다. 그러나 공진회, 박람회는 대중이 관람하는 것이므로 관광적 성격을 지니는 것이며, 조선총독부는 이를 계기로 조선물산공진회 개최 장소인 경성과 경성 주변의 관광명소를 관광지로 개발하려 하였다. 이러한 조선총독부의 정책에 일본 자본과 조선 자본 및 지방의 유력자들이 관광개발에 나섰던 것이다. 뒤에서 살필 보승회가 바로 그 대표적인 단체라 할 수 있다.

보승회 또는 현승회(顯勝會)는 그 지방 풍경의 실질을 내외에 선양하고 이용상 각종 편의를 내유자에게 제공함을 목적으로 한 시설의 입안, 지도,

---

5 『回顧錄』, 社團法人 ジャパンツーリストビューロー(日本旅行協會), 1937, 260~261쪽.
6 조성운, 「1915년 조선물산공진회의 관광적 성격」, 『서울과역사』 110, 서울역사편찬원, 2022.

참획(參劃), 통일 사업을 하는 관민합동 단체이다.[7] 보승회가 대상으로 하는 것은 정원, 공원, 사적, 명승, 풍치, 천연기념물 등으로 보승회는 풍치의 소개와 선전, 시설의 주의·지도, 풍경의 현양·조사·연구, 교통정책, 이용상의 규정, 숙박시설, 휴양시설, 안내 설비 등에 대해 조언하는데 본질이 있다[8]고 한다. 식민지 조선의 보승회 역시 이러한 범주에서 벗어나지는 않는 것 같다.

1915년 조선물산공진회를 계기로 금강산을 관광개발하기 시작하였음은 기존의 연구에서 밝혀졌다.[9] 그러나 이 연구에서는 조선물산공진회 강원도협찬회에 대해서는 언급하지 않았으므로 강원도협찬회의 활동을 개괄하면 다음과 같다. 조선물산공진회 강원도협찬회의 규약에 따르면 조선물산공진회의 사업을 협찬하고 출품인 및 참관인의 편리를 도모하고 공진회 회기 중 금강산 유람객에 편의를 제공할 것을 목적(제1조)으로 이에 찬성하는 유지자로 조직(제3조)하였다. 사무소는 강원도청 내에 두었고 지부를 각군에 설치(제4조)하였다. 강원도 협찬회의 사업은 제5조에 다음과 같이 규정되었다.

1. 공진회 참관인의 권유와 알선
2. 금강산내 도로의 수리
3. 금강산내 숙사 및 주방(賄所) 설비
4. 안내소 설비
5. 휴게소 설비
6. 표지판(指導標) 건설[10]

7　上原敬二,「保勝會の組織と事業」,『造園學雜志』2-7, 日本造園學會, 1926, 1쪽.
8　上原敬二,「保勝會の組織と事業」,『造園學雜志』2-7, 日本造園學會, 1926, 2쪽.
9　조성운,「1910년대 조선총독부의 금강산 관광개발」,『한일민족문제연구』30, 한일민족문제학회, 2016.
10　朝鮮總督府編,『(始政五年記念)朝鮮物産共進會報告書』第1卷, 朝鮮總督府, 1916, 386~387쪽.

이외에도 조선물산공진회 참관인과 금강산 유람자의 편의를 제공하는 것을 사업으로 규정하였다. 그리고 앞의 사업을 수행하기 위한 사업계획을 다음과 같이 수립하였다.

1. 공진회 참관인의 권유와 알선
   도내 각군에서 공진회 참관인을 권유 모집하고 참관 시에는 여행 중 및 회장 내에서 제반 편의를 제공할 것
2. 금강산내 도로의 수리
   산내 도로는 좌기 3개소에 대해 老幼婦女의 보행에 지장 없을 정도로 수리한다.
   (1) 長安寺－摩訶衍 간 2리
   (2) 神溪寺－九龍淵 간 2리 반
   (3) 萬物相 入口에서 萬物相 內 延長 20町
3. 금강산내 숙사 및 주방(廚所) 설비
   대체로 좌기 사항에 따라 설비할 것
   (1) 객실 : 장안사, 표훈사, 마하연의 재래 건물을 수리할 것
   (2) 주방(廚所) : 장안사 내 배선실, 조리장, 취사장을 가진 장소를 설치할 것
   (3) 욕실 기타
       장안사 : 욕실 및 변소를 가진 건물을 설치할 것
       표훈사 : 욕장 및 변소를 가진 건물을 설치할 것
4. 표지판(指導標)의 건설
   좌기 각지에 각소에 대한 표지판(지도표)을 건설할 것
   金化, 金城, 昌道, 新安, 化川, 末輝里, 長安寺, 白華庵, 表訓寺, 摩訶衍, 楡岾寺, 萬物相, 溫井里, 神溪寺, 長箭, 高城, 海金剛, 三日浦, 通川, 庫底, 叢石亭, 歙谷
5. 안내소 설비
   안내소는 말휘리에 두어 유람자의 숙박 및 휴게에 편리하게 함과 동시에 잡화, 식료품의 공급, 인력거·자동차·인부의 주선과 산내 주방(廚所)을 청부할 것
6. 휴게소 설비
   공진회장 내 지정 개소에 설치하여 참관인이 수시로 휴게하게 할 것
7. 경영 방법

(1) 공진회 참관인의 권유와 알선
　① 일반 산업상의 지식을 계발하기 위해 관람인을 권유하여 단
　　체관람을 장려할 것
　② 단체관람에는 여행 중 및 공진회 관람 때 旅宿 기타 관람상의
　　편의를 강구할 것. 인솔자 또는 단체에 대해 여비의 일부를
　　보조할 것
　③ 앞의 각호에 요하는 경비는 해당 지부 醵金 내에서 충당하는
　　것으로 함
(2) 산내 도로의 수리
　본항 수리는 대체로 좌기에 따라 시행할 것. 단 土工은 전부 夫
　役을 사용할 것
　① 노면의 急句配를 완화할 것
　② 교량은 폭 3척 이상으로 할 것
　③ 급경사의 반석에 미끄럼 방지대 및 난간을 설치할 것
(3) 산내 숙사 및 주방(賄所) 설비
　본회에서 寺院에 보조하거나 직영으로 시행할 것
(4) 표지판(指導標) 건설
　본회에서 조제하고 긴설은 직영하거나 관계지부에서 시행할 것
(5) 안내소 설비
　안내소에는 약 10명의 유람자를 숙박시킬 정도의 객실을 준비
　하고 밖에 휴게소와 잡화·식료품의 需用, 자동차·인력거·輿 및
　인부 등의 주선에 응할 설비를 할 것
(6) 휴게소 설비
　회장 내 지정 개소에 건설하여 참관인 휴게 때는 다과를 제공할
　수 있는 준비를 갖출 것[11]

　이로 보아 조선물상공진회 강원도협찬회는 결국 조선물산공진회 관람
과 금강산 관광객의 유치를 목적으로 활동하였음을 알 수 있다. 특히 금강
산 관광객을 유치하기 위해 금강산과 주변 지역에 편의시설을 설치하고 다
양한 서비스를 제공하려 한 것을 확인할 수 있다.

11　朝鮮總督府編, 『(始政五年記念)朝鮮物産共進會報告書』第1卷, 朝鮮總督府, 1916,
　　388~390쪽.

그런데 강원도협찬회는 조선물산공진회 회기 동안 활동하는 것이었으므로 조선물산공진회가 종료된 이후 금강산 관광과 관련된 단체는 해산할 수밖에 없는 것이었다. 그리하여 강원도협찬회 해산 이후인 1916년 총재 이준(李埈),[12] 회장 강원도장관 이규완(李圭完)으로 금강산보승회가 설립되었다. 이에 대해 『매일신보』는 다음과 같이 보도하였다.

> 금강산의 名이 점차 내외에 전하고 유람자가 益益 증가함에 至한 고로 大屋, 宇佐美 양장관 및 李 강원도장관 등의 발기로 同山 경승지의 유지, 보존과 並히 탐승유람자의 편의를 圖할 목적으로 금강산 보승회를 설립하였는데 총재는 李埈公 殿下를 추대하고, 회장은 李 강원도장관으로, 이사는 武藤 강원도 제1부장, 菱田 함남 제1부장, 小河 함남 경무부장, 藤釜 강원도 제1부장, 村地 원산 부윤, 和田 철도국 참사, 고문은 石塚, 池田, 大屋, 宇佐美 장관, 李完用 백작, 趙重應 자작, 兒玉 백작, 小宮 차관, 持地국장, 原田金之助, 吉原三郎, 高野省三, 阿部充家, 勝田主計의 제씨를 천거할 터이오. 동회는 회원 및 特志家의 기부금으로써 그 사업을 경영한다는데 일반인사의 입회를 환영한다 하고 聞한 바를 의한즉 동회 사업비 중에 寺內 총독으로부터 1천 원, 李王職으로부터 2천 원을 기부하기로 결정하였다더라.[13]

이로 보아 1916년 조직된 금강산보승회는 금강산지역의 인사들에 의해 조직된 것이 아니라 조선총독부 차원에서 조직된 것임을 알 수 있다. 금강산보승회는 금강산 경승지의 유지, 보존 및 탐승유람자의 편리를 도모할 것을 목적으로 이에 찬성하는 자들로 조직하였다. 총재 1명, 회장 1명,

---

12 금강산보승회 총재 이준(李埈)이 1917년 사망하자 야마가타(山縣) 정무총감이 회장으로 추대되었다.(「금강산보승회총재」, 『매일신보』, 1917년 7월 19일). 이준은 흥선대원군 이하응(李昰應)의 적장남 이재면(李載冕)의 장남으로 초명은 이준용(李埈鎔)이었다. 이준은 1912년 아버지 이재면이 사망한 이후 개명한 이름이다.
13 「금강산보승회 총재는 李埈公 殿下」, 『매일신보』, 1916년 8월 17일. 『매일신보』는 금강산보승회의 조직을 1916년 8월이라 보도하였다.(「세계적 대공원이 될 금강산 보승회의 발전책을 강구중」, 『매일신보』, 1924년 12월 1일.)

이사 6명, 고문 15명 외 회원으로 조직되었다. 금강산보승회는 다음의 사업을 수행하였는데 회원 및 독지가의 기부금으로 운영되었다.

> 1. 금강산 탐승도로의 수리, 유지에 관한 사업
> 2. 금강산내 숙사 및 휴게소 시설 경영에 관한 사업
> 3. 온정리 온천 경영의 보조에 관한 사업
> 4. 해금강, 장전항 방면의 해수욕장 기타 유람상 필요한 시설 보조에 관한 사업[14]

금강산보승회의 이러한 사업은 강원도협찬회의 그것과 큰 차이가 없는 것이었다. 그러나 "관리의 讓免, 이동에 따라"[15] 그 활동이 부진하였다. 즉 1917년 회장에 추대되었던 야마가타(山縣) 정무총감이 체직되어 일본으로 귀국한 이후 계획했던 기부금이 모이지 않아 금강산보승회의 활동은 중지 상태에 이르게 되었던 것이다. 이러한 와중에 일본 내에서 국립공원을 설치하려는 계획이 추진되자 이에 편승하여 금강산도 국립공원으로 설정하자는 운동이 조선 내에서도 일어나면서 금강산보승회의 발전책을 강구하였던 것이다.[16] 그리하여 1926년 금강산선전회가 조직되어 금강산 보승에 관한 활동을 수행하였고 금강산선전회가 1929년 재단법인 금강산보승회의 설립인가원을 조선총독부에 제출하였던 것이다. 1916년 금강산보승회에 조직 이래 재단법인 금강산보승회의 설립인가원 제출에 이르는 과정은 『부산일보』의 다음 기사가 자세히 보여준다.

> 금강산선전회는 이를 재단법인 금강산보승으로 인가 신청 형식으로 작년 현안 중이었으나 7월 5일 그 당국에 신청서를 제출하였다. 현재

---

14 「朝鮮二於ける名所舊蹟の保護機關」, 『ツーリスト』 27, 日本旅行協會, 1927. 9, 23쪽.
15 「財團法人 金剛山保勝會 設立認可 申請 提出」, 『釜山日報』, 1929年 8月 24日.
16 「세계적 대공원이 될 금강산보승회의 발전책을 강구중」, 『매일신보』, 1924년 12월 1일.

그 경과의 개요를 설명하면 동회는 1926년 창립하여 그 이전 즉 시정 5년 조선물산공진회 개최에 즈음하여 강원도협찬회가 금강산의 개발, 선전에 뜻을 두고 관부의 힘으로 합해 도로를 개수하고 여관을 설치하는 등 노력이 적지 않았다. 그러나 협찬회는 일시적인 것 이므로 공진회 종료와 동시에 소멸하고 산은 자연히 다시 구태로 돌아가기에 이르렀다. 이에 관부는 다시 금강산보승회라는 것을 두어 강원도지사를 회장에, 정무총감을 총재로 추대하고 오직 그 개발, 선전에 힘썼으나 그 후 관리의 讓免, 이동에 따라 끝내 소기의 목적을 달성하지 못하고 단지 그 명칭을 남기기에 그쳤다. 지방민은 심히 이를 유감으로 생각하여 유지가 서로 상의하여 관부의 조력을 받아 현재의 선전회를 창립하고 회장을 강원도 전 내무부장 小西恭介氏, 부회장은 전 고성군수 張憲根씨(현 부회장은 회원의 선거로 취임한 高城 森安武씨), 총무는 고성 張鳳翰씨를 뽑아 훌륭하게 관민협력으로 전 협찬회 및 보승회의 遺業을 계승하고 이 세계무비의 명승절경을 보전함과 동시에 산내 도로의 개수, 교량의 가설 기타 제반 설비를 진행시켜 탐승에 편리를 도모하고 이 절경을 세상에 대대적 선전의 방법으로서 총무 장봉한씨는 수천 원의 자비를 투자하여 도청 및 본부의 원조 하에 경성에서 경원선, 철원-금강산 및 장전항-원산 간 등 탐승 경로를 위시하여 외금강산의 각 명승구적 및 해금강 등의 승경 8천여 가이드(6권)의 필름을 촬영하여 1928년 4월 중 여비 自辨으로 郡·道·本府員과 함께 내지 九州 방면부터 四國, 中國, 關東, 仙臺에 이르는 각지의 박람회장 및 대도시에서 이를 영사, 선전하였다. 같은 해 11월에는 부회장 森安武 역시 자비로 본부의 보조를 받아 京都御大典에 출장 映寫宣傳에 노력했던 것이다. 그리고 작년 중에 금강산탐승객에 대해서 부회장 및 총무는 시종 일관 자비로 선전 및 안내 기타 탐승객의 편리를 도모하고 철도국 및 도청, 금강산전철회사 기타의 선전과 인사를 하여 점차 탐승객의 격증을 보기에 이르렀다. 지금 선전회원은 2백여 명이나 근소한 회비로는 그 재원이 부족하여 지방비에 국비 중의 보조금도 없이 단지 책임자의 자비로 활동하는 상태이며 금후에 초기의 목적을 달성하려 함은 실로 지난한 업인 고로 작년 봄 이래 森安 현 부회장은 이를 공익법인으로 정식 인가를 얻어 有意義적으로 활동함을 계획, 창도하고 시종 上局과 교섭 중이었으나 상국에서도 크게 이를 양해하여 지난 7월 5일부로 재단법인 금강산보승회 설립인가 신청서를 본부에 제출하였다. 그리고 재단법인 설립인가부 행위는 내지인으로 처음으로 금강산 개발선전에 손가락을 각인한 덕전부차랑씨의 선전회에 대한 기부금 2천 원을 내었던 것이다. 기타 기부금으로 필름 등의 재산 즉 총자산액은 겨우 1만

원으로 설립한다는 취지이지만 본년도 조박 개기 이전에 인가받을 것
이라 일반은 크게 기대하고 있다.[17]

한편 위의 인용문에서는 금강산선전회의 활동을 비교적 자세히 알 수
있다. 금강산선전회는 전 협찬회 및 보승회의 유업(遺業)을 계승하고 금강
산의 명승절경을 보전함과 동시에 산내 도로의 개수, 교량의 가설, 기타
제반 설비를 함으로써 탐승에 편리를 도모하는 한편 금강산을 선전할 목적
으로 지역유지들이 관부와의 협력, 즉 관민협력하여 조직하였다. 그 결과
강원도 전 내무부장 고니시 교스케(小西恭介)를 회장, 전 고성군수 장헌근
(張憲根)을 부회장, 장봉한(張鳳翰)을 총무로 선임하여 조직하였으며, 이
후 선거에 의해 모리야쓰 다케(森安武)를 부회장에 선출하였다는 것이다.

위의 인용문에 따르면 총무 장봉한은 조선총독부와 강원도의 보조금과
수천 원의 자비를 들여 6권의 필름을 제작하여 1928년 4월 일본 각지를 돌
아다니며 금강산 선전활동을 전개하였다. 이 일본 각지의 금강산 선전 역시
금강산보승회가 주최하였으며, 산업과 속(屬, 하급관리) 가타오카(片岡)의
안내로 금강산보승회 총무 장봉한, 이사 김명원(金明元), 고성군수 장헌근
이 선전대에 참여하였다.[18] 부회장 모리야쓰 다케 역시 1928년 11월 조선
총독부의 보조와 자비로 교토고다이텐(京都御大典)에 출장하여 금강산 선
전을 하였고, 1928년 금강산 탐승객에 대해서도 각종 선전활동을 전개하였
던 것이다. 그런데 금강산선전회가 조직된 이후에도 금강산보승회의 활동
이 확인된다. 금강산보승회는 1926년 다이쇼(大正) 천황의 셋째 아들인 다
카마쓰노미야(高松宮)의 금강산 탐승을 찍은 활동사진을 1926년 12월 20일

---

17 「財團法人 金剛山保勝會 設立認可 申請 提出」, 『釜山日報』, 1929年 8月 24日.
18 「내지 각처에 금강산 선전 선전대 출발」, 『매일신보』, 1928년 4월 7일.

부터 약 60일 간 남부지방을 순회하면서 상영하였으며,[19] 온정리의 강명사진관 주인 김명원은 금강산보승회의 후원으로 금강산순회활동사진대를 조직하여 강원도를 위시하여 전국을 순회할 예정으로 온정리 용진청년회의 후원으로 당지 소학교에서 활동사진을 상영하였다.[20] 그는 금강산순회활동사진을 주도한 인물로 강원도청의 후원 하에 8개년 계획으로 금강산의 기승과 전조선의 고적을 영상으로 제작하여 선전하였다. 〈그림 3-1〉의 사진은 금강산 선전을 위해 강릉을 방문한 금강산 선전대 일행이다.

〈그림 3-1〉 금강산선전대 일행

이로 보아 금강산보승회는 금강산선전회가 조직된 1926년 이후에도 여전히 활동하고 있었다. 그럼에도 조선총독부의 공식 문건에는 금강산보

---

19 「金剛山の活動寫眞」, 『京城日報』, 1926년 12월 8일.
20 「금강산선전 순회활동사진」, 『중외일보』, 1927년 1월 11일.

승회가 유명무실해지자 금강산선전회가 조직되었다고 기록하였다. 금강산 순회활동사진을 주도했던 김명원은 금강산선전회의 이사인데도 금강산보승회의 후원을 받았던 사실에서 이 두 단체가 사실상 같은 단체였다는 것을 의미한다고 생각된다. 아니면 『부산일보』의 기사에서 '그 명칭을 남기기에 그쳤다'는 것은 금강산보승회가 해체된 것이 아니라 유명무실해졌다는 것을 의미한다고 생각된다. 그리하여 금강산선전회를 조직하여 금강산보승회의 역할을 대신하였다고 보는 것이 합리적이라 생각된다.

그런데 1929년 7월 5일 금강산선전회가 재단법인 금강산보승회 설립인가원을 제출한 것은 단순히 재단법인을 설립하려 한 것은 아니었다. 이 무렵 일본 내에서는 국립공원을 설치하려는 움직임이 구체적으로 일고 있었으며, 금강산도 식민지 조선에서 유력한 국립공원 후보지였다.[21] 그러므로 재단법인 설립인가 신청은 금강산 국립공원화와 관련한 것이라 보아야 한다. 실제 1930년 이래 금강산 보승에 관한 여러 문건에는 금강산 국립공원화 계획 속에서 금강산보승회의 조직을 논의하고 있는 것을 확인할 수 있다.

금강산선전회 초대 부회장 장헌근의 뒤를 이어 부회장에 선출된 모리야쓰 다케는 1922년부터 1924년까지 강원도 강릉군의 직원,[22] 고성면어업조합 이사[23]로 활동한 인물로서 강릉, 고성 등지에 거주하던 일본인 유지로 보인다. 금강산선전회는 『부산일보』의 기사에서 보이듯이 회원이 낸 기부금이나

---

21 일본에서는 1931년 국립공원법이 시행되어 1934년 瀬戸内海国立公園,雲仙国立公園,霧島国立公園, 阿寒摩周国立公園, 大雪山国立公園, 日光国立公園, 中部山岳国立公園, 阿蘇くじゅう国立公園의 8곳이 국립공원으로 지정되었고 1936년에는 十和田八幡平国立公園, 富士箱根伊豆国立公園, 吉野熊野国立公園, 大山隠岐国立公園이 지정되었다. 식민지에서는 1937년에는 대만의 大屯山,新高阿里山,次高太魯閣이 지정되었으나 조선에서는 국립공원으로 지정된 곳이 없다.
22 『조선총독부 및 소속관서 직원록』, 1922~1924(국사편찬위원회 한국사데이터베이스에서 인용).
23 「강원도 동해안 어촌 복구를 청원」, 『매일신보』, 1930년 8월 23일.

회비로 운영되어 재정적으로 곤란하였다. 그리하여 모리야쓰 다케는 1928년 봄부터 공익법인화 하려는 활동을 전개하여 1929년 7월 5일 재단법인 금강산보승회의 인가 신청을 내었던 것이다. 이는 금강산국립공원화계획과 관련하여 지역 유지들의 행태를 확인할 수 있는 주요한 사례라고 생각된다.

이러한 금강산선전회의 활동은 조선총독부, 강원도 등과 협의하에 진행된 것으로 보아야 한다. 왜냐하면 1920년대 말은 일본 내에서 국립공원 설치에 대한 논의가 한창 진행된 시기일뿐만 아니라 1929년은 조선박람회가 개최되는 해였으므로 이를 계기로 금강산 국립공원화 계획을 추진할 적기로 여겼기 때문이다. 더욱이 앞에서 본 바와 같이 보승회는 관민합동 단체로 규정되어 있었다. 그러므로 조선총독부는 금강산 보승에 관한 협의에 주도적으로 참여하고 있는 것이다.

금강산선전회가 금강산보승회의 인가 신청을 낸 이후인 1930년 1월 16일 제1회 금강산 보승에 관한 협의회가 조선총독부 정무총감 응접실에서 개최되었다. 이 협의회에는 정무총감의 인사와 산업부장의 설명이 있었고, 내무국에서 도미나가(富永) 사무관과 교바(欅葉) 기사, 학무국에서 이(李) 사무관, 철도국에서 도다(戶田) 이사와 사토(佐藤) 참사, 강원도에서 다테(伊達) 내무부장, 금강산전기철도주식회사에서 안도(安藤) 전무, 산림부에서 와타나베(渡邊) 산림부장, 사와(澤) 사무관, 고토(後藤) 기사, 기타니(木谷) 기사, 마쓰오카(松岡) 기사, 에비하크(海老帛) 산림사무관 등이 참여하였다.[24] 제2회 협의회는 1930년 2월 23일 조선총독부 제3회의실에서 열렸으며 철도국에서 도다 이사, 사토 참사, 데라다(寺田) 기사, 금강산전기철도주식회사에서 안도 전무와 히라이(平井) 철도과장, 내무국에서 欅葉 토목과장, 도미나가 지방과장, 사사(笹) 기사, 야마오카(山岡) 기사,

---

24 「昭和5年1月16日開催(於總監應接室) 金剛山ノ保勝二關スル打合會ノ槪況」(국가기록원 소장).

체신국에서 사사키(佐佐木) 기사와 아오키(靑木) 서기, 학무국에서 데구치(出口) 속, 산림부에서 와타나베 산림부장, 사와 임무과장, 기타니 조림과장, 마쓰오카 기사, 에비 하쿠(海老帛) 산림사무관, 강원도에서 세키(關) 산업기사, 柳 屬 등이 참석하였던 것이다.[25] 그리고 1930년 3월 4일에는 임시협의회가 철도국의 토다(戸田) 이사, 금강산전기철도주식회사에서 안도 전무, 내무국의 이사카(井坂) 사무관, 산림부의 산림부장, 임무과장, 임산과장, 조림과장, 에비하크 산림사무관, 마쓰오카 기사 등이 참석하여 조선총독부 산림부장실에서 개최되었다.[26] 이처럼 금강산 보승에 관한 사항은 조선총독부의 관련한 각 국(局)에서부터 조선총독부철도국, 금강산전기철도주식회사, 강원도 등 중앙부서와 지방부서, 그리고 민간 회사까지 참여하여 금강산 보승, 즉 국립공원화를 준비하였던 것이다.

제1회 협의회에서 행한 정무총감의 다음 인사말에서 금강산 보승에 관한 정책을 추진하게 된 배경을 확인할 수 있다.

> 최근 각 방면에서 관광객이 증가하고 점차 세계적 명승지로서의 성가가 높아지고 있습니다. 그럼에도 불구하고 금강산 관광, 탐승에 필요한 설비 또는 풍치의 유지·개선에 대한 시설의 현상을 보면 유람도로의 개착, 숙박소·휴게소·오락소 등의 설치, 전화·통신 등 통신기관의 설비 등이 세계적인 공원으로서는 전혀 충분하지 않습니다. 경승지의 주요 부분을 점해있는 국유림과 寺刹有林 내에서 산수의 풍치를 완전하게 유지 또는 나아가 이를 개선하는 것에 대해서는 하등 적극적인 시설이 강구되지 못하는 상태일 뿐 아니라 일부 사유림 등도 오히려 풍치 유지상 필요한 부분이 황폐한 것 같습니다. 이러한 사정이 있으므로 닐리 내외의 유람객을 유치하기에는 경승지로서 각반의 시설이 터무니없이 부족한 현상입니다.[27]

25 「第2回金剛山ノ保勝二關スル打合會ノ槪況」(국가기록원 소장).
26 「金剛山ノ保勝二関する臨時打合會ノ槪況」(국가기록원 소장).
27 「金剛山ノ保勝二関する臨時打合會ノ槪況」(국가기록원 소장).

즉 금강산 보승에 관한 협의는 결국 금강산 관광개발과 직접적으로 관련이 있다는 것이다. 이와 관련하여 제1회 협의회에서는 금강산전기철도주식회사안과 산림부안이 논의되었다. 안도안(安藤案)이라 불린 금강산전기철도주식회사안의 개요는 다음과 같다. ① 내외금강을 연결하기 위해 온정령(溫井嶺)에 터널을 뚫는다. ② 장안사 부근의 소도시를 완성하기 위해 회사에서는 가능한 한 사유지를 구매하고 사찰 소유지는 사찰이 다른 사람에게 매각하지 못하도록 단속하기를 희망한다. 또 사찰 소유지를 경승지 밖의 국유림과 교환이 가능하도록 규정을 연구한다. ③ 5월에는 말휘리까지 전철이 개통하므로 장안사에 일본인 여관과 공회당을 건설한다. 여관의 위치를 정해야하므로 시가지계획이 확정되어야 한다.[28] 그리고 산림부에서는 경승지로 경영할 구역의 결정, 사적(史蹟)·명승·천연기념물의 조사 및 보존 방법, 풍경지 이용자의 현황과 향후 추세 조사, 경승지 구역내에 신설 또는 개선해야 할 교통 및 노방시설의 조사, 통신기관의 조사, 숙박·휴양·오락시설의 조사, 풍치 유지·개선과 삼림의 취급법에 관한 조사, 경승지의 관리·경영 방법, 보승에 관계있는 제법규의 입안, 경승지에 이해관계를 가진 자와의 연락과 경승지 선전 등에 관한 것들을 연구, 조사하기로 결정하였다.[29] 결국 금강산전기철도주식회사안은 금강산전기철도주식회사의 이해관계를 대변하는 것이었으나 산림부안은 금강산 관광개발에 필요한 법적, 제도적 뒷받침을 조사, 연구하는 것이었음을 알 수 있다. 그리고 안도 전무는 보승회안을 다음과 같이 제출하였다.

---

28 「昭和5年1月16日開催(於總監應接室) 金剛山ノ保勝二關スル打合會ノ概況」(국가기록원 소장).
29 「昭和5年1月16日開催(於總監應接室) 金剛山ノ保勝二關スル打合會ノ概況」(국가기록원 소장).

목적 : 풍치 보존, 등산자의 편리

사업 :

   1. 승경의 소개, 선전

   2. 지리, 역사, 지질, 동식물 등의 조사, 연구, 발표

   3. 도로의 보수

   4. 여관, 공회당, 단체 숙박소, 욕장의 경영 또는 조성

   5. 안내업

   6. 자동차 기타 승물의 경영 또는 조성

   7. 별장지, 별장점포지의 경영 또는 조성

   8. 정구장, 풀, 스케이트, 아동 유원, 카페의 경영 또는 조성

   9. 시설에 관해 관청에 의견 개진 또는 자문에 응할 것

역원 :

회장 1명	정무총감
이사 수명	강원도 내무부장, 경찰부장, 산림부장 또는 과장, 철도국 영업과장, 전철 전무, 유점사·장안사·표훈자 住職
평의원 수명	조선총독부 내무·재무·경무·학무·철도·체신국장, 산림부장, 지질조사소장, 전철사장, 경기·함남·강원도지사, 경성·인천·원산회의소 회두, 선은총재, 식은두취

자금 : 본부의 보조, 도지방비의 보조, 기부금(일반기부, 지정기부)

   사업에 의한 수입

   1. 나라 또는 공공단체의 토지로서 풍치 보존에 필요한 것은 본회에 임대하고 그이 따른 수익은 대부분 본회의 수익으로 함

   2. 寺有地는 전부 본회에 차입하고 임대료의 대부분은 사찰에 건내며 일부를 본회의 수익으로 함

   3. 국유림으로서 불하에 지장이 없는 토지는 본회에 무료 또는 저가로 불하를 받고 임대하여 수입을 꾀함

   4. 점포 또는 오라지, 조용한 여관지, 별장지역을 정함

   5. 조용한 여관지, 별장지의 건물은 본회 건축 기사의 심사를 거칠 것(貸地의 조건으로 본항의 제제를 부과함)

   6. 앞의 계획안을 만든 후 전문가에 조사, 연구를 의뢰함

   7. 1월 15일경 본부에서 협의회를 열어 본안을 만들 것[30]

---

30 「昭和5年1月16日開催(於總監應接室) 金剛山ノ保勝二關スル打合會ノ槪況」(국가기록원 소장).

이를 바탕으로 제2회 협의회에서는 오구마 타키사부로(大熊瀧三郎)가 제출한 의견서가 논의되었다. 그의 제출서의 주요한 내용은 공원 관리에 대한 의견, 공원의 보호와 조림에 대한 의견, 금강산의 유래, 1929년도 탐승자 수, 온정리 온수, 신계사 방면의 고적과 명승에 대한 설명, 만물상 방면의 경승 설명, 하수(河水)의 이용에 대한 의견, 고성 부근의 명승구적에 대한 설명, 52불(佛)의 유래, 유점사 부근의 명승구적에 대한 설명, 장안사 부근의 명승구적에 대한 설명, 표훈사 부근의 명승구적에 대한 설명, 마하연 부근의 명승구적에 대한 설명, 신풍리(新豊里) 국유림 내의 승경, 금강산선전회에 대한 설명, 특유 식물의 설명, 건축에 대한 의견이 포함되어 있다. 특히 공원 구역 내에서는 온정리에 관리서를 설치할 것을 제안하면서 기사 1명, 속 2명, 기수 3명, 고원 18명을 둘 것을 제안하였다.[31]

그리고 1930년 3월 4일 개최된 임시협의회에서는 다음의 안건이 협의되었다.

    1. 보승회 설립에 관한 건
    2. 긴급을 요하는 일부 공사에 관한 건
    3. 보승회의 명칭에 관한 건
    4. 공회당에 관한 건
    5. 시설의 수지 계산에 관한 건
    6. 보승회 역원 선임에 관한 건
    7. 다음 협의회 개최에 관한 건[32]

보승회 성립에 관한 건이 이 협의회에서 논의된 이유는 금강산전기철도주식회사만으로는 공사를 진행하기에 합당하지 않으므로 보승회 조직에

---

31 「大熊主事ノ提出書」(국가기록원 소장).
32 「金剛山ノ保勝二関する臨時打合會ノ概況」(국가기록원 소장).

관한 의견과 보승회를 속히 조직하여 금강산 보승에 관한 보승회의 안을 산림부에서 입안할 필요가 있었고, 여관과 공회당 등 긴급을 요하는 공사를 속히 진행하여 완공 후 보승회에 인계하자는 의견도 있었기 때문이다. 이 회의에서 보승회의 명칭에 대해 논의가 진전되었는데 보승회라는 명칭은 회의 실제 사업을 나타내기에 온당하지 않으므로 '금강협회'라는 대안을 협의하여 결정하자고 결론지었다. 그리고 공회당도 '내금강구락부'라는 명칭을 검토하기로 하였다. 보승회의 역원 선임에 대해서는 총재, 부총재, 고문, 평의원, 이사, 간사 등을 두도록 논의되었다.[33] 이 협의회에서는 '금강산보승회조직요항(金剛山保勝會組織要項)' 초안이 나온 것으로 보아 금강산보승회 즉 금강산협회의 조직에 대한 대체적인 결론이 나온 것으로 보인다. 초안으로 보이는 '금강산보승회조직요항'은 다음과 같다.

1. 금강산의 보승 경영에 필요한 사업을 행하기 위해 금강산보승회를 조직할 것
2. 본회는 본회의 사업을 익찬하는 자로 조직할 것(단 회비를 징수하지 않음)
3. 본회는 기부, 기타로부터 상당한 기금을 갖는 재단법인으로 상정하나 우선은 임의조직으로 할 것
4. 본회는 다음의 역원을 둠
   총재, 회장, 부회장(2명), 평의원(약간명), 이사(약간명), 간사(약간명), 고문(약간명)
   평의원은 발기인총회에서 선거하고 총재 및 회장은 평의원회에서 추대함
   부회장 및 고문은 회장이 촉탁하고 이사 및 간사는 평의원회에서 선거함
5. 본회의 사업은 기부금, 보조금 및 본회의 사업 경영에서 생기는 수익 기타 수익으로 충당함

---

33 「金剛山ノ保勝ニ関する臨時打合會ノ概況」(국가기록원 소장).

본회의 사업 槪目은 다음과 같음
① 금강산의 소개와 선전
② 공회당 및 숙박, 휴게에 필요한 시설 경영
③ 자동차 기타 乘物의 경영
④ 遊園, 운동, 오락에 관한 시설 경영
⑤ 별장 기타 주택지의 경영
⑥ 안내에 관한 일체의 시설
⑦ 기타 본회의 목적을 달성하기에 필요한 사업[34]

즉 이 임시협의회에서 금강산보승회, 금강산협회, 금강산공원협회 등 금강산보승회의 명칭을 논의하였으며, 최종적으로 금강산협회로 결정된 것으로 보인다. 또한 금강산국립공원과 관련하여 금강산전기철도주식회사를 대표한 안도의 안, 금강산보승회의 안 등이 논의되었다. 이 임시협의회에서 결정된 내용은 1930년 3월 23일 제3회 협의회에서 대체로 수용되어 다음 사항이 결정되었다.

1. 금강산협회의 신설
   금강산 개발을 위해 특히 관민합동의 협회를 신설하고 그 보승경영 외에 여객 유치, 선전 등 내지의 츠리스트 뷰로(ツーリストビューロー)와 마찬가지의 사업도 영위하는 재단법인으로 하기로 결정하였으나 역원, 회원의 자격 등 구체적 항목은 다시 연구한 후 결정하기로 하였다.
1. 여관, 공회당의 건축
   양자 모두 장안사 부근에 건축할 것을 결정. 양자 모두 풍경에 어울리는 조선식 건물로 하며 여관은 바로 건축에 들어가 6월 20일경까지 완공하여 올여름에 맞추고 경영은 경성 不知火旅館에 위탁하기로 결정. 공회당은 2백 명 수용 규모로 하며 하기대학 등의 강습회 기타에 사용하지만 공사실시 일정은 미정
1. 말휘리-장안사 버스 운전
   금강산전철은 5월 말 철원에서 말휘리까지 개통하므로 그 전차에

---

34 「金剛山ノ保勝ニ関する臨時打合會ノ槪況」(국가기록원 소장).

연락하여 말휘리에서 장안사까지 약 2리 사이를 동회사의 손으로 버스를 운전함. 단 그 사이의 도로는 강원도청이 이를 수선함

1. 내외금강의 교통연락

금강산전철측에서 온정리에 터널을 뚫어 전차도를 부설하고 국유철도와 연락하자는 안도 나왔으나 풍치를 해할 우려가 있으므로 보류하기로 하고 자동차 연락은 도중 17~8町은 도저히 자동차 도로를 설치할 수 없으므로 그 사이를 가마 혹은 도보로 , 대체로는 자동차로 연락하는 안이 유력하지만 專門大家의 실지 조사를 구하여 결정하기로 함[35]

이로 보아 금강산보승회는 제3회 협의회에서 관민합동의 재단법인 금강산협회라는 명칭으로 조직하기로 결정되었으며, 여관은 경성 시라누이(不知火)여관에서 위탁 경영하는 것으로 결정되었음을 알 수 있다. 또 금강산전기철도주식회사가 말휘리-장안사까지 버스를 운행하고 온정리까지는 자동차도로 부설이 어려운 구간이 있으므로 그 구간은 가마나 도보를 이용하는 것으로 결정났다.

1930년 8월 13~14일에는 다무라(田村) 박사와 우에하라(植原) 박사가 수행한 금강산 국립공원화에 대한 실지 조사 보고가 있었다.[36] 국립중앙박물관에 소장된 『田村博士調査報告』라는 문건에 따르면 금강산은 "그 質量에서 해외의 것과 같고, 일본에서의 것과도 같이 구비해있으므로 국립공원으로서 지장이 없다"고 결론지었다. 더욱이 "경승지 또는 공원으로서 첫째로는 장소의 적부의 문제가 있으나 금강산은 전혀 이론이 없"으며 "가장 적당"하다고까지 평가하였다. 그리고 금강산에 〈표 3-1〉의 탐승시설을 설치할 것을 계획하였다.

---

35 「世界の金剛山 愈よ實現の步を進む 第三回保勝打合會において」, 『京城日報』, 1930년 3월 30일;「보승경영, 여객유치 금강산협회 조직 장차 재단법인으로 할 계획」, 『매일신보』, 1930년 3월 31일.
36 「설립되는 금강산협회 제반시설하고자 산림부 발표」, 『중외일보』, 1930년 8월 17일.

〈표 3-1〉금강산 시설계획안[37]

종별	장소
山內 自動車道路	寒泉-六花岩, 神溪寺--廳臺, 塔巨里-表訓寺, 長安寺 外霧在嶺-百川橋里
山內探訪路	장안사-비로봉, 사선교 내무재령-유점사, 비로봉 영즉봉-須彌庵, 마하연 백운대 수미암-내원통암, 장안사 靈渠庵-백마봉, 미륵봉 백탑동-망군대 삼불암, 표훈사-正陽寺, 금장동입구-금장동, 봉전 구성동-龍馬石, 조양폭포-萬相亭, 寒泉上-五峯山, 용마석-옥녀봉, 백천교 開殘靈-유점사, 船潭 구련폭포-미륵봉, 칠보암 칠보대-은선대 同岐路, 백천교리 송림사-유점사, 송림사-내무재령, 온정리-신계사, 신계사-鉢淵寺, 비로봉 채하봉-鉢淵寺, 動石洞-集仙峰, 신계사 世尊峰-구룡연, 一廳臺-三聖庵跡, 九龍淵下-상팔담, 온정리 鉢峰-수정봉, 삼선암-神奧萬物相, 장전-勢至峰, 千佛洞 千佛洞北谷-五峯山, 천불동-寡泉, 천불동북곡 仙窓谷-천불동, 외무재령-백마봉, 백마봉 遮日峰 내무재령 월출봉-비로봉
電話架設	장안사-신계사, 사선교-유점사, 유점사-온정리
山莊	유점사, 사선교, 비로봉, 한천, 천불동
山小屋	영즉봉, 미륵봉, 채하봉, 구성동, 裏萬物相, 세존봉, 원통암상
野營場	동석동, 사선교, 一廳臺, 비로봉
植物園	장안사, 온정리(신계사) 중 한 곳
會館	온정리 또는 신계사
스키장	비로봉, 온정리
眺望臺	오만물상, 망군대, 백운대, 상팔담, 三段瀧, 須彌庵, 내무재령, 개잔령, 백천교, 十二瀑下, 선암
便所	신계사, 표훈사, 사선암, 마하연, 봉천, 외금강문, 조양폭포, 유점사, 백천교, 한천
揭示板	장안사, 신계사, 대화암, 사선교, 비로봉, 온정리, 한천, 유점사, 천불동입구
休憩所	백마봉, 금제, 구성동(2), 영지대, 옥류동, 수렴동, 영랑봉, 천불동, 삼단롱, 수미암, 내무재령, 개잔령, 백천교, 십이폭하, 仙庵
粁程標	온정리 외
案內指導標	온정리 외
水飮場	金梯外
溫泉試掘	온정리
簡易上水道	장안사, 온정리
茶室 兼 休憩所	만상정, 명경대
簡易測候所	비로봉

〈그림 3-2〉 외금강스키장

〈그림 3-3〉 외금강스키장 슬로프 전경

　〈표 3-1〉에서 볼 수 있듯이 금강산 국립공원화 계획에는 산내 자동차
도로 4개, 산내 탐방로 32개, 전화 3개, 산장 5개, 야마고야(山小屋, 산막)
7개, 야영장 4개, 식물원 1개, 회관 1개, 스키장 2개, 조망대 11개, 변소 10개,
게시판 9개, 휴게소 16개, 수음장 1개, 온천시굴 1곳, 간이상수도 2개, 다
실 겸 휴게소 2개, 간이측후소 1개와 거리안내판(粁程標)과 안내지도표를

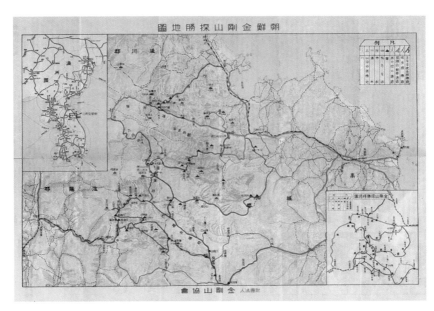

〈그림 3-4〉 조선금강산탐승지도

온정리 외에 설치하는 계획을 수립하였음을 알 수 있다. 이 계획은 제2회 협의회에서 금강산전기철도주식회사와 조선총독부철도국이 기초한「금강산보승회시설안」[38]과는 약간의 차이가 있다.「금강산보승회시설안」은 간이 숙박소 및 휴게소, 공회당, 캠프장, 정구장, 양어, 대욕장, 소아유희장, 골프장, 장안사 토지계획을 제안했기 때문이다. 그러므로 실제 계획은「금강산보승회시설안」이 제안했던 캠프장, 정구장, 양어, 대욕장, 소아유희장, 골프장, 장안사 토지계획 등을 반영하지 않았던 것이다. 물론 이러한 계획이 완벽하게 이루어진 것 같지는 않으나 금강산협회에서 발행한〈그림 3-4〉「조선금강산탐승지도」에 따르면 금강산에 자동차도로, 도보탐승로, 산소옥(산막) 등이 표시되어 있는 것으로 보아 계획을 추진하고 있었던

---

38 「第2回金剛山ノ保勝二關スル打合會ノ概況」(국가기록원 소장).

것으로 보인다. 그리고 〈그림 3-2〉, 〈그림 3-3〉에서 볼 수 있듯이 1930
년대 초에는 금강산에 스키장이 설치되어 겨울철 관광도 준비하고 있는 것
을 확인할 수 있다. 이는 주로 여름과 가을 관광이 중심이던 금강산 관광
시기를 연중 관광으로 확대시키기 위한 활동이었다고 할 수 있다. 다만 이
계획은 일제의 국립공원 지정이 계획대로 진행되지 않았으므로 축소되었다
고 생각된다.

그리고 1931년 4월 8일 조선총독부 제3회의실에서 개최된 협의회에서
금강산국립공원화 계획의 대강이 결정되었다. 이 협의회에 참석한 인물과
결정 사항은 다음과 같다.

> 철도국 戶田 이사 林原 참사
> 체신국 平尾 감리과장 佐佐木 기사 森田 서기
> 내무국 榛葉 토목과장 富永 지방과장
> 회계과 笹 기사
> 학무국 李 종교과장
> 강원도 阿部 내무부장 三浦 토목과장 堀 기사
> 금강산전기철도주식회사 岡本 전무 平井 철도과장
> 산림부 岡崎 산림부장 吉岡 임무과장 海老原 산림사무관 後藤 임산과
> 　　장 木谷 조림과장 松岡 기사[39]

> (1) 탑거리에 청원 우편소를 개설할 것(전철회사)
> (2) 탑거리에 경찰관주재소의 부지를 선정할 것(전철회사)
> (3) 말휘리 삼리보호구를 탑거리로 이전할 것(산림부). 그리고 그 보호
> 　　구 관사의 건축 및 대부에 관해 주선할 것(전철회사)
> (4) 온정리−신계사 간에 전화를 개설할 것(체신국)
> (5) 온정리 및 말휘리에 주재하는 영림서 삼리주사에 府郡道 삼림주사
> 　　를 겸무시켜 寺有林 및 私有林의 보호·단속을 시킬 것(산림부)
> (6) 풍치에 관계있는 寺有林 및 私有林을 보호림에 편입할 것(강원도)

---

39 「昭和6年 4月 8日 金剛山風景計劃ニ關スル打合會決定事項及ソノ狀況」(국가기록
　원 소장).

(7) 고적 및 유물을 조사하여 보존규칙에 따라 단속할 것(학무국)

(8) 四仙橋에서 毗盧峯을 넘어 九龍淵에 이르는 탐승로 중 毗沙門에 있는 통나무에 계단을 조각한 것을 사다리로 고쳐 한층 승강에 편하도록 할 것

(9) 유점사에서 미륵봉에 오르는 도중 九連瀑布 우회로를 개착할 것을 유점사에 종용할 것(학무국, 강원도)

(10) 白雲臺 등산로 중 철쇄를 사다리로 고치고 望軍臺 등산로 중 철쇄 및 통나무 계단을 조각한 것을 사다리로 고칠 것(강원도)

(11) 蓬田에서 久成洞 계곡에 연해 비로봉에 이르는 사이에 국유림 순시보도를 설치할 것(산림부)

(12) 올 여름 四仙橋 부근에 야영장을 개설할 것(철도국)

(13) 국유임야 조사 인부 등의 야영 설비를 옥녀봉의 남쪽에 설치할 것(산림부)

(14) 공원계획지역 내에서 매점 및 茶店의 양식을 예시할 것(본부 회계과)

(15) 지역내의 매점 및 茶店의 허가는 앞의 양식에 준해서 풍치를 해하지 않도록 유의할 것(학무국, 산림부, 강원도)

(16) 국유림 및 寺有林 내의 매점 및 茶店에서 풍치상 좋지 않다고 인정되는 것은 대부기간 만료 때 개축 또는 이전시키고 특히 풍치를 해하는 것은 대부기간 중이라도 개축을 권할 것(학무국, 산림부, 강원도)[40]

이상에서 살핀 바와 같이 금강산 국립공원화 계획 속에서 금강산협회의 설립이 추진되었던 것이다. 그리하여 금강산협회는 금강산 경승의 개발, 이용에 "널리 일반의 원조와 이해가 필요하지만 금강산의 보승에 관한 사항을 조사하고 그 경영에 원조할 목적"[41]으로 설립하게 되었다. 금강산협회는 1932년 4월 11일 재단법인 설립 인가를 받았고,[42] 4월 19일 등기가 완료[43]되어 정식으로 출범하였다. 1934년 현재 금강산협회 사무소

---

40 「昭和6年 4月 8日 金剛山風景計劃ニ關スル打合會決定事項及ソノ狀況」(국가기록원 소장).
41 「國立公園として金剛山は斷然右翼」, 「京城日報」, 1930년 8월 17일.
42 「재단법인 금강산협회」, 「매일신보」, 1932년 4월 20일.
43 「금강산협회」, 「매일신보」, 1932년 5월 12일.

는 조선총독부 임정과(林政課)에 둔 것[44]으로 보아 설립 당시부터 조선총독부 내에 사무소를 두었던 것으로 보인다. 회장에는 이마이다(今井田) 정무총감, 부회장 박영효(朴泳孝), 아리가 미쓰도요(有賀光豊), 고문 사이토(齋藤) 자작 외 수명으로 조직되었으며, 평의원은 각 은행과 회사의 대표, 총독부 관계 국부장, 간사는 관계 과장이며, 자금은 약 3만 원으로서 다음의 사업을 수행하도록 하였다.[45]

  1. 금강산에 관한 각종 조사
  2. 금강산 소개와 선전
  3. 강연과 유람에 관한 시설
  4. 공회당과 숙박, 휴게에 필요한 시설과 경영
  5. 운동, 오락, 유원에 관한 시설과 경영
  6. 별장, 주택지의 경영
  7. 안내에 관한 시설

금강산협회의 창립에 대해 금강산협회장인 이마이다(今井田) 정무총감은 다음과 같이 말하였다.

  천하 절승으로 세계적 풍경 금강산은 산악미나 계곡미가 탁월할 뿐만 아니라 건축미로서도 훌륭하고 詩材, 畵材가 다같이 풍부하여 조선의 자랑일 뿐 아니라 전 동양의 자랑으로도 볼 수 있는데 근년에는 육로와 항로의 교통이 다같이 편리하여진 관계로 내외 관광탐승객의 수효가 격증되었으나 유감인 일은 廻遊路線과 휴게소와 여관 등을 위시하여 探勝區로서의 각종 설비가 아직도 미비하여 소위 국립공원의 왕좌를 점령하기에는 아직도 그 거리가 멀므로 각 유지의 발기로 이에 재단법인 금강산협회를 창설하여 널리 일반의 찬조를 바라는 바이다.[46]

44 「いよいよ本格的に金剛山の施設と宣傳, 總督府では來年度に豫算要求金剛山協會も奮發」, 『朝鮮新聞』, 1934년 6월 14일.
45 「재단법인 금강산협회」, 『매일신보』, 1932년 4월 20일.
46 「국립공원의 왕좌를 목표 금강산협회의 창설에 대하여」, 『매일신보』, 1932년 4월 27일.

2) 금강산협회의 활동

앞절에서 본 바와 같이 조선총독부는 금강산 국립공원화 계획을 관광개발과 관련하여 검토하였다. 재단법인으로 등기가 완료된 1932년 4월 19일 금강산협회는 40여 명의 평의원이 출석하여 제1회 평의원회를 개최하여 "내외해 삼금강을 종합하여 일시에 시설을 행하는 것은 재원상 곤란하므로 먼저 가까운 곳부터 순차적으로 진행"시킬 것을 결정하였으나 "우선 유원지, 별장지의 설치 경영설 등도 있지만 동협회는 현재 기본금으로서 2만8천 원(전부 기부금으로 현금은 아직 모이지 않았다)밖에 없다. 기본금인 관계상 이자만 사용할 수 없으므로 금년은 전혀 적극적인 시설에는 손을 대지 못할 모양"[47]이었다. 이처럼 창립되던 1932년 금강산협회는 금강산 관광개발에 관한 재원을 제대로 마련하지 못하였으나 금강산 관광개발의 기본계획을 수립하였던 자칭 금강산 산지기 오쿠마 다키사부로(大熊瀧三郎)를 금강산협회에 영입[48]하여 금강산 관광개발을 본격화하고자 하였다.

금강산협회는 1934년에도 기본금은 여전히 2만 8천 원의 연간 이자 2,400~2,500원 정도의 사업비밖에 없어 설립 당시 수립하였던 계획을 추진하지 못하였다.[49] 이 때문에 조선총독부에 예산과 금강산협회 지원에 대한 제령 제정을 요구하기도 하였던 것이다.[50] 그리고 1934년 7월 2일 조선총독부 제2회의실에서 평의원회를 개최하여 다음을 결정하였다.

> 1. 명예회원 : 본회에 공로있는 자로서 3백원 이상 기부하고 평의회의
>   추천을 받은 자

---

47 「金剛山協會事業の段取」, 『朝鮮新聞』, 1932년 5월 14일.
48 「各地たより」, 『朝鮮新聞』, 1932년 6월 7일.
49 「いよいよ本格的に金剛山の施設と宣傳, 總督府では來年度に豫算要求金剛山協會も奮發」, 『朝鮮新聞』, 1934년 6월 14일.
50 「いよいよ本格的に金剛山の施設と宣傳, 總督府では來年度に豫算要求金剛山協會も奮發」, 『朝鮮新聞』, 1934년 6월 14일.

1. 특별회원 : 연액 50원 이상 납부한 자
1. 보통회원 : 연액 30원 이상 납부한 자
1. 寺刹有林再探勝道路의 신설 및 보수
1. 식물에 대한 명칭 등의 표시
1. 久米山莊 유사한 숙박설비 외 6항을 협회에서 함[51]

또 전화가설에 대해서는 체신국에, 국유림 내 탐승도로의 시설은 조선 총독부에, 산내 주요 탐승도로의 시설은 강원도에 요구하기로 하고 협회 사무소는 철도국으로 이전하며, 안내소도 내외금강산 산장 내에 두어 철도 국 경영 호텔 주임이 안내소 주임을 겸하도록 촉탁하도록 하였다. 또 금강 산 선전은 각지의 박람회에 참가, 출품하고 각지 관광협회와 연락하며 포 스타 및 팸플릿도 발행할 것을 결정하였다.[52] 이에 따라 일문과 영문으로 포스터와 팸플릿을 제작, 배부하기로 하였고, 사찰이 있는 곳에는 설명판, 도로 표지판(指導標), 휴게소 등을 신설하기로 하였다.[53] 그리고 앞에서 본 7월 2일 평의원회에서 결정된 회원 조직 변경안은 8월 16일 인가[54]되어 기 부금 모집을 보다 적극적으로 할 수 있게 되었다. 또 9월 20일에는 금강산 안내소를 내외금강산 산장에 개설하였다.[55]

그리고 1935년에는 보통회원의 회비를 5원으로 인하하여 회원 수를 증 가시키려 하였다.[56] 1935년 3월 말 평의회에서는 약 7천 원의 예산으로 만 상정(萬相亭)-구신오만물상(舊新奧萬物相)에 이르는 길, 이만물상 개수 및 신만물상-한천에 이르는 길, 구일폭포-영즉봉, 비로봉에 이르는 길, 집선

51 「金剛山協會積極的活動 評議會で決定す」, 『朝鮮新聞』, 1934년 7월 3일.
52 「金剛山協會積極的活動 評議會で決定す」, 『朝鮮新聞』, 1934년 7월 3일.
53 「금강산 선전 인쇄물 배포」, 『조선중앙일보』, 1934년 7월 9일.
54 「금강산협회 개조 사무소도 이전」, 『매일신보』, 1934년 9월 9일.
55 「내외금강산장에 안내소를 신설」; 『朝鮮新聞』 1934년 9월 21일, 「金剛山內に案內 所を設置」, 『조선중앙일보』, 1934년 9월 21일.
56 「金剛山協會擴充を圖る」, 『朝鮮新聞』, 1935년 2월 10일.

봉–동불동에 이르는 길에 관상도로 설치를 결정하기로 하였다.[57] 1935년 5월 11일에는 조선총독부 제3회의실에서 평의원회를 개최하여 1934년 이래 모집 중인 사업자금이 1만 5천 원을 상회하지만 4천 원 정도를 더 모집해 1만 9천 원을 달성하고 이 중 8천 원 정도를 투자하여 구미산장 증축을 결정하였다. 즉 100명 이상의 단체 신청이 속출하므로 150명 정도 수용할 수 있는 규모로 증축하자는 계획이었다. 구미산장은 120명 정도를 수용할 수 있도록 증축되어 1935년 가을 개장하였다.[58] 만물상 부근의 도로 개수, 장안사 부근에 새로운 탐승로의 개척을 결정하고 1934년부터 비로봉에 시공 중이던 무전

〈그림 3-5〉 새로 발견된 내금강 백탑동의
신비의 영경(靈境)

대(無電臺)는 5월 15일경부터 온정리와의 사이에 통신을 개시할 수 있다는 보고도 하였다.[59]

또 구만물상에서 신만물상, 오만물상을 거쳐 장전에 이르는 보도를 개수하여 6월에 준공을 예정하였고, 설원암(雪源庵)에서 백마를 거쳐 차일봉, 차일봉에서 미륵봉 및 망군대에 이르는 신탐승로의 개설과 설원암에서 명경대를 거쳐 장안사로 통하는 탐승로의 개수는 8월 말에 준공을 예정하였다.[60] 1935년 〈그림 3-5〉의 백탑동(白塔洞)에서 발견된 "신비한

57 「金剛山協會が觀賞道路設置」, 『朝鮮新聞』, 1935년 3월 14일.
58 「秋の金剛山に」, 『朝鮮新聞』, 1935년 9월 14일.
59 「金剛山の施設, 本年度から愈愈完全となる, 昆盧峯の無電台完成」, 『朝鮮新聞』, 1935년 5월 11일.
60 「金剛山の探勝路, 改修着着成る」, 『朝鮮新聞』, 1935년 6월 21일.

영경(靈境)"을 개방하여 등산로를 신설하였다. 이 등산로는 장안사를 기점으로 명경대, 수렴동, 백탑동을 거쳐 백마봉으로 통하는 길이었다.[61] 그리고 금강산협회는 1935년 8월 10일부터 공사비 5천 2백 원을 투자하여 내금강 백마봉 등산도로 공사를 시작하여 40여 일 만

〈그림 3-6〉 신금강

에 완공함으로써 신금강이 출현하였다.[62]

　　1932년 발족한 금강산협회가 그 활동이 부진하다가 1934년 무렵부터 비교적 활동이 활발하게 된 배경에는 일본 내에서 새로운 국립공원을 지정하려는 움직임이 있었기 때문이었다. 그리하여 1936년 초 금강산의 국립공원 지정을 위한 움직임이 다시 일어났다. 이러한 노력의 일환으로 1934년부터 금강산협회가 주체가 되어 매년 1회 금강산좌담회를 개최하였는데, 1934년에는 비로봉, 1935년에는 내금강, 1936년에는 외금강에서 개최하였다.[63] 조선총독부 임업과, 임정과, 조선총독부철도국, 금강산협회의 연락을 원활히 하는 한편 일본 내에서 시행하고 있는 국립공원법과 같은 제령을 시행하고 금강산만이 아니라 조선 내의 명승을 통할하여 내외에 소개, 선전하기 위해 조선총독부에 하나의 과를 신설하는 안과 국립공원 지정 권한을 조선총독에게 위임하고 심사위원도 조선총독이 임명하게 하는

61 「內金剛百塔洞に神秘の靈境發見, 白馬峯より新線幹路設置, 金剛山協會の計畫」, 『朝鮮新聞』, 1935년 6월 15일.
62 「江原道, 新金剛の出現, 白馬峰道路新設, 金剛山協會の新規事業」, 『朝鮮新聞』, 1935년 9월 24일.
63 「연중행사의 금강산좌담회 3월 12일에 개최」, 『조선중앙일보』, 1936년 3월 3일.

〈그림 3-7〉 새로 개방된 백마봉

안이 제기되었다.[64] 이러한 과정에서 1936년 봄을 맞이하여 조선총독부 임정과와 금강산협회는 2만 원의 예산으로 금강산에 신설도로 3개소, 구룡 연에 휴게소(茶屋) 2개소를 설치하고 금강산에 대한 전설 5천 부, 지도 1만 부를 발행하기로 하였다.[65]

그리고 조선총독부 사회과에서는 매년 100만 원의 계속사업으로 1937년 부터 곳곳에 "휘테를 만들어 호텔로 하고 교량, 도로 등의 신개축"하기로 하고, 일청대-삼성암, 천선대-오봉곡, 장전-선창곡, 망군대-삼불암, 장 전-세지봉-만상정, 내무재령-유점사, 온정리-수정봉, 영원암입구-백 마봉, 미륵봉-백탑동, 백천교-송림사-유점사, 일청대-비로봉, 육화암-

64 「국립공원법 시행 조선명승통할계획」, 『조선중앙일보』, 1936년 2월 20일.
65 「금강산도 봄단장 일반관광객에 편의」, 『매일신보』, 1936년 4월 18일.

세지봉, 장군성-채하봉 간의 도로를 신개축할 것을 결정하였다.[66] 이 계획에 따라 금강산협회는 새로운 등산도로를 개설하기 위하여 제1구 장안사-명경대 개수 1,020m, 제2구 만폭동입구-내단통암, 미륵암, 영랑봉, 마하연 신설 7,000m, 제3구 사선교-내무재령-천화봉-천화봉 개수 신설 4,200m, 제4구 석조폭(구성동)-삼성암적-만상정 신설 3,500m, 제5구 세지봉(오만물상) 입화암 신설 2,800m, 제6구 온정리-발봉-수정봉 온정리-개수 3,500m, 제7구 동석동(法起庵) 채하봉(휴게소) 제삼령(63各點) 신설 4,500m에 대해 제1구간을 보류하고 제2공구 1,800원(渡邊吉重), 제3공구 996원(丁完植), 제4공구 665원(柳孟度), 제5공구 700원(姜弼秀), 제6공구 930원(鄭奎和), 제7공구 1,080원(渡邊吉重)에 청부계약을 체결하였다.[67] 『조선신보』는 이에 대해 "일본에서는 국립공원이 착착 진척하고 있으므로 총독부도 금차의 시설계획은 타당하고도 기의(機宜)를 얻은 것"[68]이라 평가하였다. 1937년에는 동석동-구룡연-세존봉의 탐승로[69]와 온정리-신계사-법기암-동석동-구룡연-온정리의 탐승로를 새로 개통하였다.[70]

1939년 7월 17일 금강산협회는 조선총독부 제2회의실에서 외국관광객의 유치와 탐승시설의 적극적인 확충방안을 논의하였다.[71] 그리고 7월 19일에는 조선호텔에서 평의원회를 개최하였다. 이러한 일련의 회의는 일제가 침략전쟁을 확대하는 과정에서 금강산에 매장되어 있는 텅스텐을 개발, 활용하자는 주장(개발파)과 금강산의 자연과 명승을 보호하자는 주장

66 「금강산 제반시설 도로, 교량, 숙옥 기타」, 『매일신보』, 1936년 6월 30일.
67 「완전히 개방될 금강산 신비경」, 『매일신보』, 1936년 8월 4일.
68 「金剛山の施設計畫」, 『朝鮮新聞』, 1936년 7월 24일.
69 「新祿方濃한 금강산 외금강의 신탐승로」, 『매일신보』, 1937년 5월 2일.
70 「세존봉 탐승의 새로운 코스」, 『매일신보』, 1937년 9월 21일.
71 「금강산 수호의 큰 제창」, 『매일신보』, 1939년 7월 17일.

(보승파)이 맞서고 있는 현실적인 논쟁을 배경으로 하였다. 이 회의를 소집하기 전에 금강산협회는 경성제국대학의 아베 요시시게(安部能成) 교수를 비롯한 7, 8명을 금강산에 답사를 보내 금강산의 실태를 조사, 보고하게 하였다. 이 보고를 기초로 두 주장을 절충하여 "성정 아래 국민정신 함양에 필요케 하는 한편 보고(寶庫) 금강으로서도 다시 조사하여 수긍할만한 곳은 이를 승낙하기로 하자는 즉 물심 두 방면으로 금강산을 움직이기로 되어 이제 그 복안이 세워졌"[72]던 것이다. 그리하여 평의원회에서는 매년 증가하는 등산객으로 하여금 체위향상, 국위선양, 무운장구기원, 풍치애호, 근로봉사와 같은 경신사상의 함양을 꾀하기 위해 가칭 '금강신사(金剛神社)'를 창건할 것 등 다음 사항을 토의하였다.

1. 기원 2600년기념사업으로 금강산에 신사를 창건할 건
2. 금강산내에 보승구역의 시설 사업 허가의 통제건
3. 금강산의 광상기본조사의 건[73]

이 평의회에는 오노(大野) 정무총감을 비롯한 관계 국장과 과장 30여명이 참석하였는데 비로봉에 조선식의 신사를 호화롭게 건립하고, 보승구역 내에 여관을 건축하거나 길을 새로 개설할 때는 관계 각국과 연락하여 장래에 폐를 끼치지 않는 합리적 시설을 할 것, 텅스텐 광산 개발은 경치를 헤치지 않는 선에서 허가하도록 하였다.[74] 이는 보승파와 개발파의 주장을 절충한 것이라 할 수 있다. 이러한 과정에서도 금강산협회는 금강산 탐승객의 희망을 수용하여 1939년 8월 비로봉에 50평 가량의 다방(茶房)을 준공하였고, 이외에도 1939년 가을에 집선봉에 산막, 조양폭포에 다방

---

72 「영봉에 '신사' 창건 물심 양면으로 수호만전」, 『매일신보』, 1939년 7월 19일.
73 「영봉에 '신사' 창건 물심 양면으로 수호만전」, 『매일신보』, 1939년 7월 19일.
74 「'금강'을 俎上에 금일 평의회에서 토의」, 『매일신보』, 1939년 7월 20일.

을 준공시킬 예정이었다.[75]

그런데 금강산국립공원화계획이 무산된 이후 금강산에 텅스텐이 매장되어 있다는 사실이 밝혀짐에 따라 금강산에 광산을 개발하려는 흐름이 조성되었다. 이에 금강산을 개발할 것인가, 보호할 것인가 하는 문제를 두고 논쟁이 발생하였다. 1940년 2월 1일 강원도는 금강산개발협의회를 개최하여 이 문제를 논의하였다. 조선총독부와 강원도는 "명승을 손상치 않을 정도 내라면 개발을 하여도 무방하다"[76]는 것이었다. 그러나 개발한다 하다라도 명승을 손상하지 않아야 하므로 영봉애호반의 조직을 비롯한 다음과 같은 보호 방안을 논의하였다.

> 비로봉·백마봉·오봉산·채하봉의 네 곳에 감시소를 설치하여 감시경찰관주재소와 사이에 경비전화를 가설한 후 감시소에는 상비 감시원 48명(한 곳에 12명씩)을 두어 하루에 세 번씩 교대하여 감시하는 동시에 경관주재소와 연락하기로 되었다 한다. 한편 금강산 일대 부락에서 금강산애호반이란 것을 조직케 하여 도굴당의 방지와 산화 방지의 완벽을 기하기로 되었는데 이것은 온정리를 비롯하여 용계리·창대리·성북리·양진리·화재리·석천교리·시랑리·주험리·장연리·신풍리 등 11개 동리 1천 30호에서 매호 한 명씩 뽑아 부락 단위로 애호반을 조직하기로 되었으며 애호반에는 특수 소화기를 상비케 하는 외에 단원에게는 전부 복장을 입기로 하자는 것이라 한다. 이에 대한 경비만도 7만원을 소요하게 되는 만치 이번 기회에 그 필요성을 주장하여 기어이 실현시키자는 것[77]

그런데 보승파와 개발파의 대립은 지속되다가 1941년이 되어서야 보승파의 승리로 끝이 났다. 즉 1941년 5월 1일 강원도청 회의실에서 개최된

---

75 「비로봉상 다방준공」, 『매일신보』, 1939년 8월 10일.
76 「금강산보승문제 11개부착 천여호로 영봉애호반을 조직」, 『매일신보』, 1940년 2월 4일.
77 「금강산보승문제 11개부착 천여호로 영봉애호반을 조직」, 『매일신보』, 1940년 2월 4일.

〈그림 3-8〉 금강산애호단 결성식 광경

금강한보호시설에 대한 협의회에서는 첫째, 영림서와 산림보호구에서 관리해온 요존국유임야(要存國有林野)를 1942년까지 강원도지사에 이관하여 관리의 일원화를 꾀하며, 둘째, 외금강에 도삼림보호구, 내금강에는 분구를 설치하여 군삼리주사(겸임)와 주사보(겸임), 지방삼림주사보를 배치하여 사찰림과 공사유림을 보호하며, 셋째, 비로봉·사선교·조양폭포·일선대·송림사·천불동 등 6곳에 감시로소를 설치, 보호구 직원이 교대로 주재경찰관과 협력하여 애호단을 지도하여 산불, 도굴, 도벌을 감시하도록 하였다. 또 금강산 내의 광물 도굴을 방지하기 위해 전임 경찰 25명을 7개소의 주재소와 3개소의 출장소에 배치하고 있던 것을 23개소의 출장소로 증가시켰다. 넷째, 금강산의 경승 보호를 위해 도지사를 단장으로 한 금강산애호단을 조직하고, 주재소와 감시보호구를 연락하는 전화도 가설하기로 하였다.[78] 사단법인으로 조직[79]되는 금강산애호단의 조직요강은 다음과 같다.

1. 애호단 조직
   (1) 목적 : 금강산의 경승을 보지하고 각종 피해의 방제를 기할 것
2. 조직
   (1) 본 사업의 목적 달성을 위하여 외금강과 내금강에 애호분단을 설치함
   (2) 본단의 사무소를 강원도청내에, 외금강분단사무소를 고성군청 내에, 내금강분단사무소를 회양군청 내에 각각 설치함
   (3) 각 분단 구역은 고성 및 회양 각군내 보승지역으로 함. 애호반은 두지 않기로 결정
3. 역직원
   (1) 본단 단장 1명(강원도지사) 부단장 3명(강원도 산업부장, 내무부장, 경찰부장) 간사 3명(강원도 산림과장, 보안과장, 학무과장) 평의원 약간명(강원도 산업과장, 방호과장, 경성영림서장, 금강산협회 간사(철도국 영업과 여객계장))
   (2) 분단 분단장 각 1명(고성군수, 회양군수) 고문 각 1명(고성경찰서장, 회양경찰서장) 부분단장 각 1명(권업과장) 간사 각 약간명(군직원, 경찰관, 주재소 수석, 면장, 외금강과 내금강 삼림보호구 주임)

78 「우리 금강산 逆境에서 順轉」, 『매일신보』, 1941년 5월 4일.
79 「景勝을 護れ 金剛山愛護團을 結成」, 『釜山日報』, 1941년 5월 2일.

4. 사업
    (1) 산화 예방 방지
    (2) 도벌, 盜探, 侵墾의 방지 및 다른 被物의 보존
    (3) 광석 도굴 및 故買의 방지
    (4) 보호시설의 보호 및 촉진
    (5) 標識, 制札 등의 관리 및 낙서의 단속
    (6) 기타 필요사항
5. 재원 보조금 또는 기부금으로 경리함[80]

그런데 위의 금강산애호단 조직요강에 따르면 애호반은 두지 않기로 하였으나 내금강과 외금강 주변의 11개 마을 1천 3백여 호를 망라하여 9백 명의 반원으로 분단을 조직하기로 하였고, 1941년 8월 7일 내금강분단 결성식이 거행되었고, 외금강분단은 8월 10일이나 11일에 분단 결성식을 거행하기로 하였던 것[81]으로 보아 조직과정에서 반을 조직하기로 요강을 변경한 것으로 보인다. 금강산애호반이 결성된 곳과 가구 수는 외금강면 온정리 164호, 양진리 122호, 용계리 70호, 창대리 91호, 주험리 51호, 장전읍 성북리 59호, 서면 화우리 85호, 서면 시소리 133호, 서면 백천교리 130호, 내면 장연리 94호, 내면 신풍리 137호이다.[82] 그리고 경방단원도 금강산애호단과 협력하기로 하였다.[83] 애호반과 애호분단의 결성을 마친 금강산애호단은 1941년 9월 27일 온정리 외금강국민학교에서 미나미(南) 총독이 참석하에 발단식을 거행하였다.[84] 그리고 재단법인 금강산관리서를 설립하여 금강산 보호기관의 일원회를 꾀하고자 하였다.[85] 아쉽게도 금강산애호단이 이후 어떻게 활동했는지에 대해서는 자료상의 문제로 확인할 수는 없다.

80 「금강산애호반조직요강」, 『매일신보』, 1941년 5월 4일.
81 「영봉 금강은 웃는다 주민들 궐기 애호단 결성」, 『매일신보』, 1941년 8월 10일.
82 「영봉 금강은 웃는다 주민들 궐기 애호단 결성」, 『매일신보』, 1941년 8월 10일.
83 「경찰관과 경방단도 협력」, 『매일신보』, 1941년 8월 10일.
84 「金剛山愛護團 南總督も臨場, 發團式」, 『釜山日報』, 1941년 9월 27일.
85 「수호의 본영 관리서」, 『매일신보』, 1941년 9월 28일.

〈표 3-2〉 1927년 외금강 탐승객 국적 및 직업별 통계

구별		관공리			회사원			농업			상업			공업			학생			기타			합계		
		남	녀	계	남	녀	계	남	녀	계	남	녀	계	남	녀	계	남	녀	계	남	녀	계	남	녀	계
1월	일본인	5		5	1		1				5		5										11		11
	조선인	2		2	2		2				1		1							12		12	17		17
	계	7		7	3		3				6		6							12		12	28		28
2월	일본인	6		6	3		3				8		8							2	2	4	19	2	21
	조선인	1		1	1		1	4		4	4		4				1		1	2	1	3	13	1	14
	계	7		7	4		4	4		4	12		12				1		1	4	3	7	32	3	35
3월	일본인	7		7							6		6					6	6	6		6	19	6	25
	조선인	8		8	4		4				5		5					4	4				17	4	21
	계	15		15	4		4				11		11					10	10	6		6	36	10	46
4월	일본인	31		31	19		19				9		9	1		1		6	6	17		17	77	6	83
	조선인	3		3	1		1	18		18	12		12	1		1		2	2	3		3	38	2	40
	외국인																1	4	5	1		1	2	4	6
	계	34		34	20		20	18		18	21		21	2		2	1	10	11	21		21	117	12	129
5월	일본인	37		37	35		35				29		29	6		6	61	24	85	8		8	171	24	195
	조선인	6		6	5		5	26		26	22		22				11		11	9		9	85	1	86
	외국인																2	15	17	3		3	5	15	20
	계	43		43	40		40	27		27	51		51	6		6	74	40	114	20		20	261	40	301
6월	일본인	59		59	16		16				35		35	2		2				96		96	208	11	219
	조선인	29		29	9		9	93		93	64		64	3		3	4		4	57		57	259	34	293
	외국인										1		1				2		2	1		1	4	8	12
	계	88		88	25		25	93		93	100		100	5		5	6	24	30	154		154	471	53	524

구별		관공리			회사원			봉급			상업			공업			학생			기타			합계		
		남	녀	계	남	녀	계	남	녀	계	남	녀	계	남	녀	계	남	녀	계	남	녀	계	남	녀	계
7월	일본인	32			14			1			38	3		1			14			10	3		110	6	116
	조선인	18			6			73	13		77	5		2	1		44	16		47	12		267	47	314
	외국인				1	1					8						2			6	59		17	60	77
	계	50			21	1		74	13		123	8		3	1		60	16		63	74		394	113	295
8월	일본인	67			14			4			49	6		2			51	2		79	21		266	29	377
	조선인	37			11	1		90	12		80	2			1		81	7		27	28		326	51	101
	외국인							4			6						10			24	57		44	57	773
	계	104			25	1		98	12		135	8		2	1		142	9		130	106		636	137	280
9월	일본인	120						5			61	2		7			3	4		11	15		259	21	771
	조선인	84						190	11		74	4		3			179	17		155	20		718	53	40
	외국인																1	2		22	15		23	17	1,091
	계	204						195	11		135	6		10	1		183	23		188	50		1,000	91	300
10월	일본인	66						13			80	1		1			1			50	25		274	26	737
	조선인	57						78	4		69	2					262	105		138	12		614	123	14
	외국인	1									6	3									2		9	5	1,051
	계	124						91	4		155	6		1			263	105		188	39		897	154	176
11월	일본인	11						2			17	1					118			15	2		173	3	87
	조선인	11						20			15									34	3		84	3	
	외국인																								
	계	22						22			32	1					118			49	5		257	6	363
12월	일본인																								
	조선인																								
	외국인																								
	계																								
계																									

2. 일제하 평양지역의 관광개발

1) 근대관광과 평양

산업화와 대중화라는 특징을 갖는 근대관광은 철도의 발달과 불가분의 관계에 있다는 것은 잘 알려진 사실이다. 우리나라의 경우도 1899년 경인선의 개통과 1905년과 1906년에 각각 개통된 경부선과 경의선이 근대관광의 발달에 중요한 계기가 되었다. 근대학교가 행한 최초의 소풍은 1896년 배재학당 학생들이 강가에 가서 행한 화류였으며, 화류를 떠나는 광경은 "학당에 모여 다 합동하여 가지고 일시로 떠나는데 앞에 태극 국기와 학당기를 쌍으로 세우고 차례로 발맞추어" 가는 것으로 묘사되었다.[86] 그리고 1901년 해삼위동양어학교의 학생들이 만주로 수학여행하였다는 기사가 『황성신문』에 보도됨으로써 수학여행이라는 개념이 최초로 등장하였다.[87] 그리고 1906년 9월 1일 공포된 대한제국 학부령 제20호 사범학교령 시행규칙에는 시험과 수학여행하는 일수는 교수일에 산입하지 않는다고 규정하여 학교 단위의 수학여행이 이루어지고 있었다는 것을 알 수 있다.[88] 이렇게 보면 1906년에 수학여행이 제도화되었다는 것을 알 수 있다. 다만 대한제국은 「포달 제90호 궁내부관제 중 수미원 증치건」(1902년 11월 16일)을 공포하여 수학유람을 하거나 산업상의 여행을 하는 본국인에게 여권을 내어주는 일을 하도록 하였다. 여기에서 수학유람을 수학여행이라 본다면 대한제국이 수학여행을 제노화한 것은 1902년이라 할 수 있다. 다만 수학

---

86 조성운, 「대한제국기 근대학교의 소풍·수학여행의 도입과 확산」, 『한국민족운동사연구』 70, 한국민족운동사학회, 2012, 11~12쪽.
87 「俄國東洋語學校生의 修學旅行」, 『황성신문』, 1901년 7월 26일.
88 조성운, 「대한제국기 근대학교의 소풍·수학여행의 도입과 확산」, 『한국민족운동사연구』 70, 한국민족운동사학회, 2012, 14쪽.

과 유람을 목적으로 한 것으로 본다면 이는 다른 문제라 할 것이다.[89] 이와 같이 대한제국은 최소한 1906년에는 이미 수학여행이 제도화되어 있었다. 그리고 도보로 이동할 수 있을 정도의 거리로 당일치기로 행해지던 소풍이 1899년 경인선이 개통된 이후 원격지로의 수학여행으로 변화해가고 있었다는 것을 알 수 있다.

〈그림 3-9〉 보성학교 수학여행 기사

초기 수학여행지는 인천·개성·수원·강화·평양 등이었다.[90] 평양에 최초로 수학여행을 간 학교는 1909년 보성중학교였다. 이에 대해 『황성신문』은 논설[91]에서 "名山大川의 觀이 眼目을 快活케 ㅎ며 智宇을 開拓ㅎ야 空明雄大ㅎ 氣를 吸收ㅎ야 文章의 奇氣를 滋養ㅎᄂ 材料가 됨이라 吾人의 學問도 亦然ㅎ야 養氣工夫가"라고 하여 수학여행은 명산대천을 보고 안목을 쾌활하게 하고 마음을 개척하며, 공명웅대한 기운을 흡수하여 학문을 키우는 자양분이 될 것이라고 하여 수학여행을 장려하였다. 그리고 평양은 "東洋에 在ㅎ야 支那의 金陵과 我韓의 平壤으로써 俱是第一江山이라 稱ㅎᄂ디 實地觀覽ㅎ 人의 月評을 據ㅎ 則 其實은 平壤이 金陵보다 優過"하다

---

89 조성운, 「대한제국기 근대학교의 소풍·수학여행의 도입과 확산」, 『한국민족운동사연구』 70, 한국민족운동사학회, 2012, 14쪽.

90 조성운, 「대한제국기 근대학교의 소풍·수학여행의 도입과 확산」, 『한국민족운동사연구』 70, 한국민족운동사학회, 2012, 22~26쪽 〈표 1〉과 〈표 2〉.

91 「普成學校修學旅行」, 『황성신문』, 1909년 5월 9일.

고 평하면서 학생들에게 "牧丹峰에 登陟ᄒ야 黃海의 大를 挹ᄒ며 大同江
에 泛舟ᄒ야 綾羅島를 溯洄ᄒ며 浮碧樓와 淸流壁에 臨觀ᄒ면 眼目의 快活
과 胸宇의 開拓홈이 實로 男兒의 奇氣를 助"할 것이라고 하였다. 또한 평
양은 "三聖古都라 檀君이 首出ᄒ사 人文을 肇開ᄒ시고 箕聖이 出治ᄒ샤
仁賢의 化가 萬代不替ᄒ얏고 東明聖王이 仗鈒北來ᄒ야 漢吏를 驅逐ᄒ고
彊宇를 克復ᄒ야 八百年霸業을 開創ᄒ셧스며 廣開土王이 十萬貔貅를 親
率ᄒ시고 四夷를 擊攘ᄒ야 國威를 四海에 顯揚ᄒ셧스며 乙支文德이 七千
精騎를 出ᄒ야 惰의 百萬大衆을 鏖殺ᄒ 地"이라고 하면서 "先聖의 遺化와
英雄의 古跡을 追慕ᄒ고 想狀ᄒ면 萬古가 一日"이라고 하였다. 이는 곧 평
양이 단군이 탄생한 곳으로 우리 민족과 역사가 열린 곳이자 기자의 인치
가 이루어진 곳이며, 고구려의 역사가 장엄하게 남아있는 곳이라는 점을
강조한 것이다.

대한제국기 대표적인 수학여행지는 경성·인천·수원·평양·개성이었
으며, 수학여행단이 방문한 장소는 크게 근대시설물과 고적으로 나뉘어지
는데 앞의 『황성신문』이 평양을 소개한 바에 따르면 이 시기 평양은 고적
을 중심으로 한 수학여행이 행해졌음을 알 수 있다. 이는 통감부가 발간
한 『한국철도선로안내』(1908)에서 평양의 주요 관광지로 소개한 대동강,
대동문, 연광정, 대동관, 선교리, 모란대, 을밀대, 부벽루, 기자릉, 풍경궁
(통칭 이궁), 경의선창설기념비, 기자우물, 만경대, 평양팔경, 진남포, 망
덕산, 봉오산 등을 보아도 확인된다. 경의선창설기념비를 제외하면 모두
고적이기 때문이다. 이로 보아 일제의 조선 강점 이전 평양에는 관광을 할
정도의 근대시설이 들어서지 않았다는 것을 알 수 있다.

그러나 1910년 일제의 조선 강점 이후에는 평양의 관광지에 근대시설
이 점차 증가하고 있다. 예를 들면 1912년 평양을 관광한 성천관광단의
경우 평남도청·경무부·평양부청·남도상품진열관·자혜병원·동아연초회

<그림 3-10> 일한상품박람회 광고지

사분공장·농업학교·묘포장·수도수원지 등을 방문하였고,[92] 1913년 인천관광단은 평남도청·평양부청·민단·중요 제조소·저수지·모란대·현무문·기자묘·기타 명소를 방문하였다.[93] 그리고 순천관광단은 도청·경찰부·도립여자양잠기업강습소·자혜의원·수원지·모범지장·산물진열장·동아분공장·농업학교·보통학교·고등여학교 등을 방문하였다.[94] 이처럼 일제의 조선 강점 이후 근대시설이 주요 관광지로 대두되었다. 이는 일제의 식민지 지배정책과 매우 밀접한 관계가 있다.

특히 1906년 우리나라 최초의 박람회인 일한상품박람회와 1907년 경성박람회가 각각 부산일본인상업회의소와 한일 양국의 유지에 의해 발기, 개최된 이래 일제의 조선 강점 이후에도 각 지방에서는 공진회, 품평회 등의 이름으로 각종 박람회가 개최되었다. 뿐만 아니라 1915년에는 시정5주년을 기념한 조선물산공진회가 개최되었고, 1929년에도 조선박람회를 개최하는 등 일제는 전국 차원의 박람회도 개최하여 식민지 지배의 근대성과 발전성을 대내외에 과시하려 하였다. 참고로 일제하 지방에서 개최된 박람회 및 공진회는 〈표 3-3〉과 같다.

92 「성천관광단일정」, 『매일신보』, 1912년 7월 2일.
93 「인천관광단일할」, 『매일신보』, 1913년 5월 9일.
94 「순천관광단」, 『매일신보』, 1913년 5월 28일.

〈표 3-3〉 일제하 지방에서 개최된 박람회[95]

연도	개최기간	주최	명칭 및 개최지	비고
1913	11.05~11.19	경상북도	제1회 경북물산공진회(대구)	
	11.02~11.15	일본인 · 조선인상업회의소, 수산조합, 농회	서선물산공진회(진남포)	
1914	11.01~11.20	경상남도	경남물산공진회(부산)	
	11.17~11.30	전라북도	전북물산공진회(전주)	
1918	10.31~11.19	경상북도	제2회 경북물산공진회(대구)	
1920	05.01~05.15	함경남도	함남물산공진회(함흥)	
1923	10.14~10.28		전국상품박람회(대구)	
	10.10~10.30	조선각도, 조선수산회, 각도 수산회	조선수산공진회(부산)	수산
1924	10.01~10.15	함경북도	함북물산공진회(청진)	
	10.21~10.24	황해도축산동업조합연합회	황해도축산공진회(사리원)	축산
	11.05~11.16		경북축산공진회(김천)	축산
1925	11.20~11.24	진주군	진주공진회(진주)	
1926	09.26~10.02	경상북도	경북임산공진회(대구)	임산
	11.01~11.25	전라남도	전남물산공진회/조선면업공진회 (목포)	면화
1927	04.08~04.14	창원군	경남연합공진회(진주)	
	09.22~09.25	전북축산동업조합연합회	전북가축공진회(전주)	축산
1928	09.01~09.25	황해도 신천군 농회, 축산동업조합, 각면 연합회	퇴비증진공진회(신천)	농업관련
	10.03~10.04	조선농회	미곡저장공진회(강원)	농업관련
	10.17~10.21	충청남도	남선6도연합축산공진회(대전)	축산
	11.06~11.18	경상북도	대구점두공진회/물산진흥전람회(대구)	
	11.11~11.20	조선수산회	조선선박발동기공진회 / 조선수산용품전람회(부산)	수산
1932	09.13~09.22	경상북도산림조합, 경상남도산림회	김천임업공진회(김천)	임산
1933	07.15~08.15		원산수산공진회(원산)	수산
1934	10.19~10.22	전라북도농회	전북축산공진회(이리)	축산
1935	10.11~10.20	경상북도수산회, 경상북도어업조합연합회, 경상북도소속어업조합, 조선수산회	경상북도수산진흥공진회(포항)	수산
	10.04~10.06	함경남도농회	함경남도축산공진회(함흥)	축산

95 정윤희, 「1910년대 지방물산공진회 연구」, 한양대학교대학원 석사학위논문, 2016, 4~5쪽 〈표 1〉.

이와 같이 일제가 박람회는 개최한 이유는 "지금 한국은 완전히 우리 제국의 지도계발 아래로 돌아가고 근래 통감부의 개설과 함께 한국 외교의 쇄신, 내치의 개선은 장차 시작되고 제반 경영이 걸음을 내디뎌 부원(富源)의 개발 또한 크게 보아야 할 것"[96]이라는 일한상품박람회 취지서와 송병준이 경성박람회 개회식에서 "我國人士가 農工業에 從事ᄒᆞᄂᆞᆫ 者ᄂᆞᆫ 時時로 本會를 觀覽ᄒᆞ야 鄒國의 發達ᄒᆞᆫ 産物을 目睹視察ᄒᆞ야 智識의 擴張을 圖ᄒᆞ고 我國의 新面目을 開ᄒᆞᆷ을 希望ᄒᆞ노니 此ᄂᆞᆫ 博覽會當局者의 誠意를 應報ᄒᆞᆯ 쑌 아니라 國民의 義務된 所以"[97]라 한 축사는 박람회의 식민지성을 명백히 드러내고 있다. 이러한 박람회 개최 목적은 일제의 조선 강점 이후에도 마찬가지였음은 앞에서 언급한 바와 같다.

특히 1913년 진남포에서 개최된 서조선물산공진회는 평양 관광을 더욱 촉진하였다. 타지역에서 진남포에 가기 위해서는 경의선 평양역에서 환승해야 했기 때문이다. 평양-진남포를 연결하는 철도는 1910년 8월 14일 운전식을 거행[98]하였으니 호열자 즉 콜레라의 유행의 바로 개통하지 못하고 11월 6일에야 개통하였다.[99] 그러므로 진남포에 가는 가장 편리한 교통수단으로서 철도가 마련되었고, 평양-진남포간의 도로도 1908년부터 1910년까지 7M 노폭으로 준공되었다.[100] 이로써 서조선물산공진회가 진남포에서 개최될 수 있는 교통조건이 마련되었던 것이다.

이렇게 평양이 근대도시로 발전하는 과정에서 1906년 김종호(金宗鎬)

---

96 釜山日本人商業會議所, 『日韓商品博覽會報告槪要』, 1906, 7쪽(차철욱, 「1906년 '일한상품박람회'와 수입무역의 동향」, 『지역과 역사』 21, 부경역사연구소, 2007, 235쪽. 재인용).
97 「박람회 성황」, 『황성신문』, 1907년 9월 18일.
98 「平南鉄道開通」, 『황성신문』, 1910년 8월 20일.
99 「평남선 개통식」, 『매일신보』, 1910년 11월 8일.
100 『朝鮮土木事業誌』, 조선총독부, 1930, 93~95쪽 〈自明治40年度至明治44年度 路線別直轄改修道路竣工距離一覽表〉.

〈그림 3-11〉 서선물산공진회 본관과 松永 평남도장관

가 당동(糖洞)에 여관을 설립하였고,[101] "京城居 金仁洙, 吳興三, 丁云善 三
氏가 日本人 白石勝으로 同伴ㅎ야 火木을 買得次 平壤郡 龍山坊 紅峴地에
到着ㅎ 則 路邊에 棄在ㅎ 三歲 男兒를 抱來ㅎ야 旅舘主人 鄭模良氏家에
囑托ㅎ야 收養케ㅎ얏다더라"[102]는 기사에서 정모량(鄭模良)이 여관을 경영
하고 있었음을 알 수 있다. 그리고 1909년에는 강유문(康愈文)과 김희도
(金희道)는 官憲, 紳士의 俱樂과 旅人遠客의 留宿에 便宜을 제공하기 위하
여 기성관(箕城館)을 설치하였다.[103] 1910년에는 김귀희(金龜禧)가 2층 양
옥으로 여관을 신축하여 개업하였다.[104]

일본인 여관으로는 1875년 개업한 마쓰오카(松岡)여관(여관주 松岡 ふ
さの), 1899년 개업한 미네(三根)여관(여관주 三根卯吉), 1910년에 개업
한 호쿠신칸(北辰館, 여관주 橋本定一)이 있었고, 진남포에는 1905년 현

---

101 「광고」, 『대한매일신보』, 1906년 7월 18일.
102 「慈悲其心」, 『황성신문』, 1906년 12월 28일.
103 「箕城館設立」, 『대한매일신보』, 1909년 2월 28일.
104 「여관 신축」, 『대한매일신보』, 1910년 6월 26일.

재 여숙업 종사자가 32명이었고,[105] 산와칸(三和舘)과 메이게쓰로(明月樓)가 확인되는데 명월루(明月樓)는 양식과 일식 요리점을 겸하고 있었다.[106] 1909년에 개업한 명월(明月, 여관주 岡部金藏), 1910년에 개업한 아사히칸(朝日館, 관주 渡邊定吉), 개업일을 알 수 없는 미카즈키(三日月, 관주 藤原永太郎)가 확인되었다.[107] 그리고 1908년 통감부철도관리국에서 발행한 『한국철도선로안내(韓國鐵道線路案內)』에는 미네여관(三根旅館), 사쿠라야여관(櫻屋旅館), 링코(臨江)호텔, 마쓰모카여관(松岡旅館), 메이지여관(明治旅館), 나카쓰여관(中津旅館), 프랑스여관, 北辰館이 소개되어 있다.[108] 1913년에는 평양에는 야나기야(柳屋), 후타미여관(二見旅館)이 더 보이고, 진남포에는 하라카네여관(原金旅館), 후쇼칸(夫桑館), 치요마쓰칸(千代松館), 나니와칸(浪花館), 니다카여관(二鷹旅館)이 더 확인된다.[109]

이로 보아 1913년 서선물산공진회를 앞두고 평양과 진남포를 중심으로 일본인 여관이 확산되고 있음을 확인할 수 있다. 물론 조선인 여관도 더 확산되었다고도 생각할 수 있다. 특히 1909년 6월 18일 평양에 관광 온 영국 대사관 무관 노스와 낭겔 대위는 야나기야(柳屋)에 숙박하였고,[110] 6월 19일 평양에 도착한 고베·오사카관광단(神坂觀光團) 일행 25명은 사쿠라야(櫻屋), 마쓰모카 두 여관에서 숙박하였다.[111] 결국 일본인 여관은 평양을 방문하는 외국인과 일본인 등에게 숙박업소로 이용되었음을 알 수 있다.

105 廣谷卯太郎, 『鎭南浦案內』, 鎭南浦案內發行所, 1905, 68쪽.
106 廣谷卯太郎, 『鎭南浦案內』, 鎭南浦案內發行所, 1905, 광고.
107 東京人事興信所, 『旅館要錄 明治44年後期』, 1911년, 108쪽.
108 『韓國鐵道線路案內』, 통감부철도관리국, 1908, 37쪽.
109 稲臣等編, 『帝国旅館全集』, 交通社出版部, 1913, 112쪽.
110 「憲機第1303號 英國大使館附武官兩大尉 平壤附近 觀光視察 件」(1909년 6월 24일 발신), 『통감부문서』 6.(국사편찬위원회 한국사데이터베이스에서 인용).
111 「憲機第1305號 大阪神戸觀察團ノ平壤ニ於ケル狀況」(1909년 6월 24일 발신), 『통감부문서』 6.(국사편찬위원회 한국사데이터베이스에서 인용).

이외에도 1909년에 평양을 관광한 단체관광단은 규슈(九州)관광단, 마쓰야마(松山)관광단, 히로시마(廣島)사범학교수학여행단, 보성중학교수학여행단이 있었고, 1910년에는 실업관광단, 보성중학교수학여행단, 일본유학생관광단, 조선대관광단, 나고야(名古屋)실업단 등이 있었다. 이 중 보성중학교수학여행단과 일본유학생관광단을 제외하면 모두 일본에서 온 관광단이었다. 바로 평양에 설립된 여관들은 이 단체 관광단에 숙소로 제공되었을 것은 쉽게 생각할 수 있다. 이는 고베(神戶)고등상업학교 학생인 호리우치(堀內泰吉)와 다케나카(竹中政一)가 1905년 여름 방학 때 대한제국의 경제상황을 조사할 목적으로 대한제국을 여행한 이후 낸 보고서에는 평양에 대해 "철도의 개통과 함께 이곳을 방문하는 여객이 증가하고 숙박업 등이 자못 많다"[112]고 한 것으로도 알 수 있다. 그 결과 1909년 현재 평양에는 여인숙업체는 12개나 되었던 것이다.[113]

그러나 평양의 여관은 그리 시설이 좋았던 것 같지는 않다. 1906년 아사히신문(朝日新聞)이 조직한 만한순유단이 남긴 기록에는 평양의 숙박에 대해 다음과 같이 기록하였던 것이다.

> 여관에 할당되면 몇 명은 미네(三根)여관, 몇 명은 臨江호텔이라는 장소에, 여관은 철야노력, 숙박인도 철야로 땀을 많이 흘린다. 가까워 좋은 여관 얻어서 기뻐하는 사람, 멀고 불편하여 나쁜 것을 불평하는 사람, 그것이 안정되었을 무렵에는 일찍이 닭 우는 소리.[114]

그런데 1899년 8월 18일 외부대신 박제순이 일본공사 하야시(林權助)에게 보낸 문서에는 다음과 같이 여관과 관련한 언급이 있다.

---

112 堀內泰吉·竹中政一, 『한국여행보고서 천진잡화시찰복명서』, 神戶高等商業學校, 1906, 72쪽.
113 平壤實業新報社, 『平壤要覽』, 1909, 21쪽.
114 石川周行, 『朝日新聞滿韓巡遊船』, 東京朝日新聞社, 1906, 127쪽.

평양부 내의 內城 및 中城은 어느 장소를 불문하고 토지와 가옥 등을 자유롭게 매입하여 아울러 그들의 직업을 영위할 수 있도록 해야 한다."고 했습니다. 本 大臣이 조사해보건대, 지금 이 말을 들어주기로 하여 여관 창고 등을 설치하게 한다면 어찌 그것이 한 구역만을 선택하려는 본의이겠습니까. 작년 5월 29일 趙 大臣의 조회에도 부합되지 않을 뿐만 아니라 귀부에서 전후로 보내온 조회에서 다룬 바도 역시 평양 자체에 있던 것이지 한 구역에 있던 것이 아닙니다. 이 모든 것은 본 대신의 조회문에서 찾아 볼 수 있습니다. 작년 5월 대황제 폐하의 재가를 받아 각국 사신 및 영사와 그들의 본국 정부에 통보하여 필요한 절차를 밟았습니다. 지금 만일 당초의 조회문에 의하여 한 구역을 선택하는데, 경중을 가리지 않고 마음대로 각국 商民들에게 평양성에 여관 창고 등을 설치하려는 것을 허가하라고 한다면 본 대신으로서는 들어본 바도 없거니와 본 대신이 할 수 있는 일도 아닙니다.[115]

이 문서에서 볼 수 있는 바와 같이 대한제국과 일제는 평양 개시장의 위치를 두고 마찰을 빚었으며, 여관과 창고를 설치하는 문제에 대해서도 대한제국과 일제의 입장에 차이가 있었음을 알 수 있다. 이로 보아 평양 개시를 앞두고 여관과 창고의 설치를 포함한 상당한 계획을 갖고 접근했음을 알 수 있다.

이처럼 평양 개시가 설정되면서 외국인의 침탈이 이루어지기 시작한 것 같다. 그리하여 『대한매일신보』는 "외인의 주목도 평양에 부재한 자가 없으니 이권이 외인에게 다 돌아가기 전에 명목장담(明目張膽, 눈을 크게 뜨고 마음을 베풀다-인용자)하여 실업을 흥기함이 가히 국민의 급무"[116]라고 하였다. 그러나 1908년 일본인 우에스기 마쓰다로(上杉松太郎) 등 9명이 출자금 16,500원, 고정자본금 21,491원으로 평양 시내에 전차를 부설하기 위한 회사를 설립하기

---

115 「照會第79號 平壤開市에 관한 調定案 受諾不能 件」(1899년 8월 18일 발신), 『주한일본공사관기록』 14.(국사편찬위원회 한국사데이터베이스에서 인용).
116 「平壤에 實業界」, 『대한매일신보』, 1907년 5월 12일.

312 한국근대관광의 탄생과 변용

로 결정[117]하는 등 평양에 대한 일본 자본의 침탈은 점차 본격화되고 있었던 것으로 보인다.

이러한 상황에서 평남도장관 마쓰나가는 1915년 9월경 조선총독에게 평양철도호텔의 설치를 희망한다는 개요의 청원서를 평양명승구적보존회장의 명의로 다음과 같이 제출하였다.

> 평양은 山河縈臺의 자연한 形勝之地오 그 城市는 내선인을 합하면 인구가 대략 5만 명이나 유하고 고구려 이래로 舊都며 역사상 柳都며 또한 西京이라 칭하며 層樓高閣은 点点히 있고 각소에 산재한 考古觀風資料는 頗히 瞻富하고 就中 同江의 淸流를 枕한 모란대의 勝景에 至하여는 天下에 如是한 승경이 없으리라. 또 차에 승경은 飾하니 明治 27,8년에 日淸戰跡을 以하여 지금은 坦坦한 道跡을 旣히 開鑿하고 경의선을 過하는 여객은 반드시 이같은 明媚한 강산의 풍광과 기념할만한 역사의 遺跡도 구경할 만하나 그러나 平壤市況이 미진하며 내선인의 資力이 부족하므로 시세의 요구, 旅情의 慰藉에 응할 만할 완전한 여관과 숙사의 설비가 無함은 실로 유감이 되는 바이라. 차제에 경성, 부산, 신의주 등의 예를 從하여 모란대 부근의 地에 상당한 철도호텔을 건설하기를 伏望[118]

그러함에도 불구하고 조선총독부철도국은 평양철도호텔 설치에 미온적이었다. 1922년이 되어서야 조선총독부는 "근시 평양의 발전이 현저하다. 특히 장래 평원선 개통에 즈음하여 서북 조선지방의 요충에 해당하며 경성에 버금가는 도시로서 장차 조선 유리의 공업지로서 일층 그 면목이 바뀔 것이다. 또한 동지방 다년의 요망인 동지에 철도여관 경영의 필요를 인정"하고, "개인 경영의 여관을 매수한 후 개증축 공사를 시행하여 일본식 방은

---

117 「시가철도」, 『황성신문』, 1908년 4월 21일; 「철도발기」, 『대한매일신보』, 1908년 4월 21일; 「평양성내 전차 부설」, 『공립신보』, 1908년 5월 20일.
118 「평양 철도호텔 송영보존회장이 총독에게 함」, 『매일신보』, 1915년 9월 25일.

〈그림 3-12〉 조선총독부철도국이 매입하여 평양철도호텔로 변경한 柳屋호텔 전경

1922년 12월부터, 서양식 방은 1923년 1월부터 개업"[119]하였다. 그리고 1925년 4월 야나기야를 직영하고 평양철도호텔로 개칭하였다.[120] 이로 보아 조선총독부철도국이 매입한 개인 경영의 여관은 야나기야였다고 할 수 있다.

이와 같이 교통수단과 숙박업체가 정비되면서 상업적 목적을 가진 평양관광단이 조직되기도 하였다. 1911년 8월 20일 한성광고사(漢城廣告社)는 100명을 모집하여 평양원족회를 다음과 같이 주최하였던 것이다.

> 拜啓 수에 總監部 許可를 承하여 本社의 主催로 鐵道局과 契約하고 2등 기차 1座를 賃借하여 漢城으로 平壤까지 旅行遠足會를 設行하오니 夏期 休假를 因하여 新鮮한 空氣를 換코자 하시는 僉紳士는 오는 14일

---

119 『朝鮮鐵道狀況』 第13回, 朝鮮總督府, 1923, 41쪽.
120 『朝鮮鐵道狀況』 第16回, 朝鮮總督府, 1925, 41쪽.

(火曜) 내로 住所 氏名을 詳記하시와 左記處로 速速 請求하시압.

名勝地 平壤 箕子陵, 浮碧樓, 乙密臺, 牡丹峰, 練光亭, 淸流壁, 綾羅島,
大同江, 箕子井, 日淸戰爭 古蹟

名勝地 開城 善竹橋, 泣碑, 滿月臺, 觀德亭, 關帝廟, 蔘圃

주의 1. 회원은 1백인으로 한함
　　　1. 발행일자는 본원 15일 상오 9시
　　　1. 왕복일자는 3개일로 정함
　　　1. 회비금은 每員下 15원 50전씩, 단 기차 왕복비와 여관비와 잡
　　　　비를 幷함
　　　1. 노중 하차역은 개성

회표발매소 수교통 한성광고사, 사동 동양서원, 소안동 보급서관, 종로통
한성상회
주최 漢城南部毛交通 漢城廣告社[121]

이 평양원족회에 후작 이해승
(李海昇)이 30원을 연조하였고,[122]
한성상회는 맥주 1타스, 화평당은
부채(扇子) 40납(納)과 팔보단(八
寶丹) 50포, 구성모(具聖模)는 복
숭아 50개를 기부하였다.[123] 이로
보아 평양원족회는 실제 평양관광
을 행했다고 판단된다.

이와 같이 평양을 관광개발 하
고자 한 이유는 평양이 고구려의

〈그림 3-13〉『매일신보』, 1911년 8월 10일

수도이자 '箕子의 古都'이므로 관광자원이 풍부하였기 때문이라 생각할 수

---

121 「평양원족회원모집」, 『매일신보』, 1911년 8월 10일, 11일, 12일, 13일, 15일, 16일, 17일.
122 「광고」, 『매일신보』, 1911년 8월 13일.
123 「광고」, 『매일신보』, 1911년 8월 26일.

있다. 그런데 기자는 신공황후의 남선경영설과 함께 일제의 식민사관을 구성하는 타율성론을 증명하는 핵심적인 '사실'이라는 점에서 조선총독부가 평양관광개발을 단순히 경제적 목적에만 두고 있지 않았다는 것을 알 수 있다. 그러므로 조선에서는 "古書籍의 保存이 不完全하여 學術의 遺傳者는 極少하고 人이 運動치 못하는 美術品 즉 碑塔과 같은 것은 대부분 遺傳되어 此로써 古昔의 文物을 想見함을 得할 뿐"이라면서 "日韓併合 이래로 조선총독부에서 차등 미술의 발견과 보존의 用心注意하게 되어 고려의 舊都 開城, 東明王과 箕子의 古都 平壤 기타 각처에 保勝會 혹은 古蹟保存會를 설립하여 미술의 古蹟을 보존"[124]하려 하고 있는 것이라고 고적에 대한 조선(인)의 무관심을 비판하면서 조선총독부의 고적보존정책을 찬양하였던 것이다.

이에 따라 통감부와 조선총독부는 1909년부터 1913년까지 세키노 타다시(關野貞) 등을 동원하여 평양 일대의 고적 조사를 실시하였다. 그리고 조선총독부는 "평양 및 경주를 중심으로 고적을 연구하여 조선 문화의 발양을 꾀할 것을 목적"[125]으로 한 조선고적연구회(朝鮮古蹟研究會)를 설치하였다. 여기에서 조선고적연구회의 주된 연구 대상지로 평양과 경주로 설정한 것에 주목해야 한다. 일제는 평양지역을 한사군 설치와 관련하여 조선의 역사를 타율적인 역사로 규정하여 식민지 지배를 정당화 하는 한편 경주지역에서는 진구황후(神功皇后)가 신라지역을 정벌했다는 남선경략설 등을 통해 식민지 지배를 합리화하는데 필요한 근거를 확보하려 한 것이기 때문이다.[126] 그러므로 평양 일대에 대한 세키노 타다시의 고적 조사와

124 「美術은 國家 興廢를 照하는 明鏡」, 『매일신보』, 1915년 2월 4일.
125 등전양책, 「朝鮮古蹟研究會の創立と其の事業」, 『靑丘學叢』 6, 1933, 190쪽.
126 최혜정, 「일제의 평양지역 고적조사사업과 고적보존회의 활동」, 『역사와세계』 32, 효원사학회, 2007, 177쪽.

조선고적연구회의 설치로 이어지는 과정에서 평양명승구적보존회가 조직, 활동하였던 것이다.

특히 평양명승구적보존회취지서[127]에는 평양을 "箕子가 設都"한 곳이라고 규정한 것에서도 일제가 조선사의 타율성을 증명하고자 한 것이라 생각할 수 있다. 그리하여 "일한병합 후 3년 지방은 점차 安靖, 政通하고 民和"하다고 하여 일제의 식민지 지배가 성과를 나타내고 있음을 강조하면서 회칙에 규정된 바와 같이 "관민이 서로 상의하여 명승구적의 보존을 꾀하고 公園을 열어 民衆의 遊覽을 便하게" 하고자 한다는 것이다. 나아가 "방금 운수교통의 편익이 점차 완성되어 평양은 진실로 鮮滿鐵路의 大驛이 되고 나아가 亞毆 직통의 문호가 되어 내외인이 이곳을 관광하는 자가 날로 많아"질 것이므로 "명승구적의 보존과 遊覽地 창립의 설비를 함은 진실로 現今의 最大 急務"라는 것이다. 이는 평안남도 내무부장으로서 평양명승구적보존회의 실행위원이었던 시노다 지사쿠(篠田治策)은 자신의 저서 서문에서 평양을 "멀리는 단군, 기자, 낙랑, 고구려 시기, 가까이는 文祿, 日淸의 役에 이르기까지 기다한 史蹟이 풍부하며, 모란대의 명승, 대동강의 풍경과 함께 널리 세상에 알려진 곳"[128]이라고 규정한 것에서도 확인할 수 있다.

2) 평양명승구적보존회의 관광개발

(1) 평양명승구적보존회의 조직

앞절에서 본 바와 같이 평양을 중심으로 근대관광을 위한 시설이 갖추어지기 시작함과 동시에 평양지역의 명승고적의 보존과 근대관광을 보다

---

127 平壤名勝舊跡保存會 編, 『平壤の古跡』, 平壤名勝舊跡保存會, 1914, 32쪽.
128 篠田治策, 「序」, 『文錄役と平壤』, 精華堂印刷部, 1920.

적극적으로 추진하기 위한 단체로서 평양명승구적보존회가 1912년 6월 평양 관민의 창도에 따라[129] 7월 13일[130] 평양민단역소(平壤民團役所) 누상 (樓上)에서 조직되었다.[131] 조직 당시 회장에 마쓰나가(松永武吉) 평안남도 장관과 혼다(本田) 평양부윤, 부회장에는 평양민단장 구마타니(熊谷直亮) 와 황업(黃業)을 선임하였다.[132] 조직 후 한 달여가 지난 8월 15일 마쓰나가 회장은 비롯한 실행위원은 회의를 열고 평양명승보호방법을 협의[133]했다는 것으로 보아 마쓰나가 평남장관이 평양명승구적보존회 활동에 적극적이었 음을 보여주는 것이라 할 수 있다. 그런데 이 평양명승구적보존회는 다음에 서 볼 수 있듯이 평안남도에서 주도한 것이었다.

某地를 勿論하고 其地에 入할 時에 名勝舊蹟이 多하면 其居人의 程 度는 可히 敬仰할지라. 然하나 現下 朝鮮人은 其見識이 淺短함인지 數 千百年 傳하던 名勝舊蹟을 何物인지 不知하고 頹敗荒蕪에 歸케 하며 甚한 者는 金佛石塔 等을 任意 賣渡하여 古人의 靄然遺澤이 烏有에 歸 하니 어찌 寒心할 事이 아니리오. 今에 平南道에서 名蹟保存會를 設立 하여 一般 道內의 名勝舊蹟을 保存케 한다 하니 可히 好個事業이라 謂 할지로다.[134]

그리고 평안남도가 평양명승구적보존회를 설립한 이유로 명승구적에 대한 조선인의 식견이 얕고 짧아 이를 보존하지 못하였다는 점을 명시함으 로써 역사와 문화에 대한 조선인의 관심과 이해가 열등하다는 점을 강조하 였다. 이는 뒤에서 서술하듯이 평양명승구적보존회의 설립을 조선사의 타

---

129 平壤民團役所編纂,『平壤發展史』, 民友社, 1914, 106쪽.
130 「평양명승구적보존회」,『각도고적보존시설』(국립중앙박물관 소장 조선총독부박물 관 문서 관리번호 A007-049-001).
131 「名續保存會」,『매일신보』, 1912년 7월 17일.
132 「名續保存會」,『매일신보』, 1912년 7월 17일.
133 「평양명승보존회」,『매일신보』, 1912년 8월 17일.
134 「名蹟保存會」,『매일신보』, 1916년 7월 18일.

율성을 증명하려 한 것과 상통하는 것이라 할 수 있다. 나아가 일제가 조선을 강점한 이후 도입한 법률, 경제, 교육 등 각종 사회제도와 도로, 철도 등 사회기반시설은 모두 식민통치를 위한 것이었지만 그것들이 구현하는 근대성은 '문명' 일본이 '야만' 조선을 통치하는 정당성을 담보한 것이었다.[135] 이러한 의미에서 평양의 모란대, 을밀대 등이 모여있는 평양 구시가에 공원을 설치한다는 것은 신시가를 중심으로 거주하던 일본인들이 구시가로 진입하여 '야만'적이며 열등한 조선인을 구축하는 한편 평양 구시가에 '근대'문물을 전파한다는 의미도 있는 것이었다고 할 수 있다.

평양명승구적보존회가 조직된 지 2년이 지난 1915년 『매일신보』는 평양명승구적보존회의 주요한 목적인 모란대공원의 조성 배경 혹은 목적을 다음과 같이 설명하였다.

> 방금 運輸交通의 便은 益益 완성을 고하고 평양은 실로 滿鮮鐵路의 大驛이라. 進하여 歐亞 直通의 문호에 列하여 內地人의 此地를 관광하는 자ㅡ日加月增하니 此際에 平壤名勝舊蹟의 보존을 計하는 동시 遊園地 창립의 設備를 위함은 실로 刻下의 急務라.[136]

이로 보아 평양명승구적보존회의 조직은 한편으로는 명승구적의 보존을 명분으로 내걸면서 조선사의 타율성을 증명함과 동시에 평양을 통과하는 철도의 발달과 일본인 관광객의 증가에 따라 요청되는 관광개발의 필요성이 크게 작용한 것으로 볼 수 있다.

한편 "평양과 如히 繁昌한 도시에 尙今까지 완전한 공원의 시설이 無함은 일반 관민이 개탄하는 바이라. 過般來 평양민단에서 경영하는 모란대

---

135 橋本妹里, 『한국 근대공원의 형성』, 성균관대학교대학원 박사학위논문, 2016, 175쪽.
136 「모란대공원」, 『매일신보』, 1915년 9월 26일.

공원"[137]이라 한 것으로 보아 1912년에도 모란대공원이 존재하고 있었다는 것을 확인할 수 있다. 그러므로 이 모란대공원은 평양명승구적보존회가 조성하려 한 모란대공원과는 구별된다. 또한 평양명승구적보존회가 조직되기 이전에 이미 평양민단이 평양시가개수계획의 일환으로 모란대공원을 계획[138]하였다. 이로 보아 평양명승구적보존회가 조직되는 과정에서 평양부·평양민단과의 의견 조율 속에서 모란대공원 조성은 평양명승구적보존회의 사업으로 이관되었고, 이 과정 속에서 평양명승구적보존회는 기존의 평양민단이 경영하던 모란대공원의 구역을 확대하고 시설을 보완하여 새로운 모란대공원으로 조성하려 한 것으로 생각된다. 그리고 1916년 11월에는 평양 관광의 아용(雅容)을 환영하기 위해 평양부 경영으로 변경하는 것을 결정하였다.[139]

1913년 『매일신보』 기사에 따르면 마쓰나가 다케키치(松永武吉) 평안남도 장관이 회장에 선임[140]되었다고 하므로 앞의 혼다(本田) 평양부윤은 창립총회에서 의전상 회장단석에 함께 있었다는 것을 의미하며, 실제로는 평의원에 선임되었고, 요코야마(橫山)는 이사에 선임되었음이 확인된다.[141] 그리고 부회장에 선임된 황업은 1900년 평남관찰도 주사, 1902년 태극전 참봉, 1906년 박사,[142] 1913년 현재 평안남도참사였으며,[143] 뒤의 〈표 3-4〉에서 볼 수 있듯이 1914년 평양면장이었음을 확인할 수 있다.

---

137 「唯一公園」, 『매일신보』, 1912년 9월 15일.
138 「평양시가대개수」, 『매일신보』, 1912년 2월 14일.
139 「평양에서」, 『매일신보』, 1916년 11월 25일.
140 「명승보존회」, 『매일신보』, 1913년 5월 20일.
141 「명승보존회」, 『매일신보』, 1912년 8월 29일.
142 「대한제국관원이력서」,(국사편찬위원회 한국사데이터베이스에서 인용).
143 「명승보존회」, 『매일신보』, 1913년 5월 20일.

평양명승구적보존회은 다음의 회칙에 따라 조직되었고 운영되었다.

평양명승구적보존회 회칙
제1조 본회는 평양명승구적보존회라 칭한다.
제2조 본회는 평양의 (명승-인용자)과 구적의 유지, 보존 및 평양공원의 설
　치를 목적으로 한다.
제3조 본회는 회원의 기부금품으로 그 사업을 경영하는 것으로 한다.
제4조 본회의 목적을 찬조하는 자로 본회의 회원으로 한다.
제5조 본회에 다음의 역원을 둔다.
　1. 회장 1명
　1. 부회장 2명
　1. 이사 2명
　1. 평의원 약간명
제6조 회장은 회무를 총리하고 본회를 대표한다.
　부회장은 회장을 보좌하고 회장이 사고 있을 때 이를 대리한다.
　이사는 회장의 명을 받아 서무회계를 담임한다.
　평의원은 본회가 목적으로 하는 사업 실행 순서 및 시행 방법 기타
　중요한 사항을 심의 한다.
제7조 본회는 역원희의 결의에 따라 명예회원을 추천할 수 있다.[144]

그런데 일본여행협회가 발행하던 잡지『ツーリスト』는 조선에서 활동
하는 명소구적의 보호기관으로서 벽제관보존회·개성보승회·논산미륵보
존회·청양보승회·경주고적보존회·쓰에묘지보존회(津江墓地保存會)[145]·

144　평양명승고적보존회,『平壤の古蹟』, 1914, 31~32쪽. 아마도 이 회칙이 창립 당
　　 시의 회칙인 것으로 보인다. 다른 연구(이순자,『일제강점기 고적조사사업 연구』,
　　 경인문화사, 2009, 446~447쪽.)에서 제시한 회칙은 국립중앙박물관에서 소장
　　 하고 있는 문건(『국립중앙박물관 보관 고문서 목록』문서번호 106 각도고적보존
　　 회 중 평양명승구적보존회)을 인용한 것인데 이 문건에 평양명승구적보존회의
　　 대표자로 기록된 高橋敏은 1934년에 평양부윤에 부임한 인물이므로 이 회칙은
　　 1934년 이후의 회칙으로 판단된다.
145　조선후기 동래 왜관 이전 교섭을 위해 조선에 온 일본 쓰시마번의 관리인 쓰에
　　 효고(津江兵庫)의 구적을 보존하기 위해 1911년 부산부 수창동에 거주하는 일본
　　 인으로 조직되었다.(日本旅行協會,『ツーリスト』18, 1916, 23쪽)

해주보승회·성천명승고적보존회·금강산보승회·춘천보승회와 함께 평양 명승구적보존회를 소개하면서 그 활동을 다음과 같이 서술하였다.

1. 평양의 명승구적의 유지 및 평양공원의 보존을 목적으로 하며 본회의 목적을 찬조하는 자로 조직한다.
1. 부내 명승구적의 수리, 보존 및 모란대 부근 일대 공원 내의 도로 신설과 성벽 수리, 보호, 서기산공원의 정리 등
1. 대정 2년(1913) 창설하여 이래 5년이 경과되었고, 이 사업에 투자된 자금 1만 5천여 원이며, 회원, 기타의 기부금으로 사업을 경영함.
1. 평안남도 평양[146]

선행연구에서는 위의 회칙이 아닌 "회장은 평양부윤을 추대한다. 부회장·이사·간사·평의원은 회장이 이를 촉탁한다."(제6조)는 1934년 전후의 회칙[147]에 따라 서술하면서 임원은 『平壤の古蹟』(평양명승구적보존회, 1914)의 기록을 인용하는 오류를 보였다.[148] 필자가 이를 1934년 전후의

---

146 日本旅行協會, 『ツーリスト』 18, 1916. 3, 23쪽.
147 1934년 전후의 회칙은 다음과 같다.
　제1조 본회는 평양명승구적보존회라 칭한다.
　제2조 본회는 평양의 명소, 구적의 유지, 보존 및 평양공원의 설치를 목적으로 한다.
　제3조 본회는 기본 재산, 수입, 기타 회원의 기부금으로 그 사업을 경영한다.
　제4조 본회의 목적을 찬조하는 자들을 본회의 회원으로 한다.
　제5조 본회는 다음의 역원을 둔다
　　회장 1명, 부회장 2명, 이사 2명, 간사 2명, 평의원 약간명
　제6조 회장은 평양부윤을 추대한다.
　　부회장, 이사, 간사, 평의원은 회장이 이를 촉탁한다.
　제7조 회장은 회무를 총리하고 본회를 대표한다.
　　부회장은 회장을 보좌하고 회장 사고시 이를 대리한다.
　　이사는 회장의 명을 받아 서무를 담당한다.
　　간사는 회장의 명을 받아 회계를 보좌한다.
　　평의원은 본회가 목적으로 하는 사업 실행 순서 및 시행 방법, 기타 중요 사항을 심의한다.
　제8조 본회의 임원회 결의에 의해 명예회원을 추천할 수 있다.
148 이순자, 『일제강점기 고적조사사업 연구』, 2009, 446~447쪽.

회칙으로 규정하는 이유는 이 회칙이 첨부된 문건에 평양명승구적보존회의 회장을 1934년 10월 평양부윤으로 부임한[149] 다카하시 사토시(高橋敏)로 기록하고 있기 때문이다.[150] 이로 보면 평양명승구적보존회는 최초에는 회장을 당연직으로 규정하지 않았으나 1934년 이전에 평양부윤을 당연직 회장으로 변경하였으며, 1934년 이후의 것으로 보이는 회칙에는 "평양 부근의 명승구적의 유지 보존을 목적"(제2조)[151]으로 한다로 변경하면서 기존의 '평양의 명승과 구적', '평양의 명소, 구적'이라는 활동 범위를 '평양 부근의 명소, 구적'으로 확대하여 활동영역을 평양 인근 지역으로까지 확대하였음을 알 수 있다.

한편 〈표 3-4〉의 1914년 현재 평양명승구적보존회의 임원을 통해 평양명승구적보존회는 관 주도의 반관반민 형태로 조직되었던 것임을 확인할 수 있다. 즉 부회장인 구마가이 나오스케(熊谷直亮)와 실업위원 12명 중 미야가와고로사부로(宮川五郎三郎)·오니와 간이치(大庭貫一)·이다쿠라 마쓰타로(板倉益太郎)·우치다 로쿠구마(內田錄熊)·사이토 규타로(齋藤久太郎) 5명을 제외한 전부가 조선총독부 관리였다는 점에서 알 수 있다. 뿐만 아니라 1913년 평양명승구적보존회는 당분간 평양부청 내에 사무소를 설치하였다.[152] 더욱이 앞에서 본 바와 같이 평양부윤을 회장으로 추대한다고 규정한 1934년 전후의 회칙에서 보듯이 이러한 반관반민적 성격은 더욱 강화된 것으로 보인다.

---

149 『조선공로자명감』.(국사편찬위원회 한국사데이터베이스에서 인용).
150 「평양명승구적보존회」, 『각도고적보존시설』(국립중앙박물관 소장 조선총독부박물관 문서 관리번호 A007-049-001).
151 「평안남도 중화군 소재 고분군 보존시설 공사」, 『평남 중화군 진파리 고적 제135호 고분군』(국립중앙박물관 소장 조선총독부박물관 문서 관리번호 A182-001-004).
152 「명승구적보존회」, 『매일신보』, 1913년 10월 30일.

〈표 3-4〉 평양명승구적보존회 임원[153]

직책	이름	약력
회장[154]	松永武吉	체신대신 비서관, 대판우편국장, 평안남도장관
부회장	熊谷直亮	평양민단장
	黃	면장
이사	木村守	평안남도 내무부 서기
실업위원	篠田治策	평안남도 내무부장
	杉村勇次郎	평안남도 경무부장, 육군헌병대좌
	本田常吉	평양부윤, 변호사 시험과 문관 시험 합격
실업위원	松本鶴熊	평양경찰서장, 경시
	宮川五郎三郎	평양전등회사, 宮川醬油店 경영
	大庭貫一	평양민회 의장, 평양민단장
	板倉盆太郎	무역상, 창고업, 농업, 藥屋
	内田錄熊	内田商會, 百花園 경영
	張憲植	慶應義塾普通科卒業, 동경제대 법과 졸업, 외국어학교장, 한성부윤, 평안남도참여관, 충청북도장관, 전라남도지사, 중추원 참의
	水口隆三	평안남도 재무부장, 동경제대 정치과 졸업, 통감부 사무관, 대구재무감도국사무관, 평양재무감독국사무관
	齋藤久太郎	무역상
	洪倫叙	평양부 참사

153 中西未銷, 『平壤と人物』, 平壤日日新聞社, 1914; 平壤名勝舊跡保存會 編, 『平壤の古跡』, 平壤名勝舊跡保存會, 1914; 『조선총독부관보』제0737호, 1915년 1월 20일; 『朝鮮紳士大同譜』; 『朝鮮人事興信錄』.

154 국립중앙도서관에 소장되어 있는 문서(「평양명승구적보존회」, 『각도고적보존시설』 관리번호 A007-049-001)에는 평양명승구적보존회의 대표가 高橋敏로 되어 있다. 이 문건이 1931년부터 1935년 사이에 생산된 것을 모은 것이므로 高橋敏은 이 시기 평양명승구적보존회의 회장으로 생각된다. 실제 그는 1934년에 평양부윤으로 부임하였던 것이 확인된다.(조선인사흥신록편찬부, 『朝鮮人事興信錄』, 1935.)

그런데 실업위원 중 민간측 위원들은 모두 평양지역의 유력한 상공인이었다는 점에서 평양명승구적보존회가 단순히 명승고적을 '보존'하려 한 것이 아니라 회칙 제2조에서 '평양공원' 즉 모란대공원의 설치를 목적으로 삼은 것에서 재평양 일본인의 휴식공간 확대와 근대관광의 진흥을 염두에 둔 것이라 할 수 있다.

(2) 평양명승구적보존회의 활동

조직 이후 평양명승구적보존회는 회칙에 규정된 바와 같이 평양의 명승구적과 모란대공원 조성 사업을 전개하였다. 이 사업을 수행하기 위해 평양명승구적보존회는 기부금을 모금하여 1913년 6월 26일까지 모은 기부금이 총 5,640여 원이었다.[155] 평양명승구적보존회에 기부금을 낸 인물과 금액은 다음과 같다.

> 齋藤久太郎 1천 원 板倉益太郎 5백 원 宮川午郎三郎 3백 원 內田錄熊 150원 張永翰 100원 松永武吉 60원 篠田治策 40원 張참여관(張憲植
> -인용자) 40원 水口隆三 재무부장 30원 時永 사무관 20원 연봉 1,200원
> 이상 판임관 8/1000 이상, 연봉 600원 이상 판임관 4/1000 이상, 연봉 300원 미만자 면제[156]

기부금 모금은 반강제적인 요소가 있었던 것으로 보인다. 즉 부청·재판소·경무부·경찰서·감옥 등 제관청의 직원에게도 판임관 이상자에 준하여 기부하게 할 예정이었으며, 이왕직 및 황족 기타 귀족들에게 기부금

---

155 「기부금성적」, 『매일신보』, 1913년 7월 1일.
156 「명승보존회」, 『매일신보』, 1913년 5월 20일.

을 요청하도록 하였다.[157] 특히 위의 인용문에서 볼 수 있듯이 연봉을 기준으로 기부금의 비율을 정하였으며, 300원 미만자는 면제한다고 하였기 때문이다. 데라우치 마사다케(寺內正毅) 총독 1천 원, 조선은행 5백원, 뉴욕 스단타토석유회사 250원, 도이 요타로(土井庸太郎)·무카이 간(向井岩)·김진모(金鎭謨)·박경석(朴經錫)·김남호(金南鎬)·김진후(金鎭厚)·김남현(金南鉉)·손길원(孫吉元)·이교식(李敎植)·김능원(金能元)·김창주(金昌柱)·채예식(蔡禮植)·이승모(李承模)·최예식(崔藝式) 각 50원 등이 기부하였다.[158] 특히 회장인 마쓰나가 평남도장관은 기부금을 낸 인사들에게 감사장을 전하기도 하였다.[159] 1913년 11월 말 현재로는 수입은 기부금과 예금 이자, 대부지대 기타 잡류를 함한 5,140.93원, 지출은 공원내 토지와 부벽루 하 토지 구매비, 보통문 부근 민유 건물 이전비, 공원설계 촉탁보수, 사무원과 감수(監守) 급료, 제세금, 표찰 건설비, 기타를 합한 4,618.66원으로 잔액은 522.17원이었다.[160] 평양명승구적보존회의 기부금 모집은 이후에도 지속되어 1914년 3월 15일 현재 기부금 신청액은 10,857.77원이었으며, 실제 수입액은 기부금·대부지·대잡수입·예금이자를 합한 9,244.61원, 지출액은 토지구매·도로건물 수축 및 이전·표찰 건설, 기타 잡비를 합한 5,376.60원이었다.[161] 그리고 1914년 9월 20일 현재 평양명승구적보존회의 수지 현황은 〈표 3-5〉와 같다.

---

157 「명승보존회」, 『매일신보』, 1913년 5월 20일.
158 「기부금성적」, 『매일신보』, 1913년 7월 1일.
159 「松永會長의 謝狀」, 『매일신보』, 1913년 12월 19일.
160 「명승보존회 수지」, 『매일신보』, 1913년 12월 14일.
161 「평양」, 『매일신보』, 1914년 3월 20일.

〈표 3-5〉 평양명승구적보존회의 수지 현황(1914년 9월 20일 현재)[162]

기부금 신청액			
수입 내역		지출 내역	
실수입액	10,317.22원	실지출액	7,470.35원
기부금	10,141.95원	토지 및 건물 구매비	3,472.26원
예금이자, 기타 잡수입	175.27원	도로개수비	1,770.35원
공원촉탁 보수 및 급료 植樹費 인쇄비, 통신 및 기타 잡비 표찰 건설비 제세금		가옥 이전료	1,076원
		653.25원	
		223.59원	
		163.60원	
		89.30원	
		22원	
수입과 지출 차액		2,846.87원	

또 1918년 초의 기록으로 판단되는 자료에는 기부금이 16,695.17원이며, 1918년 1월 말까지 세출액이 16,512.79원으로 182.38원이 남아있었다.[163] 〈표 3-5〉의 기부금 10,141.95원에 비해 6,553.22원이 증가하였다. 앞에서 서술했듯이 기부금만 보면 1913년 6월 26일 현재 5,640여 원, 1914년 3월 15일 현재 10,857.77원, 1914년 9월 20일 현재 10,141.95원, 1918년 1월 말 현재 16,695.17원으로 지속적으로 증가하였다. 그리고 이 기부금은 회칙에서 규정하고 있는 '평양의 (명승-인용자)과 구적의 유지, 보존 및 평양공원의 설치'에 사용하였다. 이후에도 미쓰이(三井)가는 1,500원, 미쓰비시(三菱) 겸이포제철소는 500원, 오쿠라구미(大倉組)는 300원을 평양명승구적보존회에 기부하는 등 평양명승보존회에 대한 기부는 이어졌다.[164] 실제 평양명승구적보존회는 1913년 모란대공원 부지에 사용할 목적으로 연

---

162 平壤名勝舊跡保存會 編, 『平壤の古跡』, 平壤名勝舊跡保存會, 1914, 34~35쪽.
163 「평안남도」, 『각도고적보존회』(국립중앙박물관 소장 조선총독부박물관 문서 관리 번호 A066-023-002).
164 「모란대 부근 시설」, 『매일신보』, 1916년 2월 24일.

〈그림 3-14〉
의기 계월향(義妓 桂月香) 초상

초공장 이북 계월향묘(桂月香廟)[165] 좌측의 경
지 약 1만 2천 평을 3천 원에 매수하였다.[166]

　앞에서 언급한 바와 같이 모란대공원 조
성은 평양명승구적보존회의 조직 이전부터
평양민단에서 평양시가 개수 계획의 일환으
로 기획하였던 것이다. 그리하여 조직 이후
평양명승구적보존회의 활동은 모란대공원의
조성과 직접적인 관련을 맺고 전개되었다고
할 수 있다. 모란대공원은 1912년 평양민단
이 모란대공원을 계획하면서부터 "泰西의 양
식을 참작하여 鮮明한 설계"[167]하도록 한 것
으로 보아 계획 단계부터 서양 양식으로 결정
되었다. 그리고 〈그림 3-15〉와 같이 1914년 설계도가 완성되었을 때에도
"천연의 경승이 가장 진보한 구미 공원을 모방하여 준공 후에 조선 전도
뿐만 아니라 동양 제일의 이상적 대공원"[168]으로 설계되었다고 하였다. 이
때문에 1913년 독일의 건축가 게오르크 데 랄란데(Georg de Lalande)에
게 설계를 위촉[169]하였던 것으로 판단된다.

165　계월향은 임진왜란 때 평양을 침공한 왜군 장수 고니시 히(小西飛)를 정인 金應
　　瑞와 함께 처단한 기녀로서 평양 義烈祠에 배향된 인물이다. 사후 200년이 지난
　　1815년 그녀의 초상이 그려졌으며, 만해 한용운은 그녀를 기리는 시 「桂月香에
　　게」를 그의 시집 『님의 침묵』(회동서관, 1926)에 수록하였다. 이 시집에는 「논개
　　의 애인이 되어서 그의 묘에」라는 시도 함께 수록되어 만해가 임진왜란 당시 의
　　기를 추모하는 방식으로 일제에 대한 저항의식을 보였다고 할 수 있다.
166　「명승보존회 진보」, 『매일신보』, 1913년 7월 27일.
167　「평양시가대개수」, 『매일신보』, 1912년 2월 14일.
168　「동양의 금수강산 모란봉의 대공원 이상적 대설계 총경비 1백만 원」, 『매일신보』,
　　1914년 6월 26일.
169　평양명승고적보존회, 『平壤の古蹟』, 1914, 29~30쪽.

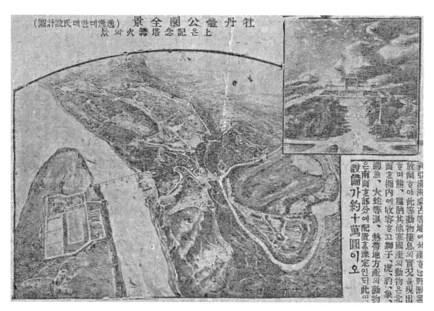

〈그림 3-15〉 모란대공원 설계도(게오르크 데 랄란데(Georg de Lalande) 설계)

이 설계도에 대해『매일신보』는 다음과 같이 보도하였다.

▲ 독일건축계의 거인 게 데라란더씨에게 촉탁한 바 씨는 수삼차 來壤
하여 당지를 답사하고 구체적 공원 설치의 계획이 旣成하였으므로 근
일 公園模形圖를 迎來하였는데 그 설계의 개략은 부지를 牡丹臺 이외
에 萬壽臺, 錦繡山, 兎山 등 대부분을 포함하여 총면적 23만 3천 5백
평지를 점하고 공원 입구 설비로 현금 만수대 부근에 대리석으로 표식
한 세셋손식의 극장을 건축하고 그 前庭에는 상라리아, 멜포메니 등 劇
神의 彫石像을 안치하고 稍進하여 도서관을 건설하고 내외의 명저를
망라하여 연구자와 오락자의 日常閱覽하기에 유감이 無케 하며 도서관
에 인접하여 전람회장, 勸工場 등을 설하여 皆美術 的 건물로 극히 풍
경을 조화케 하며 전람회장에는 朝鮮·滿洲·內地 및 歐米 각국의 특수
의 물산, 공예, 미술품 등을 진열하여 일종의 박물관으로 하고 권공장
은 내외 상공업품을 수집하여 일반의 縱覽에 供하며 또한 賣下도 하게
하며 此等 入口 4棟의 건축비는 12만 원으로 ▲공원의 정문 風光亭 부
근에 건설하고 此 正門은 거대한 石柱에 월계수의 葉과 화환 중에 올림

푸스 제군신을 정교히 조각하고 그 좌측에 경관주둔소, 우측에 공원관
리소를 건설할 계획인데 그 공비가 수만 원이오, 귀빈관은 선미를 진한
고대 羅馬의 王城建築法을 倣하여 외곽 도로에 접한 부분은 濠溝를 回
鑿하고 외곽 내부에는 일로 탄탄의 巡戒路를 설하여 侍從 臨員, 警衛
兵, 경관 등의 수시 순라를 편케 하며 그 내측에는 廐舍, 舍人所, 위병
소, 관망대 등을 설비하고 동소는 광풍정과 을밀대 중간에 가장 형승지
이므로 盡善盡美한 이 건물은 굉대치는 아니하나 또한 貴紳의 여정을
足慰할지오 ▲식물원은 □花爛漫하여 4계를 통하여 薰香이 馥郁하겠
으며 일부는 남면하여 북에 산을 背負한 굉대한 온실을 설하고 세계 각
국의 奇花異草를 집하여 삼동엄한에도 南洋 熱帶之地에 재한 감이 유
하겠으며 일부는 서에 면하여 배치하고 북온대로부터 寒帶地 초목을
재배하니 전기와 여히 식물은 그 종류에 從하여 재배의 개소를 異케 하
여 번식에 적응케 하며 林檎梨 등의 과수는 도로를 연하여 植付하며 기
타 초목은 일정한 장소에 밀식할 계획이라. 이 경비로 약 2만 3천 원을
투하며 세계적 동물원은 모란대 부근에 설치할 예정이라. 원내는 암석
기타 천연 풍물을 취하여 내지 서비리아·만주·몽고 등지에서 産하는
야수를 방사하여 이들 동물 서식의 實況을 現出하며 熊, 腽肭(물개-인용자)
기타 한국산의 동물은 북면한 柵內에 수용하고 사자, 호랑이, 표범, 코
끼리, 악어, 大蛇 등 온열대지방산의 동물은 남면한 부분에 배치할 예
정인데 이의 설비가 약 10만 원이오 ▲굉대한 경기장은 기자묘 北西丘
上에 設하여 수만인을 能容할 대구락부를 건설하여 그 전면에는 경마
장, 경영장, 氷滑場, 자전거경주장 등을 설비하고 관람석의 광활, 수
목의 배치 등이 미술적 이상적으로 일대 그라운드를 축조할 계획이니
이 설비가 약 6만 5천 원이오 철도호텔은 부벽루 부근에 건설하여 휴
게소, 관망대, 車置場 등 부속건물을 유한 壯大宏麗한 3층 루를 건하고
세계 각국의 유람객을 이에 수용하여 小毫라도 부족 및 부자유를 감치
아니하도록 大히 설비하고 강안에는 繫船場을 設하며 육로로는 수대
의 자동차를 비하여 수륙으로 정거장과 연락을 圖할 계획이라 하며 ▲
대 기념탑은 화강석으로 高가 數十丈에 달하도록 築上하여 국가의 제
사일, 기념일 등은 이 기념탑 절정에 설한 大焚爐에 篝火를 焚하고 焰
烟이 沖天하는 장관을 현출케 할 터인데 一大飛瀑을 설하여 給水로 폭
포가 直下하여 大池로부터 大水門을 통하여 池中水를 適宜히 按配하여
噴水케 하며 이 분수는 또 통상 공원 등이 유한 류가 아니라 그 장식·
설비와 噴水高度가 약 6, 7장에 급하여 彩虹이 不斷할 터이니 이 계획
에는 경비 7만 6천 원을 요하며 정교한 樂堂은 공원 중앙 小高處에 設
하여 미옥쓰의 神像을 屋根의 標飾으로 하고 石柱玉欄 彫琢하여 樂을
奏하여 천연의 미와 인공의 미를 극한 이 奏樂堂의 一次一彈은 기필코

遊覽萬衆이 혼을 탈하겠으며 이외 사설관으로 극장, 활동사진관, 喫茶店, 요리점, 勸商場, 박물관, 온실, 휴게장 등이 유하니 이들 차등 총 설비는 敷地 地均, 교량 가설, 隧道 밑 도로 등 공비를 합하여 약 100만 원을 요한다 한 즉 이는 그 槪算에 불과하고 실지 착수한 후에는 물론 다액의 증가가 유하리로다.[170]

이 기사에 따르면 모란대공원은 만수대, 금수산, 토산(兔山) 등을 포함한 233,500평의 부지에 극장·도서관·전람회장·권공장·귀빈관·마구간(廐舍)·관리인 숙소(舍人所)·위병소·관망대·식물원·동물원·경마장·경영장·스케이트장(氷滑場)·자전거경주장·철도호텔·주악당 등을 설치하고 각종 조각상과 비폭(飛瀑)·분수·대기념탑 등을 설치하여 조경하도록 하였다.

또한 평양명승구적보존회는 모란대공원 조성을 위해 도로를 개수하였다. 1913년 8월 평양명승구적보존회 임원회에서는 다음의 3개 사업을 실행하기로 결정하였다.

1. 목하 총독부에서 경비 약 7천 원을 투하여 수선하는 普通門은 경성 남대문과 如히 양측에 통로를 설하는데 부근에 재한 鮮人가옥은 불결하며 且 火災의 憂가 유하므로써 금 일천 원을 투하여 해부근 가옥 부지를 매수하고 동시 出水像防上 좌방에 利水門을 설할 사
1. 모란대부터 철교하에 통하는 도로를 造하여 車馬를 通케하기 위하여 금 1천 원을 지출하여 鮮人 가옥의 撤退 및 매수를 행할 사
1. 기자묘하 성벽 중 腹을 경하여 현무문으로 통하여 부벽루에 달하는 2간폭의 신도로 開鑿에 대하여 금 1천 원을 지출할 사[171]

즉 모란대공원 설치와 관련한 도로의 개수와 가옥을 매수하여 공원 부지에 편입하는 사업을 실행하기로 한 것이다. 또 1913년 12월 13일 평양

170 「동양의 금수강산 모란봉의 대공원 이상적 대설계 총경비 1백만 원」, 『매일신보』, 1914년 6월 26일.
171 「保存會의 三事業」, 『매일신보』, 1913년 8월 15일.

〈그림 3-16〉 **평양 모란대**

민단역소에서 개최된 협의회에서 평양명승구적보존회는 동아연초분공장 앞-을밀대, 칠성문-을밀대, 원산가도 대신궁 횡수-칠성문 또는 을밀대 간의 도로를 개착할 것, 을밀대 수리 완성, 모란대 부근의 정리, 기관지 편찬, 보통문과 을밀대에 표찰 설치 등을 결의하였다. 특히 보통문과 을밀대의 표찰은 데라우치 총독에게 휘호를 의뢰하기로 하였다.[172] 이 결의에 따라 1914년 봄에는 동아연초주식회사 앞에서 모란대에 이르는 공원도로를 착수하는 한편 벚나무와 단풍나무 수백 그루를 심기로 하였다. 또한 칠성문·부벽루·연광정 등 중요 건물의 수리와 철도호텔 건축공사를 조선총독부에 신청하였고, 모란대·현무문·보통문 외 7개소의 명승지에 이들 유적의 역사적 전말을 기재한 나무 표지판(目標)을 설치하고 휴게소를 건설하기로 하

---

172 「보존회 협의 사항」, 『매일신보』, 1913년 12월 19일.

였다.[173] 그 결과 "모란대, 부벽루, 보통문 기타 각 古蹟的 樓臺에 從古 이래 역사적 경유를 기한 木札을 건설하였으므로 근일 來壤 視察者"[174]는 편리하게 관광할 수 있었던 것이다. 그리고 1914년 7월 말에는 "모란대공원의 예비공사인 該境內 도로공사는 목하 착착 진공하는 중 전도로 공정의 약 반분 이상을 완성"[175]하였다. 결국 이 도로공사는 모란대공원의 예비공사의 성격을 갖고 있는 것이므로 1914년에는 모란대공원 조성공사가 이미 시작되었다고 할 수 있다.

이들이 평양부 기림리와 경상리, 대동군 임원면 산리 일원을 중심으로 계획된 모란대공원을 설치하고자 한 것은 도시개발의 한 부분임과 동시에 최승대(最勝臺)·모란대·을밀대·부벽루(浮碧樓)·영명사(永明寺)·현무문(玄武門)·기자릉(箕子陵)·칠성문(七星門)·관제묘(關帝廟) 등이 있는 유적지이면서 임진왜란과 청일전쟁의 전장이라는 측면에서 관광지로서의 개발이 유력한 곳이었기 때문이다. 그리하여 1913년 독일의 건축가 게오르크 데 랄란데(Georg de Lalande)에게 설계를 위촉하였고, 그가 제시한 모란대공원에는 극장, 도서관, 전람회, 권공장(勸工場), 귀빈관, 동물원, 식물원, 경마장·빙상장(競氷場)·자전거경주장 등의 대운동장, 철도호텔, 기념탑, 대폭포, 활동사진관, 다방(喫茶店), 요리점, 매점, 박물관, 음악당, 온실, 휴게소 등을 설치할 것을 계획하였다.[176] 이러한 규모로 조성하는데 드는 비용은 공원부지 144,000원, 교량공사비 13,000원, 隧道(터널-인용자)공사비 11,000원, 도로공사비 37,000원, 급수·폭포 및 분수 설비비 76,000원, 연못물(池水) 및 배수로 설비비 85,000원, 구락부건설비 65,000원, 동물원설비비 100,000원, 식물원설비비 23,000원, 기념탑 및 기념비 건설비 17,000원,

173 「평양」,『매일신보』, 1914년 3월 20일.
174 「평양」,『매일신보』, 1914년 4월 7일.
175 「道路延幅」,『매일신보』, 1914년 7월 26일.
176 평양명승고적보존회,『平壤の古蹟』, 1914, 27~29쪽.

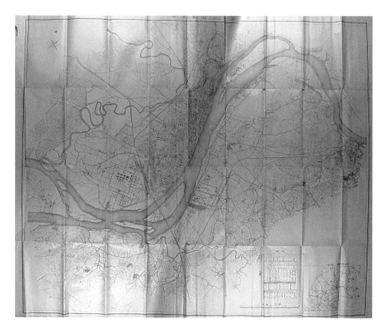

〈그림 3-17〉 모란대공원 표시도 (1934)

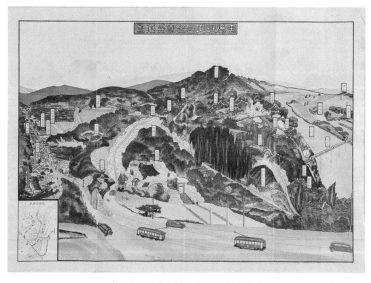

〈그림 3-18〉 평양모란대공원조감도

여관건설비 219,000원, 권공장 건설비 20,000원, 도서관 및 전람회 건설비 32,000원, 매점·끽차점·휴게소·요리점 건설비 34,000원, 극장 및 활동사진관 건설비 68,000원으로 총 1,000,000원을 계상하였다.[177]

이 설계에 따른 공원 조성 공사는 수년간 진행되었던 것으로 보인다. 1920년 현재 평양부에는 은행이나 회사 등이 소유한 운동장은 있었으나 공설운동장이 없어 1921년 공설운동장의 건설을 계획하였기 때문이다.[178] 그러나 평양공설운동장은 건설되지 못하고 1926년에야 설계가 완성[179]되어 8월 중순 준공식이 예정되었으나 7월 중순 강우로 스탠드에 수 개소의 파열이 발생하여 근본적인 대수리를 요하는 상태가 되어 준공이 늦어지게 되었다는 것[180]으로 보아 1926년 하반기에 완공되었던 것으로 보인다.

1918년 1월 이후에 작성된 것으로 보이는 평안남도청의 문건에는 회칙에 규정된 평양명승구적보존회의 활동 내용을 보다 구체적으로 보여주는 다음의 활동 내용이 나타나 있다.

보존 시설
1. 구적의 유지, 수리 및 철책의 설치
2. 모란대 부근 일대의 명승구적과 시가를 연락하는 도로의 신설, 수리
3. 모란대공원의 설계
4. 모란대 부근 일대의 식수
5. 평양의 고적 기타 발간
6. 화방의 건조
7. 부벽루 앞에 분수 설치
8. 시정5년기념조선물산공진회에 모란대 풍경을 소개하는 유화 출품[181]

---

177 평양명승고적보존회, 『平壤の古蹟』, 1914, 29~30쪽.
178 「모란대에 시민대운동장 시설」, 『매일신보』, 1920년 5월 16일.
179 「平壤運動場設計成る野球陸上競技兼用プールはつくらぬ」, 『京城日報』, 1926년 3월 25일.
180 「平壤運動場雨で壞れる」, 『京城日報』, 1926년 7월 21일.
181 「大正 7年 3月 8日 名勝古蹟ノ保存ニ關スル件回答」, 『各道古蹟保存會』(국립중앙박물관 소장 조선총독부박물관 문서 관리번호 A066).

이에 따르면 평양명승구적보존회는 평양의 고적을 수리하며 철책을 설치하고, 모란대공원과 시가를 연결하는 도로의 신설과 수리, 모란대공원의 설계, 『평양의 고적』을 비롯한 서적과 엽서의 출판, 화방(畫舫, 용이나 봉황 따위 모양으로 꾸미고 그림을 그려 곱게 단청을 한 놀잇배-필자)의 건조, 분수 설치, 조선물산공진회 출품 등과 같은 사업을 수행하였다. 『평양의 고적』 이외에도 확인되는 출판물은 『모란대의 전황(牡丹臺の戰況)』, 『평양포위전(平壤包圍戰)』, 『평양지현재급장래(平壤之現在及將來)』과 평양12경 그림엽서가 있다.[182] 예를 들면 1913년 12월 24일 평양명승구적보존회 회장 마쓰나가는 데라우치 조선총독에게 「평양명승구적 수리에 관한 청원(平壤名勝舊蹟 修理에 關한 請願)」을 제출하였다.[183] 이후 1914년 1월 21일, 4월 20일, 5월 5일에도 평양명승구적보존회에서는 평안남도에 명승구적 수리에 관한 비용을 청구하고 있다.[184]

한편 평양명승구적보존회는 평양공원, 즉 모란대공원의 조성에 나섰다. 이러한 계획 중 하나가 다카하마 교시(高浜虛子)의 그의 기행문 『朝鮮』에서 '평양책(平壤策)'이라며 제안한 것 중의 하나인 야카타부네(畫舫)를 건조, 운영하는 것이었다.

경제상으로 성립할 수 있을지 없을지 그점은 완전히 알 수 없으나 요컨대 평양을 一大公園으로 경영하는 것은 어떨까 하는 것입니다. 모란대에서 대동강을 통해 선교리에 이르는 경색은 웅대하고도 변화의 妙가 지극하여 스스로 대공원을 이루고 있습니다. 安奉線도 廣軌가 되고 압록강 가교 공사도 완성되어 부산에서 長春까지 기차가 직통하게 되어 앞으로 조선은 세계의 大道가 된다. 그때 연선의 평양이라는 곳은 風光明媚하여 일본정부가 그곳을 세계적 공원으로 예의 경영하게 된다면 세계의 관광객은 반드시 한 번은 평양에 발을 멈추게 될 것입니다.

182 「大正 7年 3月 8日 名勝古蹟ノ保存二關スル件回答」, 『各道古蹟保存會』(국립중앙박물관 소장 조선총독부박물관 문서 관리번호 A066).
183 「平壤名勝舊蹟修理」, 『大正5年古跡保存費關係』(국립중앙박물관 소장 관리번호 A068).
184 「平壤名勝舊蹟修理」, 『大正5年古跡保存費關係』(국립중앙박물관 소장 관리번호 A068).

이제부터 호텔론이 되겠지만 호텔도 대동강의 물을 중심으로 계획해야 하는 것인데, 물론 가장 좋은 위치라 생각되는 곳은 綾羅島입니다. 그곳에 큰 호텔을 지어 여름은 요트를 강 위에 띄워 자유로이 능라도 주위를 돌고 선교리, 연광정, 대동문을 왔다갔다 합니다. 겨울은 결빙을 이용하여 스케이트를 타고, 강 위의 왕래는 썰매를 사용하면 됩니다. 봄과 가을은 물론 여름과 겨울과 같이 적당한 설비를 갖추면 오히려 변화무쌍한 재미있는 유람지가 될 수 있을 것이라 생각합니다. 기차 정거장을 강가까지 연장시키고, 기차역과 호텔 사이에 아름다운 連絡線을 만들면 여객에게 작은 불편도 느끼지 않도록 할 수 있을 뿐만 아니라 긴 기차여행객을 홀연히 경쾌한 승선객이 되어 20~30분간 수중 궁전이라 할 능라도의 호텔로 인도하는 것은 즐거운 일이 아닙니까? 이것이 호텔 설치를 제일 급무로 생각하는 나의 平壤策입니다.[185]

평양부는 이 제안을 다음과 같이 수용하였다.

크고 때벗고 어여쁜 목란대 아래 양양한 대동강 위에 옛날 그림과 같은 화방을 띄우고 평양 문밖의 경치를 보게될 것 같으면 그 취미는 형용할 수 없도록 깊흐리라. ……고는 연전에 평양에 놀던 일본 문사 고빈허자(高濱虛子)가 평양 관민에게 제창한 바이라.[186]

그리고 평양부는 이노우에(井上仁平)에게 화방을 청부하여 1915년 조선물산공진회 개막 이전까지 완성하도록 하였다.[187] 그 결과 8월 31일 진수식을 거행할 예정이었으나 혼다(本田) 평양부윤의 일정이 안맞아 연기[188]되었다가 추계황령제(秋季皇靈祭, 우리나라의 추분에 해당하는 날로 선조의 영으로 모시며 감사를 표하는 날–필자)가 거행되는 9월 24일 오전 10시 30분 세관 부두(稅關波止場)에서 거행하기로 하고 화방의 이름을 평양의 옛 지명을 따서 낙랑환(樂浪丸)이라 명

185 高浜虚子, 『朝鮮』, 實業之日本社, 1912, 408~409쪽.
186 「錦繡島邊에 蕩瀁할 新畫舫」, 『매일신보』, 1915년 9월 5일.
187 「平壤畫舫起工」, 『매일신보』, 1915년 7월 6일.
188 「畫舫과 府尹」, 『매일신보』, 1915년 8월 28일.

〈그림 3-19〉 대동강화방(大同江畫舫)

來將及在現之壤平

〈그림 3-20〉『평양지현재급장래(平壤之現在及將來)』의 표지

명하기로 결정하였다.[189] 낙랑환은 〈그림 3-19〉의 모습이었다. 그리고 이 낙랑환의 모습은 〈그림 3-20〉과 같이 평양명승구적보존회가 1915년 발행한 『평양지현재급장래(平壤之現在及將來)』의 표지에도 사용되었다. 낙랑환이라는 명칭은 한편으로는 조선의 고유성을 인정하는 것처럼 보이지만 실은 앞의 평양명승구적보존회가 타율성론을 입증하는 과정에서 조직되었다는 점을 지적한 바에서 알 수 있듯이 타율성론에 입각한 명명이라고 할 수 있을 것이다.

평양명승구적보존회와 조선물산공진회 평양협찬회가 각각 50%씩 투자[190]한 낙랑환은 길이가 6간 이상이며, 넓이가 간 반 조금 더 되고 깊이가 삼척이며, 물에 잠기기는 부분은 한자 일곱치 정도의 규모로 배 안에 음식상을 늘

189 「樂浪丸이라 命名 大同江의 畫舫」, 『매일신보』, 1915년 9월 24일.
190 「錦繡島邊에 蕩瀁할 新畫舫」, 『매일신보』, 1915년 9월 5일.

〈그림 3-21〉 대동강의 화방(낙랑환)

어놓고도 30~40명 정도, 많으면 100명 정도가 승선할 수 있는 규모였다. 배 중앙에는 햇빛을 차단하는 장치를 하였고, 앞뒤에는 봉의 가슴과 같이 만들어 옛날 그림을 보는 듯 하였다고 한다.[191] 이에 평양명승구적보존회에서는 낙랑환 그림엽서를 발행할 정도였다.[192] 평양명승구적보존회가 발행한 것은 아니지만 낙랑환의 실제 모습은 〈그림 3-21〉과 같다.

그러나 다카하마 교시가 쓴 『朝鮮』의 주인공인 나(余)는 "그중 한 사람이 韓船에 타고 재미있게 휘어진 그 작은배를 모래 위로 올려 우리 네명은 배에 탔다"[193]고 한 바와 같이 이미 대동강에는 승객을 태우는 배가 운행되고 있었다. 물론 이 배가 놀잇배인지는 확인할 수 없으나 『朝鮮』의 나(余)는 이 배를 타고 대동강을 유람하였으므로 유람선의 기능을 하고 있었다고 할 수 있다. 어쨌든 당시 대동강에서 운행하던 배는 규모가 작은 것이었던 것은 분명하다. 그러므로 낙랑환과 같이 대규모의 배와는 차이

---

191 「錦繡島邊에 蕩瀁할 新畫舫」, 『매일신보』, 1915년 9월 5일.
192 「낙랑환회엽서간행」, 『매일신보』, 1915년 11월 2일.
193 高浜虛子, 『朝鮮』, 実業之日本社, 1912, 358쪽.

가 나는 것이었다. 이와 같은 사실이 알려지자 다카하마 교시는 평양명승구적보존회에 편지를 보내 자신의 원고료와 기타 문사 간의 기부를 모아 최대 4백 원을 기부하겠다고 약속하고, 놀잇배가 준공이 되면 평양을 다시 한번 방문하겠다고 약속하였다.[194]

그리고 평양명승구적보존회는 화가 다가키 하이스이(高木背水)에게 '평양12경(平壤12景)'의 제작을 의뢰하여 그중 수십 점을 기양(箕陽)구락부에서 전시하였다.[195] 이 '평양12경'은 다방(茶房)·능라도(綾羅島)의 소우(小雨)·을밀대의 춘(春)·부벽류·주암9(酒岩)의 원망(遠望)·전금문(轉錦門)(牡丹臺下)·기자묘·모란대의 전경·연광정(練光亭)·보통문(普通門)·선교리(船橋里)·칠성문의 원망(遠望)의 12작품으로서 평양명승구적보존회가 판권을 영구히 소유하였고, 조선물산공진회 평양협찬회에서 기념엽서로 제작하였다.[196]

그런데 식민지 조선인의 시각에서 볼 때 평양명승구적보존회의 '명승구적 보존' 활동은 다음과 같이 미미하였던 것으로 보인다.

> 古蹟保存會라고 하는 名義的, 看板的 會가 있다. 고적이 幾個處가 남아있고 겸하여 보존회라는 것도 있는 이상에 그 무엇을 보존하였는가. 甓瓦는 바람에 휘날려 여름비가 스며 새어 내리고 名筆詩客의 현판은 어느 盜心輩 모두 가져갔으며 踏坂圍垣은 어찌하여 모두 없어졌으며, 찬란하던 丹靑設備는 모두 蕭條零落하였으니 이것이 보존회의 보존한다는 방식이 그러하다 하면 다시 말할 것도 없거니와 그 보존방식이 그렇지 않다 하면 대개 그 이유와 심리를 묻고자 한다. 혹 수선도 한다고 하면 朝鮮式을 변하여 日本式으로 하니 그것이 보존인가. 아니 보존회 이름만을 보존한다는 말인가.[197]

---

194 「錦繡島邊에 蕩漾할 新畫舫」, 『매일신보』, 1915년 9월 5일.
195 「繪畫抽籤分配」, 『매일신보』, 1915년 6월 8일.
196 「12경회엽서」, 『매일신보』, 1915년 6월 27일.
197 「平壤漫筆 平壤古蹟과 公園」, 『동아일보』, 1921년 9월 14일.

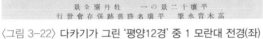

〈그림 3-22〉 다카기가 그린 '평양12경' 중 1 모란대 전경(좌)
〈그림 3-23〉 다카기가 그린 '평양12경' 중 3 을밀대(우)

〈그림 3-24〉 다카기가 그린 '평양12경' 중 5 연광정(좌)
〈그림 3-25〉 다카기가 그린 '평양12경' 중 6 보통문(우)

〈그림 3-26〉 다카기가 그린 '평양12경' 중 9 주암의 원경(좌)
〈그림 3-27〉 다카기가 그린 '평양12경' 중 11 을밀대의 봄(우)

위의 인용문에서 언급한 고적보존회는 평양명승구적보존회라 보인다. 이 고적보존회가 '명의적, 간판적'으로만 존재하고 실제 활동하지 않고 있으며, 과거 행해진 고적 보존 활동도 '名筆詩客의 현판은 어느 盜心輩 모두 가져갔으며 踏坂園垣은 어찌하여 모두 없어졌으며, 찬란하던 丹靑設備는 모두 蕭條零落'하고 '朝鮮式을 변하여 日本式'으로 한 것이라 비판하였다. 이로 보아 평양명승구적보존회의 보존 활동이 '보존'이 아니라 '일본식'으로의 수선과 수리를 통한 관광개발에 중점을 둔 것으로 이해할 수 있다. 그리하여 위의 인용문 필자는 평양명승구적보존회의 보존 활동의 실체를 다음과 같이 폭로하였던 것이다.

제1로 만수대 위에는 隆熙 2년에 건설한 故韓國皇帝陛下의 巡幸하신 紀念碑가 있는데 惶悚하나 紀念碑地坐石은 이리저리 떨어져서 없어지고 기념비 세운 지대 밖에는 임의로 왕래치 못하게 하였던 철사가 다 간곳이 없어졌으며 더욱이 무지각한 兒童輩가 함부로 지대상에 올라가서 碑面을 두들기며 지석을 崩落케 한다. 성의없는 고적보존회는 그러하려니와 당국자는 과연 눈이 있는가 없는가. 南門外 평양정거장을 들어서면 길쭉하고 삐죽지근하게 쪼아 세운 비석은 故伊藤統監의 무슨 기념비라고 한다. 伊藤君의 기념비 앞에는 철선이 그대로 있고 지대가 그대로 있어 하나도 훼손된 處가 없도록 하였으니 아 이것은 伊藤君이 日本人이 되었던 까닭인가. 그리고 檀君殿의 形像이 참담하게 된 것과 그밖에 여러 고적의 훼손된 것은 일일이 말할 수 없다.

제2로 練光亭, 大同門은 밤낮으로 쇠를 잠가두고 누구나 출입을 못하게 하며 누구나 한번 보려면 순사파출소에 가서 절이나 열댓번씩 하고 그래도 순사와 친근히 지내고야 된다. 그래서 연광정파출소 순사들은 연광정쇠(鍵) 하나가 큰 생색거리를 삼는다. 기백년 전부터 인민에게 公開視하던 연광정, 대동문을 기백년 후에 와서 폐쇄하는 것도 이상한 일이다. 일전에 어느 순사의 안면을 빌려가지고 대동문과 연광정에를 올라가 보았는데 박쥐(蝙蝠)의 오줌과 똥냄새에 골치가 아파서 古蹟이고 무엇이고 곧 내려오고 말았었다. 아, 이곳은 蝙蝠의 집이로구나. 사정이 많은 당국자는 빈민을 위하여 세놓아 먹을 집을 限三百間

짓는다더니 박쥐에게까지도 집을 빌려주는 모양이다. 박쥐에게 빌려주었으니 순사나 관리 이외에는 함부로 출입을 못하겠지. 함부로 출입하면 박쥐에게 가택침입죄를 입을 듯 하다.

　제3으로 平壤公園이라고는 瑞氣山 잔등에 기허□평이나 되는지 큰 사람의 잔등만치 큰 곳이 있는데 의자라고는 한 2, 3개 있다. 그리고 밤이면 전등도 켠다. 그곳은 관청이 많고 일인이 많이 거주하는 處인데 밤이면 나막신 끄는 소리가 많이 난다. 그래서 그곳을 누구나 일본사람 공원이라고 칭한다. 그리고 평양시 한 偶側인 까닭에 조선사람은 가기를 아니한다. 朝鮮人이 가는 곳은 萬壽臺를 공원으로 알고 항상 간다. 그래서 낮이나 밤이나 산보 삼아 消風 삼아 다수히 가는데 그곳에 전등 1개가 없으니 서기산공원에만 전등을 限한 것인가. 그밖에도 전등이 필요한 處가 다수한데 교통이 빈번한 本府前과 같은 등지에 필요한 것은 불구하고 눈을 꼭감고 있는 당국자는 혹시 불편한 事가 있었는가. 이밖에도 내가 느낀 바 소감이 많고 많으나 후일로 유예하고 이에 그치고자 한다.[198]

이렇게 보면 평양명승구적보존회와 평양부의 명승구적 보존 활동은 식민지 조선의 고적에 대해서는 방치 수준이었고, 일본과 관련있는 것만은 철저하였으며, 일본인이 주로 이용하는 공원과 조선인이 주로 이용하는 공원의 시설도 차별했다는 것을 알 수 있다. 이에 위의 인용문 필자로 여겨지는 동아일보 평양지국의 일기자는 1921년 가정공산전람회의 조선인 위원에게 전람회 개최 비용 중 남은 금전으로 고적수선에 나설 것을 촉구하였던 것이다.[199] 이러한 상황은 1930년대에까지도 지속된 것으로 보인다. 즉 〈그림 3-28〉, 〈그림 3-29〉에서 볼 수 있듯이 1933년 9월 11일 호우로 인하여 부벽루가 붕괴되었고, 대동문의 서남편 지대가 일부 붕괴하는 등 을밀대와 대동문도 극히 위험한 상태였다.[200] 뿐만 아니라 "대동문이 찌

---

198 「平壤漫筆 平壤古蹟과 公園」, 『동아일보』, 1921년 9월 14일.
199 「平壤漫筆 秋日의 平壤古蹟」, 『동아일보』, 1921년 10월 9일.
200 「부벽루 수리」, 『조선일보』, 1933년 9월 19일.

〈그림 3-28〉 1933년 9월 장마비로 인해 무너진 　〈그림 3-29〉 1933년 9월 장마비로 인해 무너진
　　　부벽루(『동아일보』 1933년 9월 14일)　　　　　부벽루(『조선일보』 1933년 9월 15일)

그러졌다는 것은 몇 해 전부터의 문제요, 연광정이 영락해진 것은 보기에
도 처참한 중 재작년 무너진 전금문은 다시 세울 길이 없어 그렇지 않아도
모란봉 일대의 적적함을 금치 못하던"[201] 상태일 정도로 평양의 명승고적
에 대한 관리는 제대로 이루어지지 않았던 것이다.

　이러한 상황 속에서 1935년 평양관광협회는 평양명승구적보존회와 협
의하여 전금문의 개축을 계획[202]하였고, 평양명승구적보존회는 이와 함께
부패가 심하고 퇴락이 우심하여 붕괴될 운명에 봉착하여 있는 칠성문, 보
통문, 대동문, 연광정, 부벽루 등 각 누문도 근본적 수축을 가하기로 결정
하였다.[203] 이를 위해 평안남도는 고적애호정신을 일반에게 고취하고자 평
양명승구적보존회를 확충하여 고구려, 낙랑, 이조시대의 유적을 유지, 보
관코자 기본금 조성을 계획하고 각군에도 고적보존회를 신설하여 사적과
고적을 보호, 수리하기로 결정하였다.[204] 이에 따라 평양명승구적보존회는
평양부로부터 3천 6백 원의 보조를 받아 기자정, 기자정전(箕子井田), 칠

---

201 「퇴락하는 명승」, 『동아일보』, 1933년 9월 15일.
202 「모란봉공원의 관문 전금문 개축 계획」, 『조선일보』, 1935년 2월 14일.
203 「고적보존회에서 전금문 개축 결의」, 『조선일보』, 1935년 4월 27일.
204 「고적보존회서 기금 조성 운동」, 『조선일보』, 1936년 4월 5일.

성문, 중흥사지(重興寺址) 수축, 고적 성명 표식 등과 청일전쟁 중에 탄환 세례를 받아 퇴폐가 심하고 지붕에 심한 손상을 입은 을밀대 위의 사허정(四虛亭)도 전체적으로 보강하기로 결정하였다.[205] 그러나 평양부는 보조금 지급의 여부를 결정하지 않아 고적 수선과 보강 공사는 시작하지 못하였다.[206] 이에 평양명승구적보존회는 1937년 재차 이 예산을 평양부에 신청하였고,[207] 칠성문은 개수가 결정되었으나 『조선일보』는 원형 보존에 실패한 연광정의 사례를 들어 칠성문은 원형을 보존하는 공사를 진행할 것을 요구하였다.[208] 오히려 시가지계획으로 인하여 고적이 알지 못하는 사이에 파괴를 당하는 형편이었다.[209]

이와 같이 평양명승구적보존회의 활동이 부진함에도 불구하고 도리카이(鳥飼) 평양중학교 교장, 와타나베(渡邊) 내무부장, 미야다테(宮舘) 평양부윤이 낙랑 및 고구려 고분의 발굴을 목적으로 고기물보존회(古器物保存會)를 설치할 계획을 수립[210]하여 회의 명칭을 낙랑유적보존회(樂浪遺蹟保存會)로 정하여 미야다테 평양부윤을 회장에 추대하고 약 10명의 고문과 위원을 선정하였다. 회의 사무는 유적 및 유물의 조사·수집·보존, 유물목록, 도보(圖譜), 출토지도의 작성으로 정하였다.[211] 그러므로 1920년대 중반 평양에는 평양명승구적보존회와 낙랑유적보존회의 두 개의 단체가 조직되어 활동하고 있었음을 알 수 있다. 이는 곧 평양명승구적보존회의 활동에서 낙랑과 관련된 것을 낙랑유적보존회에서 넘겨받은 것으로 보인다.

---

205 「평양부를 중심으로 고적보존을 계획 3천6백원의 보조로」, 『조선일보』, 1936년 6월 28일.
206 「風磨雨洗로 허물어지는 고적」, 『조선일보』, 1936년 10월 24일.
207 「평양명승구적 금년도 수리 계획」, 『동아일보』, 1937년 6월 30일.
208 「천여년 풍상에 朽落된 평양 칠성문 개수」, 『조선일보』, 1937년 12월 17일.
209 「시가지계획으로 파괴되는 고구려 고적」, 『조선일보』, 1936년 12월 22일.
210 「古器物保存會, 平壤に設置計畫」, 『京城日報』, 1924년 8월 23일.
211 「樂浪遺蹟保存會設立」, 『京城日報』, 1924년 8월 29일.

〈그림 3-30〉 **최승대 중건 모습**

1925년에는 평양부와 낙랑유적 보존회는 대동문 보수와 낙랑유물을 진열할 계획을 수립하여 평안남도에 지원을 요청하였다.[212] 또 1926년 평양명승구적보존회는 청일전쟁 당시 일제의 포격으로 파괴되었던 최승대를 3천 원의 예산으로 중건할 것을 결정하고 1927년 4월 28일 기공하였다.[213] 그리고 같은 해 11월 1일 이를 평양부에 기증하였다.[214] 평양명승구적보존회는 1928년에는 연광정, 관제묘, 을밀대, 대동문 등의 수선비로 5백원을 계상하였고,[215] 1933년에는 신축한 평양박물관이 소유한 동산과 부동산 전부를 평양부에 기증하기로 결정하였다.[216]

3. 일제하 사설철도의 관광개발

1) 사설철도의 관광개발론

일제하 국유철도는 간선으로서 경부선과 경의선이 한반도를 종단하였고, 경원선과 함경선 및 경인선은 횡단하고 있어 십자형의 간선망을 구축

---

212 「평양 대동문 수리와 고분 보존의 미거」, 『매일신보』, 1925년 3월 25일.
213 「錦繡江山 平壤 牡丹峯上에 最勝臺」, 『조선일보』, 1927년 8월 25일.
214 「평양 최승대를 평양부에 기부」, 『조선일보』, 1927년 11월 6일.
215 「구적수선비계상」, 『동아일보』, 1928년 2월 22일.
216 「신축 박물관 평양부에 기부 관람료 매인 10전」, 『동아일보』, 1933년 9월 3일.

하였고, 지방간선인 호남선·마산선·진남포선은 주요도시에서 각 무역항을 연결하고 있었다.[217] 이외에도 간선철도로부터 각 도읍에 이르는 선, 그 도읍으로부터 각 도읍을 연결하는 선, 간설철도와 다른 간선철도를 연결하는 선 등을 의미[218]하는 경편철도(輕便鐵道)(나중에 사설철도)도 부설, 운행되고 있었다. 특히 일제의 조선 강점 이전인 통감부 시기에는 철도 관영(官營)의 방침으로 민간에 경편철도의 허가를 일체 인허하지 않았으나 조선총독부 설치 이후에는 조선 개발상에 교통기관의 정비가 급무이므로 궤도조례에 의하는 경편철도의 부설청원은 그 청원자의 자격, 재산, 기타 부설 목적지가 경편철도를 부설할 필요가 있다고 판단되면 허가한다는 방침으로 변경되었다.[219]

그러나 『황성신문』 1905년 2월 23일부터 3월 2일까지 호남철도회사 총사무장 서오순(徐午淳) 명의로 강경철도를 불일간 기공하니 주주(股主)들은 의금액(義金額)을 은행에 입금하라는 광고가 있고, 1906년 2월에는 함흥−서호 간 경편철도를 일본공병 수십명이 부설하여 3월 말에는 개통될 것(「함서경철」, 『황성신문』 1906년 2월 19일)이라는 기사가 있는 것으로 보아 통감부 설치 이전에는 민간에 경편철도 부설을 허용하였던 것으로 보인다. 다만 통감부 설치 이후인 1907년 경성군 오촌−용성리 간에 경편철도 부설을 일본군 여단장이 청구하였다는 것[220]과 1909년 철광을 경영하던 일본인 후지야마(藤山定七)가 황주정거장−경주방(景州坊)까지 경편철도를 부설하여 1909년 12월 1일부터 개통하였다는 것[221], 또 충북 황간군에서

---

217 南滿洲鐵道株式會社庶務部調査課, 『朝鮮の私設鐵道』, 南滿洲鐵道株式會社, 1925, 3쪽.
218 「경철예정선의 조사」, 『매일신보』, 1913년 2월 1일.
219 「경편의 허가 방침」, 『매일신보』, 1911년 6월 8일.
220 「경철부설청구」, 『황성신문』, 1907년 4월 9일.
221 「경철개통」, 『대한매일신보』, 1909년 12월 2일.

흑연회사를 경영하는 일본인이 경철 부설을 하는데 제1구간은 1919년 3월에 준공 예정이며, 제2구간인 황간군 서면-상주군 득수면 간의 경철을 기공하고910년 3월 15일 기공하였다.[222] 또 김기태(金琪邰), 서진욱(徐珍旭), 후쿠이(福井), 오노(大野), 오이케 다케시다(大池竹下)가 진삼궤도회사(晉三軌道會社)를 조직하고 마산 이사청을 경유하여 통감부에 진주군-삼천포 간의 경철 부설을 청원하였다.[223] 진삼궤도회사는 자본금 20만 원의 주식회사로서 기존 해창에서 이루어지던 화물운송을 대체할 목적이었다.[224] 그러나 진삼경철은 수차례 부설 기간을 어겼기 때문에 조선총독부로부터 설립인가를 받지 못하였다.[225] 1910년 5월에는 일본인 와다(和田)가 천안-온양온천 노선의 경철 부설을 청원하였다.[226] 이로 보아 통감부는 군사용이나 산업용 경편철도의 부설은 허용하였던 것으로 보인다. 그러므로 앞에서 통감부가 경편철도의 부설을 일체 인허하지 않았다는 것은 경부철도나 경의철도와 같이 승객을 수송하는 경편철도를 의미하는 것으로 보아야 한다고 생각한다.

그러나 1898년 경성전기주식회사가 설립되어 경성부내에 전차를 운행하기 시작한 이래 1909년에는 부산에서 조선와사전기주식회사가 설립되어 부산진-동래와 부산부내를 운행하는 전차와 증기차를 운행하였다.[227] 이 회사들은 경성과 부산부내를 중심으로 운행하는 전차회사였다고 할 수

---

222 「경철부설」, 『대한매일신보』, 1910년 3월 30일.
223 「진삼경철청원」, 『경남일보』, 1910년 4월 4일.
224 「진삼경철」, 『경남일보』, 1910년 4월 24일.
225 「진삼경철불인허」, 『경남일보』, 1910년 12월 11일.
226 「경철청원」, 『대한매일신보』, 1910년 5월 5일.
227 조선사설철도협회, 『조선사설철도협회회보』 창간호, 1920년 12월, 21~22쪽. 그런데 "鷺梁等也에 日人 稻田이 原設鐵道外에 一帶鐵道를 私設ᄒ얏ᄂ디 犯入田土及結卜을 尙未措劃이기로 京仁鐵道監督이 日領事에게 照會ᄒ야 卽刻辦給ᄒ라ᄒ얏더라"(「일인의 사설철도」, 『황성신문』, 1900년 6월 28일.)라는 것으로 보아 1900년에는 경인선 연변에 일본인이 불법적으로 사설철도를 부설하였던 것으로 보인다.

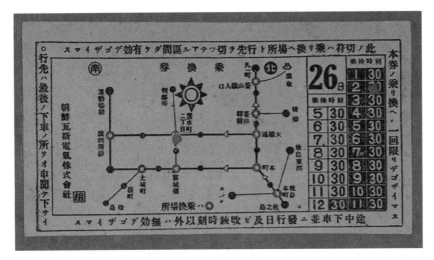

〈그림 3-31〉 조선와사주식회사철도 부산지역 운행노선도

있다. 특히 부산진—동래온천장 구간은 증기철도로서 조선 최초의 사설철
도였다.[228] 이로 보아 조선와사전기회사에 경편철도가 허가된 것은 일종의
특혜라 할 수 있다.

한편 1910년 이래 일본 내에서 경편철도 보조에 대한 논의가 시작되
고 1911년 4월 경편철도보조법이 통과되자 조선총독부도 이러한 분위기
에 편승하여 경편철도의 속성 보급을 목적으로 간선과 연선을 보조하는 것
에 한해 경편철도보조법을 응용하여 경철 보조를 내의[229]함으로써 앞에서
언급한 바와 같이 조선총독부가 경편철도 허가 방침을 수립한 것이라 할
수 있다. 그리고 1912년 조선총독부기 이를 조선경편철도령의 제정으로
제도화하자 조선내에서 경편철도를 부설하려는 움직임이 일어나기 시작하
였다. 즉 1912년 전남 광주에서 호남선 정거장인 송정리까지 경편철도를

---

228 『朝鮮鐵道四十年略史』, 朝鮮總督府鐵道局, 1940, 466쪽.
229 「輕鐵補助議」, 『경남일보』, 1911년 1월 16일.

부설하여 광주와 호남선을 연결하자는 논의가 제기되었고,[230] 전주-이리 간의 테오시(手押)경편철도 부설도 추진되었다. 1911년말부터 논의된 전주-이리간 경편철도 부설 논의는 1912년 6월 9일 전주의 고다 나오유키(甲田直行), 시바다 가네카즈(柴田兼克), 기타모토 마쓰지로(北本松次郎), 시가히슌(志賀日俊), 우치노미야 마사후사(內宮正房), 이데이 쓰루타로(出井鶴太郎), 요쿠치 요시키치(湯口良吉) 등과 군산의 오자와 도주로(大澤藤十郎)외 6명, 이리의 에다요시 모토노부(枝吉元信) 외 2명이 참여하여 경편철도발기회를 열고 다음의 결의하였다.[231]

1. 全裡輕鐵 예정 노선의 일부를 변경하여 東山村으로부터 大場村을 經하여 裡里의 至할 사
2. 전리경철 총자본금을 12만 원으로 하여 반액을 발기인이 인수하고 반액은 일반에 모집하되 만약 응모액이 부족하면 이를 발기인이 또 인수하되 단 발기인의 引受株數는 최저를 30주로 할 사
3. 창립사무소는 전주에 치할 사
4. 설립상무위원 5명(전주 2명, 군산 2명, 이리 1명)을 치할 사

전리경편철도(全裡輕便鐵道)는 1913년 1월 9일 조선총독부의 승인을 받았고,[232] 2월 3일 발기인 총회를 개최하여 창립위원 10명을 선정하였다.[233] 또 조선총독부는 1912년 7월 2일 조선와사전기주식회사에 동래-울산-경주 노선, 경주-대구 노선, 경주-포항 노선의 신설을 허가하였다.[234] 강릉의 이근우(李根宇)는 지역 자산가와 협력하여 강릉-주문진을 연결하는 협

---

230 「광주경철문제」, 『매일신보』, 1912년 3월 30일.
231 「경철발기회」, 『매일신보』, 1912년 6월 27일.
232 「경철인가와 발기회」, 『매일신보』, 1913년 1월 18일.
233 「경철발기인의 총회」, 『매일신보』, 1913년 2월 14일.
234 「경철시설승인」, 『매일신보』, 1912년 7월 26일.

궤식 경편철도를 계획하였고,[235] 경성의 한 유력자는 충남 홍주-서천-군
산을 연결하는 경편철도의 부설을 계획하였다.[236]

〈그림 3-32〉 전주역

〈그림 3-33〉 이리역 앞 도로

또 1913년에는 6월에는 조선인과 일본인 유지가 발기한 광주-송정리
노선의 경편철도이 허가되었고,[237] 오쿠라구미(大倉組)는 평북 박천군 남
면-덕안면 노선의 경편철도를 착공하였다.[238] 그리고 12월 8일 대구-안
동 노선의 경편철도 발기인회가 개최되었다.[239] 또 도쿄(東京)의 자본가 무
다구치 겐가쿠(牟田口元學) 외 5명이 자본금 3백만 원의 조선경편철도주
식회사를 설립하여 조선와사전기주식회사의 동래선을 매수 후 대구, 경
주, 포항, 장생포, 동래 간의 협궤철도를 부설할 계획을 수립하였다.[240] 이
로 보아 10% 내외의 경편철도회사의 이윤을 보장하는 방향으로 조선총독
부의 정책이 변경될 가능성이 보이자 조선 내의 자본가의 투자는 물론이고
일본으로부터 투자도 이루어지고 있음을 확인할 수 있다.

---

235 「강릉경철계획」, 『매일신보』, 1912년 8월 29일.
236 「경펄부설계획」, 『매일신보』, 1912년 9월 27일.
237 「호남경철의 허가」, 『매일신보』, 1913년 6월 14일.
238 「박천경철의 기공」, 『매일신보』, 1913년 10월 2일.
239 「大安間 경철 청원」, 『매일신보』, 1913년 12월 12일.
240 「조선경철의 계획」, 『매일신보』, 1913년 7월 19일.

이처럼 경편철도 허가 방침이 확정된 이후 조선의 각 지역에서는 경편철도 부설이 계획되고 또 2~3지방에서는 인가를 받았으나 모두 기공이 연기되었다. 그 이유는 일본내의 이율이 8~10% 정도가 되는 상황에서 경편선 개업 이후 수년간은 투자액에 대한 무배당 혹은 저율 배당을 감수해야 하는데 투자자들이 이를 수용하지 않았기 때문이었다. 이에 대해 조선총독부는 다음과 같이 설명하였다.

> 사설철도를 유치하고자 해도 조선의 실정에 어두운 일본 내의 자본가에게 투자를 요구하는 것은 종종 곤란했다. 하등의 금전적 호조건을 제시하지 않으면 사설철도의 유치는 무리였다. 1914년 9월에 경편철도 보조내규를 정하고 동시에 보조예정선을 선정하여 보조명령서를 교부해 보조를 개시하기로 했다. 즉 전북경편철도주식회사에 보조금을 교부한 것이 제1호였다. 그 무렵 보조의 방법은 정부가 예산에 보조금을 계상하고 의회의 통과를 거쳐 보조명령서를 교부하는 방법이었기 때문에 기간도 1년에 한정되었고 매년 갱신하여 보조를 계속해 가는 것이었다. 보조의 내용은 철도회사의 불입주금에 대해 이익금이 일정한 비율에 달하지 못할 때는 그 부족액을 보급한다.[241]

이와 같이 조선총독부는 일본 자본을 유치하기 위하여 사설철도회사에 보조금을 지급하는 방법을 채택하였다. 동시에 조선 내 실업가의 자본으로 경편철도를 설치하도록 하기 위해서는 10% 내외의 배당을 할 수 있도록 하거나 국비로 보급이자(補給利子)를 하부할 것을 제안하면서 1914년 예산에 이를 반영할 것을 주장도 제기되었다.[242] 그 결과 조선총독부는 1914년 조선경편철도령 보조내규를 제정하여 납입주금액의 6% 상당액까지 경편철

---

241 鮮交會, 『朝鮮交通回顧錄(行政編)』, 三元社, 1981, 22쪽.
242 「조선경철의 계획」, 『매일신보』, 1913년 3월 4일.

도회사에 보조할 수 있게 하였다.[243] 이에 따라 1914년 조선총독부는 11개의 경편철도 및 궤도를 허가[244]할 정도로 경편철도 부설이 활기를 띄었다. 기본 보조는 1918년 6월 7%, 1919년 10월 8%로 증가하였고, 1921년 4월 법률로 제정되어 8%로 유지되다가 1934년 3월 6%, 1939년 3월 5%, 1944년 2월 5%로 감소하였다.[245] 조선경편철도령 보조내규가 1921년 법률로 제정되기 전까지는 조선총독부가 책정한 예산 범위 내에서 보조금을 지급할 수 있도록 하였으나 법률 제정 이후에는 한도를 정하여 지급하도록 하였으므로 경편철도, 즉 사설철도에 대한 조선총독부의 지원이 강화되었던 것으로 이해할 수 있다.

그러나 조선총독부의 의도와는 달리 일본 자본가들은 보조금을 매년 갱신해야 받을 수 있다는 불안감을 갖고 있었기[246] 때문에 식민지 조선의 경편철도에 대한 투자를 망설였다. 조선총독부교통국은 이를 다음과 같이 파악하였다. 첫째, 자본축적이 높지 않으므로 일본 민간자본에 의존한 사철 부설이 불가피하며, 둘째, 일본에서 사철 부설은 직간접적 수익을 기대할 수 있었지만 조선에서는 직접적인 수익성 확보마저도 곤란하였고, 셋째, 조선에서 사철 부설은 일본과 비교하여 장거리였고, 막대한 부설비와 장기간이 소요되었다는 것이다.[247] 이에 조선총독부는 경편철도 보조금을 법제화하여 투자자를 안심시키는 방향으로 정책을 변경하여 조선사설철도 보조법을 추진하였던 것이다.

이를 위해 조선총독부는 1919년 제국의회에 법안을 제출하였으나 법

---

243 정안기, 「식민지기 조선사설철도보조법의 연구」, 『경제사학』 63, 경제사학회, 2017, 70쪽.
244 「경철궤도상황」, 『매일신보』, 1915년 2월 4일.
245 정안기, 앞의 논문, 70쪽, 〈표 1〉.
246 鮮交會, 『朝鮮交通回顧錄(行政編)』, 三元社, 1981, 22~23쪽.
247 정안기, 앞의 논문, 69쪽.

안은 통과되지 않고 1921년에야 통과되었던 것이다. 이는 제1차 세계대전의 종전 이후 일본 국내의 과잉된 자본을 식민지 조선에 투자함으로써 자본의 위기를 극복하려 한 일본 정부와 자본가의 전략이었다는 측면도 있다. 이러한 점을 이용하여 조선총독부는 일본 내의 자본을 조선의 사설철도에 유치하기 위하여 앞에서 본 바와 같이 사철보조율을 1918년 7%에서 1919년 8%로 인상하였던 것이다. 이에 대해『매일신보』는 다음과 같이 보도하였다.

> 今期 議會에 협찬을 經한 조선 관계의 법률안 중 조선경편철도 보조법 중 개정의 건에 就하여 당국의 설명을 依한 즉 조선의 산업개발, 本線 培養을 위하여 조선 내에 민간 출자에 의한 ▲경편철도 부설은 大히 환영하는 바로 당국에서도 此 助成의 방침으로 年年 투자액에 대하여 연 7分利에 待하기까지 補給을 爲하는 바인데 此의 7분 보급이라 云함은 금일까지 총독부의 內規로 정한 것이요 법률에 의하여 정한 것은 아니라. 從하여 매년의 총독부 예산에 輕鐵의 보조금을 계상하나 혹은 불성립에 終하고 혹은 삭감되는 사가 有한 경우는 ▲민간의 계획에 대하여 여하히 하던지 원조의 방법을 講키 불능한 상태에 在하였고 동시에 又 민간 투자가에서도 補給을 得할 줄 信한 것이 혹은 여하한 당국의 의향에 의하여 보급을 得치 못하기에 至할는지 未知이므로 계획을 躊躇하는 자가 無치 않으므로 若法律에 의하여 확실히 보장되게 되면 기업가도 사업 진척상 甚히 편리하겠으므로 玆에 당국도 과거 ▲5년간 보조의 실적에 徵하고 尙將來 著實한 기업가를 위하여 此를 법률로 정하여도 하등 불편이 生치 아니할 줄 확신을 有하기에 至하여 今期 의회에 제출케 된 것이라. 又此法律案은 종래 내규에 의한 것과 大差가 無히 7分의 利에 달하기까지 즉 회사에 5分의 이익이 有한 시는 2分을, 이익이 無한 경우는 7分의 전액을 보급하는 것이요, 결손은 보급되지 아니하는 것이라더라.[248]

위의 인용문에서 볼 수 있듯이 조선총독부는 경편철도보조율을 7%로

---

248 「경철보조법안 내류를 법률로 공포」,『매일신보』, 1919년 1월 15일.

규정한 조선경편철도령 보조내규를 법률로 제정하려 하였으나 제국의회에서 통과되지 못하였다. 그리하여 1920년 조선사설철도령을 제정하여 제도를 정비함과 동시에 앞에서 본 바와 같이 1921년에야 조선사설철도보조법(법률 제34호)을 제국의회에서 통과시킬 수 있었던 것이다. 이 과정에서 조선총독부가 조선중앙철도주식회사와 전북경편철도주식회사에 1919년 하반기의 불입자본의 8%를 보조[249]하면서 이것이 법률로 확정된 것이 아닌가 생각된다. 이에 따라 〈표 3-6〉과 같이 1915년부터 1944년까지 조선사설철도 보조금이 지급되었다.

〈표 3-6〉 **조선사설철도 보조금**[250]   (단위: 엔)

연도	금액	연도	금액	연도	금액
1915	10,000	1925	3,891,000	1935	4,850,000
1916	39,000	1926	3,890,000	1936	4,032,000
1917	48,000	1927	4,124,000	1937	3,011,000
1918	126,000	1928	5,245,000	1938	2,943,000
1919	213,000	1929	5,156,000	1939	5,134,000
1920	695,000	1930	4,694,000	1940	5,134,000
1921	1,346,000	1931	4,800,000	1941	6,403,000
1922	1,837,000	1932	5,000,000	1942	5,815,000
1923	2,752,000	1933	5,000,000	1943	6,541,000
1924	3,258,000	1934	5,000,000	1944	7,228,000
누계					108,215,000

이처럼 조선총독부가 경편철도를 민간자본으로 건설하려 한 이유는 간선철도로는 오지에 대한 개발이 어렵고 조선총독부의 재정상태로는 무한히 새로운 철도를 부설할 수 없었기 때문이었다. 그리하여 조선총독부는 "국

---

249 「경철과 보조금 年 8分 未確定」, 『매일신보』, 1919년 10월 21일.
250 鮮交會, 『朝鮮交通回顧錄(行政編)』, 三元社, 1981, 26쪽.

제3장 조선총독부의 관광개발 355

유철도의 건설을 촉진함과 동시에 민간자본으로 간이한 경편철도를 부설하는 것이 급무"라 판단하고 "사설철도로 건설에 적합한 장소를 선정하고 이에 필요한 자료를 공개하여 민간에 호소하는 한편 기준이 되는 법령의 제정을 서둘러 일본의 경편철도법을 모방하여 '조선경편철도령'을 시행하여 유치를 도모"하였던 것이다.[251] 이후 1913년에 이르기까지 조선총독부는 수시로 지방에 직원을 파견하여 향후 부설을 요하는 경편철도 예정선로 및 그 연선 오지의 경제상태, 교통관계, 철도간선과 지방 시장과의 연락 등에 대해 상세하게 조사하였다. 또 조선의 경편철도망을 만들어 지방산업의 개발에 이바지하고 간선철도를 배양한다는 취지 하에 이 조사의 결과를 기초로 지방교통의 상황을 시찰하고 부설의 완급을 작량(酌量)하여 이를 대구–포항선 외 13개선의 제1기선과 26개선의 제2기선의 선로를 사정하였다. 그리고 이를 1913년 조선총독부 토목회의에 제출하여 심의를 마치고 가능한 한 민간기업을 장려, 조성하여 부설, 경영시킬 것을 방침으로 수립하였다.[252] 1913년 광주–송정리 구간의 경철 건설과정에서는 "정거장의 위치는 광주의 장래에 지대한 관계가 유한 즉 一朝其宜를 失할 時는 발전을 阻碍함이 적지 않을지라. 고로 여사한 문제는 廣傳히 공론을 聽하여 광주 장래를 위하여 가장 공평무사한 단안을 내"려야 할 것이라 하였다.[253] 이는 경철의 건설이 지방 발전, 즉 지방의 산업개발에 크게 기여한다는 것을 의미하는 것이라 할 수 있다. 이는 〈표 3–7〉에서 볼 수 있듯이 사설철도회사의 목적에서도 확인할 수 있다.

---

251 鮮交會, 『朝鮮交通回顧錄(行政編)』, 1981, 11쪽.
252 『朝鮮鐵道四十年略史』, 朝鮮總督府鐵道局, 1940, 466쪽.
253 「광송경철과 정거장」, 『매일신보』, 1913년 7월 22일.

회사	목적
양강척림철도주식회사	북부 조선지방에서 다음의 철도 운수업을 영업함 함경북도 古茂山에서 茂山을 거쳐 舍水로 가는 철도 함북 길주에서 합수를 거쳐 함경남도 혜산진에 이르는 철도 立木의 매매, 벌목, 運搬製材 및 목재의 판매 앞의 사업에 부대하고 지방개발을 위해 필요한 농업, 수리사업, 식림사업 및 토지, 건물의 취득, 경영, 처분 및 貸借 앞의 각호의 목적에 관련한 일체의 업무
함흥탄광철도주식회사	석탄 채굴 및 판매 철도운수업 제기계 제조, 판매 및 수리 전기 각항에 부대하는 일체의 사업
금강산전기철도주식회사	조선경편철도에 근거하여 강원도 철원군 철원역에서 회양군 화천리 부근에 이르는 사이에 철도를 부설하고 통천군내에서 수력전기를 발생하고 이를 동력으로 여객, 화물의 운수에 관한 일반의 업무를 경영함
조선중앙철도주식회사	철도운수업 및 그 부대사업을 영업함
조선경남철도주식회사	조선 충청남도 서천군 마동면 수동리에서 경기도 안성 간에 궤도 폭원 4척 8촌 반의 증기철도를 부설하고 일반 여객, 화물의 운송 및 이에 부대하는 해상연락운수 및 토지경영, 창고업
조선사업철도주식회사	조선 각지에서 철도운수 및 창고업 연선, 기타에서 富源의 개발 및 척식상 필요한 사항 앞의 각항에 부대하는 제반의 사업
조선삼리철도주식회사	조선 함경남도 함흥군 함흥, 평안북도 후창군 후주 고읍 간에 경편철도를 부설하고 여객 및 일반 무역의 운수 및 이에 부대하는 사업
남조선철도주식회사	경남 마산, 진주, 하동, 전남 구례, 곡성, 전북 순창, 전남 광주, 송정리 간 및 전북 남원군 원촌, 전주 간을 연락하는 경편철도를 부설하고 일반 운수업 및 부대사업으로 토지 개척, 식림, 창고운송업, 의탁매매업 및 그 사이에 이에 관련한 업무를 영업함
서선식산철도주식회사	조선에서 철도운(수—인용자) 및 척식상 필요한 諸種 (운—인용자)수 사업
전북경편철도주식회사	경편철도를 부설하여 여객, 화물의 운수 및 영업상 필요한 철동업 및 영업상 이익이라 인정되는 부대사업의 경영
남만주태흥합명회사	조선에서 철도건설 및 일반 여객, 화물의 운수

이를 위해 조선총독부철도국은 일제의 조선 강점 이전에 제정된 대한제국의 국유철도규칙, 경부철도합동조관 및 경인철도부설허가에 관한 문서

---

254 조선사설철도협회, 『조선사설철도협회회보』 창간호, 1920년 12월, 21~22쪽.

〈그림 3-34〉 개천경편철도 금룡수도 부근의 경치

등과 「외국에서 부설하는 철도회사에 관한 칙령」(1900년 9월 14일 법률 제87호) 및 부속 법령에 준거하고 1912년 조선경편철도령 및 부속법규를 제정[255]함으로써 식민지 조선에 사설철도 관련 법규를 마련하였다. 이로써 조선총독부의 사설철도정책의 기본틀이 마련되었다고 할 수 있다.

1920년 6월 말 조사에 따르면 1913년 1월 9일 설립 허가되어 1914년 11월 17일부터 운수를 개시한 전북경편철도주식회사는 이리−전주간을 증기차로 운행하였고, 1916년 설립 허가된 조선중앙철도주식회사는 대구−포항, 포항−학산, 서악−불국사 구간을 1917년 11월부터 운행을 시작하였다. 특히 서악−불국사 노선은 1918년 제2회 경북물산공진회의 개최와 직접적인 관련이 있어 관광개발과 관련이 있다고 할 수 있다.[256] 1919년

255 『朝鮮鐵道四十年略史』, 朝鮮總督府鐵道局, 1940, 466~467쪽.
256 「경주불국사간 경철」, 『매일신보』, 1919년 3월 30일.

설립된 서선식산철도주식회사는 내토−상해 구간을 운행하였다.[257] 이외에
도 금강산전기철도주식회사, 조선경남철도주식회사, 조선경동철도주식회
사 등이 설립되었다. 또 기존의 사설철도회사도 새로운 구간을 개설하여
운행하는 등 일제하 사설철도의 건설과 운행이 활발하게 이루어졌다. 그
결과 1922년 현재 〈표 3−8〉과 같이 사설철도가 운행되었다.

〈표 3−8〉 1922년 운행되고 있는 사설철도[258]

회사	구간	거리(km)	궤간 (척, 촌)	동력	정거장 및 정류소 수	부설허가일	개업일
전북경편철도 주식회사	이리−전주	15.5	2.6	증기	7	1913.1.9	1914.11.17
价川輕便鐵道淡 輪雅信	신안주−개천 개천−천동	18.4 4.6	2.6	증기	8	1916.5.13. 1917.12.3	1916.5.15. 1918.12.1
조선중앙철도 주식회사 대구선	대구−학산 서악−울산	65.1 26.9	2.6	증기	27	1916.2.15	1917.11.1. 1918.10.31
서선식산철도 주식회사	토내−상해 사리원−신천	9.4 21.8	2.6	증기	16	1919.5.16	1919.5.20. 1920.12.21
도문철도주식회사	회령−종성	31.5	2.6	증기	10	1919.8.13	1920.1.5
조선중앙철도 주식회사 조치원선	조치원−청주	14.1	4.85	증기	6	1917.8.18	1921.2.1
조선경남철도 주식회사	천안−예산	25.2	4.85	증기	7	1919.9.30	1922.6.1
남조선철도 주식회사	송정리−담양	22.7	4.85	증기	8	1918.7.13	1922.7.1
조선와사전기 주식회사	부산진−동래	5.8	2.6	증기 전기 병용		1909.6.29	1909.12.1
세국탄입 주식회사	함흥−장풍리	15.6	2.0	인력		1916.9.29	1917.10.16
합계		276.6					

257 조선사설철도협회, 『조선사설철도협회회보』 창간호, 1920년 12월, 21~22쪽.
258 朝鮮總督府官房鐵道部, 『私設鐵道及軌道統計年報』, 1922, 6~7쪽.

그리고 공사 중이거나 운행을 하지 않는 노선은 〈표 3-9〉와 같다.

〈표 3-9〉 공사 중이거나 운행하지 않는 사설철도(1922년)[259]

회사	구간	거리 (km)	궤간 (척, 촌)	동력	면허연월일
조선중앙철도주식회사	울산-동래 울산-장생포 청주-충주	34.7 5.2 43.5	2.6 2.6 4.85	증기	1916.5.15. 1916.5.15. 1917.8.18
남조선철도주식회사	담양-마산 원촌-전주	138.3 46.6	4.85	증기	1918.7.13
조선삼림철도주식회사	함흥-장진 장진-후주-고읍 장진-만포진 오로리-한대리 풍상리-장풍	92.3 52.0 74.7 53.2 1.7	2.6	증기	1919.6.13. 1919.6.13. 1920.12.10. 1920.12.10. 1922.6.9
양강척림철도주식회사	고무산-합수 길주-혜산진	120.0 85.0	3.6	증기	1919.6.12
금강산전기철도주식회사	철원-김화	63.0	4.85	전기	1919.8.12
조선경남철도주식회사	군산대안-예산 천안-안성	73.3	4.85	증기	1919.9.30
서선식산철도주식회사	신천-저도 석탄-해주 신천-용당포 이목-장연 가국리-문정리	29.0 32.9 47.4 18.6 3.2	2.6	증기	1919.10.10. 1919.10.10. 1919.10.10. 1919.10.10. 1923.2.16
조선산업철도주식회사	김천-안동 맹중리-희천	73.0 77.0	3.6 4.85	증기	1919.10.16
북선철도주식회사	나진-훈융	85.0	4.85	증기	1920.2.27.
북선흥업철도주식회사	회령-금동	46.5	4.85	증기	1920.2.27
조선경동철도주식회사	수원-여주	43.1	4.85	증기	1920.3.3
도문철도주식회사	종성-농관진	4.5	2.6	증기	1920.3.29
경춘전기철도주식회사	경성-춘천	49.6	3.6	전기	1920.10.18
합계		1,393.2			

〈표 3-8〉, 〈표 3-9〉에서 볼 수 있는 바와 같이 일제하 조선의 사설철
도는 전북경편철도주식회사와 개천경편철도담륜아신, 조선중앙철도주식회

---

259 朝鮮總督府官房鐵道部, 『私設鐵道及軌道統計年報』, 1922, 8~9쪽.

사, 남조선철도주식회사, 제국탄업주식회사를 제외하면 대부분 1919년과 1920년 사이에 설립이 집중되었음을 알 수 있다. 이는 조선 강점 이후 조선총독부의 지배정책이 실시된 것으로 볼 수도 있으나 시기적으로는 3·1 운동 직후이므로 조선총독부가 이른바 '조선인의 민심'을 수습하기 위해 급히 추진한 것으로도 볼 수 있을 것이다.

그리하여 조선총독부가 문화통치를 표방하면서 내놓은 지침서 같은 성격의 문서인 『조선에서의 신시정(朝鮮に於ける新施政)』에 "사설철도에 관하여는 작년(1920) 6월에 新히 조선사설철도령을 제정하여 그 동력을 증기력, 전기력 등의 기관력에 한정하며, 궤간은 4척 8촌 반을 원칙으로 하고 기타 사설철도회사의 증자, 사채, 합병 등에 관한 규정을 設하며, 또 철도 및 궤도의 영업에 관한 제령을 개정하여 민간기업의 편익을 도모"[260]한 다고 하였던 것이다. 즉 조선사설철도령의 제정이 사설철도와 궤도의 영업에 '민간기업의 편익을 도모'할 목적으로 제정되었음을 밝힌 것이다. 그러므로 조선사설철도령은 민간자본을 유치하기 위한 제도적 정비의 일환이었음을 확인할 수 있다.

이에 따라 〈표 3-7〉과 같은 사설철도의 증설은 조선상업회의소와 같은 재조 일본인 자본가와 조선인 자본가의 요구에 따른 것이기도 하였다. 즉 조선총독부가 사설철도를 지방 개발의 한 축으로 설정하였기 때문에 지방 유지들과 자본가들로 구성된 각지의 상업회의소는 조선 전체와 각 지역의 교통망을 완성하기 위해 조선총독부와 일본 정부가 힘써 줄 것을 적극적으로 요구하기 시작[261]하였고, 이들은 〈표 3-10〉과 같이 관설, 사설철도에 대한 다양한 요구를 하였다.

---

260 『朝鮮に於ける新施政』, 朝鮮總督府, 1921, 36쪽.
261 전성현, 「일제하 조선 상업회의소의 철도부설운동(1910~1923)」, 『석당논총』 40, 동아대학교부설 석당전통문화연구원, 2008, 227쪽.

〈표 3-10〉 조선 상업회의소의 철도관련 요구사항(1917~1920)[262]

연도	요구사항	요구주체
1917	부산울산선 부설	부산
	평원선 부설	평양, 진남포, 원산
1918	**평원선 부설**	평양, 진남포, 원산, 연합회(1)
	충남선 부설	군산
	대구안동선 부설	대구
	호남선 개선	목포, 군산, 연합회(1)
1919	경편철도 보급을 위한 적극적 보호장려책	대구, 연합회(임시)
	평원선 부설	평양, 진남포, 원산, 연합회(임시)
	호남선 개선	목포, 군산, 연합회(2)
1920	**평원선 예산 부활**	평양, 진남포, 원산, 연합회(임시)
	경의경부선 복선	부산
	호남선 개선	목포, 군산
	철도간선의 수송력 충실(경부경의선 복선)과 양양선의 속성(사설철도 속성을 위한 보조 및 합동)	부산, 대구, 연합회(3)
	조선철도의 개수 및 신설, 속성 건설비 충실 요망	경성, 연합회(3)
1920	**평원선 부설비 요망**	원산, 만선연합회[263](3)
	전선의 철도망 속성	전선실업가유지간화회
	산업철도회사 해산 반대와 철도의 근본개선 청원	경성, 연합회(임시)
	평원선 예산 요망	평양, 원산, 진남포, 연합회(임시)

※참고 : 굵은 글씨는 관설철도에 대한 요구사항임.

〈표 3-10〉에서 볼 수 있듯이 부산·평양·진남포·원산·목포·군산·대구·경성 등 조선 각 지역의 상업회의소와 만선상업회의소연합회·전선실업가유지간화회 등은 철도의 신설과 복선화 등을 요구하였다. 상업회의소와 전선실업가유지간화회는 각 지역의 상공업자와 실업가가 중심이 된 단체이므로 그들의 경제적·지역적 이익을 목표로 한 요구였음이 분명하다고 할

---

262 전성현, 「일제하 조선 상업회의소의 철도부설운동(1910~1923)」, 『석당논총』 40, 동아대학교부설 석당전통문화연구원, 2008, 227쪽, 〈표 1〉 조선 상업회의소의 철도관련 요구사항(1917~1920).
263 만선상업회의소연합회이다.

수 있다. 이는 앞에서 언급한 바와 같이 조선총독부가 경편철도의 건설을 지방산업 개발의 주요한 방편으로 상정하고 있었기 때문에 가능하였다. 이 결과 한 연구에서는 일제하 사설철도는 지역개발노선, 산업개발노선, 군사노선으로 구분하였다. 이 연구에서는 지역개발노선의 성격을 갖는 것으로는 전북경편철도주식회사의 이리-전주 노선, 조선중앙철도주식회사의 대구-학산, 조치원-충주, 경주-울산 노선, 남조선철도주식회사의 송정리-광주-담양, 마산-진주 노선, 조선산업철도주식회사의 김천-안동 노선, 서선식산철도주식회사의 상해-해주, 사리원-장연 노선, 양강척림철도회사의 길주-혜산진 노선, 금강산전기철도주식회사의 철원-내금강 노선을 들었고, 산업개발노선으로는 함흥탄광철도회사의 함흥-서호진, 함흥-장풍리 선, 개천철도주식회사의 신안주-천동 노선, 조선삼림철도회사의 함흥-상롱, 풍상-함남 노선, 조선산업철도회사의 맹중리-박천 노선, 양강척림철도회사의 고무산-무산 노선을 들었다. 그리고 군사노선으로는 도문철도회사의 회령-동관진 노선, 조선철도주식회사의 창원-진해노선을 들었다.[264]

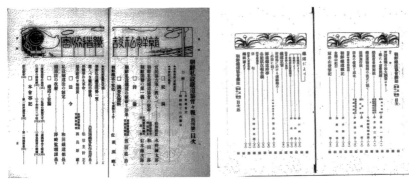

〈그림 3-35〉 『조선사설철도협회회보』 창간호 목차 〈그림 3-36〉 『조선철도협회회지』 3-1(1924년 11월)

264 송미경, 「일제강점기 사설철도회사의 설립과 조직(1910~1926)」, 동국대학교대학원 석사학위논문, 2015, 27~32쪽, 〈표 4〉·〈표 5〉·〈표 6〉.

그리하여 조선총독부는 1912년 조선경편철도령을 공포했고, 1914년에는 6%를 표준으로 보조금을 지급하기로 하였다. 이는 조선 내의 경편철도의 경영은 가능한 한 민간기업에 위임한다는 방침에 따라 기업을 장려하기 위한 것이었다.[265] 또한 명령보조의 사설철도 보조 정책을 실시하였고, 1921년에는 조선사설철도보조법을 공포하여 사설철도업의 육성을 제도화하였다. 이에 식민지 조선 내 사설철도업자들은 자신들의 이익을 관철하기 위하여 1920년 조선사설철도협회를 조직하였고, 1922년에는 국유철도를 포함한 조선철도협회가 조직되었던 것이다.

2) 사설철도의 관광개발

앞에서 보았듯이 조선총독부는 식민지 조선의 사설철도의 보급 목적을 지방개발에 큰 비중을 두었다. 이는 1920년 조선사설철도협회설립취의서에도 "조선에서의 富源의 개발, 산업의 진흥에서 나아가 그 통치, 국방에 이르기까지 하나로 철도사업의 완성에 기대하지 않는 바 없다. 이는 즉 총독부의 보호, 장려하에 국유 본선과 脉絡上 연계하고 각지에 다수 사설철도의 계획을 본 까닭"[266]이라고 한 것에서도 알 수 있다. 또 서선식산철도주식회사의 상무취체역인 가타 나오지(賀田直治)는 조선사설철도의 사명을 다음과 같이 열거하고 있다.

   1. 지방물산의 개발 증식을 도모하고 가치를 증진하는 것
   2. 토지의 이용 가치를 증진하는 것
   3. 未開한 삼림, 광산 또는 불모지, 간사지 등의 개척을 늘리는 것

265 朝鮮總督府, 『朝鮮施政ノ方針及實績』, 1915, 433쪽.
266 「設立趣意書」, 『朝鮮私設鐵道協會會報』 창간호, 朝鮮私設鐵道協會, 1920, 1쪽.

4. 이민지 또는 신촌락의 건설을 수반하는 것
5. 공업의 발흥을 원조하는 것
6. 국방 또는 경비상의 편의를 제공하는 것
7. 일본 자본 및 일본인을 조선에 도입하는 것
8. 일본과 조선자본의 제휴 및 일선인 융화를 실현하는 것[267]

이러한 가타 나오치지의 주장은 일제가 대륙으로 발전하고 국력을 번성하게 하는 국가적 사명을 띠는 것, 즉 대륙침략에 협조해야 한다는 것이며, 조선의 사설철도는 다음을 고려해야 한다고 사설철도의 방향을 제시하였다.

1. 영업은 각사 각선이 각각의 특색에 따라 경영하나 항상 相助相援하는 방침을 가질 것
2. 조선통치 방침에 협조하고 관민의 和衷, 협동, 노력 경영의 풍조를 진작할 것
3. 조선산업의 지도, 개발에 임할 것 또는 장소에 따라 토지경영, 광산경영 또는 창고경영 등을 병영할 것
4. 전 사철선의 대동맥인 국유본선과의 연락협조를 모자적으로 친밀, 양호하게 할 것[268]

결국 가타 나오지는 사설철도라 하더라도 일제의 대륙침략정책에 협조하는 한편 토지·광산·창고 경영 등을 통해 지역산업개발에 참여하는 것으로 정리하였다. 이러한 그의 생각은 여타 사설철도 경영자의 생각과 크게 다르지 않았을 것이며, 조신중앙철도주식회사와 서선식산철도주식회사와 같이 온천이나 유명 사적지를 지나는 노선을 가진 사철은 관광개발을 주요

---

267 「朝鮮私設鐵道の使命と效果」, 『朝鮮私設鐵道協會會報』 창간호, 朝鮮私設鐵道協會, 1920, 12쪽.
268 「朝鮮私設鐵道の使命と效果」, 『朝鮮私設鐵道協會會報』 창간호, 朝鮮私設鐵道協會, 1920, 12~13쪽.

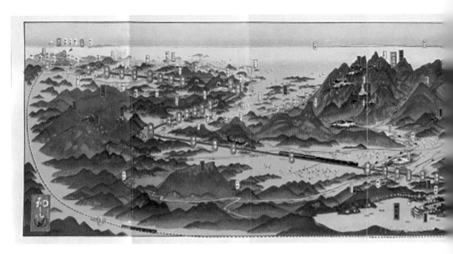

〈그림 3-37〉 온양온천안내도

한 사업 분야로 설정하였다. 더욱이 금강산전기철도주식회사는 관광개발
을 목적으로 설립되었다. 이는 사이토 마코토(齋藤實) 총독이 "산업의 발
달은 교통운수기관의 정비에 기대하는 바가 많으므로 이 점에 관해서는 예
산이 허락하는 범위 내에서 충분히 소홀히 하지 않았다. 전체 조선인의 동
화는 일반 산업의 발달을 필요로 하므로 이에 대해서는 시의에 맞게 조치
하였고, 사설철도의 경영과 같은 것은 이미 허가했던 것"이라고 하여 사설
철도산업과 같은 산업정책을 동화주의의 틀에서 설명하였다.

이와 같이 조선총독부는 사설철도의 부설을 지역 개발의 한 수단으로
간주하였다. 이는 일제하 조선의 사설철도는 여객과 화물 수송만으로는 경
영에 어려움이 예견되므로 각 지방의 천연 풍광, 기타를 이용하여 관광개
발을 통해 사설철도의 경영을 원활하게 하고 나아가 지방 발전에도 기여
한다는 구상으로 기성 도시를 연결하여 여객과 화물 수송을 통해 경영하
던 일본의 사설철도회사와는 비교되는 것이었다.[269] 이처럼 일제하 조선의

---

269 「사철의 부대경영 건설보급문제」, 『동아일보』, 1921년 8월 3일.

사설철도회사는 여객과 화물 수송만으로는 수익을 창출할 수 없어 토지·
광산·창고·관광 등의 부대사업을 통해 수익을 창출하지 않으면 안되었고,
앞에서 본 바와 같이 조선총독부로부터 보조금을 지급받았던 것이다.

　일제하 사설철도회사의 관광사업은 크게 온천개발과 여관 경영, 그리
고 금강산전기철도주식회사의 금강산관광개발을 들 수 있다. 먼저 근대의
온천개발은 대한제국기부터 이루어지고 있음을 확인할 수 있다. 인천 함
릉가상회(咸綾加商會)에서 경영했던 온양온천장은 경부선 정거장에서 온
천장까지 서양 의자가 놓인 가마(轎, 혹은 수레)를 이용하여 욕객의 편의
를 제공하였다.[270] 그러나 천안의 도로 사정이 좋지 않아 관광에 곤란하므
로 1905년 가을 천안과 온양군수에게 도로를 수축하게 할 계획[271]을 세워
1906년 4월 7일 도로 공사를 시작하였다.[272] 이 공사는 일본측이 1일 60
전씩 하는 일당을 33전씩만 지급하였기 때문에 노동자들을 모을 수 없게

270 「온천개시」, 『황성신문』, 1905년 6월 13일.
271 「溫泉修道」, 『황성신문』, 1905년 6월 23일.
272 「溫泉治道」, 『황성신문』, 1906년 4월 16일; 「溫陽治道」, 『황성신문』, 1906년 5월 10일.

〈그림 3-38〉 온양온천역 길

〈그림 3-39〉 동래온천장 욕장길

되자 천안과 온양 군수에게 역군 1천여 명씩을 모아달라는 요구를 하는 등 관권을 동원하였고, 소용되는 나무는 무단으로 벌목하여 소유주의 원성을 사는 등 침략적인 작태를 보였다.[273] 더구나 이 과정에서 천안군수의 머리를 담뱃불로 지지고 온양군수를 위협하기도 하였다.[274] 이에 온양군수 권중억은 일본인 아지토 도쿠사이(網戸得哉)의 행패를 내부에 보고하였다.

그리고 1909년에는 천안정거장에서 온양온천장까지 마차 통행이 가능할 정도로 도로를 개수할 계획을 수립하였다.[275] 실제 온양군수는 농번기임에도 불구하고 촌민을 동원하여 도로를 개수하다 경비 부족으로 중단하게 되자 관찰부에 보조금을 요청하였다.[276] 1909년 3월에는 그를 중심으로 한 일본인들이 자본금 10만 원으로 온양온천주식회사를 설립하였다.[277] 그리고 1910년에는 일본인 와다(和田)가 통감부에 천안-온양간 경편철도를 부설하겠다는 청원을 하였다.[278] 이 노선은 일본 천장절인 1909년 11월 3일에는 부산진-동래온천장까지의 경편철도를 개통할 예정[279]으로 공사를 진행하였다. 이와 같은 온천 개발을 위해 1908년 통감부 내부 위생국은 함경북도 12곳을 포함한 전국의 온천을 조사하였다.[280]

이는 앞에서 언급한 바처럼 일본군 요양소의 설치와 무관하지 않은 것으로 보이나 일제의 조선 강점 이후에는 관광개발과 관련하여 활용되었을 것으로 생각한다. 1906년에는 일본군주차군 사령부의 요구로 온양온천에

273 「泉道民困」, 『제국신문』, 1906년 5월 16일.
274 「勒役蔑禮」, 『대한매일신보』, 1906년 4월 17일.
275 「온천치도」, 『대한매일신보』, 1909년 4월 1일.
276 「온천의 修道」, 『황성신문』, 1909년 6월 13일.
277 조형열, 「근현대 온양온천 개발 과정과 그 역사적 성격」, 『순천향인문과학논총』 29, 순천향대학교 인문학연구소, 2011, 149쪽.
278 「경철청원」, 『대한매일신보』, 1910년 5월 5일.
279 「大速成鐵路」, 『황성신문』, 1909년 7월 17일.
280 「위생국의 온천 조사」, 『황성신문』, 1908년 9월 24일.

요양소를 설치를 계획하면서 토지 소유주에게 배상할 계획을 수립[281]하였으나 1만 5천 평이나 되는 대지를 차지하고 또 부근에 육군목욕탕을 또 건축하여 기존하였던 원천(原泉)은 수원(水源)이 감축하여 장차 폐지될 지경에 이를 정도였다.[282] 이 과정에서 분묘 수십기가 요양병원 수용지에 포함[283]되어 묘지를 옮겨야 하는 상황이 되었다. 이는 온천에 요양병원과 육군목욕탕을 건설하면서 지역민의 경제는 고려하지 않아 지역민의 생활에 어려움을 초래하고 있음을 보여주는 것이었다. 1908년 12월 20일 동래온천장의 일부가 일본군 위술병원(衛戍病院)의 요양소가 되었다.[284] 또 1910년 1월에는 함북 경성군 주을면 온천평의 온천을 일본군이 전지용양지로 점령하려 하여 거주민들의 경제적 권리를 침탈할 것이라는 보도가 있었다.[285] 일제의 조선 강점 직후에도 충북 연풍군 주재 헌병분견소는 수안보온천을 수선하고 일본인 여관의 설립을 허가할 계획하였다.[286] 이처럼 일제는 조선의 온천 중 일부를 일본군의 요양처로 활용하려 개발하였던 것이다.

앞에서 본 온양온천이나 동래온천의 경우는 군사적 목적과 관광적 목적이 동시에 이루어진 경우이지만 일제의 조선 강점 이전에는 일본군에 의해 온천이 요양소로 개발되었다. 그러나 일제의 조선 강점 이후에는 관광을 목적으로 한 온천개발이 이루어지기 시작하였다. 1910년 9월 평양-강서군 온천리 온천장 간의 도로 건설이 계획되었고,[287] 평남 용강군 서면온

---

281 「민토배상」, 『대한매일신보』, 1906년 8월 9일; 「溫泉病療廠」, 『만세보』, 1906년 8월 9일; 「溫泉減縮」, 『대한매일신보』, 1907년 5월 28일.
282 「일인의 溫湯移築」, 『황성신문』, 1907년 5월 16일.
283 「온천감축」, 『대한매일신보』, 1907년 5월 28일.
284 「溫泉亦變」, 『대한매일신보』, 1909년 2월 10일.
285 「온천장탈」, 『황성신문』, 1910년 1월 7일.
286 「연풍의 온천」, 『매일신보』, 1911년 4월 11일; 「수안온천경영」, 『경남일보』, 1911년 4월 17일.
287 「岐陽溫泉間 道路工事」, 『매일신보』, 1910년 9월 9일.

천은 평양위술병원에서 요양소를 설치한 후 일본인 목욕탕이 설치되어 하루 약 150명에 달하는 온천객으로 번성하였다.[288] 뿐만 아니라 광량만-용강온천 간의 도로공사도 1912년 3월 중 준공할 예정[289]이라는 것으로 보아 용강온천에 이르는 교통로의 설치가 이루어지고 있음을 알 수 있다.

조선총독부의원의 모리야스(森安) 박사 일행은 1913년 2월 17일 부산 해운대온천을 조사하여 해운대온천 개발을 시작하였다. 이 지역은 풍광이 풍부하고 해수욕에도 적합하여 이미 이완용, 송병준, 조중응 등이 토지를 매수하여 평당 1전 정도하던 지가가 2~3원으로 등귀하였다.[290] 이에 따라 동래온천 주변은 별장 신축과 각종 사업이 번성하고, 동래-경주간 경편철도 부설 계획 등으로 인하여 토지가가 등귀하였다.[291] 그리고 1913년에는 동래읍 남문-해운대 온천장까지 도폭 4간의 도로 공사를 계획하여[292] 1915년 경상남도로부터 금정산의 소나무 3,044본을 무상으로 받아 벌채하는 한편 4월부터 공사에 착수하여 자동차와 마차의 통행이 가능하도록 하였고 2~3인이 자동차 영업을 위해 인가를 신청[293]하여 1916년 7월 16일 동래남문역-해운대온천장을 구간으로 모리모토구미(森元組)가 인가를 받아 편도 25전, 왕복 50전의 요금으로 8인승 마차 2대로 영업을 개시하였다.[294] 한국와사전기주식회사는 1913년 4월 25일 동래-해운대간의 경편철도를 계획하고 인가를 신청[295]하였으나 인가를 받지 못하고 1916년 부산진-해운대-기장-울산으로 이어지는 해안선의 부설 필요성이 제기

---

288 「최근의 평양 용강온정의 개축」, 『매일신보』, 1912년 3월 10일.
289 「최근의 평양 광량만 용강온천간 도로」, 『매일신보』, 1912년 3월 10일.
290 「해운대의 온천 유망」, 『매일신보』, 1913년 3월 2일.
291 「동래온천 부근의 발전」, 『매일신보』, 1912년 3월 2일.
292 「해운대도로개착」, 『매일신보』, 1913년 4월 13일.
293 「海雲臺道路着工」, 『朝鮮時報』, 1915년 2월 21일.
294 「海雲臺行馬車」, 『釜山日報』, 1916년 7월 20일.
295 「해운대경철계획」, 『매일신보』, 1913년 5월 3일.

<그림 3-40> 해운대의 여름

되었다.[296] 또한 해운대온천장 경영영자인 이와나가(岩永米吉)가 1917년 일본의 자산가 요다(依田善六)와 공동으로 대욕장을 건설하여 1917년 7월 낙성을 예정하였다.[297] 이처럼 해운대온천이 개발되면서 사설철도회사가 주도한 것은 아니지만 도로가 신설되고 경편철도의 부설이 추진되는 등 관광개발이 이루어졌다.

일본인 신문인『조선시보(朝鮮時報)』는 1917년 7월 3일과 5일자에 해운대온천·동래온천·유성온천·온양온천·용강온천·금강산 온정리온천을 조선의 6대 온천이라 소개하였다.[298] 이 기사에 따르면 철도가 개통된 곳은 동래온천 외에는 아직 없다. 해운대온천은 1일 자동자가 3회 왕복하고 동래에서 마차는 30전, 인력거는 50전에 운행하며, 동래까지는 부산에서 전차로 갈 수 있으며, 3개의 여관이 영업한다고 소개하였다. 동래온천은 부산에서 전차로 갈 수 있으며 여관과 기타 설비가 완비되어 있다고 소개하였다. 대전온천주식회사가 운영하는 유성온천은 설비가 완비되었으나 교통기관이 충분하지 않아 대전에서 마차는 30전, 인력거는 75전에 운행하며, 일본인 여관이 2개가 있다고 소개하였다.

---

296 「海雲臺と鐵道」,『朝鮮時報』, 1916년 7월 4일.
297 「부산 해운대에 대욕장을 건축」,『매일신보』, 1917년 5월 6일.
298 「朝鮮の六大溫泉」,『朝鮮時報』, 1917년 7월 3일; 「朝鮮の六大溫泉」,『朝鮮時報』, 1917년 7월 5일.

온양온천주식회사가 운영하는 온양온천은 욕장과 여관이 완비되었고, 개인이 운영하는 여관도 있으나 설비가 충분하지 않으며, 천안에서 매일 자동차가 운행되는데 요금은 70전이었다고 소개하였다. 용강온천은 진남포에서 요금 1원 50전으로 1일 1회 운행하는 자동차가 있었고, 내탕(內湯)을 가진 일본인 여관이 2곳, 공동욕탕을 이용하는 조선인 여관이 수 개가 있다고 소개하였다. 금강산 온정리온천은 욕장 설비만 완전하고 교통편이 불편하여 장전에서 요금 30전의 마차와 50전의 인력거가 운행되며 철도호텔 외수 개소의 일본인 숙옥이 있다고 소개하였다.

이렇게 보면 1917년 현재 조선의 6대온천 중 철도가 운행되는 곳은 동래온천뿐이었음을 알 수 있다. 그러나 1921년 서선식산철도주식회사가 재령-신천 구간을 개통하여 온천리역을 설치하고, 경남철도주식회사[299]도 천안-온양온천리 구간을 개통하는 등 관광개발에 나서고 있다. 1922년 온양역 다음 역인 선장리에서 온천을 발견하여 온천 성분을 분석하고 이를 개발할 계획을 수립하였다.[300] 또한 천안-온양-예산-광천에 이르는 노선의 연선에는 온양온천만이 아니라 덕산온천과 도고온천까지 새로 발견되어 온천을 중심으로 한 유람지로서의 가치를 인정받았다.[301] 이외에도 온양온천 주변의 관광자원으로 용산위수병원요양소, 온양공원(혜파정[惠波亭], 함락당[涵樂堂], 신정비[神井碑], 영혼대[靈魂臺] 등)과 이순신사당, 청일전쟁으로 친숙한 아산읍, 김옥균묘, 백석포의 기암 등이 있다.[302] 그럼

---

299 경남철도주식회사는 1919년 9월 천안역을 기점으로 충남 서부 해안가로 남하하여 군산 대안에 이르는 구간과 천안에서 북상하여 안성에 이르는 구간의 철도 부설권을 얻었고, 1920년 자본금 1천만 원 규모의 회사를 설립했다.(철도청, 『한국철도100년사』, 1999, 447쪽.).
300 「경남철도 연선에 온천 신발견」, 『매일신보』, 1922년 11월 17일.
301 「慶南鐵道沿線の農産鑛業と林業及經濟狀態と同鐵道の勢力範圍 有名な稷山金鑛や溫陽溫泉かあるり 拓殖遊覽共に有望」, 『京城日報』, 1925년 8월 16일.
302 「美人となれる溫陽の溫泉 避暑避寒の好適地」, 『京城日報』, 1925년 8월 16일.

〈그림 3-41〉 철원여관 도시락 포장지

〈그림 3-42〉 외금강역(상), 장군성에서 본
채하봉(중), 내금강역(하)

에도 불구하고 "온천 경영 당초의 경영이 불충분한 결과 온양온천이 예로
부터 상당한 가치를 인정받았음에도 불구하고 경영자(온양온천주식회사-인용자)의 무
지"[303]로 인하여 온천 경영이 어려워지자 경남철도주식회사는 1926년 11월
온양온천주식회사를 인수하여 온양온천 개발에 직접적으로 뛰어들었다. 이
를 위해 경남철도주식회사는 30만 원을 차입하여 이를 회사매수비 7만 원,
토지매입비 10만 원, 욕장 신설비비 9만 원, 옥외 낙원설비비 3만 원, 구
건축물 개량비 2만 원 등으로 사용할 예정이었다.[304] 토지매입비 10만 원은
부근의 토지 21만 평을 매수[305]에 사용하도록 하였고, 1926년 7월 20일 온

303 阿部辰之助, 「慶南鐵道溫陽溫泉の實況」, 『朝鮮鐵道協會雜誌』 6-4, 1927, 54쪽.
304 「온양온천을 대개선하여 일대낙원지 신설?」, 『매일신보』, 1926년 9월 3일.
305 「온양온천 유원화 경남철도에서」, 『중외일보』, 1926년 12월 30일.

양공원을 조성하여 문을 열었다.[306] 1927년 2월 27일에는 전기회사 설립을 인가받아 유원지와 지역민에게 공급하도록 하였다.[307] 그리고 다음과 같이 온천개발을 계획하였다.

> 원래 경남철도는 이 온양온천을 매수함은 단지 온천 경영만이 아니라 대강을 오사카부 밖의 □塚을 모방하여 경비 40만 원을 투자하여 현재의 湯口를 중심으로 본관을 건축하고 여기에 남녀별 대공동욕장, 家族專用貸室, 대휴게실, 도서관, 玉突場, 매점, 이발관, 사진촬영소 등을 설치하고 여기에 부속 유람 설비로서는 온양공원 내에 현대적 각종 아동용 운동장 및 유희 기구의 설비를 하고 蓮池花壇을 만드는 외에 장외에 소동물원, 식물원을 만들고 주위의 작은 언덕에 벗나무, 단풍나무, 철쭉 등 수만주를 식수할 계획[308]

이외에도 경남철도주식회사는 이미 테니스장을 설치하였고, 야구장과 연예장도 설치할 계획이었다.[309] 이렇게 관광시설을 정비한 후 경남철도주식회사는 온양수리조합 저수지 즉 경남철도주식회사 수중누각 소재 연못에서 1928년 1월 29일 전국 스케이트 대회를 개최를 예정하였는대, 대회 당일에는 조선총독부철도국 노선은 20%, 경남철도주식회사선은 50% 할인하기로 하여 관중, 즉 승객의 확대를 꾀하였다.[310]

희곡작가 남우훈(南又薰)은 자신이 5년 전 즉 1924년에 동래온천에서 하루동안 지냈던 경험으로 "내가 본 東萊溫泉은 그다지 조흔 곳은 되지 못하엿다. 엇되인 都會地 비슷한 곳에 지하에서 소사 나오는 온천 이외에는 무엇하나 취할 것이 업는 것이 東萊溫泉이다. 소위 산책할만한 장소 한곳

---

306 「溫陽公園開き」, 『京城日報』, 1926년 7월 23일.
307 「놀이터와 전기 설치 삼남의 낙원된 온양」, 『매일신보』, 1927년 3월 2일.
308 「五十度の溫泉が1日1萬石以上出る」, 『朝鮮新聞』, 1927년 8월 14일.
309 「五十度の溫泉が1日1萬石以上出る」, 『朝鮮新聞』, 1927년 8월 14일.
310 「溫陽溫泉で全鮮スケート大會」, 『釜山日報』, 1928년 1월 26일.

업시 無味乾燥하기 짝이 업다. 梵魚寺와 海雲臺가 좃타하나 온천장에서는 넘어 떠러저 잇다. 東萊溫泉에서는 온천장으로서의 아모 늣김도 엇지 못하엿다."[311]고 하였다. 그러나 1929년 온양온천에서 수일을 지낸 그의 온천관은 다음과 같이 변하였다.

> 朝鮮에 잇서 온천장이 娛樂場化하게 된 것은 머지 안이한 과거에서
> 부터이다. 약10년전만 하여도 온천이라면 환자나 갈 곳으로밧게 생각
> 지 안이하여서 병자의 요양지이던 것이 現今에는 요양보다 오락이 압
> 흘 서게 되엇다. 그리하여 겨을이면 有閒階級의 유원지가 되는 것이다.
> (중략) 여관에는 京城사람인 듯한 젊은 양복신사 두사람이 잇고 농촌사
> 람인 듯한 中老人 4,5인이 잇슬 뿐이다. 나의 방은 두 양복 신사가 잇
> 는 방과 마조 향한 곳이다. 나는 무엇보다도 목욕이 급하였다. 여관 안
> 내자에게 浴場잇는 곳을 무럿더니 그는 자기가 욕장까지 안내하겟다
> 함으로 나는 그를 딸아 여관을 나섯다. 여관에서 욕장까지는 오분가량
> 걸닌다. 욕장근처에는 日本사람들의 주택 여관 상점 등이 온천을 선두
> 로 나라니(列)를 하고 잇다. 그리고 우리네의 거리(街)에서 볼 수 업는
> 활기를 그곳에서 보게 된다. 朝鮮의 도시가 모다 그리한 것과 가티 조
> 고마한 온천장까지도 그들의 독무대가 되고 잇다.[312]

일본인들에 의해 온천장 주변이 개발되어 '우리네 거리'에서 볼 수 없는 여관과 상점이 즐비한 상업지로 변화한 결과 5년만에 남우훈의 온천관이 변하였던 것이다. 이는 결국 경남철도주식회사가 온양온천을 '오락장화'하여 '유한계급의 유원지'가 된 결과였다고 볼 수 있다. 그는 "コンナ所デ獨リハ 寂シイデショウネ(이런 곳에서는 혼자는 외롭지요)"라고 말한 여급의 "방탕한 말"에 놀라며 이 '유한계급의 유원지'의 모습을 다음과 같이 묘사하였다.

---

311 남우훈, 「溫陽溫泉揷話」, 『별건곤』 24, 1929, 12, 9~10쪽.(국사편찬위원회 한국
     사데이터베이스에서 인용).
312 남우훈, 「溫陽溫泉揷話」, 『별건곤』 24, 1929, 12, 10쪽.(국사편찬위원회 한국사
     데이터베이스에서 인용).

여관에 도라와 저녁밥을 먹고나니 별로히 나갈 곳도 업고 하여서 잡
지를 보고 잇느라니까 마즌편 양복쟁이 두사람이 목욕을 하고 오는지
손에 수건을 들고 들어온다. 그리고 그들 뒤에는 먼저 보지 못하던 치
마 짧은 여성 한분이 따라들어 온다. 나희는 20전후인 듯한 젊은 여성
이다. 그들 세사람은 모다 한방으로 들어간다. 그리고 그들은 무엇인
지 엽헤 사람도 들을 수 업슬 만치 수군수군하더니 여관집 하인을 불
너 무슨 음식을 식히는 모양이다. 오후 9시반이나 되엿슬 때이다. 저녁
은 먹엇슬 터인데 또 무엇을 먹나 하엿더니 한시간쯤 이나서 淸料理가
그방으로 들어간다. 그들은 음식이 오는 동안에 별로히 떠들지도 안이
하고 花鬪만 탁탁치고 잇슬 뿐이엿다. 청요리가 들어온 후에 그들은 비
로소 이웃 방에서 들일 만치 떠들기 시작한다. 술잔이 멧차레나 돌앗는
지『나는 고만 먹겟서. 취하면 엇지하라고』하는 여성의 술사양하는 말
이 끗나기도 전에『어제 저녁만치만 먹어라』너털 우슴을 웃는 남자의
술 권하는 소리가 호기스럽게 들닌다. 그리자 또 한남자가『이건 모양
보나? 서울서는 요리집 술이 모자라나 해보자 하던 것이』한다. 그 여성
이 妓生의 假裝인 것을 알게 되엿다. 밤이 이슥토록 그들은 술을 마시
는 모양이다. 나종에는 술취한 여성의 亢奮된 소리와 남자의 慰撫하는
소리가 그방에서 새여 나오기 시작하엿다.

밝은 날 나는 목욕을 하고는 공원으로 산보를 나갓다. 공원은 그다지
크지는 못해도 遊戲場까지 잇고 뺀취도 노혀 잇는 것이 극히 아담하여
보엿다. 공원에는 젊으니와 늙으니 그리고 병자들의 말업는 발걸음이
交叉하고 잇다. 나는 어제밤 젊으니들의 享樂을 생각하며 더러지는 나
무닙 모양으로 시드러 가는 병자들의 體軀를 볼 때에 인생이 도로혀 적
막한 것이 로구나하엿다.[313]

이에 따르면 온양온천은 후술하는 신천온천의 경우와 마찬가지로 술마
시고 기생이 여관에 출입하는 풍기문란의 장소였으며, 동시에 요양소의 공
원이 있는 근대적 도시였던 것이다.

한편 1905년 경부철도주식회사는 경주관광을 직접적인 목적으로 한

---

313 남우훈,「溫陽溫泉挿話」,『별건곤』24, 1929, 12, 11쪽.(국사편찬위원회 한국사
데이터베이스에서 인용).

것이 아니지만 부산-울산-경주를 연결하는 지선의 부설을 계획하였다.[314] 1916년 7월 18일에는 조선경철주식회사가 제1기선인 대구-경주노선 설치를 위한 실측에 착수[315]하여 1918년 9월 1일부터 영업을 시작하였다.[316] 그런데 대구-포항행 열차는 경주역에 들리지 않고 서악역에서 서천변을 따라 금장역으로 연결되어 이 열차를 탄 경주 시내 방면의 승객은 "서악 정거장에 당도하여 울산행 경철을 바꾸어 타고 천년고도의 폐허인 느낌이 멀리 바라보기만 하여도 간절한 경주읍을 향하여 들어갔다"[317]고 한 것처럼 서악역에서 환승하거나 자동차를 이용하여야 하였다.[318]

이처럼 경주에 사설철도가 부설되면서 경주는 수학여행지로 각광을 받게 되었다. 1918년 중앙학교 SH생은 동료들과 경성을 떠나 대구에서 1박한 후 경편철도를 타고 경주여행을 하였고,[319] 1918년 11월에는 배재고 등보통학교 교사 이중화(李重華)가 본과 2학년과 고등과 4학년 학생들을 인솔하여 조선 역사상 유명한 고적(古蹟) 및 승지(勝地)를 순람(巡覽)하기 위해 경주에 수학여행을 갈 수 있었고, 1920년 5월 7일부터 본과 1, 2학년 43명과 고등과 3, 4학년 35명이 경주수학여행을 하였던 것이다.[320] 보성고보 학생 25명[321]과 휘문고보[322]도 경주를 수학여행하였다. 1921년에는 보성고보

314 「千枝萬葉」, 『제국신문』, 1905년 4월 28일.
315 「輕鐵實測開始」, 『釜山日報』, 1916년 7월 18일.
316 「慶州より」, 『釜山日報』, 1918년 9월 4일. 이 노선에는 동촌역, 반야월역, 청천역, 하양역, 금호역, 영천역, 임포역, 아화역, 서악(경주)역의 9개 역이 있었다.(「輕鐵慶州行賃金」, 『朝鮮時報』, 1918년 8월 7일.).
317 「千年古都를 찾아서-慶州見學團隨行記(3)」, 『조선일보』, 1925년 11월 6일.
318 김신재, 「1920년대 경주의 고적조사·정비와 도시변화」, 『신라문화』 38, 동국대학교 신라문화연구소, 2011, 345쪽.
319 「경주행」, 『매일신보』, 1918년 10월 15일.
320 「培材慶州記行(1)」, 『매일신보』, 1920년 5월 27일.
321 「보성교수학여행」, 『동아일보』, 1920년 5월 21일.
322 「휘문교수학여행」, 『동아일보』, 1920년 6월 6일.

4학년 30여 명[323]과 3학년,[324] 동래고보,[325] 송도고보,[326] 대구공립농업학교 1학년 학생 78명도 경주·영천·포항으로 수학여행을 하였고,[327] 중앙고보 3, 4학년 학생들도 경주로 수학여행을 하였다.[328] 1922년 평양의 광성고등보통학교도 3, 4학년생,[329] 개성의 송도고등보통학교 4학년,[330] 함남교원양성소 생도 35명,[331] 마산 창신학교[332]등이 경주로 수학여행을 하였다. 특히 영일군 송라면청년회(松羅面靑年會)는 고적탐승단을 조직하여 경주를 관광하였다.[333] 1923년에는 연희전문,[334] 동래고보 3학년 학생,[335] 송도고보,[336] 대구명신여학교,[337] 보성고보,[338] 양정고보,[339] 중동학교,[340] 배화여학교,[341] 충남사범학교,[342] 평양고보,[343] 정신여학교,[344] 배재고보[345] 등이 경주로 수학여행을 하였다. 특히 경주고적보존회진열관의 관람객은 1922년 조선인 7,978명,

323 「보성고보수학여행」, 『동아일보』, 1921년 5월 17일.
324 「보성고보수학여행」, 『동아일보』, 1921년 10월 9일.
325 「도래고보수학여행」, 『동아일보』, 1921년 5월 19일.
326 「松都高普校生過邱」, 『동아일보』, 1921년 5월 27일.
327 「농교수학여행」, 『매일신보』, 1921년 10월 3일.
328 「중앙고보수학여행」, 『동아일보』, 1921년 10월 13일.
329 「광성보고수학여행」, 『매일신보』, 1922년 5월 11일.
330 「송도고등교여행」, 『매일신보』, 1922년 5월 15일.
331 「敎員養成所生徒來慶」, 『동아일보』, 1922년 10월 31일.
332 「각교수학여행」, 『동아일보』, 1922년 11월 16일.
333 「송라청년고적탐상」, 『동아일보』, 1922년 4월 20일.
334 「연희전문학생래경」, 『동아일보』, 1923년 5월 9일.
335 「동래고보생견학」, 『동아일보』, 1923년 5월 17일.
336 「송고보생래경」, 『동아일보』, 1923년 5월 23일.
337 「명신여생래경」, 『동이일보』, 1923년 6월 9일.
338 「보성고보생래경」, 『동아일보』, 1923년 10월 13일.
339 「양정고보생래경」, 『동아일보』, 1923년 10월 13일.
340 「중동학생래경」, 『동아일보』, 1923년 10월 16일.
341 「배화학생래경」, 『동아일보』, 1923년 10월 16일.
342 「충남사범생수학여행」, 『동아일보』, 1923년 10월 18일.
343 「평양고보생래경」, 『동아일보』, 1923년 10월 19일.
344 「정신여학생래경」, 『동아일보』, 1923년 10월 19일.
345 「배재학생래경」, 『동아일보』, 1923년 10월 25일.

일본인 5,230명, 외국인 15명으로 총 13,223명이고, 1923년에는 조선인 5,913명, 일본인 4,236명, 외국인 3명으로 10,152명이었다.[346] 그런데 1923년 통계는 5월이나 6월을 기준으로 한 것으로 보이므로 1923년 전체를 추측한다면 1922년보다는 많았을 것이라 생각된다.

한편 1924년에는 배재고보,[347] 대전중학교 5학년 학생,[348] 동래공보 3, 4학년 학생,[349] 송도고보 학생 4학년[350]이 수학여행을 하였다. 이외에도 1924년에는 대구중학교·연희전문학교·포항공보·신광토성보교·용산중학교 학생 등이 경주로 수학여행을 하여 고물진열관(古物陳列館)·첨성대·계림·반월성·불국사·석굴암 등을 참관하였다.[351] 1925년에는 호수돈여고보 3, 4학년 학생 27명,[352] 보성고보 3학년 110명[353] 등이 수학여행을 하였다. 이로 보아 대구-경주 간 경편철도의 부설을 통해 경주수학여행이 가능해졌음을 알 수 있다. 이렇게 경주관광객이 증가하자 조선중앙철도주식회사는 1922년 8월 재단법인 경주고적보존회로부터 경주 불국사 앞의 건물을 이관받아 8월 15일부터 불국사여관으로 개칭하고 관광객에게 서비스를 제공하였다. 숙박료는 일체의 차대(茶貸)를 폐지하고 1등실 8원, 2등실 5원, 3등실 2원 50전이었으며, 주식은 2원과 1원 50전을 받았다.[354]

나아가 수학여행만이 아니라 일반인의 관광도 활성화되었을 것이라 추측할 수 있다. 예를 들면 1926년 9월경 인천여행구락부가 조직되어 경주여

---

346 「신라고적관람자수」, 『동아일보』, 1923년 6월 21일.
347 「배재교수학여행」, 『조선일보』, 1924년 10월 5일.
348 「대정중학수학여행」, 『매일신보』, 1924년 4월 29일.
349 「동래공보수학여행」, 『매일신보』, 1924년 5월 4일.
350 「각학교수학여행」, 『매일신보』, 1924년 5월 9일.
351 「경주 수학여행단」, 『시대일보』, 1924년 5월 19일.
352 「호수여고여행」, 『시대일보』, 1925년 6월 11일.
353 「普成高普修學旅行」, 『朝鮮新聞』, 1925년 10월 8일.
354 佐藤潤象, 「朝鮮鐵道會社の沿革と事業」, 『朝鮮鐵道協會會報』, 1923년 10월, 15~16쪽.

행을 시작으로 각지에 관광을 계획하였다. 인천여행구락부의 회칙은 다음과
같다.

> 제1조 본회를 인천여행구락부라 칭하고 인천부 재주 여행취미자로써 조직
> 한다.
> 제2조 본회는 토요일, 일요일, 祭日(공휴일-인용자)을 이용하여 조선내 명소, 고
> 적의 탐승· 순람 또는 각지의 실업시찰을 목적으로 한다.
> 제3조 본회원은 회비를 요하지 않으며, 여행의 형편, 필요에 따라 징수하는
> 것으로 한다.
> 제4조 본회에 간사장 1명, 간사 3명을 두고 본회의 사무를 집행한다.
> 제5조 본회원이 되려는 자는 간사에 신청하고 그 승인을 얻어야 한다.
> 제6조 본회의 사무소를 임시로 本町 4정목 조선신탁주식회사 내에 둔다.[355]

특히 1926년 순조선식으로 경주역을 개축하던 과정에서 토기와 기타
유물이 출토되어 발굴조사를 실시[356]하는 등 경주지역의 문화유산에 대한
관심이 커지고 금강산국립공원화계획이 추진되는 등 관광에 대한 관심이
커졌다. 이에 1926년 경성에서 개최된 산림대회에서 조선총독부 고토(後
藤) 임산과장은 금강산 관광개발에 버금가는 경주 일원의 대공원 설치 계
획에 대해 다음과 같이 말하였다.

> 조선 제일의 고적지인 경주를 중심으로 한 부근 일대를 금강산과 대
> 립한 승경지로 할 의향이 있는 것은 이미 들은 바 있다. 그후 경상북도
> 청에서 그에 대해 설계자를 추천해달라는 신청이 있어 내가 혼다 세이
> 로쿠(本多靜六) 박사를 추천한 것이다. 나행히 今回 산림내회에 박사가
> 출석하여 경주방면을 시찰하고 점차 이 설계에 착수하는 것일 것이다.
> 나는 도청에서 이 계획을 진전시킬 것이라 믿고 있지만 그후의 이야기
> 를 들어보면 경주의 보승회가 주체가 되고 경북도청이 후원하도록 경

---

355 「日曜祭日を利用して名勝舊蹟を探る」, 『京城日報』, 1926년 10월 1일.
356 「경주에서 고기 발굴 관광인이 수천」, 『매일신보』, 1926년 6월 2일.

북도청 학무과에서 만사 도움을 주고 있다. 요컨대 경주를 중심으로 이 지방을 금강산에 대립한 승경지로 만들 계획이 있는 것은 사실이다. 즉 적당한 도로를 만들고 나무를 심거나 연못을 배치하거나 산을 돌거나 하는 계획이 진전될 것이다.[357](밑줄은 인용자)

위의 인용문에서 밑줄 친 '경주를 중심으로 한 부근 일대'를 혼다 박사는 울산이라고 말하였다.[358] 이와 같이 조선총독부는 금강산과 함께 경주를 관광지로 개발하고자 하였던 것이다.

RAILWAY STATION, KEISHU.
驛 州 慶 (勝名州慶)

〈그림 3-43〉 경주역

또한 중앙경편철도주식회사가 부산-경주-울산 노선을 추진하는 과정에서 부설의 필요성으로 내세웠던 이유 중의 하는 "세계적인 명승인 경주 탐승상 또는 울산은 임진왜란의 알려지지 않은 고전장으로서 역사가의 고

---

357 「大公園設計に本多博士を推薦」, 『京城日報』, 1926년 10월 3일.
358 「金剛山に對立して慶州に大公園計畫」, 『京城日報』, 1926년 10월 3일.

적 순례"[359]에 필요하다는 것이었다. 더욱이 1918년 경주시찰에 나섰던 정무총감을 대구에서 경편철도에 탑승시키는 방안을 강구[360]했을 정도로 중앙경편철도주식회사는 부산-경주-울산 노선의 부설에 적극적이었다.

〈그림 3-44〉 신천온천호텔 광고

〈그림 3-45〉 신천온천

서선식산철도주식회사는 1921년 신천온천에 관광시설을 설치하여 욕객을 흡수[361]하는 한편 소금강이라는 명성이 있는 장수산에는 대대적인 설비를 설치하기 위한 계획을 수립하였다.[362] 그에 따라 장수산 묘음사 경내에 숙박소를 신설하고 관광객에게 실비로 제공하였다.[363] 1923년에는 신천호텔 영업을 회사에서 직영하기로 하고 객실을 증축과 설비를 개수[364]하여 6월 26일부터 영업하기로 결정하였다.[365] 1924년 1월 신천호텔에는 특등실 6명, 1등실 172명, 2등실 52명, 3등실 2명 등 모두 232명이 숙박하였

359 「中央輕鐵と社債」, 『朝鮮時報』, 1921년 6월 18일.
360 「中央輕鐵と社債」, 『朝鮮時報』, 1921년 6월 18일.
361 「서선식철진척」, 『매일신보』, 1921년 9월 18일.
362 「서선식철공정진보」, 『조선일보』, 1921년 9월 19일.
363 佐藤潤象, 「朝鮮鐵道會社の沿革と事業」, 『朝鮮鐵道協會會報』, 1923년 10월, 16쪽.
364 「식철사업계획」, 『조선일보』, 1923년 6월 9일.
365 「온천호텔준공개업」, 『동아일보』, 1923년 6월 27일.

다.[366] 이렇게 서선식산철도주식회사는 신천온천과 장수산을 중심으로 관광 개발을 하였다. 이 과정에서 신천온천에는 1924년 2월 현재 〈그림 3-44〉에서 보듯이 평양의 요정 다마야(玉屋)와 사쿠라야여관(櫻屋旅館)이 운영하는 여관을 비롯하여 7곳의 여관과 서선식산철도주식회사가 위임 경영하는 온천호텔이 영업하고 있었다. 1926년에는 여관의 수가 일본인 여관 4곳, 조선인 여관 17곳으로 증가하였는데 1일 출입수, 즉 투숙객이 4백 명이었다.[367]

그리고 신천온천까지의 교통편은 온천정거장소재지(서선식산철도주식회사), 재령의 삼리자동차, 신천읍내에서 매일 십수회 운행하는 자동차, 해주에서 직통으로 매일 2회 운행하는 해신차와 해룡차가 있었다.[368] 또 신천온천 거주민은 신천온천역까지 3町 쯤 되는 도로에 光明燈(가로등–인용자)을 달아 야간에도 관광객의 불편함이 없도록 하는 한편 회장 스기야마(衫山)와 부회장 김영서(金永瑞)를 선출한 신천온천번영회를 조직하여 공원, 운동장, 시장, 소방·위생·도수장·통신기계, 저금 장려, 기타 등 여러 가지의 설비를 마련하기로 하였다.[369] 특히 신천온천 근처에는 수렵장도 있어 수렵객도 숙박할 수 있었고,[370] 예기(藝妓)를 두고 영업한 호텔도 있었고, 경편요리점인 아사히테이(旭亭)도 개업하였다.[371] 경편요리점이라 한 것으로 보아 서선식산철도주식회사가 경영한 것으로 보인다.

이와 같이 1923년 신천온천에 대한 투자가 활발하게 된 배경에는 신천온천을 찾는 관광객이 증가하였기 때문이다. 1923년은 한반도에 기상이변이 발생하고 일본에서는 관동대지진이 발생하여 일본시찰단의 파견도 사

366 「鐵道通信」, 『朝鮮鐵道協會會報』, 1924년 3월, 113~114쪽.
367 「신천기행(3)」, 『동아일보』, 1926년 6월 29일.
368 「신천기행(3)」, 『동아일보』, 1926년 6월 29일.
369 「신천온천발전」, 『동아일보』, 1923년 12월 21일.
370 「信川溫泉ホテル竣工」, 『京城日報』, 1924년 1월 23일.
371 「信川溫泉大繁昌」, 『京城日報』, 1924년 2월 5일.

실상 중지되는 등 관광이 억제되는 상황에서도 여객의 자연 증가 외에도 "경주유람과 신천온천행에 대해 할인 권유를 했기 때문에 상당한 성적을 거두었"[372]다는 것으로 보아 경주와 신천온천 관광이 상당히 활성화되었다는 것을 알 수 있다.

그 결과 1923년 신천역 승차인원은 27,640명, 하차인원은 28,690명, 발송화물은 1,308톤, 도착화물은 1,489톤이었다.[373] 이와 같이 온천객이 몰리자 신천온천번영회는 1924년 5월 16일 온천운동장에서 각희대회를 개최하였고,[374] 온천시장을 발기하여 당국의 허가를 얻어 1924년 5월 18일 시장을 개설하였다.[375] 또 1924년 5월 31일부터 6월 1일까지 서선자전거경기대회를 온천운동장에서 개최[376]하고 전신기관의 설치도 추진[377]하여 신천읍과 신천온천간의 전신이 1924년 7월 11일부터 개통되었다.[378] 뿐만 아니라 기존의 욕탕 이외에 새로이 20여 간의 새 욕탕을 건축하였다.[379] 이는 신천온천은 서선식산철도주식회사만이 아니라 지방 유지의 투자도 왕성하게 이루어졌으며, 이에 따라 욕탕의 증설이 필요하였음을 보여준다. 즉 온천객이 증가하였던 것이다. 이와 함께 온천객의 오락을 위해 온천장 동남쪽 1리 거리에 있는 오미산(五美山)에 공원을 설치하고 공원 내에 육각정에 세웠다. 그리고 공원[380]에서 1리 거리에 있는 오미소(五美沼)에서 낚시를 하거나 뱃놀이를 할 수 있도록 하였다.[381] 이처럼 신천온천의 오락시설

---

372 「朝鮮私鐵業績」, 『京城日報』, 1924년 3월 8일.
373 「객년신천업적」, 『동아일보』, 1924년 1월 20일.
374 「온천각희대회」, 『동아일보』, 1924년 5월 20일.
375 「신천온천시장」, 『동아일보』, 1924년 5월 6일.
376 「광고」, 『조선일보』, 1924년 5월 30일.
377 「전신기관설치」, 『동아일보』, 1924년 6월 21일.
378 「信溫線 통화는 오는 11일부터」, 『동아일보』, 1924년 7월 10일.
379 「신천온천 욕장증축계획」, 『동아일보』, 1924년 8월 21일.
380 등대공원이다.(「순회탐방 신천지방대관(3)」, 『동아일보』, 1926년 8월 13일)
381 「향토예찬 내고을 명물 광석물을 포함한 自家用熱度湯」, 『동아일보』, 1926년 12월 5일.

이 완비되면서 조선철도주식회사는 동계 휴가를 맞이하여 황해선 사리원-신천간 철도요금을 왕복 20% 할인[382]하거나 1926년에는 온천납량대회를 매일신보 평양지국과 동아일보 사리원지국의 후원으로 개최[383]하여 관광객 유치에 노력하였다. 이는 곧 서선식산철도주식회사가 관광개발에 적극적으로 나선 이유라고도 할 수 있을 것이다.

이와 함께 자동차 교통도 개선되었다. 즉 1926년 장연자동차부, 연강자동차부, 송화자동차부의 3사가 황해자동차부로 통합되면서 해주-장연, 장영-태탄, 장연-해주, 장연-저도, 몽금포-신천온천, 장연-송화온천, 장연-몽금포, 송화-송화온천, 장연-신천온천, 장연-구미포, 풍천-신천온천, 은율-금산포, 장연-금복, 장연-비석포 구간을 운행하였다.[384] 결국 황해자동차부는 신천온천, 송화온천 등 온천 관광지와 황해도 서부 일대의 주요 도시와 포구를 연결하는 노선을 운행하였던 것이다. 이로 보아 신천온천과 송화온천 등 온천관광이 활성화되었음을 알 수 있다. 그러나 1927년 신천-신천온천을 요금인하까지 하면서 경쟁적으로 운행하던 해신자동차부(海信自動車部)와 오카다(岡田)자동차부의 노선이 조정되는 사건이 발생하였다. 즉 해신자동차부는 신천-은율, 오카다자동차부는 신천-신천온천만을 운행하게 되면서 양회사에 독점권을 주어 1일 수백 명의 온천관광객에 편의를 저버렸다는 것이다.[385]

이러한 비판이 제기되자 조선철도주식회사는 과거 서선식산철도주식회사가 운행하던 황해선 연선 및 벽지에 대한 열차의 연락을 도모한다는 명분으로 자본금 13만 원의 자동차부를 신설하여 해주-장연, 몽금포-신천

382 「신천온천에 욕객이 번창」, 『조선일보』, 1924년 12월 18일.
383 「온천납량대회」, 『동아일보』, 1926년 9월 2일.
384 「(광고)황해자동차부」, 『조선일보』, 1926년 12월 23일.
385 「지방발전과 교통」, 『동아일보』, 1927년 5월 23일.

온천, 장연-해주, 장연-신천온천, 신천온천-풍천, 장연-태탄, 장연-금복-저도, 장연-송화온천, 송화-송화온천 간을 1928년 4월 13일부터 운행하였다.[386] 이는 조선철도주식회사가 신천온천 개발에 지속적으로 관심을 갖고 있었으며, 신천온천이 지역 경제에 미치는 영향력을 보여주는 것이라 할 수 있다.

그런데 "열여덜살의 난화는 우슴의 거리 신천온천(信川溫泉)에 팔니운 몸"[387]이 되었다는 사례에서 알 수 있듯이 신천온천 소재 여관과 호텔에는 예기가 출입하여 풍기문제를 야기시킬 정도였다.[388] 이는 다음과 같은 현상으로 지적되었다.

◇ 식철이 개통 이후 사처집중하는 행객의 빈번과 따라서 온천의 발전은 실로 4년 전을 회고하면 霄 壤(하늘과 땅-인용자)의 차가 있다. 지방의 발전을 따라서 사회의 진취와 사업의 성공이 무엇인가? 만근 수년 이래로 가장 현저히 번식하고 발전하는 것은 화류계뿐이다. 시내에 소소한 음식점 영업을 제 하고라도 요리점, 기생집, 작부방에서 녹아지는 돈이 물경하다. 월 평균 4, 5천 원이 넘는다.
◇ 온천의 발전을 말하자. 목욕장 한 개가 변변치 못하고 여관 한 개가 없던 온천을 생각하면 조합, 번영회, 소방대, 등대, 운동장, 시장, 여관, 호텔 등의 지금 온천이 얼마나 차이가 있느냐. 그러나 이전 온천의 주인과 지금 온천의 주인이 누구인가? 발전하여 갈수록 조선인의 소유라고는 오막살이 한 개라도 점점 敗滅할 뿐이니 이것이 소위 발전한다는 사실에서 생기는 결과이다.[389]

黃海道에 有名字한 信川溫泉이엇다. 信川에 왔다가 溫泉求景을 못하고 가면 두고두고 알는다는 말에 밥브지만 일브러 求景을 가섯다. 호화롭게 바로 自働車로 드려 모섯다. 朝鐵흐텔이며 日本人들의 旅舘이며

386 「조선철도주식회사 자동차업 겸영」, 『조선일보』, 1928년 4월 22일.
387 李鳳姬, 「妓生哀話, 蘭花는 가엽슨 女子」, 『삼천리』 5-10, 1933. 10, 112쪽.
388 「藝妓を入れて目茶苦茶の風紀 信川溫泉の此頃」, 『朝鮮新聞』, 1924년 2월 29일.
389 「신천의 현상」, 『동아일보』, 1924년 7월 5일.

朝鮮人들의 假家며 모든 것이 그럴 듯이 되야잇다. 病客보다 遊興客이
더 만흐럿다. 안이나 밧기나 이집 저집 기웃거려보니 丹粧하는 美人 부
시시 이러나는 美人 누구를 기다리는 듯 悄然히 안즌 美人 엇핏 보아도
다섯손가락은 셈이 부족하다.

　十錢式을 주고 엇던 日本人 浴湯(引導者가 그리로)에 드러서니 살찐
놈, 패란놈, 늙은이, 젊은이, 가로 세로 눗고, 잣바지고, 들고, 나고, 正
말 平等이요 自由이요 自然스럽다면 自然그대로이다. 湯中生活이야말
로 無差別 無階級이엿다. 하나, 둘, 셋, 넷, 열이요, 百이요, 數字세는
놈, 「간다노자」愁心歌하는 놈, 식끄럽기도 여간 안이다. 이것이 西關沐
浴軍들의 傳來之風이것다.[390]

　　다른 한편 금강산전기철도주식회사는 관광을 직접적인 목적으로 설립[391]
되어 1925년 2월 10일 남만주철도 노선과 여객화물연락운수가 개시되었
다.[392] 이는 동양 제일의 절승 금강산을 찾는 관광객이 매년 증가하고 있음
에도 불구하고 교통이 불편하여 교통기관의 부설을 일반이 희망하고 있으
며, 북한강 상류와 화천하(化川河)의 수자원을 이용, 발전소를 건립하여 전
기철도를 부설하면 동력비를 경감할 수 있으므로 상당한 경비를 절약하여
수익을 볼 수 있다[393]는 회사설립취지서의 내용으로도 알 수 있다. 그러나
자금 문제와 토목공사 등의 기술 문제 등으로 1924년부터 시작된 금강산
전기철도 부설은 1931년 7월 1일에야 말휘리−내금강 구간이 개통, 영업을

390　朴達成,「黃海道에서 어든 雜同散異」,『개벽』60, 1925년, 89쪽.(국사편찬위원회
　　한국사데이터베이스에서 인용).
391　금강산 관광개발에 대해서는 다음의 연구를 참조 바람.
　　조성운,「1910년대 조선총독부의 금강산 관광개발」,『한일민족문제연구』30, 한
　　일민족문제학회, 2016; 김백영,「금강산의 식민지 근대−1930년대 금강산 탐승
　　경로와 장소성의 변화」,『역사비평』131, 역사비평사, 2020; 장혜진,「일제강점
　　기 금강산전기철도주식회사 설립과 금강산개발 실태」,『강원문화연구』44, 강원
　　대학교 강원문화연구소, 2021.
392　「연락운수개시」,『조선일보』, 1925년 2월 11일.
393　「會社設立趣旨書」,『金剛山電氣鐵道株式會社20年史』, 金剛山電氣鐵道株式會社,
　　1939, 24~25쪽.

388　한국근대관광의 탄생과 변용

시작하면서 완공되었다.[394] 앞의 〈그림 3-41〉을 보면 금강산을 '世界無比'라 선전하면서 철원역에서 내금강역까지 4시간 소요된다고 소개하였다.

〈그림 3-46〉 경성일보사 주최
금강산탐험대가 남대문역에서 출발하는 모습

〈그림 3-47〉 대동시단 주최
매일신보 후원의 금강산 탐승단

금강산 관광개발이 본격화된 것은 1914년 경원철도의 개통과 1915년 조선물산공진회가 계기가 되었으나 금강산에 대한 조선총독부의 관심은 그 이전부터 지대하였다. 조선총독부의 기관지인『매일신보』는 1912년에 '단발령' 사진을 최초로 게재한 이후 1919년까지 금강산의 사진과 그림을 지속적으로 게재하였으며, 금강산 관련 연재기사를 내보냈다. 이렇게 언론을 통해 금강산 관광 분위기를 조성하면서 도로의 건설과 수리, 등반로의 정비, 온정리호텔과 장안사호텔의 설치, 금강산전기철도의 부설 등을 통해 금강산 관광개발을 본격화하였다.[395]

1918년 만철경성관리국에서는 장안사와 마하연에 호텔식 설비를 하고 평강역-세포 온정리 구간에 6대의 자동차를 왕복 운행할 계획을 수립하여

---

394 『金剛山電氣鐵道株式會社20年史』, 金剛山電氣鐵道株式會社, 1939, 54쪽.
395 1910년대 금강산 관광개발에 대해서는 조성운의 연구(「1910년대 조선총독부의 금강산 관광개발」, 『한일민족문제연구』 30, 한일민족문제학회, 2016.)를 참조 바람.

관광객 유치에 노력하였다.[396] 이는 1917년까지 금강산 관광은 원산에서 수로로 장전항을 이용하는 것이 일반적이었으나 경원선 고산역-철령-신안역-말휘리-장안사를 자동차로 직행하는 계획이었고, 장안사 극락전을 수리하여 일본식으로 10명, 서양식으로 10명이 숙박할 수 있도록 한다는 것이었다.[397] 남만주철도경성관리국은 또한 1923년에는 구룡연(九龍淵), 신풍리(新豊里), 백천교(百川橋)에 휴게소를 설치하고 고성-해금강, 장안사호텔-우편국, 온정리-신풍간에 전화를 가설하였고, 회사 직영의 호텔·음식점·차마료를 인하하였으며, 여관과 계약하여 학생과 일반 단체객의 숙박료를 인하하는 등 관광객 유치책을 마련하였다.[398]

나아가 만철은 조선우선주식회사와 함께 〈그림 3-50〉에서 보이는 바와 같이 금강산관광을 광고하였던 것이다. 또한 〈그림 3-46〉, 〈그림 3-47〉, 〈그림 3-48〉, 〈그림 3-49〉에서 볼 수 있듯이 『경성일보(京城日報)』·『매일신보』 등 조선총독부 기관지는 물론이고 『동아일보』도 금강산 관광을 주최하거나 후원하였다. 특히 금강산전기철도주식회사는 1926년 11월 6일~8일에 개최된 사철운수사무타합회

〈그림 3-48〉 동아일보 부산지국 주최 금강산탐승단 모집 광고

〈그림 3-49〉 조선일보 부산지국 주최 금강산탐승단 모집 광고

396 「探勝客誘致策」, 『朝鮮時報』, 1918년 4월 6일.
397 「당일행의 금강산 자동차로 닷새 동안에 금강산 구경」, 『매일신보』, 1918년 4월 25일.
398 「금년도의 신설비는 해수욕장과 전화와 여관시설을 비롯하여 개량된 것이 많다」, 『매일신보』, 1923년 6월 4일.

에서 학생, 생도 및 교원의 승차임금 할인율을 국유철도와 동일하게 개정해달라는 요구를 할 정도로 승객 유치에 적극적이었다.[399]

금강산전기철도주식회사는 "금강산이 있어서 당사는 출현했고

〈그림 3-50〉 만철의 금강산 관광 광고

또 당사의 출현에 의해 금강산은 빗장을 건 구름을 깨트리고 세상에 나왔다고 할 수 있다. 결국 대금강과 당사는 끊을래야 끊을 수 없는 사이"[400]라고 하여 금강산 관광을 비롯한 금강산 개발이 자사의 업적임을 자랑하였다. 그리고 "당사 출현 전에는 금강산에는 등산자를 위한 시설이랄 것이 없었다. 다만 총독부가 하계 등산도로를 수축한 것과 철도국의 호텔이 분관을 산내에 설치하고 등산자에게 편리를 제공한 것뿐이다. 따라서 등산객은 얼마되지 않아 천하의 절승도 오히려 속세에서 떨어진 채로 있었다."[401]고 하여 금강산전기철도주식회사의 관광 개발이 있기 전까지 금강산에 관광시설이 보잘 것이 없었다는 점을 강조하였다. 또 금강산전기철도주식회사가 설치한 관광시설로 비로봉월(毗盧峯越) 혹은 구메코시(久米越)라 하여 비로봉을 넘는 길을 개척하였고, 무선전화가 설비된 구메산장(久米莊), 장안사-온정령 노선의 버스 직영, 내금강역의 시라누이여관(不知火旅館),

---

399 「私鐵運輸事務打合會內容」, 『朝鮮鐵道協會雜誌』 6-2, 1927, 21쪽.
400 『金剛山電氣鐵道株式會社20年史』, 金剛山電氣鐵道株式會社, 1939, 161쪽.
401 『金剛山電氣鐵道株式會社20年史』, 金剛山電氣鐵道株式會社, 1939, 161쪽.

공회당(金剛閣) 등을 설치하여 금강산 관광 개발에 앞장섰다.[402] 이 결과 금강산 관광객은 〈표 3-11〉과 같이 꾸준히 증가하였다.

〈표 3-11〉 금강산 관광객의 수[403]

연도	1925	1926	1926	1928	1929	1930	1931
관광객수	186	881	1,752	2,226	4,773	11,220	15,219
연락지점	김화	金城 炭甘	탄감 창도	창도	창도 오량	말휘리	말휘리 내금강

연도	1932	1933	1934	1935	1936	1937	1938
관광객수	15,219	12,609	14,529	15,338	17,688	14,004	24,892
연락지점	내금강	내금강	내금강	내금강	내금강	내금강	내금강

〈표 3-11〉에서 볼 수 있듯이 1931년부터는 내금강역이 연락지점으로 고정되었다. 이는 내금강역이 금강산전기철도의 종점으로 완공되어 개통되었기 때문이다. 〈표 3-11〉의 연락지점은 내금강역이 완공되기 이전 금강산철도의 종점에 해당하며, 관광객들은 종점에서 자동차로 금강산까지 이동하였다.

그런데 1924년에는 사설철도를 포함한 이러한 철도의 관광개발이 '一部 特殊階級者의 遊蕩場'으로서의 개발일 뿐이며, 이를 '일반 민중적'으로 개발해야 할 것이라는 비판도 다음과 같이 제기되어 남만주철도경성관리국의 관광개발과 관련된 자금 지원 중단 방침이 마련되었다.

> 京鐵局에서는 일시 사회시설이란 명목하에 遊覽的 施設에 대하여 자금의 원조를 하여오던 바 최근에는 이도 중지키로 하였는대 요전 運輸事務所長會議에서 安藤 국장도 이제부터는 철도의 내용을 충실케 함

---

402 『金剛山電氣鐵道株式會社20年史』, 金剛山電氣鐵道株式會社, 1939, 162~164쪽.
403 『金剛山電氣鐵道株式會社20年史』, 金剛山電氣鐵道株式會社, 1939, 70쪽.

이 第一急務이며 이는 다만 경철국뿐 아니라 본사의 방침도 또한 그렇다고 하였다 하므로 금후로는 그 시설이 영업을 조장하여 우량한 성적을 보게 하는 것이 아닌 이상은 절대로 이를 하지 아니할 모양이다. 요전에 국장이 湖南線의 論山에 있는 世界的 石佛을 중심으로 부근 일대를 집어넣어서 一大公園을 설비코자 약 10만 원의 출자를 요구하였으니 이를 사절하였다. 대체로 조선의 철도는 이를 부설할 때에는 산업의 개발을 高唱하나 개통이 이윽히 되면 정말 이 방면은 등한히 하기가 쉽고 다만 遊覽客을 흡수함에 盡力하여 그 시설에는 모든 것이 遊蕩的이며 실리적임에 비난이 자못 높은 터이다.

조선의 철도로서는 설사 적극적 시설을 한다 할지라도 될 수 있는 때까지 産業助長에 用意할 것이며 遊覽的 施設을 한다 해도 一部 特殊階級者의 遊蕩場으로 하지 말고서 一般 民衆的으로 할 것이다. 이 두 점으로 보아서 금강산과 같은 곳은 천하의 절승이면서도 일부 有錢者를 위함에 지나지 못하고 일반사회와는 隔絶되어 있음이 무엇보다도 유감이라 하겠다. 더구나 자연의 절승이 해마다 蕩的 氣分으로 둘러쌓이게 됨은 자연을 위해서도 유감한 바이라 하겠다.[404]

그러함에도 불구하고 사설철도의 관광개발은 지속되었다. 1923년 9월 조선중앙철도주식회사·서선식산철도주식회사·남조선철도주식회사·조선산업철도주식회사·조선산림철도주식회사·양강척림철도주식회사의 6개 사가 조선철도주식회사로 합동하였다. 그리고 과거의 각 사설철도가 운영하던 노선을 충북선·전남선·경북선·경동선·경남선·황해선·평북선·함남선·함북선의 8개선으로 운영하였다.[405] 조선철도주식회사가 성립된 직후 일기자는 경북선과 황해선의 2대 유람철도를 완성시키자고 제안하였다. 그는 경북선과 황해선에 대해 다음과 같이 말하였다.

경북선은 대구에서 출발하여 경주로 나오고 울산을 통과하여 지금이야 동래로 나와 우회선을 완성시키려다가 살짝 그 일부를 남겨놓은 상

404 「鮮鐵經營施設 蕩的 氣分에 非難이 있다」, 『시대일보』, 1924년 6월 18일.
405 「私鐵合同事務經過の就いて」, 『朝鮮鐵道協會會報』, 1923년 9월, 110쪽.

태이며, 이 선로의 완성은 시간의 문제로서 먼 장래의 일은 아닐 것이다. 이 선이 완성되면 일본에서 오는 자는 부산에서, 북쪽에서 오는 자는 대구에서 모두 이 선로를 우회하여 짧은 시간에 유람의 목적을 달성할 수 있을 것이다.[406]

> 황해선의 사리원에서 분기하여 재령, 신천, 안악을 거쳐 저도(진남포 대안)으로 나오는 선 및 동선 신천에서 분기하여 장연에 달하는 선, 상해에서 분기하여 해주에 달하는 선이 있지만 이들 선로가 완성된 초기에는 온천은 그 연선에서 신천, 신천용천리, 안악, 송화, 달천의 5개소가 있었고, 풍경으로 으뜸인 장수산 및 구월산의 두 명산이 있으며, 장연에서 멀지 않은 해안에는 구미포의 해수욕장이 있다.[407]

즉 경주를 중심으로 한 신라 고적과 동래온천 등의 관광자원을 가진 경북선과 신천온천을 비롯한 온천과 고대 한4군의 하나인 대방군 문화의 영향[408]을 볼 수 있는 황해선의 개발을 주장한 것이었다. 이는 조선철도주식회사에 유람철도의 완성을 주문한 것, 즉 관광개발을 요구한 것이라 할 수 있다. 특히 대방군 문화의 영향을 볼 수 있다는 것은 조선사의 타율성을 강조한 조선총독부 관광정책이 지향하는 목적의 한 측면을 보여준다고 할 수 있다.

특히 1926년에는 경동선의 분기점을 서악역에서 경주역으로 변경하여 울산·포항·경주 방면의 승객이 환승하는 불편을 없앰과 동시에 불국사와 경주 일원의 자동차 운행도 조선철도주식회사가 직영할 방침을 정하였다. 그리고 경주역사를 순조선식으로 신축하는 한편 서악기관고(西岳機關庫)

---

406 一記者, 「慶北及黃海兩道に二大遊覽鐵道を完成せよ」, 『朝鮮鐵道協會會報』, 1923년 9월, 64쪽.
407 一記者, 「慶北及黃海兩道に二大遊覽鐵道を完成せよ」, 『朝鮮鐵道協會會報』, 1923년 9월, 65쪽.
408 一記者, 「慶北及黃海兩道に二大遊覽鐵道を完成せよ」, 『朝鮮鐵道協會會報』, 1923년 9월, 65쪽.

를 경주역으로 이동시키는 등 경주집중주의를 채택하였다.[409] 그 결과 서악역은 1927년 7월 15일 폐지되었다.[410]

1927년 상반기 조선철도주식회사의 여객 수송의 주요한 업적은 다음과 같다.

〈표 3-12〉 1927년 상반기 조선철도주식회사의 주요 여객 수송 업적[411]

날짜	업적
1월 1일	경북선 남산 및 도암 임시정류장의 운수영업 폐지
2월 1일	관용여객운송취급수속 제정
2월 25일	2월 25일부터 3일간 경주에서 개최된 비행대회 관람객 운임을 할인함
3월 10일	경남 진해에서 개최된 창원군 외 12부 18군연합공진회 출품인 관계 역원과 관람객에 대한 여객운임을 할인함
3월 15일	함남선 對中川自動車部와 협정하여 여객 및 手小荷物 연락 운수의 취급함
3월 19일	당회사 주최 장수산 및 신천온천유람 단체객의 운임을 할인함
3월 20일	동아일보 주최 경주 불국사 신라고적유람 단체의 운임을 할인함
4월 1일	주후지방 진재이재민 중 歸鮮者에 대해 무임운송의 취급을 함
4월 10일	전남선 對松田自動車部와 협정하여 여객 및 手小荷物 연락 운수의 취급함
4월 16일	淸州觀櫻단체객의 운임을 할인함
4월 22일	경성관앵대회 참가객의 운임을 할인함
4월 23일	평양부에서 개최된 조선전기대전람회관람단체의 운임을 할인함
5월 1일	황해선 장수산에서 개최된 동아일보 애독자 위안대회 참가단체객에 대해 운임을 할인함
	경북선 양정 정류장을 보통정거장으로 변경함
5월 5일	경성부에서 개최된 조선산업박람회 출품인 관계 역원과 관람자의 여객운임을 할인함
5월 20일	진주에서 개최된 경남주일학교대회 참례자에 대해 운임을 할인함
5월 22일	경성부에서 개최된 제국철도협회 출석회원에 대해 무임승차의 취급을 함

---

409 「경주집중주의」, 『매일신보』, 1926년 7월 8일.
410 「경동선 서악역을 폐지 경주역 대확장」, 『중외일보』, 1927년 7월 19일.
411 『營業通計書 昭和2年 上半期』, 조선철도주식회사, 1927, 7~8쪽.

날짜	업적
6월 1일	매일신보 청주지국 주최의 각희회관람객에 대해 운임을 할인함
	경남선 신음정류장은 운수영업을 폐지함
	황해서 장수산탐승객의 여객운임을 할인함
6월 4일	상통역 부근에서 개최된 각희회 관람객에 대해 운임을 할인함
6월 17일	평양부에서 개최된 미국기독교 북장로파 조선선교회 제43회 참례자의 운임을 할인함

〈표 3-12〉에 따르면 조선철도주식회사는 각지에서 개최된 각종 대회
와 관광단에 대한 운임을 할인하여 여객 수송을 통한 수입을 증대하는 한
편 이를 통해 관광객을 수송하였다. 그리고 경동선(구 조선중앙철도주식
회사선)과 황해선(구 서선식산철도주식회사선)의 유원지 수선비를 각각
16,020.08원과 70,997.930원을 사용[412]한 것으로 보아 합동 이전 각 사
설철도가 운영하던 부대시설을 계승하여 운영하였음을 알 수 있다.

---

412 『營業通計書 昭和2年 上半期』, 조선철도주식회사, 1927, 58~59쪽.

결론

한말 서양 세력과의 접촉이 점차 증가하면서 조선(대한제국)을 여행하는 서양인 여행자가 생기겼다. 이들이 각종 여행기를 통해 조선(대한제국)을 서양 세계에 소개하면서 서양 사회에 조선(대한제국)에 대한 관심도 커졌다. 또한 제국주의로 성장하던 일제 역시 대륙으로의 진출을 목적으로 조선(대한제국)에 대해 관심이 높아졌고, 결국 조선은 일본과의 강화도조약을 통해 국제사회에 문호를 개방하였다. 이는 곧 조선(대한제국)이 제국주의적 국제질서에 편입됨과 동시에 그들의 침략 대상이 되었다는 것으로 이해할 수 있다. 그러나 문호개방은 조선(대한제국)의 입장에서는 전근대 국가를 근대국민국가로 성장, 발전시키기 위해 어쩔 수 없이 선택해야 하는 길이기도 하였다.

개항 이후부터 조선(대한제국)도 근내국가인 서양에 대한 관심이 더욱 커졌다. 우리나라 최초의 신문이라 일컬어지는 『한성순보』는 서양에 대한 각종 정보를 제공하는데 힘을 기울였다. 이 과정에서 근대관광의 개념이 국내에도 수용되어 1897년 『독립신문』은 논설에서 대중화와 산업화를 기본으로 한 근대관광을 국가 발전의 한 수단으로 삼을 것을 제안하기도 하였다. 이는 단순히 근대관광이 서양 혹은 일제에 의해 이식된 것이 아니라 우리(나라)가 주체적으로 도입하려 했다는 것을 보여준다. 그러나 이후 일제의 침략이 본격화되면서 다른 제도나 영역과 마찬가지로 근대관광을 도입하려는 우리(나라)의 주체적 의지와 의도는 일제에 의해 왜곡된 형태로 자리잡게 되었다. 결국 필자가 이 책에서 증명하려 한 것은 일제에 의해 우리나라 근대관광이 식민지성을 띠게 되었다는 것이다. 그리하여 이 책의 제목에 '변용'이란 용어를 사용한 것은 일제의 침략성과 우리나라 근대관광의 식민지성을 나타내려 한 의도였다는 점을 다시 한번 밝힌다.

본문에서 서술한 바와 같이 우리나라 근대관광은 식민지성을 띠면서 발전하였다. 이는 우리(나라)는 관광의 객체로서 그 주체인 제국주의, 특히 일본의 시선과 자본으로 관광개발이 이루어졌음을 의미한다. 이 때문인지 우리나라 근대관광은 그 시작부터 국내관광보다는 해외관광이 상대적으로 활발하였다. 국내관광은 교통시설과 숙박시설 등 관광시설이 부족하였고, 경인철도·경부철도·경의철도와 같이 해외로 나갈 수 있는 지역까지 철도가 비교적 일찍 부설된 것과 관련이 깊다. 인천과 부산은 선박으로 해외에 나갈 수 있었고, 의주에서는 철도를 이용하여 중국으로 연결되었기 때문이다. 그런데 이 철도들은 일제가 부설하였고, 통감부 철도관리국과 조선총독부 철도국에서 관리하였기 때문에 사실상 대한제국의 철도는 일제에 의하여 지배되었다. 그러므로 이 시기 해외여행은 일본으로 가는 것이 일반적이었다. 물론 이 시기 해외여행이 오늘날과 같은 자유여행보다는 패키지여행에 가깝게 진행되었다. 특히 1909년과 1910년에 행해진 경성일보사의 일본관광단은 이후 일본관광과 시찰의 전형을 이루고 있다. 이 일본관광단과 시찰단의 목적은 기존 연구에서도 확인할 수 있듯이 단순한 여행이나 관광이 아니라 일본의 선진문물을 식민지 조선인에게 소개함으로써 일본과 일본인의 우월함을 식민지 조선(인)에게 인식시키고 식민지 조선(인)의 열등함을 각인시키고자 한 것이었다.

특히 일제의 조선 강점 직후인 1910년대 초반에는 식민지 조선의 최상류층의 일본관광을 통해 '천황폐하'에게 감사를 전한다는 명분을 앞세웠으나 1910년대 중반을 거치면서부터 기존의 친일협력자가 아닌 새로운 친일협력자를 양성하기 위한 목적으로 중견인물이나 중간층을 선발하여 일본관광에 내보냈다. 3·1운동 이후에는 이를 더욱 확대하여 조선총독부는 1922년 개최된 도쿄평화박람회에 대거 관광단을 파견하는 정책을 취하였다. 이는 문화통치의 일환으로 이루어진 것으로 일본시찰(관광)단은 단순히 관광을 목적으로 한 것이 아니라 식민지 조선과 조선인의 동화를 위한 방안으로 활용되었다는 점을 명확히 하고자 한다. 그러나 1923년 관동대지진이 발생함에 따라 일본관광단은 축소되지만 그 흐름은 지속되었다. 1930년대 이후에는 일제의 침략이 대륙으로 확장됨에 따라 만주와 중국 본토에 대한 관광과 시찰이 이루어지기도 하며, 1930년대 후반 이후에는 일제의 관광 억제책에 따라 관광이 위축되자 이른바 '성지참배'가 행해졌다.

한편 국내관광은 1915년 시정5년기념 조선물산공진회의 개최와 깊은 관련 속에서 진행되었다. 공진회 즉 박람회의 성패가 관람객의 다과에 달렸다고 한다면, 조선인의 조선물산공진회 관람은 조선물산공진회의 성패를 가름하는 것이었다. 특히 일제의 식민지 통치가 조선을 근대적으로 발전시켰음을 조선 민중에게 선전하는 것을 목적으로 하였던 조선물산공진회는 조선총독부가 심혈을 기울여 준비하였다. 지방에서 경성으로 관람객을 유치하기 위한 방안들이 구체화되고, 각지의 협찬회와 도·부·군 등 관청이 중견인물들을 중심으로 관람단을 조직하여 조선물산공진회를 관람시켰다. 이는 조선총독부의 의도를 이들 관람단의 입을 통해 지방에 전달하려 하였기 때문이다. 이는 일본시찰단원의 입을 통해 일본의 근대성과 강대함을 선전하려 했던 것과 일맥상통한다. 그리하여 1911년 무렵부터

1913년까지 지방민의 경성 관광이 군 단위로 행하여졌던 것이다. 결국 이
시기 경성 관광은 지방민의 조선물산공진회의 관람을 목적으로 한 예행연
습의 성격도 있다는 것이다. 이 때문에 1910년대 초반 경성 관광은 크게
성행하였으나 조선물산공진회 이후에는 그렇지 못했던 것이다. 하지만 이
는 신문을 비롯한 언론에 소개되지 않았기 때문일 수도 있으므로 향후 자
료의 발굴을 통해 보다 자세한 상황을 알 수 있기를 기대한다.

조선총독부는 근대관광의 개발에 주목하였다. 그것은 관광지 개발이
식민지 조선의 산업화와 지방 개발에 직접적으로 관계가 있기 때문이었다.
관광개발에는 자본의 필요하므로 관광개발에는 조선총독부는 물론이고 일
본 내의 자본만이 아니라 재조 일본인 자본과 조선인 자본까지 참여하였
다. 특히 사설철도는 관광개발의 한 축으로 중요한 역할을 하였다. 사설철
도로는 금강산전기철도주식회사, 조선중앙철도주식회사, 서선식산철도주
식회사, 경남철도주식회사 등이 관광개발에 적극적이었다. 이들에 의해 금
강산, 경주, 장수산, 신천, 온양 등이 관광지로 개발되었다. 특히 금강산전
기철도주식회사는 관광개발이 주된 설립 목적이었다. 또한 이 책에서 언급
한 평양의 관광개발은 평양부와 평양지역의 재조 일본인이 주체가 되었다.
모란대공원의 조성 과정에서 보이는 바처럼 이들은 평양명승구적보존회를
통해 명승구적의 보존보다는 이의 개발, 활용에 더욱 적극적이었다. 이는
금강산 관광개발의 과정에서도 마찬가지였다. 금강산보승회와 금강산협회
등도 보존보다는 개발에 관심이 컸다고 할 수 있다. 이러한 사례들을 통해
보면 일제하 도·부·군 등도 관광개발을 통해 자기 지역의 개발을 도모했
음을 알 수 있다. 다만 관광개발은 지역민의 토지에서 쫓아내는 젠트리피
케이션 현상을 초래하였고, 지역의 전통적인 질서를 붕괴시키는 피해도 양
산하였다.

한편 근대관광이 대중화와 산업화되었다는 것은 결국 관광이 특정 계

급과 계층의 전유물이 아니라 말 그대로 대중에게 확산되었으며, 여행회사와 같은 단체나 조직을 통해 여행하게 되었다는 것을 의미한다. 결국 산업화라는 것은 관광객(대중)은 관광업무에 특화되고 전문화된 여행회사의 여행 일정에 따라 이동하고 구경하게 되어 수동화되었고, 이전 시기보다 여행과 관광이 안전하게 이루어진다는 것을 의미한다고 할 수 있다. 이렇게 관광객이 수동화되고 안전하게 이루어질 수 있는 다른 장치는 여행안내서 혹은 관광안내서가 대중적으로 발행, 보급되었다는 점 때문이기도 하다. 19세기 초반 유럽에서 최초의 여행안내서가 발간된 이래 일본에서도 발행되었다. 우리나라에서도 전통시대에 다수의 여행기, 유람기가 발간되어 일종의 여행안내서 역할을 하였으나 전통시대의 여행기나 유람기와 달리 철도역을 중심으로 그 지방의 개황이나 명승지, 관광지 등을 소개하는 근대적 의미의 여행안내서는 1908년 통감부철도관리국이 발행한 『조선철도선로안내』라 할 수 있다. 1909년에는 배재학당 영어중학교 학생 정은모가 옥호서림에서 출간한 『대한십팔도유람』은 우리나라 사람이 쓴 최초의 여행안내서라 추정된다. 조선총독부가 설치된 이후에는 조선총독부철도국을 중심으로 여행안내서가 출판되는 한편 조선과 일본의 민간 출판사에서도 다수의 여행안내서가 출판되었다. 뿐만 아니라 1923년에 경성여행안내서에서 『여행안내』, 동양기차기선여행안내사에서 『東洋汽車汽船旅行案內』를 월간으로 발행하였고, 1925년에는 조선여행안내사가 『鮮滿公認旅行案內』, 1926년에는 朝鮮商工世界社와 朝鮮地理歷史研究會가 『朝鮮里町旅行案內』, 1928년에는 全鮮鐵道案內社에서 『全鮮鐵道旅行案內』, 1932년 조선여행안내사 『鮮灣鐵道旅行案內』, 1941년 부산선만교통사가 『日滿支汽車汽船旅行案內』를 발행하는 등 월간 여행잡지가 발간되어 관광 관련 잡지가 비교적 활발하게 발행되었음을 알 수 있다. 그러나 본서를 집필하는 과정에서 이들 잡지를 구하지 못해 본서 집필에 활용하지 못한 점은 여전히 아쉬움으로 남는다.

　마지막으로 관광이 발전하기 위해서는 이동수단인 철도, 도로, 자동차 등의 교통수단과 여관, 호텔과 같은 숙박시설, 그리고 명승지와 관광지 등의 관광상품 등의 개발이 필요하다. 한말 이래 대한제국 정부와 통감부, 조선총독부는 이러한 관광 발전의 토대를 마련하는데 진력하였다. 다만 대한제국기는 일제의 침략이 본격화된 시기이므로 이 시기 교통시설의 발전은 일제의 의도가 반영된 것으로 이해할 수 있다. 그러므로 우리나라 근대교통은 일제의 의도와 목적에 의해 설치된 측면이 강하였다. 특히 경부철도와 경의철도는 일제의 군사적 목적이 매우 강하였음은 잘 알려진 사실이다. 그리고 근대도로는 간선인 경부철도와 경의철도의 연선에서 각지를 연결하는 수단으로 활용된 측면이 강하였다. 도로가 건설된다는 것은 도로를 활용한 교통수단인 자동차의 발전을 수반한다. 그리하여 1912년 승합자동차가 상업적으로 운행된 이래 자동차는 사설철도와 함께 간선철도와 각지방을 연결하는 수단으로 활용되었다. 이 과정에서 인천 월미도와 평양 모란대공원과 같은 곳에는 관광을 목적으로 한 유람도로 혹은 관광도로가 건설되어 관광개발에 이용되었다. 특히 1929년 경성에서 조선박람회가 개최되었을 때 유람자동차가 운행되었고, 유람자동차는 평양, 경주 등 고도에서도 운행되어 관광이 일상적·산업적으로 경영되고 있음을 보여주고 있다.

〈그림 1–1〉   ピアーズ·ブレンドン 저. 石井昭夫 역,『トマス·クック物語 近代ズーリズムの創
             始者』. 中央公論社. 1995.

〈그림 1–2〉   필자 소장.

〈그림 1–3〉   『대한매일신보』. 1906년 1월 6일.

〈그림 2–1〉   서울역사박물관 소장.

〈그림 2–2〉   서울역사박물관 소장.

〈그림 2–3〉   『매일신보』. 1915년 9월 12일.

〈그림 2–4〉   시정5주년기념조선물산공진회경성협찬회잔무취급소 편,『시정5주년기념 조선물산
             공진회 경성협찬회보고』. 1916.

〈그림 2–5〉   국립민속박물관 소장.

〈그림 2–6〉   『매일신보』. 1915년 9월 10일.

〈그림 2–5〉   국립민속박물관 소장.

〈그림 2–7〉   『매일신보』. 1915년 9월 13일.

〈그림 2–8〉   국립중앙도서관.

〈그림 2–9〉   필자 소장.

〈그림 2–10〉   서울역사박물관 소장.

〈그림 2–12〉   서울역사박물관 소장.

〈그림 2–11〉   서울역사박물관 소장.

〈그림 2–13〉   서울역사박물관 소장.

〈그림 2–14〉   『매일신보』. 1915년 9월 13일.

〈그림 2–15〉   朝鮮總督府(1915)『市政五年記念朝鮮物産共進會報告書』제3권, p.11.

〈그림 2–16〉   朝鮮總督府(1915)『市政五年記念朝鮮物産共進會報告書』제3권, p.7.

〈그림 2–17〉   서울역사박물관 소장.

〈그림 2–18〉   필자 소장.

〈그림 2–19〉   국립민속박물관.

〈그림 2–20〉   필자 소장.

〈그림 2–21〉   『매일신보』. 1923년 3월 25일.

〈그림 2-22〉 필자 소장.

〈그림 2-23〉 국립중앙도서관 전자도서관에서 인용.

〈그림 2-24〉 『대한매일신보』, 1909년 3월 16일(좌) / 『대한매일신보』, (국한문판)1909년 3월 17일(우)

〈그림 2-25〉 『釜山案内志』, 日韓商品博覽會協贊會, 1906.

〈그림 2-26〉 『釜山案内志』, 日韓商品博覽會協贊會, 1906.

〈그림 2-27〉 『조선일보』, 1923년 6월 29일.

〈그림 2-28〉 국제일본문화센터 조선사진그림엽서 데이터베이스.

〈그림 2-29〉 국제일본문화센터 조선사진그림엽서 데이터베이스.

〈그림 2-30〉 鐵道院, 『AN OFFICIAL GUIDE TO EASTERN ASIA』 VOL 1 MANCHURIA & CHOSEN, 1913, 261쪽.

〈그림 2-31〉 『조선철도협회회보』, 1923년 6월.

〈그림 2-32〉 국제일본문화연구센터 조선사진그림엽서 데이터베이스.

〈그림 2-33〉 서울역사편찬원 소장.

〈그림 2-34〉 『朝鮮時報』, 1917년 7월 1일.

〈그림 2-35〉 『조선시보』, 1917년 8월 2일.

〈그림 2-36〉 『朝鮮新聞』, 1931년 10월 27일.

〈그림 2-37〉 국제일본문화연구센터 조선사진그림엽서 데이터베이스.

〈그림 2-38〉 『京城日報』, 1926년 3월 24일.

〈그림 2-39〉 서울역사박물관 소장.

〈그림 2-40〉 서울역사박물관 소장.

〈그림 2-41〉 『중외일보』, 1928년 4월 19일.

〈그림 2-42〉 『朝鮮新聞』, 1928년 4월 18일.

〈그림 2-43〉 국가기록원 소장.

〈그림 2-44〉 『매일신보』, 1914년 6월 26일.

〈그림 2-45〉 국제일본문화연구센터 조선사진그림엽서 데이터베이스.

〈그림 2-46〉 조선총독부철도국, 『조선여행안내기』, 1934.

〈그림 2-47〉 국제일본문화연구센터 소장.

〈그림 2-48〉 『旅』, 1925년 10월호.

〈그림 3-1〉 『매일신보』, 1927년 3월 14일.

〈그림 3-2〉 『매일신보』, 1932년 12월 24일.

〈그림 3-3〉 『매일신보』, 1933년 1월 9일.

〈그림 3-4〉 금강산협회 발행.

〈그림 3-5〉　『朝鮮新聞』, 1935년 6월 15일.

〈그림 3-6〉　『朝鮮新聞』, 1935년 9월 24일.

〈그림 3-7〉　『매일신보』, 1936년 4월 15일.

〈그림 3-8〉　『매일신보』, 1941년 9월 28일.

〈그림 3-9〉　「보성학교수학여행」, 『황성신문』, 1909년 5월 9일.

〈그림 3-10〉　부산광역시립박물관 소장.

〈그림 3-11〉　『매일신보』, 1913년 11월 4일.

〈그림 3-12〉　부산광역시립박물관 소장.

〈그림 3-13〉　『매일신보』, 1911년 8월 10일.

〈그림 3-14〉　국립민속박물관 소장.

〈그림 3-15〉　「동양의 금수강산 모란봉의 대공원」, 『매일신보』, 1914년 6월 26일.

〈그림 3-16〉　부산광역시립박물관 소장.

〈그림 3-17〉　국립중앙박물관 소장, 1934. 관리번호 F088-003-005

〈그림 3-18〉　대한민국역사박물관 소장.

〈그림 3-19〉　「大同江畫舫 27일 진수식 거행」, 『매일신보』, 1915년 9월 20일.

〈그림 3-20〉　국립중앙도서관 소장.

〈그림 3-21〉　국립민속박물관 소장.

〈그림 3-22〉　부산광역시립박물관 소장.

〈그림 3-23〉　국립민속박물관 소장.

〈그림 3-24〉　부산광역시립박물관 소장.

〈그림 3-25〉　부산광역시립박물관 소장.

〈그림 3-26〉　부산광역시립박물관 소장.

〈그림 3-27〉　부산광역시립박물관 소장.

〈그림 3-28〉　『동아일보』, 1933년 9월 14일.

〈그림 3-29〉　『조선일보』, 1933년 9월 15일.

〈그림 3-30〉　『조선일보』, 1927년 8월 25일.

〈그림 3-31〉　부산광역시립박물관 소장.

〈그림 3-32〉　일제강점기 군사역사관 소장.

〈그림 3-33〉　일제강점기 군사역사관 소장.

〈그림 3-34〉　수원광교박물관 소장.

〈그림 3-35〉　국사편찬위원회 소장.

〈그림 3-36〉　국사편찬위원회 소장.

〈그림 3-37〉　천안박물관 소장.

〈그림 3-38〉　부산광역시립박물관 소장.

〈그림 3-39〉　수원광교박물관 소장.

〈그림 3-40〉　『매일신보』, 1916년 8월 10일.

〈그림 3-41〉　대한민국역사박물관 소장.

〈그림 3-42〉　국립민속박물관.

〈그림 3-43〉　부산광역시립박물관 소장

〈그림 3-44〉　『京城日報』, 1924년 1월 10일.

〈그림 3-45〉　國際日本文化研究センター 소장.

〈그림 3-46〉　『매일신보』, 1921년 8월 3일.

〈그림 3-47〉　『매일신보』, 1925년 7월 18일.

〈그림 3-48〉　『동아일보』, 1924년 7월 13일.

〈그림 3-49〉　『조선일보』, 1925년 6월 1일.

〈그림 3-50〉　『朝鮮時報』, 1923년 6월 5일.

| 찾아보기 |

ㄱ

강원자동차상회 210, 211

강화도조약 397

경남물산공진회 94

경남자동차주식회사 210

경남철도주식회사 374, 375, 400

경복궁 98, 101, 102, 121, 122

경부철도매수법(京釜鐵道買收法) 183

경북물산공진회 94

경성관광협회 141, 142

경성박람회 306

경성부영버스 240, 243

경성부영자동차 242

경성시구개선사업 19

경성시구개수사업 101, 102

경성여관조합 117

경성여행안내사 150, 166, 167, 170, 172, 173

경성유람버스 244

경성유람승합자동차(京城遊覽乘合自動車) 240

경성유람승합자동차회사 236, 248

경성유람자동차회사 245

경성자동차조합 239, 248

경성협찬회 109, 112, 114, 129

경주고적보존회 202, 259, 380

경주고적유람자동차주식회사(慶州古蹟遊覽自動車株式會社) 246

경주유람자동차(慶州遊覽自動車) 234

경편철도보조법 349

계. 데라란더(게데란데) 255

고성자동차합자회사 210

고적조사사업 23

공장법 140, 141

관광이벤트 107, 109, 114

교화정책 67

국내철도규칙 184, 191

국제관광국관제(國際觀光局官制) 251

군산자동차주식회사 210

금강산관광 234, 246

금강산국립공원화 287

금강산국립공원화계획 20, 179, 259, 260, 276, 297, 381

금강산보승회 20, 270, 271, 273, 274, 275, 282, 400

금강산보승회조직요항(金剛山保勝會組織要項) 281

금강산선전회 20, 271, 273, 274, 275, 276

금강산순회활동사진대 274

금강산애호단 299, 300

금강산전기철도주식회사 211, 276, 277, 278, 280, 282, 286, 359, 363, 367, 388, 390, 391, 400

금강산조사회 260

금강산협회 20, 282, 283, 288, 290, 293, 294, 295, 296, 400

기차박람회 37, 94

ㄴ

낙랑유적보존회(樂浪遺蹟保存會) 345, 346
낙랑환 338, 339
남만주철도주식회사 192
남조선철도주식회사 201, 361, 393

ㄷ

대중화 27, 39, 135, 136
대한십삼도유람 156, 159
도로규정 99
『동양기차기선여행안내(東洋汽車汽船旅行案內)』 166
동양기차기선여행안내사 166, 173
동화주의 18

ㄹ

러일전쟁 31, 35, 140

ㅁ

마리아나 스타크(Mariana Starke) 139
만선여행안내사 171
만한순유단 16, 17, 31
모란대공원 320, 325, 328, 331, 333, 400
모란대공원 축조 사업 255

ㅂ

박람회 28
부관연락선 17, 176

부산선만교통사 167
부산자동차주식회사 210
불국사여관 380

ㅅ

사설철도 19, 20, 21, 22, 184, 185, 224, 227, 347, 349, 352, 353, 354, 356, 358, 359, 361, 393, 400
사설철도법 190
사설철도조례 186, 190, 191
산업개발 19, 24
산업화 27, 39, 135, 136
서선물산공진회 94
서선식산철도주식회사 195, 201, 365, 383, 384, 386, 393, 400
서선자전거경기대회 385
서조선물산공진회 308
선남자동차주식회사(鮮南自動車株式會社) 210
성지참배 399
세계일주여행단 31
손병희 204, 205, 207
송도유원주식회사 252, 253
수원권업모범장 133
수원협찬회 112, 114
수학여행 16, 17, 19, 34, 46, 47, 303, 304, 305, 380
시민계급 48
시찰단에 관한 주의사항 132
식민사관 178
식민지성 12, 16, 48

신라고적유람자동차 235, 245
신천온천(信川溫泉) 384, 387
신천온천번영회 384

일한상품박람회 94, 306
일한상품박람회협찬회 165
임시여숙규칙 117

ㅇ

야카타부네(畫舫) 336
양강척림철도주식회사 393
여성안내원 244
『여행안내』 166, 168, 170
여행안내서 18, 136, 138, 139, 140, 145,
    146, 147, 148, 150, 156, 168, 181,
    401
오리이 가이치(織居嘉一) 209, 220
오리이자동차상회(織居自動車商會)
    209, 211, 213, 214, 238
온양온천주식회사 373, 374
울산관람장려회 133
울산자동차조합 211
위술병원(衛戌病院) 370
유람도로 19, 249, 251, 252, 255, 257,
    259, 402
유람자동차 19, 233, 242, 248, 402
유람철도 393
유람택시 239
이봉래(李鳳來) 209
인천여행구락부 381
일본여행협회 조선지부 69, 172, 265,
    266, 321
일본여행협회(ジャパン・ツーリスト・
    ビューロー) 14
일요경성유람버스 241

ㅈ

장수산 384
전북경편철도주식회사 363
전북물산공진회 94
전북철도주식회사 201
전조선자동차협회(全朝鮮自動車協會) 232
전차도덕가(電車道德の歌) 152
전차도덕 표어 152
조선경남철도주식회사 359
조선경동철도주식회사 359
조선경편철도령 193, 194, 349, 364
조선경편철도령 보조내규 352, 353, 355
조선고적연구회(朝鮮古蹟研究會) 316
조선물산공진회(朝鮮物産共進會) 18,
    20, 60, 64, 67, 94, 95, 96, 97,
    100, 104, 107, 112, 118, 128,
    266, 267, 269, 306, 337, 389,
    399
조선박람회 94, 95, 238, 239, 276, 306,
    402
조선사설철도령 194, 355, 361
조선사설철도보조법 364
조선사설철도보조법(법률 제34호) 355
조선사설철도협회 198, 199, 364
조선산림철도주식회사 393
조선산업철도주식회사 393
조선여행안내사 166

조선우선주식회사 211, 390
조선자동차교통사업령 231
조선중앙철도주식회사 360, 363, 365,
　　380, 393, 400
조선철도12개년계획 200, 223, 231
조선철도여행안내사 168
조선철도주식회사 203, 224, 225, 363,
　　386, 387, 393, 394
조선철도협회 198, 364
조선총독부 철도국 192, 210, 217, 233
조선호텔 295
조중응(趙重應) 56, 115, 118, 129
존 머리 2세(John Murray Ⅱ) 139
중간계급 143
중견인물 66, 67, 128, 135
중앙철도주식회사 202
지방개발 19, 24
지정여관 172

철도여행안내사 173
청일전쟁 31, 35, 139, 178, 333, 345, 346

타율성론 316, 338
토마스 쿡(Thomas Cook) 28, 136

평남자동차상회 211

평남·황해·평북연합물산공진회 94
평안자동차상회 211
평양관광협회 245, 344
평양명승구적보존회 19, 313, 317, 318,
　　319, 320, 321, 323, 325, 327,
　　328, 331, 332, 335, 336, 338,
　　339, 340, 342, 343, 344, 345,
　　400
평양원족회 314, 315

한상룡 134
한성택시 214
함경자동차상회 211
함남물산공진회 94
함북자동차상회 211
합자회사주을온천자동차상회 210
해운대온천 371, 372
화류 303
황병길 70
훈춘관광단 70